配套冯光明、郑俊生主编的《市场营销学》使用

普通高等教育高级应用型人才培养规划教材

《市场营销学》学习指南

主　编　冯光明　郑俊生
副主编　汪　洋　盛小丰　杨　芳　张蔚鸰　庞立君

图书在版编目（CIP）数据

《市场营销学》学习指南/冯光明，郑俊生主编. —北京：经济管理出版社，2012.1

ISBN 978-7-5096-1763-2

Ⅰ. ①市… Ⅱ. ①冯… ②郑… Ⅲ. ①市场营销学—高等学校—自学参考资料 Ⅳ. ①F713.50

中国版本图书馆 CIP 数据核字（2012）第 001745 号

出版发行：经济管理出版社
北京市海淀区北蜂窝 8 号中雅大厦 11 层
电话:(010)51915602 邮编:100038

印刷：北京交通印务实业公司 经销：新华书店

组稿编辑：刘 宏 责任编辑：刘 宏 李月娥
责任印制：杨国强 责任校对：超 凡

787mm×1092mm/16 22 印张 577 千字
2012 年 2 月第 1 版 2012 年 2 月第 1 次印刷

定价：39.00 元

书号：ISBN 978-7-5096-1763-2

前 言

市场营销学是近百年来发展最快的管理学科之一，其理论与方法，不仅广泛应用于营利企业和非营利组织，而且应用于微观、中观和宏观三个层次，涉及社会经济生活的各个方面。可以说，市场营销无处不在，无所不有。如今，市场营销不仅成为企业在快速变化、激烈竞争的市场环境中谋求发展的管理利器，而且正成为各类组织和个人生存发展的一种核心思维理念和生活方式。面对经济全球化与知识经济的发展，市场营销的理论与实践正在不断创新。企业需要在营销观念、营销方式及营销策略上创新，这必将推动理论界与企业界对营销理论的研究。市场营销教材也需要顺应这种变化而不断更新。

"知识在于应用，营销在于行动。"我们结合课程的教学特点，强化课程知识的掌握与运用，力求将编写人员多年教学、科研与实践积累的经验，与应用型人才培养的特点进行有机结合。本书配套冯光明教授和郑俊生副教授主编的《市场营销学》一书，是专门针对应用型人才培养而特别编写的一本学习辅导书。每章由格言、学习目标、核心概念、新知识点、学习重点、知识链接、同步练习及参考答案八个部分组成。以市场基本营销理论、基本方法与核心知识为主线，从易于阅读理解、掌握的角度，帮助学生更好地将知识转化为能力。

本书把冯光明教授和郑俊生副教授主编的《市场营销学》一书的核心内容进行整理、改编和归纳成相对标准的试题，并进行详细的解答，不仅有助于应用型本科生更好地学习、复习教材，而且能为考研者有针对性地准备专业课提供一定的帮助。

本书由山西财经大学管理科学与工程学院、北京理工大学珠海学院和从事市场营销课程教学的一线老师共同编写。冯光明教授和郑俊生副教授担任主编，负责拟定编写大纲，组织协调并总撰定稿。全书共十七章，参编人员的具体分工是：冯光明，第一章、第二章和第十二章；郑俊生，第三章、第十四章；杨芳，第四章、第十三章；张蔚鸽，第五章、第六章、第十六章和第十七章；庞立君，第七章、第八章；汪洋，第九章、第十章；盛小丰，第十一章；周鑫华，第十五章。

盛小丰和杨芳两位老师对本书资料进行了整理。在此对他们所付出的辛勤劳动表示感谢！

本书在编写过程中，参阅了许多国内外市场营销学方面的有关文献，获得了启迪，促进了本书的完善，对许多未见的作者在此深表谢意。

本书在编写过程中，得到了经济管理出版社领导和编辑、广州市道锋图书发行有限公司的大力支持，诚致谢忱！

本书作为课堂教学的补充，旨在帮助学习者掌握、消化所学理论知识，引导学习者自我检测知识的掌握程度，开阔视野。编写这本学习辅导书，因受编著者学识和认识水平所限，难免有些不妥之处，恳请各位专家和广大读者批评指正。

目 录

第一章 市场营销概述

市场营销是一种买卖双方互利的交换，即所谓“赢—赢游戏”。

——本书作者

本章重点：理解市场的概念、特征及模式；掌握市场营销内涵及核心概念；了解市场营销学的形成与发展。

本章难点：市场营销的核心概念；市场需求动态与企业管理。

本章新知识点：10Ps、4Cs、4Rs、4Vs 营销理论。

【学习目标】

1. 理解市场的概念、特征及模式
2. 掌握市场营销的内涵及核心概念
3. 熟悉市场营销管理
4. 了解市场营销的方法

通过本章学习，读者可以对市场理论、市场营销理论、市场营销学的形成与发展及市场营销学在中国的传播与发展有比较全面的把握。读者在学习过程中，要特别注意市场营销理论的新知识点和市场营销学的研究方法。

【核心概念】

市场；市场营销；市场营销学；需要；欲望；需求；产品；价值；交换；交易。

1. 市场

市场是由那些具有特定的需要或欲望，而且愿意并能通过交换来满足这种需要或欲望的全部潜在顾客构成的，市场是买卖关系的总和。

2. 市场营销

市场营销是企业在变化的市场环境中，为满足消费需要和实现企业目标，综合运用各种营销手段，把商品和服务整体地销售给消费者的一系列市场经营活动与过程。

3. 市场营销学

市场营销学是一门以经济科学、行为科学、现代管理理论和现代科学技术为基础，研究以满足消费者需求为中心的企业营销活动及其规律性的综合性应用学科。

4. 需要

需要是指人们没有得到某些基本满足的感受状态。

5. 欲望

欲望是指人们想得到这些基本需要的具体满足物的愿望。

6. 需求

需求是指人们有能力购买并且愿意购买某个具体商品的欲望。

7. 产品

产品是指用来满足顾客需求和欲望的物体。产品包括有形与无形的、可触摸与不可触摸的。

8. 价值

价值是指顾客所得与其支出之比。

9. 交换

交换是指通过提供某种东西作回报，从别人那里取得所需物品的行为。

10. 交易

交易是指买卖双方价值的交换，它是以货币为媒介的，而交换不一定以货币为媒介，它可以是物物交换。

【新知识点】

10Ps 营销理论；4Cs 营销理论；4Rs 营销理论；4Vs 营销理论。

1. 10Ps 营销理论

市场营销学权威、美国西北大学教授菲利普·科特勒认为，只有在搞好战略营销计划过程的基础上，战术性营销组合才能顺利进行。因此，为了更好地满足消费者的需要，并取得最佳的营销效益，营销人员必须精通营销战术和营销战略：营销人员必须精通产品（Product）、地点（Place）、价格（Price）和促销（Promotion）四种营销战术；为了做到这一点，营销人员必须事先做好探查（Probing）、分割（Partitioning）、优先（Prioritizing）和定位（Positioing）四种营销战略；同时，还要求营销人员必须具备灵活运用公共关系（Public Relations）和政治权力（Politics Power）两种营销技巧的能力。这就是菲利普·科特勒的 10Ps 理论。

同时，科特勒又重申了营销活动中“人”（People）的重要作用，认为这或许是所有“P”中最基本和最重要的一个。企业营销活动可分为两个部分：外部营销（External Marketing）是满足顾客的需求，让其在购买和消费中感到满意；内部营销（Internal Marketing）是满足员工的需求，让其在工作中感到满意。同时，企业的成长和利润也应该使股东及其他利益相关者感到满意。

2. 4Cs 营销理论

20 世纪 90 年代，美国市场营销专家罗伯特·劳特朋（Robert Lauteerbom）教授提出 4Cs 理论，指出企业必须以追求顾客满意为目标导向的 4Cs 理论进行市场运作和经营。4Cs 具体是指：

（1）顾客（Customer）。这主要是指顾客的需求。企业必须首先了解和研究顾客，根据顾客的需求来提供产品。同时，企业提供的不仅是产品和服务，更重要的是由此产生的客户价值（Customer Value）。

（2）成本（Cost）。这里所指的成本不单是企业的生产成本，或者说 4Ps 理论中的 Price（价格）。它还包括顾客的购买成本，同时也意味着产品定价的理想情况，应该是既低于顾客的心理价格，又能够让企业有所盈利。此外，这中间的顾客购买成本不仅包括其货币支出，还包括其为此耗费的时间、体力和精力消耗，以及购买风险。

(3) 便利 (Convenience)。这主要是指为顾客提供最大的购物和使用便利。4Cs 理论强调企业在制定分销策略时，要更多地考虑顾客的方便，而不是企业自己的方便。要通过好的售前、售中和售后服务来让顾客在购物的同时，也享受到便利。便利是客户价值不可缺少的一部分。

(4) 沟通 (Communication)。这主要是指企业应通过同顾客进行积极有效的双向沟通，建立基于共同利益上的新型企业和顾客关系。这不再是企业单向促销和劝导顾客，而是在双方的沟通中找到能同时实现各自目标的途径。

4Cs 的理论框架强调客户需要的是价值、低成本、便利和沟通。它强调企业首先应该把追求顾客满意放在第一位，产品必须满足顾客需求，同时降低顾客的购买成本，产品和服务在研发时就要充分考虑客户的购买力，然后要充分注意到顾客在购买过程中的便利性，最后还应以消费者为中心实施有效的营销沟通。

3. 4Rs 营销理论

20 世纪 90 年代中期，美国营销学者 Don E. Schultz 提出了 4R (关联、反应、关系、回报) 营销新理论，从而阐述了一个全新的营销四要素。

(1) 关联 (Relevancy)。关联是指企业与顾客相互之间发生的牵连与影响。也可以说，企业与顾客是一个命运共同体，在经济利益上是相关的、联系在一起的，建立保持并发展与顾客之间的长期关系是企业经营中的核心理念和最重要的内容。因此，企业应当同顾客在平等的基础上建立互惠互利的伙伴关系，保持与顾客的密切联系，认真听取他们提出的各种建议，关心他们的命运，了解他们存在的问题和面临的机会，通过提高顾客在购买和消费中产品价值、服务价值、人员价值及形象价值，降低顾客的货币成本、时间成本、精力成本及体力成本，从而更大限度地满足顾客的价值需求，让顾客在购买和消费中得到更多的享受和满意。特别是企业对企业的营销与消费市场营销完全不同，更需要靠关联、关系来维系。

(2) 反应 (Respond)。在今天相互影响的市场中，对经营者来说最现实的问题不在于如何控制、制定和实施计划，而在于如何站在顾客的角度及时地倾听顾客的希望、渴望和需求，并及时答复和迅速作出反应，满足顾客的需求。当代先进企业已从过去推测性商业模式，转移成高度回应需求的商业模式。面对迅速变化的市场，要满足顾客的需求，建立关联关系，企业必须建立快速反应机制，提高反应速度和回应力。

(3) 关系 (Relation)。在企业与客户的关系发生了本质性变化的市场环境中，抢占市场的关键已转变为与顾客建立长期而稳固的关系，与此相适应产生五个转向：①从一次交易转向强调建立友好合作关系，长期地拥有用户。②从着眼于短期利益转向重视长期利益。③从顾客被动适应企业单一销售转向顾客主动参与到生产过程中来。④从相互的利益冲突转向共同的和谐发展。⑤从管理营销组合转向管理企业与顾客的互动关系。同时，因为任何一个企业都不可能独自提供运营过程中所必需的资源，所以企业必须和与经营相关的成员建立起适当的合作伙伴关系，形成一张网络 (这是企业经营过程中除了物质资本和人力资本以外的另一种不可或缺的资本——社会资本)，充分利用网络资源，挖掘组织间的生产潜力，基于各自不同的核心竞争优势的基础之上进行分工与合作，共同开发产品、开拓市场、分担风险、提高竞争优势，更好地为消费者和社会服务。

(4) 回报 (Return)。任何交易与合作关系的巩固和发展，对于双方主体而言，都是一个经济利益问题，因此，一定的合理回报既是正确处理营销活动中各种矛盾的出发点，也是营销的落脚点。对企业来说，市场营销的真正价值在于其为企业带来短期或长期的收入和利润的能力。一方面，追求回报是营销发展的动力；另一方面，回报是企业从事营销活动，满足顾客价值需求和其他相关主体利益要求的必然结果。企业要满足客户需求，为客户提供价值，顾客必然予以货币、信任、支持、赞誉、忠诚与合作等物质和精神的回报，而最终又必然会归结到企业利润上。

4R 理论提出企业与顾客及其他利益相关者应建立起事业和命运共同体，建立、巩固和发展长期的合作协调关系，强调关系管理而不是市场交易。

4. 4Vs 营销理论

在 20 世纪 80 年代之后，随着高科技产业的迅速崛起，高科技企业、高技术产品与服务不断涌现，营销观念、方式也不断丰富与发展，并形成独具风格的新型理念，在此基础上，国内的学者（吴金明等）综合性地提出了 4Vs 营销理论（The Marketing Theory of 4Vs）。其内容包括如下：

（1）差异化（Variation）。所谓差异化营销就是企业凭借自身的技术优势和管理优势，生产出性能上、质量上优于市场上现有水平的产品，或是在销售方面，通过有特色的宣传活动、灵活的推销手段、周到的售后服务，在消费者心目中树立起不同一般的良好形象。差异化营销所追求的"差异"是产品的"不完全替代性"，即在产品功能、质量、服务、营销等方面，本企业为顾客所提供的是部分对手不可替代的。差异化营销一般分为产品差异化、市场差异化和形象差异化三个方面。

（2）功能弹性化（Versatility）。功能弹性化是指根据消费者消费要求的不同，提供不同功能的系列化产品供给，增加一些功能就变成豪华奢侈品（或高档品），减掉一些功能就变成中、低档消费品。消费者根据自己的习惯与承受能力选择其具有相应功能的产品。一个企业的产品在顾客中的定位一般有核心功能、延伸功能和附加功能三个层次。

（3）附加价值化（Value）。从当代企业产品的价值构成来分析，其价值包括基本价值与附加价值两个组成部分，前者是由生产和销售某产品所付出物化劳动和活劳动的消耗所决定，即产品价值构成中的"C+V+m"。后者则由技术附加、营销或服务附加和企业文化与品牌附加三部分所构成。因此，当代市场营销新理论的重心在"附加价值化"。

（4）共鸣（Vibration）。共鸣是企业持续占领市场并保持竞争力的价值创新给消费者或顾客所带来的"价值最大化"，以及由此所带来的企业的"利润极大化"，强调的是将企业的创新能力与消费者所珍视的价值联系起来，通过为消费者提供价值创新使其获得最大限度的满足。

【学习重点】

市场的构成因素及特征；交换的条件；市场需求与营销管理的任务；4Ps 营销理论与 4Cs 营销理论的关系；市场营销学的研究对象及特点；市场营销学的研究方法。

1. 市场的构成因素及特征

市场是由那些具有特定的需要或欲望，愿意并能通过交换来满足这种需要或欲望的全部潜在顾客构成的。市场是买卖关系的总和。其构成因素与特征如下方面：

（1）市场的构成要素。从宏观或总体角度看，市场主要包括以下要素：

1）一定量的可供交换的商品。这里的商品既包括有形的物质产品，也包括无形的服务，以及各种商品化了的资源要素，如资金、技术、信息、土地、劳动力等。市场的基本活动是商品交换，所发生的经济联系也是以商品的购买或售卖为内容的。因此，具有一定量的可供交换的商品，是市场存在的物质基础，也是市场的基本构成要素。倘若没有可供交换的商品，市场也就不存在了。

2）向市场提供商品的卖方。商品不能自己到市场中去与其他商品交换，而必须由它的所用者——出卖商品的当事人，即卖方带到市场上去进行交换。在市场中，商品所有者把他们的意志——自身的经济利益和经济需要，通过具体的商品交换反映出来。因此，卖方或商品所有者就成为向市场提供一定量商品的代表者，并作为市场供求中的供应方成为基本的市场构成要素。

3）有货币支付能力的商品需求者。卖方向市场提供一定量的商品后，还须寻找到既有需求又具备支付能力的购买者。否则，商品交换仍无法完成，市场也就不复存在。因此，以买方的市场需求是决定商品交换能否实现的基本要素。

商品、供给、需求作为宏观市场构成的一般或基本要素，通过买方和卖方的相互关系，现实地推动着市场的总体运动。

从微观角度看，作为一个有现实需求的有效市场，它必须具备人口、购买力和购买欲望三方面要素。

1）人口。人口是构成市场的基本要素，哪里有人，哪里有消费者群，哪里就有市场。一个国家或地区的人口多少，是决定市场大小的具备前提，人口的状况影响着市场需求的内容和结构。

2）购买力。购买力是指人们支付货币购买商品和劳务的能力。购买力的高低由购买者收入多少决定。一般来说，人们收入多，购买力高，市场和市场需求则大；反之，市场和市场需求则小。

3）购买欲望。购买欲望是指消费者购买商品的愿望、要求和动机，它是把消费者潜在的购买愿望变为现实购买行为的重要条件。倘若仅具备了一定的人口和购买力，而消费者缺乏强烈的购买欲望或动机，商品买卖仍然不能发生，市场也无从现实地存在。因此，购买欲望也是市场不可缺少的构成因素。

人口、购买力和购买欲望三者互相联系、相互制约，共同构成企业的现实市场，并决定了市场规模和容量。

（2）市场的基本特征。在现代市场经济条件下，市场作为市场经济的运行基础和基本形式，具有如下特征：

1）开放性。与商品经济的其他阶段不同，市场经济体制下的市场是充分开放的，即向所有的商品生产者、经营者和购买者开放，向各种产权形式的企业开放，向全部社会资源要素开放，向各个行业、地区和国家开放。任何性质、规模和形式的企业都可以自由参与市场活动。

2）多元性。现代市场是一个多元性的完备体系，不仅可供交换的商品种类多种多样，而且参与市场活动的主体、交易方式、交易手段也是多元的。多元化特征使得现代市场呈现出高度的复杂性、多变性。

3）自主性。市场经济活动的主体是企业，企业作为独立的利益主体单位，拥有法定的自主权力，包括有权根据市场需求自主决策投资方向和生产经营活动，自主调整产品结构和经营结构，自主设置内部管理机构，自主决定利益分配方式。由此，决定了市场活动具有高度的自主性。

4）竞争性。平等进入、公平竞争，是市场运行的基本原则。所有市场参与者在进入市场和从事交易上，机会和地位都是平等的，不存在依权力或其他非经济因素形成的等级差别。在平等参与的基础上，各个企业凭借自身的经济实力全方面地开展竞争，通过公平竞争，实现优胜劣汰。因此，真正意义的市场是充满竞争的市场。

2. 交换的条件

交换（Exchange）是指通过某种东西作为回报，从别人那里取得所需物的行为。它是市场营销的核心概念。市场营销交换一般包含以下五个要素：

（1）至少有两个以上的买卖（或交换）者。

（2）交换双方都拥有另一方想要的东西和服务（价值）。

（3）交换双方都有沟通及向另一方运送货品或服务的能力。

（4）交换双方都拥有自由选择的权利。

（5）交换双方都觉得值得与对方交易。

以上五个条件满足之后，交换才可能发生。交换能否实现，关键要看交换双方是否能同意交换的价值。只有当双方都认为自己在交换以后会得到更大利益，交换活动才能进行。

3. 市场需求与营销管理的任务

市场需求是多种多样的，根据需求水平、时间和性质的不同，可归纳出八种不同的需求状况。根据需求状况市场营销管理的任务是扭转、刺激、适应及影响消费者的需求。市场营销管理的实质是需求管理。

（1）负需求与扭转性营销。负需求是指绝大多数人都对某种产品和劳务不仅不喜欢，没有需求，而且有厌恶情绪，甚至愿意出钱回避它，那么这个产品市场便是处于一种负需求。如人们对接种疫苗、拔牙和胆囊手术有负需求。在此情况下，市场营销的任务是分析市场为何不喜欢这种产品，研究如何经由产品再设计、改变产品的性能或功能、降低价格和正面促销的市场营销方案来改变市场的看法和态度，即扭转人们的抵制态度，实行扭转性营销措施。

（2）无需求与刺激性营销。无需求是指市场对某种产品或劳务既无负需求亦无正需求，只是漠不关心，没有兴趣。无需求通常是针对新产品和新的服务项目，人们因不了解而没有需求；或者是非生活必需的装饰品、赏玩品等，消费者在没有见到它们以前也不会产生需求。因此，市场营销的任务就是设法把产品能带来的利益和价值同人们的自然需要和兴趣结合起来，以引起消费者的关注和兴趣，刺激需求，使无需求变为正需求，即实行刺激性营销。

（3）潜在需求与开发性营销。潜在需求是指多数消费者对市场上现实不存在的某种产品或劳务的强烈需求。如人们对于无害香烟、安全的居住区以及节油汽车等有一种强烈的潜在需求。在这种情况下，市场营销的任务就是估量潜在市场的大小和发展前景，努力开发新产品，设法提供能满足潜在需求的产品和劳务，变潜在需求为现实需求，实行开发性营销。

（4）下降需求与恢复性营销。市场对某种商品的需求逐渐减少的市场状态。人们对一切产品和劳务的兴趣和需求，总会有发生动摇或下降的时候，在这种情况下，市场营销者必须分析市场衰退的原因，决定是否通过发现新的目标市场，改变产品特色，或者采取更有效的营销组合再刺激消费需求。市场营销的任务是设法使已下降的需求重新回升，使人们已经冷淡下去的兴趣得以恢复，即实行恢复性营销。

（5）不规则需求与同步性营销。许多产品和劳务的需求是不规则的，即在不同时间、不同季节需求量不同，如运输业、旅游业、游乐业都有这种情况。因此，市场营销的任务是设法调节需求与供给的矛盾，通过灵活定价、促销和其他激励措施，并寻找改变需求时间模式的方法，使供求趋于协调同步，即实行同步性营销。

（6）饱和需求与维护性营销。饱和需求是指当前市场对企业产品或劳务的需求在数量上和时间上同预期的最大需求已达到一致。但是，饱和需求状态不会静止不变，而是动态的，它常常由于两种因素的影响而变化：一是消费者的偏好和兴趣的改变，二是同行业者的竞争。因此，市场营销的任务是设法保持现有的需求水平和销售水平，防止出现下降趋势，这就要求企业必须保持和改进产品质量，不断估计消费者需求的满足程度与企业生产经营之间的关系，努力做好营销工作，即实行维护性营销。

（7）过度需求与限制性营销。过度需求是指市场对某种产品或劳务的需求量超过了卖方所能供给和所愿供给的水平，这可能是暂时性缺货，也可能是价格太低，还可能是由于产品长期过分受欢迎所致。限制性营销就是长期或暂时地限制市场对某种产品或劳务的需求，通常可采取提高价格、减少服务项目和供应网点、劝导节约等措施，实行这些措施是难免要受到反对的，营销人员要有充分的思想准备和应变措施。

（8）有害需求与抵制性营销。有些产品或劳务对消费者、社会公众或供应者有害无益，对这种产品或劳务的需求就是有害需求。有害的产品或劳务常引起有组织的力量反对其消费，如毒品、黄色书刊、色情服务等，都受到社会公众的反对和抵制。在这种情况下，市场营销的任务是否定这类需求，抵制和清除这类需求，实行抵制性营销和禁售。

4. 4Ps 营销理论与 4Cs 营销理论的关系

无论从理论与实践来看，4Cs 并不是对 4Ps 的否定。这二者只不过属于两个不同的范畴。4Ps 属于营销的策略和手段，而 4Cs 则属于营销的理念和标准。

4Cs 所提出的"满足顾客需求，降低顾客购买成本，购买便利性，营销沟通"，是一种营销理念和理想的营销标准；而 4Ps"产品、价格、渠道、沟通与促销"则是一种营销策略和手段。4Cs 所提出的营销理念和标准最终还是要通过 4Ps 为策略和手段来实现的。4Cs 的提出，提醒并强调企业在营销实践中"一切以消费者为中心"的策略和行动取向。

5. 市场营销学的研究对象及特点

市场营销学是一门以经济科学、行为科学、现代管理理论和现代科学技术为基础，研究以满足消费者需求为中心的企业营销活动及其规律性的综合性应用学科。市场营销学的研究对象是以满足消费者需求为中心的企业营销活动过程及其规律性。

市场营销学具有如下主要特点：

（1）动态性。在当代社会里，随着经济的发展和科学技术的进步，市场总是处在不断变化之中的。因此，就要求企业能够根据变化了的市场环境，及时调整自己的各项营销策略，以适应新的市场环境的需要。市场营销学的内容也是随着市场环境和企业营销策略及经营活动方式的改变而不断更新的，市场营销学的动态性要求我们要运用发展的观点来学习、研究市场营销学。

（2）实用性。市场营销学是适应商品经济的需要而产生和发展起来的，具有很强的实用性。企业在从事生产经营活动的过程中，不仅要面对异常复杂、变化着的市场环境，还要面对企业自身的诸如企业的规模、资源的状况、产品系列的多少、企业的组织结构以及企业的相对优势和劣势等问题。而市场营销学恰恰可以为企业提供一把解决这类问题的钥匙，实实在在为企业家出谋划策、开拓思路，求得企业的更大发展。

（3）系统性。市场营销学与其他学科一样，处在不断发展与完善之中，但就其理论体系而言却是个完整的体系。市场营销学系统地研究了企业在产前、产中和产后的整个生产经营过程，指出企业要以市场为中心，要积极参与竞争，把握市场走势，按质、按量、适时、适地、适价地为市场提供产品或劳务，最大限度地满足市场的需求。

（4）预见性。市场营销学重视市场的调查、分析和研究，收集的相关资料准确、及时和全面，为企业家经营决策提供了可靠的依据，避免了企业生产经营活动的盲目性，减少了企业的经营风险，使企业掌握了从事营销活动的主动权，这些都与市场营销学所具有的预见性特点有关。

6. 市场营销学的研究方法

（1）产品研究法。产品研究法，即对各类产品和各种产品的市场营销分别进行分析研究，如农产品的市场营销、产业用品的市场营销、服装市场营销等。这种研究方法是针对不同产品的市场特征，研究问题比较深入，特点突出，由此形成了各大类产品的市场营销学。企业人员往往采用这种方法研究本企业的市场营销活动。这种市场研究方法，其优点是具体、实用，缺点是有许多共同的方面造成重复。

（2）机构研究法。机构研究法，即对分销系统的各个环节和各种类型的营销机构，如生产者、代理商、批发商、零售商等进行研究的方法。该方法侧重分析研究流通过程的这些环节或层次的市场营销问题，其研究结果形成了批发学、零售学等。

（3）职能研究法。职能研究法，即通过分析研究采购、销售、运输、仓储、融资、促销等市场营销职能和执行这些职能过程中所遇到的问题，来探讨和认识市场营销问题。这种方法主要是研究各个营销环节的活动和在不同的产品市场如何执行这些职能。在西方国家，多数大学的市场营销学课程都重视采用职能研究法，但并不把它作为唯一的研究方法。

（4）历史研究法。历史研究法，即对从事物的产生、成长、衰亡的发展变化或演变的角度来分析研究市场营销问题。例如，分析研究市场营销这一概念的含义的发展变化、近百年来西方工商企业的营销观念的演变、市场营销战略思想的发展变化等，找出其发展变化或演变的原因，掌握其发展变化或演变的规律性。西方市场营销学者一般都重视历史研究法，但是也不把它作为唯一的研究方法。

（5）管理研究法。管理研究法，又叫决策研究，即从管理决策的角度来研究市场营销问题。这种方法特别重视市场营销的分析、计划、组织、执行和控制。其研究框架是，将企业营销决策分为目标市场和营销组合两大部分，研究企业如何根据其“不可控因素”（即营销者本身不可控制的市场营销环境因素），结合自身资源条件“企业可控因素”（即营销者自己可控制的产品、商标、品牌、价格、广告、渠道等），进行合理的目标市场决策和市场营销组合决策。管理研究法广泛采用了现代决策论的相关理论，将市场营销决策与管理问题具体化、科学化，对营销学科的发展和企业营销管理水平的提高起了重要作用。目前，西方市场营销学主要是运用这种管理决策法进行研究。本书所采用的就是这种方法。

（6）系统研究法。系统研究法，即企业营销管理者作市场营销决策时，把企业的有关环境和市场营销活动过程看做是一个系统，统筹兼顾其市场营销系统中的各个相互影响、相互作用的组成部分，千方百计使各个部分协同活动，从而产生增效作用，提高企业经营效益。西方市场营销学者和企业营销管理人员从管理决策的角度分析研究企业的市场营销问题时，通常还配合采用这种系统研究方法。

（7）社会研究法。社会研究法，即主要研究各种营销活动和营销机构对社会的贡献及其所付出的成本。这种方法提出的课题有：市场效率、产品更新换代、广告真实性及市场营销对生态系统的影响，等等。

（8）管理科学研究法。管理科学研究法，即不仅要用文字来分析与阐述问题，还应采用数学方法来建立市场营销的数学模型，并用统计数字来检验模型的科学性。这是一种偏重定量研究的方法，值得重视，但一般都是与上述的研究方法结合起来使用。

【知识链接】

菲利普·科特勒的"11Ps"

现在，我用一种特定方法来描述市场营销，称为"10Ps"法，大家都知道"4Ps"，但我要给你们一个更广的概念——10Ps，中国将是最早听到这个概念的国家之一。"4Ps"可以这样表述：如果公司生产出适当的产品，定出适当的价格，利用适当的分销渠道，并辅以适当的促销活动，那么该公司就会获得成功。这已经成为一个有用的公式。"4Ps"被称为市场营销的战术（Tactic）。这里的问题是，你如果确定适当的产品、价格、渠道（地点）和促销？这就要市场营销战略（Strategy）来解决了。

下面解释战略上的"4Ps"。战略"4Ps"的第一个"P"是探查（Probing）。这是一个医学用语。医生在检查病人时就是在探查，即深入检查。因此，4Ps的第一个"P"就是要探查市场，市场由哪些人员组成，市场是如何细分的，都需要些什么，竞争对手是谁以及怎样才能使竞争更有成效。真正的市场营销人员所采取的第一个步骤，就是要调查研究，即市场营销调研（Marketing Research）。

第二个步骤是"分割"（Partitioning），即把市场分成若干部分。每一个市场上都有各种不同的人，人们有许多不同的生活方式。有些顾客要买汽车，有的要买机床，有的希望质量高，有的希望服务好，有的希望价格低。分割的含义就是要区分不同类型的买主，即进行市场细分。

但是，不可能满足所有买主的需要，必须选择那些你能在最大程度上满足其需要的买主，这就是第三个步骤："优先"（Positioning）。哪些顾客对你最重要？哪些顾客应成为你推销产品的目标？假定你到美国去推销丝绸女装，你必须了解美国市场，必须分出各种不同类型的买主，即各类女顾客，必须优先考虑或选择你能够满足其需要的那类顾客。

第四个步骤是"定位"（Positioning）。定位的意思是，必须在顾客心目中树立某种形象。大家都知道某些产品的声誉。如果你认为"梅塞德斯"牌汽车声誉极好，那就是说，这个牌子的市场地位很高；而另一种汽车声誉不好，也就是说它的市场地位较低。因此，每个公司都必须决定，打算在顾客心目中为自己的产品树立什么样的形象。

一旦决定了如何定位，便可以推出四个战术上的"4Ps"。如果想生产出世界市场上最好的机床，那么就应该知道，产品的质量要提高，价格也要高，销售渠道应该是最好的经销商，促销要在最适当的杂志上做广告，还要印制最精美的产品目录等。如果不把这种机床定在最佳机床的位置上，而只是定为一种经济型机床，那么就采用与此不同的营销组合。因此，关键是怎样决定产品在国内或国际上的地位。

现在你也许要问，另外两个"P"是什么？我把另外两个"P"称为"大市场营销"（Mega-market-ing），我认为，现在的公司还必须掌握另外两种技能，一是政治权力（Political Power）。也就是说，公司必须懂得怎样与其他国家打交道，必须了解其他国家的政治状况，才能有效地向其他国家推销产品。二是公共关系（Public Relations），营销人员必须懂得公共关系，知道如何在公众中树立产品的良好形象。

现在我已讲完了10个"P"，再说一遍，一个营销人员必须精通产品（Product）、地点（Place）、价格（Price）和促销（Promotion）。为了做到这一点，你必须先做好探查（Probing）、分割（Partitioning）、优先（Prioritizing）和定位（Positioning），最后，还有权力（Power）和公共关系（Public Relations）。

此外，还有第 11 个“P”，我称为“人”（People）。或许，这个“P”是所有“P”中最基本的一个，它的意思是理解人，了解人。这一点所有的营销人员都是重要的。如果经营一家旅馆、一家航空公司或是一家银行，就必须擅长管理人——你的下属，因为是这些人与顾客打交道。必须训练他们学会礼貌待客。帮助下属做好工作的问题，叫做“内部营销”（Internal Marketing），满足顾客需要的问题，叫做“外部营销”（Externnal Marketing），有时一个公司的最大问题是内部营销的问题：使下属承担起全部为顾客服务的义务。整个市场营销的要领，在于满足顾客的需要。因为我们都希望有不断重复的销售（Repeat Sales），希望顾客再次登门购买。而达到这一目标的唯一途径，就是满足顾客的需要。一个得到满足的顾客就会再来购买，也会告诉他的朋友，说你的产品非常好。这就是舆论。你当然希望有好的舆论。如果顾客没有得到满足，他就会向他的朋友抱怨你的产品，而且，一个不满意的顾客会传给 10 个人，一个满意的顾客只会传给 5 个人，所以应当十分注意提供良好服务的问题。

资料来源：世界著名营销学权威、美国西北大学菲利普·科特勒在我国对外经济贸易大学的一次演讲。梁健爱、连漪翻译整理。

【同步练习】

一、单项选择题（在下列每小题中，选择一个最适合的答案）

1. （　）是构成市场的基本因素。

A. 人口　B. 购买力　C. 购买欲望　D. 商品

2. 构成容量很大的现实市场，必须是（　）。

A. 人口众多而购买力高　B. 购买力高而购买欲望大

C. 人口众多而购买欲望大　D. 人口众多、购买力高而购买欲望大

3. 不同生产者的产品几乎完全相同，买主买谁的产品都无所谓。这种市场属于（　）。

A. 独家垄断市场　B. 寡头垄断市场　C. 垄断竞争市场　D. 完全竞争市场

4. 一种产品只有一个销售者和生产者，没有或基本没有替代者。这种市场属于（　）。

A. 独家垄断市场　B. 寡头垄断市场　C. 垄断竞争市场　D. 完全竞争市场

5. 市场营销学认为，需求是（　）。

A. 没有得到满足时的心里的感受状态

B. 想得到基本需要的具体满足物的愿望

C. 对于有能力购买并且愿意购买的某个具体产品的欲望

D. 对愿意购买的某个具体产品的欲望

6. 市场营销的核心是（　）。

A. 满足需求　B. 销售　C. 交换　D. 群体

7. 市场营销管理的实质是（　）。

A. 销售管理　B. 需求管理　C. 促销管理　D. 刺激需求

8. 市场营销学作为一门独立的经营管理学科诞生于 20 世纪初的（　）。

A. 欧洲　B. 日本　C. 美国　D. 中国

9. 市场营销理论最初产生于（　）。

A. 19 世纪中叶　B. 19 世纪末　C. 20 世纪初　D. 20 世纪中叶

10. 1995 年，在（　）召开的“第五届市场营销与社会发展国际会议”标志着市场营销学在中国的传播进入新阶段。

A. 北京　B. 上海　C. 大连　D. 广州

11. 市场营销学“革命”的标志是提出了（　）的观念。

A. 以消费者为中心　B. 以生产者为中心　C. 市场营销结合　D. 网络营销

12. 有相当一部分消费者可能对某些如人们对无害香烟及节油汽车的需求有一种强烈的渴望，而现成的产品或服务却又无法满足的需求称为（　）。

A. 负需求　B. 下降需求　C. 不规则需求　D. 潜在需求

13. 有些组织面临的需求水平会高于其能够或想要达到的水平，如北京的马路在高峰期拥挤不堪，这种需求是（　）。

A. 超饱和需求　B. 充分需求　C. 不规则需求　D. 潜在需求

14. 对于负需求市场，营销管理的任务是（　）。

A. 改变市场营销　B. 刺激市场营销　C. 反市场营销　D. 维持市场营销

15. 新加坡控制汽车需求的方法是通过定额制度限制新汽车登记，以保证每年固定的汽车数量增长，这是针对（　）市场进行的需求管理。

A. 不规则需求　B. 充分需求　C. 超饱和需求　D. 潜在需求

16. 在无需求情况下，市场营销管理的任务是（　）。

A. 改变市场营销　B. 刺激市场营销　C. 开发市场营销　D. 协调市场营销

17. 在不规则需求的情况下，市场营销管理的任务是（　）。

A. 开发市场营销　B. 恢复市场营销　C. 同步市场营销　D. 维护市场营销

18. 4Ps 营销组合理论产生于 20 世纪 60 年代的（　）。

A. 美国　B. 日本　C. 英国　D. 法国

19. 4Cs 营销组合理论是由（　）提出的。

A. 罗姆·麦卡锡　B. 菲利普·科特勒

C. 罗伯特·劳特朋　D. 沃恩·特普斯特拉

20.（　）理论提出企业与顾客及其他利益相关者应建立起事业和命运共同体，建立、巩固和发展长期的合作协调关系，强调关系管理而不是市场交易。

A. 4Ps　B. 4Cs　C. 4Rs　D. 4Vs

21. 国内的学者吴金朋等人，综合性地提出了（　）。

A. 4Ps　B. 4Cs　C. 4Rs　D. 4Vs

22. 市场营销战略性组合要素包括（　）。

A. 探查、划分、优先、定位　B. 产品、价格、分销、促销

C. 权力、关系、人员、过程　D. 顾客、成本、便利、沟通

23.（　）即对从事物的产生、成长、衰亡的发展变化或演变的角度来分析研究市场营销问题。

A. 历史研究法　B. 机构研究法　C. 职能研究法　D. 社会研究法

24.（　）即对分销系统的各个环节和各种类型的营销机构进行研究的方法。

A. 系统研究法　B. 管理研究法　C. 社会研究法　D. 机构研究法

25. 目前，西方市场营销学主要是运用（　）进行研究。

A. 管理研究法　B. 系统研究法

C. 社会研究法　D. 管理科学研究法

二、多项选择题（在下列每小题中，选择多个最适合的答案）

1. 从宏观上来看，市场构成的基本要素是（　）。

A. 商品　　B. 供给　　C. 需求
D. 购买力　　E. 信息

2. 从微观上来看，市场构成的基本要素是（　　）。
A. 人　　B. 购买力　　C. 购买欲望
D. 商品　　E. 交易

3. 从竞争态势看，市场可归纳为（　　）基本模式。
A. 独家垄断市场　　B. 寡头垄断市场　　C. 垄断竞争市场
D. 完全竞争市场　　E. 营利组织市场

4.形成现实市场的基本条件是（　　）。
A. 存在买方与卖方
B. 有可供交换的产品
C. 有买卖双方都能接受的交易价格及其条件
D. 人口
E. 购买欲望

5. 市场营销交换一般包括的要素是（　　）。
A. 至少有两个以上的买卖（或交换）者
B. 交换双方都拥有另一方想要的东西和服务（价值）
C. 交换双方都有沟通及向另一方运送货品或服务的能力
D. 交换双方都拥有自由选择的权利
E. 交换双方都觉得值得与对方交易

6. 市场的功能主要包括（　　）。
A. 交换功能　　B. 供应功能　　C. 反馈功能
D. 调节功能　　E. 适应功能

7. 现代市场经济条件下，市场作为市场经济的运行基础和基本形式，具有（　　）。
A. 开放性　　B. 多元性　　C. 自主性
D. 竞争性　　E. 经济性

8. 市场营销理论在中国的传播和发展大致有以下几个阶段：（　　）。
A. 20 世纪三四十年代的首次引入　　B. 1978~1983 年的再次引入
C. 1984~1994 年的迅速传播　　D. 1988~1992 年的应用于发展
E. 1995 年以来深入拓展与创新

9. 大市场营销理论是在原来 4Ps 的基础上增加（　　）。
A. 政治权力　　B. 公共关系　　C. 人员
D. 有形展示　　E. 过程

10. 1986 年 6 月 30 日，菲利普·科特勒又提出在大市场营销理论的 6Ps 之外，还要加上战略 4Ps，即（　　）。
A. 探查　　B. 划分　　C. 优先
D. 定位　　E. 关系

11. 所谓“4Vs”是指（　　）的环境的营销组合理论。
A. 差异化　　B. 功能化　　C. 附加值
D. 共鸣　　E. 多样化

12. 市场营销学的特点是（　　）。

A. 动态性　　B. 实用性　　C. 系统性

D. 预见性　　E. 刺激性

三、填空题（在下列每小题中，填上适当的内容）

1. 中国被称为极大的潜在市场，那么构成容量很大的现实市场必须有＿＿＿＿及＿＿＿＿和＿＿＿＿。

2. 需求必须有两个条件，即＿＿＿＿和＿＿＿＿。

3. 市场营销学最早形成于＿＿＿＿至＿＿＿＿。

4. 我国市场营销学的理论，现存最早的教材是丁馨伯编译的《＿＿＿＿》一书。

5. 在无需求情况下，营销管理的任务是：＿＿＿＿。

6. 电视的普及使观众对电影需求下降，电影院的主要营销任务是：＿＿＿＿。

7. 收费过低的电力供应，免费范围过大的公费医疗，使得电力部门和医院超负荷运转，甚至浪费很大，电力部门与医院营销管理任务是：＿＿＿＿。

8. 4Cs 所提出的"满足顾客需求，降低顾客购买成本，购买便利性，营销沟通"是一种＿＿＿＿和＿＿＿＿。

9. 美国自 1900 年以来，其经济革命主要是＿＿＿＿。

10. 针对不同产品的市场特征，研究问题比较深入，特点突出，由此形成了各大类产品的市场营销学，这属于＿＿＿＿。

四、判断题（判断下列各题是否正确，正确的在题后的括号内打"√"，错误的打"×"）

1. 只要有人的地方，就有企业的市场。（　）

2. 从营销理论的角度看，市场就是商品交换的场所。（　）

3. 在组成市场的双方中，买方的需求是决定性的。（　）

4. 人口的数量和市场购买力的大小与市场容量大小成正比例变化。（　）

5. 市场营销就是推销和广告。（　）

6. 交换是一个过程。在这个过程中，如果双方达成了一项协议，我们就称为发生了交易。（　）

7. 抵制性营销就是限制性营销。（　）

8. 市场营销者可以是卖主，也可以是买主。（　）

9. 1967 年美国著名市场营销学家菲利普·科特勒在其畅销书《基础营销》一书中提出产品、价格、分销、促销，即著名的 4Ps，是企业营销必须要组合的四个最基本的策略。（　）

10. 新世纪，营销活动的规则正在伴随购买者不断的"学习"过程而演变。（　）

五、简答题

1. 简述市场营销学的性质与研究对象。

2. 简述市场包含的主要构成因素。

3. 简述需要、欲望和需求三者之间的关系。

4. 简述宏观市场营销与微观市场营销的区别。

5. 简述 4Ps 营销理论与 4Cs 营销理论的关系。

6. 简述市场营销学的研究方法。

六、论述题

1. 试述市场需求动态与企业营销。

2. 结合我国实际，试述市场营销在市场经济发展中的重要意义。

七、案例分析题

案例分析 1

向和尚推销梳子

背景扫描：某跨国公司在人才市场欲高薪招聘营销员，广告一出，应聘者云集。面对数百名应聘者，人事部经理说："相马不如赛马，这次不需要交材料和面试，你们每人从这里领走 10 把木梳向寺庙的和尚去推销，七天后来公司说明效果。"多少人一听，认为这事荒唐，根本不可能，于是纷纷离去。最后只剩下甲、乙、丙三人，并拿走木梳去推销。日期到了，经理问甲："卖出几把?"答："一把。""怎么卖的?"甲说了历尽千辛万苦，饱受众僧追骂责打后，在下山途中见一小和尚晒着太阳，使劲挠又脏又厚的头皮，他灵机一动，递上梳子，小和尚一使管用，于是买下了。经理又问乙卖了多少，乙回答"10 把"，并说他到一座高山古寺，由于山高风大，烧香者头发都被吹乱，于是找到寺院住持，说蓬头垢面是对佛的不敬，应在香案前放把木梳，供善男信女们梳理鬓发，住持采纳了他的建议。此山共有 10 座庙，于是他卖出 10 把。经理又问丙："你卖了多少?"丙答："1000 把。"众人大惊："怎么卖的?"丙说：他来到一座深山古刹，见朝圣者如织，香火极旺。于是，他对住持说，凡进香朝拜者都有一颗虔诚之心，宝刹应有所回赠，我卖木梳可作为赠品，一来香客把吹乱的头发梳理整齐再拜佛是恭敬，二来住持您书法文笔好，写上"积善梳"，既宣传了积善这一精神，又提高了您和古刹的知名度，香客天天用木梳也给人家留下美好的回忆，这样不光朝圣者，中外游客也会络绎不绝。旅游业发达了，寺庙的收入也会大增。住持大喜，决定先买下 1000 把，现货 10 把，又交了 990 把的定金，还说待过个把月用光后再订购。最后，丙被跨国公司人事部录用为营销员。

资料来源：此案例是根据某营销寓言改编。

讨论分析题：

请你用本章所学知识点分析本例，并说明给你的启示。

案例分析 2

海岛卖鞋

某国某制鞋企业老板一直在思考企业该如何进一步发展的问题。制鞋行业在该国应该说已相当成熟，而且市场化程度很高，竞争异常激烈。为了扩大自己的市场份额，公司从上到下，想了不少办法，可总是收效甚微，不仅自己的市场份额没有什么变化，而且销售额也增长不大。公司大量的营销投入往往得不偿失，这一方面说明竞争惨烈，另一方面也说明国内鞋业市场已经基本饱和。

正当这位老板一筹莫展之际，公司财务科长来汇报财务工作。在讨论完公司财务问题后，财务科长趁机向老板请婚假。这位财务科长工作一直兢兢业业，任劳任怨，深得老板信任，而且请婚假这段时间内，公司财务工作正好不太忙，只有些例行工作。老板自然很爽快地批准了财务科长的请假要求，并关切地问财务科长的婚礼筹备情况。财务科长回答说准备一切从简，旅游结婚。原来财务科长和新娘已约好趁婚假出国到非洲某海岛旅游胜地旅游放松。老板连声说好，突然想起公司的发展问题，灵光一现："国内市场既然难有作为，不妨从国外市场上找找出路。"于是嘱咐财务科长出国旅游期间，顺便观察一下该海岛的鞋业市场，看看公司通过出口打开国际市场、扩大销售的可能性。财务科长欣然接受了这个任务。

不久，财务科长和妻子来到这个海岛。在陪妻子旅游之余，财务科长牢记老板的嘱托，四处打听该岛鞋业市场情况。令人奇怪的是：在他所到的旅游区内竟然没有一家卖鞋的商铺，更看不到修鞋的地方。问当地的土著居民该岛鞋业市场的位置时，他们都是一脸茫然，想不起有哪个地方卖鞋。更令人惊讶的是：财务科长观察到当地土著居民基本上不穿鞋，虽有极少数的人穿鞋，那种鞋也只是一种自编的绑在脚上的草垫而已。于是，认真负责的财务科长立刻通过越洋电话向老板汇报说："这里连个卖鞋的地方都找不到，根本就不存在鞋业市场，看样子公司发展得另辟蹊径。"

这位老板一直在鞋业市场摸爬滚打，他的理想就是让消费者在全世界的鞋业市场都能找到他的鞋，让所有的人都能穿上他的鞋。听了财务科长的汇报，他似乎不能相信现在还有这样的地方，心里犯嘀咕，是不是财务科长一直做财务工作，市场意识不够敏锐呢？为了公司的进一步发展，慎重起见，老板找来两名长期在市场一线的销售人员，其中销售人员甲老成持重，办事让人放心；销售人员乙则开放活泼，富于创新精神。老板给这两名销售人员指定了一个新任务：去海岛考察当地的鞋业市场，评估公司鞋业出口的可能性。老板希望用销售人员对市场的敏感来更准确地把握海岛鞋业市场。鉴于财务科长只是旅游区内观察了解，这次老板特意安排两位销售人员在海岛分头行动，尽量多走访些地方，然后分头向他汇报。

销售人员甲和乙接受了老板的指示后便迅速行动起来，前往海岛分头调研。大约过了一个星期，两人几乎同时通过越洋电话向老板汇报，但汇报的内容却大相径庭。销售人员甲汇报说他几乎走遍了海岛，发现这里的人几乎都不穿鞋子，没有穿鞋的这种需求，自然也就没有市场。与甲的沮丧相反，销售人员乙十分兴奋地汇报说：他也走遍了海岛，发现这里的人几乎都没有鞋，海岛鞋业市场潜力很大。机会难得，公司应马上寄出一批鞋子让他和甲留在这里销售。

听完两位销售人员的不同汇报，老板更加不知所措。在重大的经营决策问题上，他一向慎重。在公司的营销决策方面，老板对营销总监总是言听计从，于是老板又派他最信任的营销总监出马，并希望营销总监通过实地考察后能够拿出一个具体的决策方案。

一个月后，营销总监拿出了一个具体的海岛鞋业营销策划方案。方案基本认同销售人员乙的看法，认为公司在该海岛发展业务是一次难得的营销机会；不过对营销的可行性以及如何营销，认识大有不同。方案首先调查了海岛居民不穿鞋的原因：长期以来，由于海岛自然条件较好，到处都是沙地或草地，而且一年四季都比较暖和，岛内居民就养成了打赤脚的习惯；但是通过调查发现：岛内居民长期赤脚，缺乏保护，大部分人都患有脚疾，穿鞋对他们有好处；也由于遗传特征和长期的生活习惯不同，海岛居民的脚部特征和内陆居民有很大不同，所以必须根据海岛人脚部特征重新设计生产适合海岛人的鞋，而不能简单地将公司已有的鞋搬过来卖。公司还应开展大量的海岛公益宣传活动，以培养海岛居民的穿鞋习惯，并确立公司的鞋业领导者地位。另外方案还提到一个影响公司海岛鞋业营销成败的关键因素：海岛经济比较落后，当地居民都比较穷，这可能也是他们都不穿鞋的一个重要原因。不过方案接着提出了解决办法：海岛盛产一种其他地方没有的水果，预计这种水果销售前景相当好，这样可以通过公共关系手段与海岛政府协商取得该种水果的独家代理权，以补偿低价在海岛售鞋造成的损失以及组织公益活动推广穿鞋习惯的费用。

资料来源：本案例由叶生洪根据某营销寓言改编。

讨论分析题：

1. 通过本案例，你认为作为营销者该如何认识“市场”？
2. 营销与推销有何不同，该如何认识“营销”？
3. 需求可以创造吗？谈谈你对市场营销创新的体会。

【参考答案】

一、单项选择题

1. A　2. D　3. D　4. A　5. C　6. C　7. B　8. C　9. C
10. A　11. A　12. D　13. A　14. A　15. C　16. B　17. C　18. A
19. C　20. C　21. D　22. A　23. A　24. D　25. A

二、多项选择题

1. ABC　2. ABC　3. ABCD　4. ABC　5. ABCDE　6. ACD
7. ABCD　8. ABCE　9. AB　10. ABCD　11. ABCD　12. ABCD

三、填空题

1. 众多人口　购买力　购买欲望　2. 支付能力　购买愿望　3. 19 世纪末　20 世纪初　4. 市场学　5. 激发需求　6. 恢复需求　7. 限制性需求　8. 营销理念　理想的营销标准　9. 营销革命　10. 产品研究法

四、判断题

1. ×　2. ×　3. √　4. √　5. ×　6. √　7. ×　8. √　9. ×　10. √

五、简答题

1. 简述市场营销学的性质与研究对象。

答：市场营销学是一门以经济科学、行为科学、现代管理理论和现代科学技术为基础，研究以满足消费者需求为中心的企业营销活动及其规律性的综合性应用学科。市场营销学是一门应用学科，属于管理学的范畴。实际上，市场营销学的发展经历了一个充分吸收相关学科研究成果、博采众家之长的跨学科演变过程，进而逐步形成了具有特定研究对象和研究方法的独立学科。其中，经济学、心理学、社会学以及管理学等相关学科对市场营销思想的贡献最为显著。市场营销的核心概念是交换，市场营销学将交换作为一个相对独立的范畴抽出来，以价值实现为核心，运用系统论、决策论方法，构成了一个完整的理论体系。其内容包括市场营销概论、市场营销调研预测理论、市场营销环境分析、消费者购买行为理论、目标市场营销理论、市场营销组合理论以及营销组织与控制理论等。

市场营销学的研究对象是以满足消费者需求为中心的企业营销活动过程及其规律性。具体来讲，也就是，作为动态的企业如何在动态的市场上有效地管理其与买主的交换过程和交换关系及相关市场营销的活动过程。

2. 简述市场包含的主要构成因素。

答：市场是指具有特定欲望和需求并且愿意和能够以交换来满足这些需求或欲望的全部潜在顾客所组成。市场的大小，取决于那些具有某种需要，并拥有使别人感兴趣的资源，同时愿意以这种资源来换取其所需要东西的人数。

从宏观或总体角度看，市场主要包括以下要素：

(1) 一定量的可供交换的商品。这里的商品既包括有形的物质产品，也包括无形的服务，以及各种商品化了的资源要素，如资金、技术、信息、土地、劳动力等。市场的基本活动是商品交换，所发生的经济联系也是以商品的购买或售卖为内容的。因此，具有一定量的可供交换的商品，是市场存在的物质基础，也是市场的基本构成要素。倘若没有可供交换的商品，市场也就不存在了。

(2) 向市场提供商品的卖方。商品不能自己到市场中去与其他商品交换，而必须由它的所用者——出卖商品的当事人，即卖方带到市场上去进行交换。在市场中，商品所有者把他们的意志——自身的经济利益和经济需要，通过具体的商品交换反映出来。因此，卖方或商品所有者就成为向市场提供一定量商品的代表者，并作为市场供求中的供应方成为基本的市场构成要素。

(3) 有货币支付能力的商品需求者。卖方向市场提供一定量的商品后，还须寻找到既有需求又具备支付能力的购买者。否则，商品交换仍无法完成，市场也就不复存在。因此，以买方的市场需求是决定商品交换能否实现的基本要素。

商品、供给、需求作为宏观市场构成的一般或基本要素，通过买方和卖方的相互关系，现实地推动着市场的总体运动。

从微观角度看，作为一个有现实需求的有效市场，它必须具备人口、购买力和购买欲望三方面要素。

(1) 人口。人口是构成市场的基本要素，哪里有人，哪里有消费者群，哪里就有市场。一个国家或地区的人口多少，是决定市场大小的具备前提，人口的状况影响着市场需求的内容和结构。

(2) 购买力。购买力是指人们支付货币购买商品和劳务的能力。购买力的高低由购买者收入多少决定。一般来说，人们收入多，购买力高，市场和市场需求则大；反之，市场和市场需求则小。

(3) 购买欲望。购买欲望是指消费者购买商品的愿望、要求和动机，它是把消费者的潜在的购买愿望变为现实购买行为的重要条件。倘若仅具备了一定的人口和购买力，而消费者缺乏强烈的购买欲望或动机，商品买卖仍然不能发生，市场也无从现实地存在。因此，购买欲望也是市场不可缺少的构成因素。

人口、购买力和购买欲望三者互相联系，相互制约，共同构成企业的现实市场，并决定了市场规模和容量。

3. 简述需要、欲望和需求三者之间的关系。

(1) 需要。需要 (Needs) 是人的基本要求，也是人类经济活动的起点。各种经济活动的目的都是为了满足人们的不同需要。人的需要可以分为物质上的生理需要和精神上的心理需要。随着人们生活水平的逐步提高，人的需要也在发生变化。衣食住行是人们的需要，但低层次与高层次的需要相比，内容和形式都有很大差别。例如，低层次的饮食主要解决能量的摄入问题，而高层次的饮食不仅注重营养结构，而且还讲究味道、用料、饮食环境等；低层次的穿衣服主要解决保暖和遮体的需要，而高层次的穿衣不仅要考虑用料、做工，而且还讲究风格、潮流和品牌。人类的需要是一个以生理需要为基础的复杂体系。

(2) 欲望。欲望 (Wants) 是指想得到需要的具体满足物的愿望。它表现为想得到的某种“特定物品”或“特定方式”。例如，某人想穿名牌西装、开高级小轿车、住豪华别墅，这就是他的具体欲望。人的欲望的形成受到他所生活的环境和自身条件的影响。

值得注意的是，需要存在于人的生理需要和内在状态之中，不是营销人员能够创造的。但是欲望是满足需要的“特定物品”或“特定方式”，营销人员是可以采用各种营销手段来激发和创造这些欲望，并且由企业开发、销售这些特定的产品和服务来满足这种欲望。

(3) 需求。需求 (Demands) 是指人们有能力购买并愿意购买某个具体产品的欲望。需求必须有两个条件，即支付能力和购买愿望。一个人的欲望可以有很多，但他的支付能力有限，因此他必须在自己的购买力范围内选择最合适的产品来满足某种欲望。在这种情况下，他的欲望就变成了对某种产品的需求。例如，某人想拥有高级的小轿车，但他没有足够的收入和储蓄来支付购车的费用和日常使用的费用，那么这种欲望暂时实现不了，并不能形成对高级小轿车的需求，他只能降低需要的层次，通过坐公共汽车或骑自行车来满足“行”的需要。

市场营销者并不创造需要，需要早就存在于市场营销活动之前，市场营销者连同社会上的其他因素，只是影响了人们的欲望和需求，试图向人们指出，何种特定产品可以满足其特定的需要。

4. 简述宏观市场营销与微观市场营销的区别。

答：市场营销理论的构建从微观（企业）开始，逐步形成了微观与宏观两个分支，二者之间的区别主要表现在以下四个方面：

(1) 研究角度不同。宏观市场营销是一种社会的经济活动过程，即从社会总体的交换角度来研究市场营销问题，而微观市场营销则是一种组织或机构的经济活动过程，即从个体（个人和组织）交换角度来研究市场营销问题。

(2) 管理主体不同。宏观市场营销的管理主体是社会（政府和消费者组织），而微观市场营销的管理主体则是企业（社会机构、组织）或个人。

(3) 手段不同。宏观市场营销的手段主要是各种政策、法律和社会道德，而微观市场营销的手段则主要是4Ps（产品、价格、分销和促销）。

(4) 目的不同。宏观市场营销以求得社会生产与社会需要之间的平衡，保证社会整体经济的持续、健康发展和消费者利益为目标，而微观市场营销的目的则是通过满足消费者需求来获得利润。

5. 简述4Ps营销理论与4Cs营销理论的关系。

答：4Ps与4Cs，无论从理论与实践来看，4Cs并不是对4Ps的否定。这二者只不过属于两个不同的范畴内涵。4Ps属于营销的策略和手段，而4Cs则属于营销的理念和标准。

4Cs所提出的“满足顾客需求，降低顾客购买成本，购买便利性，营销沟通”，是一种营销理念和理想的营销标准；而4Ps“产品、价格、渠道与促销”则是一种营销策略和手段。4Cs所提出的营销理念和标准最终还是要通过4Ps为策略和手段来实现的。4Cs的提出，提醒并强调企业在营销实践中“一切以消费者为中心”的策略和行动取向。

6. 简述市场营销学的研究方法。

答：(1) 产品研究法。产品研究法，即对各类产品和各种产品的市场营销分别进行分析研究，如农产品的市场营销、产业用品的市场营销、服装市场营销等等。这种研究方法是针对不同产品的市场特征，研究问题比较深入，特点突出，由此形成了各大类产品的市场营销学。企业人员往往采用这种方法研究本企业的市场营销活动。这种市场研究方法，其优点是具体实用，缺点是有许多共同的方面造成重复。

(2) 机构研究法。机构研究法，即对分销系统的各个环节和各种类型的营销机构，如生产者、代理商、批发商、零售商等进行研究的方法。该方法侧重分析研究流通过程的这些环节或层次的市场营销问题，其研究结果形成了批发学、零售学等。

(3) 职能研究法。职能研究法，即通过分析研究采购、销售、运输、仓储、融资、促销等市场营销职能和执行这些职能过程中所遇到的问题，来探讨和认识市场营销问题。这种方法主要是研究各个营销环节的活动和在不同的产品市场如何执行这些职能。在西方国家，多数大学的市场营销学课程都重视采用职能研究法，但并不把它作为唯一的研究方法。

(4) 历史研究法。历史研究法，即对从事物的产生、成长、衰亡的发展变化或演变的角度来分析研究市场营销问题。例如，分析研究市场营销这一概念的含义的发展变化、近百年来西方工商企业的营销观念的演变、市场营销战略思想的发展变化等，找出其发展变化或演变的原因，掌握其发展变化或演变的规律性。西方市场营销学者一般都重视历史研究法，但是也不把它作为唯一的研究方法。

(5) 管理研究法。管理研究法，又叫决策研究，即从管理决策的角度来研究市场营销问题。这种方法特别重视市场营销的分析、计划、组织、执行和控制。其研究框架是，将企业营销决策分为目标市场和营销组合两大部分，研究企业如何根据其“不可控因素”(即营销者本身不可控制的市场营销环境因素)，结合自身资源条件“企业可控因素”(即营销者自己可控制的产品、商标、品牌、价格、广告、渠道等)，进行合理的目标市场决策和市场营销组合决策。管理研究法广泛采用了现代决策论的相关理论，将市场营销决策与管理问题具体化、科学化，对营销学科的发展和企业营销管理水平的提高起了重要作用。目前，西方市场营销学主要是运用这种管理决策法进行研究。本书所采用的就是这种方法。

(6) 系统研究法。系统研究法，即企业营销管理者作市场营销决策时，把企业的有关环境和市场营销活动过程看做是一个系统，统筹兼顾其市场营销系统中的各个相互影响、相互作用的组成部分，千方百计使各个部分协同活动，从而产生增效作用，提高企业经营效益。西方市场营销学者和企业营销管理人员从管理决策的角度分析研究企业的市场营销问题时，通常还配合采用这种系统研究方法。

(7) 社会研究法。社会研究法，即主要研究各种营销活动和营销机构对社会的贡献及其所付出的成本。这种方法提出的课题有：市场效率、产品更新换代、广告真实性及市场营销对生态系统的影响，等等。

(8) 管理科学研究法。管理科学研究法，即不仅要用文字来分析与阐述问题，还应采用数学方法来建立市场营销的数学模型，并用统计数字来检验模型的科学性。这是一种偏重定量研究的方法，值得重视，但一般都是与上述的研究方法结合起来使用。

六、论述题

1. 试述市场需求动态与企业营销。

答：市场营销管理是为创造达到个人和机构目标的交换而规划和实施的理念、产品、服务构思、定价、促销和分销的过程，它包括分析、计划、执行和控制，目标是满足各方面的需要。市场营销管理的实质是需求管理。市场需求是多种多样的，根据需求水平、时间和性质的不同，可归纳出八种不同的需求状况。根据需求状况和营销管理的任务是扭转、刺激、适应及影响消费者的需求。

(1) 负需求与扭转性营销。负需求是指绝大多数人都对某种产品和劳务不仅不喜欢，没有需求，而且有厌恶情绪，甚至愿意出钱回避它，那么这个产品市场便是处于一种负需求。如人们对接种疫苗、拔牙和胆囊手术有负需求。在此情况下，市场营销的任务是分析市场为何不喜欢这种产品，研究如何经由产品再设计、改变产品的性能或功能、降低价格和正面促销的市场营销方案来改变市场的看法和态度，即扭转人们的抵制态度，实行扭转性营销措施。

(2) 无需求与刺激性营销。无需求是指市场对某种产品或劳务既无负需求亦无正需求，只是漠不关心，没有兴趣。无需求通常是针对新产品和新的服务项目，人们因不了解而没有需求；或者是非生活必需的装饰品、赏玩品等，消费者在没有见到它们以前也不会产生需求。因此，市场营销的任务就是设法把产品能带来的利益和价值同人们的自然需要和兴趣结合起来，以引起消费者的关注和兴趣，刺激需求，使无需求变为正需求，即实行刺激性营销。如上海钢琴公司为了让公司的聂耳牌钢琴在供大于求的局面下打开销路，首先对国内的实际情况做了调查，他们发现国内弹钢琴的人并不多，而且学钢琴的氛围也不浓烈，于是得出结论：要销售钢琴，首先要培养弹钢琴的人。后来他们首先在上海、广州、福州、青岛等城市举办了各种形式的钢琴演奏会、钢琴大奖赛等，以增添家长为孩子购买钢琴的动力。丰厚的奖品、广告宣传营造的气氛为钢琴的销售前奏曲带来"轰动效应"，聂耳牌钢琴的名声也一炮打响。其次是创办艺术学校，据说在已培训的3000多名儿童中，有10%以上的儿童家长购买了该公司生产的钢琴。

(3) 潜在需求与开发性营销。潜在需求是指多数消费者对市场上现实不存在的某种产品或劳务的强烈需求。如人们对于无害香烟、安全的居住区以及节油汽车等有一种强烈的潜在需求。在这种情况下，市场营销的任务就是估量潜在市场的大小和发展前景，努力开发新产品，设法提供能满足潜在需求的产品和劳务，变潜在需求为现实需求，实行开发性营销。

(4) 下降需求与恢复性营销。市场对某种商品的需求逐渐减少的市场状态。人们对一切产品和劳务的兴趣和需求，总会有发生动摇或下降的时候，在这种情况下，市场营销者必须分析市场衰退的原因，决定是否通过发现新的目标市场，改变产品特色，或者采取更有效的营销组合再刺激消费需求。市场营销的任务是设法使已下降的需求重新回升，使人们已经冷淡下去的兴趣得以恢复，即实行恢复性营销。

(5) 不规则需求与同步性营销。许多产品和劳务的需求是不规则的，即在不同时间、不同季节需求量不同，如运输业、旅游业、游乐业都有这种情况。因此，市场营销的任务是设法调节需求与供给的矛盾，通过灵活定价、促销和其他激励措施，并寻找改变需求时间模式的方法，使供求趋于协调同步，即实行同步性营销。

(6) 饱和需求与维护性营销。饱和需求是指当前市场对企业产品或劳务的需求在数量上和时间上同预期的最大需求已达到一致。但是，饱和需求状态不会静止不变，而是动态的，它常常由于两种因素的影响而变化：一是消费者的偏好和兴趣的改变，二是同行业者的竞争。因此，市场营销的任务是设法保持现有的需求水平和销售水平，防止出现下降趋势，这就要求企业必须保持和改进产品质量，不断估计消费者需求的满足程度与企业生产经营之间的关系，努力做好营销工作，即实行维护性营销。主要策略是保持合理售价，稳定推销人员和代理商，严格控制成本费用，进一步搞好售后服务等。

(7) 过渡需求与限制性营销。过渡需求是指市场对某种产品或劳务的需求量超过了卖方所能供给和所愿供给的水平，这可能是暂时性缺货，也可能是价格太低，还可能是由于产品长期过分受欢迎所致。如收费过低的电力供应，免费范围过宽的公费医疗，使得电力部门和医院超负荷，甚至浪费很大，在这种情况下，应当实行限制性营销。限制性营销就是长期或暂时地限制市场对某种产品或劳务的需求，通常可采取提高价格、减少服务项目和供应网点、劝导节约等措施，实行这些措施难免是要受到反对的，营销人员要有充分的思想准备和应变措施。

（8）有害需求与抵制性营销。有些产品或劳务对消费者、社会公众或供应者有害无益，对这种产品或劳务的需求就是有害需求。有害的产品或劳务常引起有组织的力量反对其消费，如毒品、黄色书刊、色情服务等，都受到社会公众的反对和抵制。在这种情况下，市场营销的任务是否定这类需求，抵制和清除这类需求，实行抵制性营销和禁售。

抵制性营销与限制性营销不同，限制性营销是限制过度的需求，而不是否定产品或劳务本身；抵制性营销则是强调产品或劳务本身的有害性，从而抵制这种产品和劳务的生产和经营。

针对上述各种需求情况，营销管理者必须掌握一定的营销理论和方法，通过营销调研、计划、实施和控制等步骤来完成这些任务。做到具体问题具体分析、具体对待，采取相应的有针对性的营销措施，实现营销的目的。

2. 结合我国实际，试述市场营销在市场经济发展中的重要意义。

答：市场营销不仅对于微观企业的生存和发展具有十分重要性，而且对于社会进步和宏观经济的繁荣也具有极其重要的影响作用。因此，在大力发展市场经济的形势下，研究市场营销学具有重要意义。

（1）迎接新世纪的营销挑战。我们正在面对新经济时代的严峻挑战。现代科技的飞速发展，从根本上改变着人们的生活方式和社会生产方式，带来比以往更为复杂和快速变化的社会经济环境以及更为剧烈的全球竞争。无论是在国家（地区）综合国力的发展层面，还是在微观企业经营与发展层面，新世纪的挑战都是崭新的、全面的。

经济全球化、高技术（特别是信息科技产业）的崛起、金融危机和全球企业并购之风的兴起，预示着未来的营销从观念、规划到方式都将发生深刻变化。一些学者将这些变化方向归纳为“学习”型营销。善于学习、创新和运用新知识的组织将是最大的赢家。

新的环境要求经营者洞察消费者的知识及其学习过程，并在买主的学习过程中发挥作用。因此，经营者不仅要向顾客学习，建立学习型组织，而且要对顾客“半教半学”。这种营销观念认为，营销活动的规则正在伴随购买者不断的“学习”过程而演变。这种演变在一定程度上取决于营销者教给购买者的学习内容。

可见，学习、研究市场营销学是知识经济时代的要求，是迎接新世纪挑战、适应环境变化的必需。

（2）促进经济增长。宏观经济的稳定、健康和持续发展，已经成为各国（地区）关心的话题。经济成长决定了多方因素，其中，市场营销占据重要地位。

“二战”后许多国家的经济成长经验表明，市场营销观念的转变和贯彻是经济成长的一个重要原因。彼得·德鲁克在分析西方国家的营销问题时指出：将营销作为企业的中心功能，“这种观念上的改变是欧洲在1950年以后快速复原的主要原因之一……20世纪50年代以后，日本经济上的成功，主要归功于其接受营销为企业首要的观念。”而美国，自1900年以来，其经济革命主要是营销革命。这种营销革命对经济的影响不亚于20世纪任何技术上的革命。

回顾我国近20多年的经济成长过程，就可以看到市场营销在经济发展过程中起着重要的作用。

1）市场营销促进经济总量增长。市场营销以满足消费者需求为中心，不断推出新产品，开拓新市场，扩大原有市场份额，有效地促进了经济总量的增长。

2）市场营销在开发新产品并推向市场时，降低市场风险，促进新科技成果有效地转化为生产力，充分发挥科技作为第一生产力在经济增长中的作用。

3）市场营销的发展，一方面扩大内需；另一方面将产品推向国际市场，吸引外资，解决经济成长中供求矛盾和资金、技术等方面问题，开拓了更大的市场空间。

4）市场营销为第三产业的发展开辟道路。市场营销的发展需要专业的营销调研机构、咨询机构、广告公司、策划公司，这就提供了大量的就业机会，并促进了第三产业的多元化发展。

5）市场营销随着社会市场营销观念的出现，越来越重视企业经营与社会、环境的协调关系，倡导保护环境，实施绿色营销，对促进经济的可持续发展起着重要作用。

(3) 促进企业成长。市场营销学以满足消费者需求为中心，引导企业树立正确的市场营销观念，面向市场组织生产过程和流通过程，不断从根本上解决企业成长的关键问题。

1）市场营销为企业成长提供了信息分析系统。市场营销指导企业不断了解变化的环境、预测其发展趋势，分析消费者购买行为，以不断创新产品及营销策略，避免营销短视风险，不断在更高层次上满足需要，从而实现自身成长。

2）市场营销为企业成长提供了战略管理。市场营销通过对市场的细分，确定了目标市场并进行市场定位，使企业在目标市场上创造竞争优势，以保证企业在激烈的竞争环境中立于不败之地。

3）市场营销为企业成长提供了系统的策略方案。市场营销从营销战略决策和营销组合策略决策及系统实施来达到其成长目标。

4）市场营销为企业成长提供了组织管理和营销计划的执行与控制方法。

总之，研究市场营销学，我们将在最重要的方面强化企业最基本的功能，促进企业的健康、持续成长。结合我国当前实际，许多国有企业、乡镇企业在经过一段时间发展后陷入了成长困境，固然有这样那样的原因，但其营销管理薄弱是共同原因。另外，在营造有影响力的跨国公司时，研究和运用市场营销学、国际市场营销学也是必不可少的。

七、案例分析题

案例解读 1

向和尚推销梳子

请你用本章所学知识点分析本例，并说明给你的启示。

答：这个有趣的故事告诉我们，丙之所以比甲、乙两人推销效果好，是因为从看似无市场的地方开辟出了市场，把负需求变为正需求、无需求变为有需求、潜在需求变为现实需求。丙的“卖点”要比甲、乙高明得多。“卖点”，又称独特的销售主张，是营销活动中极其重要的思想，它包含三个方面的含义：任何产品应该向消费者传播一种主张、一种忠告、一种承诺，告诉消费者购买产品会得到什么样的好处；这种主张应该是竞争对手无法提出或未曾提出的，应该独具特色；这种主张应该以消费者为核心，易于理解和传播，具有极大的吸引力。以本例而言，第一位应聘者甲仅仅把自己的卖点定位在梳头的功能，只卖一把；乙只不过是把目光转向了有头发的“进香者”，售出 10 把；丙的高明之处就在于，一改梳子的梳头功能定位，用跳跃思维把自己的卖点定在了“赠品”这一位置，进香者众，当然销量亦大增。

从某种意义上来讲，我们也可以把找卖点简单归结为找“好处”，给消费者带来的独特好处。然而，这个好处必须是实实在在的。产品要确确实实具有你所宣传和承诺的功效或特征，确确实实能够满足消费者的某种需求，也就是产品的核心价值必须真实可靠，不能欺骗消费者。产品的卖点核心要领是必须依托产品的实际功效。

必须注意的是，第一，找卖点不应该局限在推销这一概念上，而是应贯穿于经营的整个过程。试想，如果一个产品正是在生产出来之后再去发掘给消费者带来的好处，岂不晚矣？第二，在确定产品卖点时，产品的功效诉求必须首先从消费者角度、从市场的角度来考虑问题，而不是仅以产品的功效排序来决定我们该把产品说成什么，尤其要注意单单从技术的角度来寻找自己的卖点。假如上述的例子中，仅仅将梳头这一功能作为卖点向和尚们推销，显然是一把也销不出去。而把它放大到“赠品”这一功能，销售前景就豁然开朗。更重要的是，找卖点要开动管理人员的大脑，开阔视野，用自己的智慧和发散性思维来找到自己的位置。以微波炉为例，人们往往把销售对象瞄准了家庭烹调这一用途，如果我们利用一下微波的消毒功能，我们可以把微波炉的销售范围扩大到医院、饭店，宣传“轻轻一按，病菌死光光”，效果应不会太差。

“卖点”的目标群要足够大。也就是说，你所诉求的产品功效和卖点必须要有足够数量的受众——消费者或潜在消费者数量要足够庞大，否则你就很难有销量保证，盈利可能也就相对狭小。以上例子中的丙的成功，不但选对了“赠品”这一卖点，而且还因为其目标群——进香者人数众多，且顾客源源不断。尤其是一些微利的产品，目标群是应考虑的一个重要问题。

“卖点”要有特点。随着科学的发展和技术的进步，产品同质化越来越严重，尤其在生产充分市场化的领域更为明显。在这种情况下，体现自己的独特之处就成为产品推广的必要步骤。俗话说：“不怕不识货，就怕货比货。”凭什么去吸引消费者购买你的产品，而不买竞争对手的产品？关键在于，你的卖点独特，与众不同，并以此来打动消费者。要让消费者理解自己的卖点，找到卖点固然重要，最终让消费者认可这个卖点更为重要。它要求我们传达给消费者的卖点的概念必须易于广泛传播，易于理解。

总之，用高超的智慧发现卖点，用独特的思维突出卖点，用成功的宣传让消费者信任卖点，是企业经营成功的三大要点。

资料来源：罗农：《市场营销学》，北京：清华大学出版社，2008。

案例解读 2

海岛卖鞋

1. 通过本案例，你认为作为营销者该如何认识“市场”？

答：阅读本案例后，首先我们可以清楚地看到不同的人所认识的“市场”有不同的含义。究竟什么是市场？财务科长和当地居民对市场的理解显然是指交易的地方，这和生活中一般人常识性的理解是相同的，即市场的第一层含义：场所论，指买方与卖方进行交易的场所。两位销售人员对市场的理解与前者不同，他们关心的是市场问题是有没有卖鞋的人。他们对市场的理解是市场的第二层含义：购买者论，指的是市场中存在需求——由有购买欲望、购买意向和购买力的购买者构成，市场即为购买者的集合。作为营销者，仅理解市场的这两层含义显然不够。实际上，市场上不仅有买方和卖方，市场中既存在供需关系及矛盾，又存在竞争者和竞争关系，竞争已是影响营销决策的重要因素。这是市场的第三层含义：市场即买方、卖方、竞争者的集合。

从更高的层面来看，市场不仅是买方、卖方、竞争者的集合，还存在许多的利益相关者影响企业的经营决策，如政府机构、金融机构、公众等。此即市场的第四层含义：市场是指所有和企业利益相关者的集合。本案例中，海岛政府、公众都是企业的利益相关者。对利益相关者论，企业经营者在认识市场时不可不察。从哲学层面考察市场，马克思为市场下了一个经典全面的定义，可以概括上面所有的认识，即市场的第五层含义：市场是商品交换关系的总和。营销者若想成为经营大师，提出自己的经营理念，必须从哲学层面考察市场。综上所述，可从五个层面考察市场的含义，它们是：场所论，购买者论，买方、卖方、竞争者的集合论，利益相关者论，交换关系论。

2. 营销与推销有何不同，该如何认识“营销”？

答：从本案例中，我们还可以看到：销售人员乙所理解的“营销”和营销总监所理解的营销完全不同，严格地说前者所理解的是产品推销而不是营销，营销和推销的区别有如下四点：一是出发点不同，推销观念的出发点是企业及其现有产品，而营销观念的出发点则是市场需求，推销的方向是由内而外的，而营销的方向则是由外而内的；二是重点不同，推销的重点是企业的产品，而营销所关心的重点是顾客的需求；三是方法不同，一般而言推销活动所涉及的具体方法无外乎推销和促销，而营销活动的方法则是整体营销手段，包括产品的研发、设计、渠道选择、定价决策以及推销和促销手段，并且全过程中都贯彻需求导向；四是目的不同，推销的目的是通过销售获得利润，而营销则是通过满足顾客，使顾客满意来增加销售，进而实现利润。上述不同可以通过比较销售人员乙和营销总监的表述分析得到。营销和销售的最简单的区别是：销售和推销是在有了产品之后如何卖出去；而营销是在产品之前，甚至是在企业建立之前就应该明确——企业到底满足社会的哪一部分需求？到底哪一类人需要我们提供什么样的服务？这是企业的立身之本。在已经有了产品之后，营销和销售的区别是：销售关心的是产品怎样卖出去，营销关心的是我们能否真正满足需求？需求有没有发生变化？竞争对手是否比我们更好地满足了需求？产品能否满足新的需求？如果不能真正满足需求，即使产品推销出去了，企业的繁荣也不可能长久。

3. 需求可以创造吗？谈谈你对市场营销创新的体会。

答：从本案例中甲和乙对海岛是否存在鞋子需求的不同判断，我们可以看到创新性思维在市场营销中的重要性。市场是靠人开拓的，人的思维方法错了，就无法开拓新市场；人的思维方法对了市场就可以开拓出来。我们开展市场营销活动时，一定要重视思维创新。现今市场竞争激烈，大家都在思考如何创新、如何进行差异化经营。其实创新不一定是某项新技术的应用，不一定要投入大量的资金去研发，对营销者而言更重要的往往是市场的创新，即挖掘出别人尚未挖掘出的潜在需求。发掘新的商机，比跟在别人后面亦步亦趋更具发展前景，因为谁是新商机的发现者，谁就是市场的独占者，没有竞争，任君驰骋。不过，要强调的一点就是，只有在存在或可以创造切实的需求时，营销创新才能构成新的商机，否则这种创新就一文不值。

资料来源：叶生洪等：《市场营销经典案例与解读》，广州：暨南大学出版社，2009。

第二章　市场营销管理哲学及其演进

营销的目的在于充分认识及了解顾客，使产品或服务能适合顾客的需要。

——彼得·德鲁克

本章重点：理解市场营销管理哲学的演变；理解顾客满意和顾客忠诚的含义；掌握实现顾客满意的主要途径；了解市场导向战略组织创新。

本章难点：顾客认知价值；顾客满意和顾客忠诚。

本章新知识点：社会市场营销观念；顾客满意；顾客让渡价值。

【学习目标】

1. 理解市场营销管理哲学的演变
2. 理解顾客满意和顾客忠诚的含义
3. 掌握实现顾客满意的主要途径
4. 了解市场导向战略组织创新

本章讨论市场营销管理哲学在实践中的演变、现代市场营销管理观念的特征以及企业全面贯彻现代市场营销哲学需要解决的主要问题。企业在面对不同需求状况的市场时，需要进行营销管理。建立营销管理的哲学观念，其核心是正确处理企业、顾客和社会三者之间的利益关系。伴随社会的经济发展，企业的营销管理（哲学）观念大致经历了以企业为中心，以消费者为中心和以社会利益为中心三个阶段。今天，企业必须在保证社会经济的前提下，通过一系列的营销努力（其支柱是目标市场、整体营销、顾客满意和盈利率），才能实现企业自身目标。全面贯彻现代营销管理观念，要求企业做好两方面工作，即通过质量、服务和价值实现顾客满意以及通过市场导向战略奠基竞争基础。

顾客满意是顾客对绩效的实际感受与期望的比较状态。提高顾客满意程度，有利于建立顾客忠诚，降低企业成本，提高盈利水平。为此，企业首先要努力使顾客获得更大的让渡价值：一是提高顾客购买的总价值，主要包括产品价值、服务价值、人员价值和形象价值；二是降低顾客购买的总成本，包括货币价格、时间成本、体力成本和精神成本。其次，要努力建立持久的顾客关系，根据不同情况，在财务层面、社交层面和结构层面实施关系营销。再次，要实施全面质量管理，始终围绕顾客满意，将改进产品和服务质量视为头等大事，并将其贯穿在公司的每一项活动中。最后，企业必须系统协调其创造价值的价值链工作，加强核心业务流程管理以及由供应商、经销商和最终用户组成的供销价值链管理。在价值链管理中，企业要突出抓好关键环节（即战略环节），形成自己的核心竞争力。

面对快速变化的市场环境挑战，企业实现顾客满意还必须改革自身组织与管理体制，成为真正面向市场的组织。市场导向的组织创新的主要原则包括：满足主要利益方（顾客、供应商、经销商、企业员工和股东）的要求；改进关键业务过程，使企业创造顾客满意的总目标能有效遍及整个业务环节和全过程；形成合理配置资源机制，使企业的有限资源能按顾客满意方式有效配置。根据这些原则，企业需要建立以信息为基础的知识型组织。这种新的组织必须保证企业能迅速、有效地倾听市场内外的各种信号，并能从听取的信息及业务经验中不断地学习和更新组织知识状态，提高适应市场的能力。组织倾听和学习的结果，要进一步落实到决策和领先上。

【核心概念】

市场营销管理哲学；生产观念；产品观念；推销观念；市场营销观念；社会市场营销观念；顾客满意；顾客忠诚；顾客认知价值；质量；企业价值链；倾听；领先。

1. 市场营销管理哲学

市场营销管理哲学是指企业对其营销活动及管理的基本指导思想或者说是企业的经营思想。它是一种观念、一种态度或是一种企业思维方式。任何企业的营销管理都是在特定的指导思想或观念指导下进行的。市场营销管理哲学的核心是企业以什么态度和思想方法去看待和处理组织、顾客和社会三者之间的利益关系。

2. 生产观念

生产观念是一种最古老的营销管理观念。生产观念认为，消费者总是喜欢那些可以随处买得到而且价格低廉的产品，因此，企业应当集中精力提高生产效率和扩大分销范围，以便增加产量、降低成本。显然，生产观念是一种重生产、轻市场营销的观念。

3. 产品观念

产品观念也是一种较早的企业营销观念。产品观念认为，消费者最喜欢高质量、多功能和具有某种特色的产品，因此，企业管理的中心是致力于生产优质产品，并不断精益求精。显然，产品观念过分重视产品而忽略顾客需求，最终导致“营销近视症”，即企业不恰当地把注意力集中在产品或技术上，而不是消费者的真实需要上，最终会导致丧失市场、失去竞争力的结果。

4. 推销观念

推销观念又称销售观念。推销观念认为消费者通常有一种购买惰性或抗衡心理，若任其自然，消费者就不会足量购买本企业的产品，因此，企业必须要积极推销和大力促销，以刺激消费者大量地购买本企业的产品。显然，推销观念相信产品是“卖出去的”而不是“被买去的”，企业致力于产品的推广和广告活动，以求说服甚至强制消费者购买。

5. 市场营销观念

市场营销观念认为，企业的一切计划与策略以消费者为中心，正确确定目标市场的需要与欲望，比竞争者更有效地满足顾客需求。因此，企业改变以卖为中心的思维方式，将重心转向认真研究消费需求，明确为之服务的目标市场，以满足目标顾客的需要，即从以企业为中心转变到以消费者为中心。显然，市场营销观念相信，得到顾客的关注与顾客价值才是企业获利之道，企业的一切活动都要围绕满足消费者需要来进行。

6. 社会市场营销观念（略）

7. 顾客满意

顾客满意，是指顾客将产品和服务满足其需要的绩效与期望进行比较所形成的感觉状态。顾客是否满意，取决于其购买后实际感知到的好处和利益与购买前对该产品的期望（顾客认为应当得到的好处和利益）的差异：若感知小于期望，顾客会不满意；若感知与期望相当，顾客会满意；若感知大于期望，顾客会十分满意。

8. 顾客忠诚

顾客忠诚是指顾客在满意的基础上，进一步对某品牌或企业作出长期购买的行为，是顾客一种意识和行为的结合。“老顾客是最好的顾客。”高度忠诚的顾客是企业最宝贵的财富，因此建立顾客忠诚非常重要。

9. 顾客认知价值

顾客认知价值是指企业让渡给顾客，且能让顾客感受到的实际价值。它一般表现为顾客购买总价值与顾客购买总成本之间的差额。顾客总价值是指顾客从购买的特定产品和服务中所期望得到的所有利益。顾客总成本包括：货币成本、时间成本、精神成本、体力成本等。

10. 质量

质量是指与一个产品或服务的特色和品质的总和，这些品质特色将影响产品满足各种明显的或隐含需要的能力。

11. 企业价值链

企业价值链是指企业在创造价值时互不相同又互相关联的经济活动的集合。

12. 倾听

倾听是指企业感知外部世界的所有活动。

13. 领先

领先是指通过决策过程从而比竞争对手做得更好。

【新知识点】

社会市场营销观念；顾客满意；顾客让渡价值。

1. 社会市场营销观念

社会市场营销观念产生于20世纪70年代。这种观念认为，企业的任务是确定各个目标市场的需要、欲望和利益，并以保护或提高消费者和社会福利的方式，比竞争对手更有效、更有利地向目标市场提供能够满足其需要、欲望和利益的物品和服务。社会市场营销观念要求企业市场营销者在制定市场营销政策时，不仅要求企业满足目标顾客的需求与欲望，而且要考虑消费者及社会的长远利益，即将企业利益、消费者利益与社会利益有机地结合起来。

社会市场营销观念适应人类社会发展进步的要求，是对市场营销观念的修正与补充。在这一观念指导下，企业市场营销不再以消费者需要作为唯一出发点，而是充分考虑社会利益，寻求消费者、社会与企业利益的平衡点。

2. 顾客满意

顾客满意原本是商业经营中一个普遍使用的生活概念，没有特别的含义。1986年，一位美国心理学家借用顾客满意这个词来界定消费者在商品消费过程中需求满足的状态，使顾客满意由一个生活概念演变为科学概念。企业界在心理学家定义的基础上，对顾客满意的内涵进行了扩展，把它从一种界定指标发展成为一套营销战略直接指导企业的营销，甚至经营活动，并称为“顾客满意战略”。

所谓顾客满意，是指顾客通过一个产品的可感知的效果（或结果）与他的期望值相比较后所形成的感觉状态。因此，满意水平是可感知效果和期望值之间的差异函数。顾客可以经历三种不同的满意度中的一种。如果可感知效果低于期望，顾客就会不满意；如果可感知效果与期望所匹配，顾客就满意；如果可感知效果超过期望，顾客就会高度满意、高兴或欣喜。

顾客满意的形成，取决于顾客以往的购买经验、朋友和同事的影响以及影响者和竞争者的信息与承诺。若一个企业使顾客的期望过高，则容易引起购买者的失望，降低顾客满意程度。但是，如果一个企业把期望定得过低，虽然能使买方感到满意，但很难吸引大量购买者。企业必须十分重视提高顾客的满意程度，争取更多高度满意的顾客，建立起高度的顾客忠诚。

3. 顾客让渡价值

顾客让渡价值观念是美国著名的市场营销学家菲利普·科特勒在 1994 年提出的。他认为，顾客让渡价值是顾客总价值与顾客总成本之间的差额。顾客总价值是指顾客购买某一产品与服务所期望获得的一组利益，包括产品价值、服务价值、人员价值和形象价值等。顾客总成本是指顾客为购买某一产品或服务所耗费的时间、精神、体力及所支付的货币资金等。它包括货币成本、时间成本、精神成本和体力成本等。

由于顾客在购买产品时，总希望把有关成本包括货币、时间、精神和体力等降到最低限度，而同时又希望从中获得更多的实际利益，以使自己的需要得到最大限度的满足，因此，顾客在选购产品时，往往从价值与成本两个方面进行比较与分析，从中选择出价值最高、成本最低，即“顾客让渡价值”最大的产品作为优先选购的对象。

【学习重点】

企业营销哲学的发展；市场营销观念与推销观念比较；社会市场营销观念；顾客满意度与顾客让渡价值；价值让渡系统与价值链的战略环节；市场导向战略规划。

1. 企业营销哲学的发展

企业营销哲学通常划分为五个阶段：生产观念、产品观念、推销观念、市场营销观念和社会市场营销观念。前三种观念被称为传统市场营销观念，后两种被称为现代市场营销观念。两种营销观念的比较比较见表 2–1。

表 2–1　两种营销观念的比较

营销观念		营销程序	重点	手段	营销目标
传统营销观念	生产观念	产品→市场	产品	提高生产效率	通过扩大产量降低成本取得利润
	产品观念	产品→市场	产品	生产优质产品	通过提高质量扩大销量取得利润
	推销观念	产品→市场	产品	促进销售策略	加强销售促进活动，扩大销量取得利润
现代营销观念	市场营销观念	产品→市场→市场	消费者需求	整体市场营销活动	通过满足消费者需求和欲望，取得利润
	社会市场营销观念	产品→市场→市场	消费者需求、社会长期利益	协调性市场营销活动	通过满足消费者的欲望和需求，增进社会长期利益，取得企业利益

2. 市场营销观念与推销观念比较

推销观念产生于20世纪20年代末至50年代初。当时，社会生产力有了巨大发展，市场趋势由卖方市场向买方市场过渡，尤其在1929~1933年的特大经济危机期间，大量产品销售不出去，迫使企业重视广告术与推销术的应用研究。这种观念认为，消费者通常表现出一种购买惰性或抗衡心理，企业必须进行大量推销和促销努力。但其实质仍然是以生产为中心的。

市场营销观念定型于20世纪50年代中期，这种观念认为，要达到企业目标，关键在于确定目标市场的需求与欲望，并比竞争者更有效地满足消费者的需求。市场营销观念基于四个主要支柱，即目标市场、顾客需要、整合营销和盈利能力。

市场营销观念同推销观念相比具有重大差别，见表2–2。

表2–2　营销观念与推销观念的主要区别

观念	出发点	中心点	手段、方法	目的
推销观念	企业	产品	推销术和促销术	通过销售获得利润
营销观念	市场	顾客需求	协调市场营销策略	通过顾客满意获得利润

3. 社会市场营销观念

社会市场营销观念是对市场营销观念的修改与补充，产生于20世纪70年代。这种观念认为，企业的任务是确定目标市场需求、欲望和利益，并且在保持和增进消费者和社会福利的情况下，比竞争者更有效地满足顾客的需要。这不仅要求企业满足目标顾客的需求与欲望，而且要考虑消费者及社会的长远利益，即将企业利益、消费者利益与社会利益有机地结合起来。

4. 顾客满意度与顾客让渡价值

顾客满意度，是指顾客将产品和服务满足其需要的绩效与期望进行比较所形成的感觉状态。顾客让渡价值是顾客总价值与顾客总成本之间的差额。顾客的期望来源于自己和别人的经验、公司的承诺，而绩效源于顾客让渡价值。提高顾客让渡价值是提高顾客满意度、吸引购买、扩大销售、提高经济效益、增强企业竞争力的重要途径，提高顾客让渡价值，有两个途径、三种组合：或者尽力提高顾客价值，或者尽力减少顾客成本，或者在提高顾客价值和减少顾客成本两个方向上都做出营销努力。

5. 价值让渡系统与价值链的战略环节

价值让渡系统或供销价值链是指将企业价值向外延伸，就形成一个供应商分销商和最终顾客组成的价值链。价值链的战略环节是指企业集中于价值链上能真正创造价值的经营活动的环节。

6. 市场导向战略规划

市场导向战略规划是指企业全面贯彻现代市场营销观念，积极适应市场环境的变迁，致力于创造长期、整体顾客满意，实施有效的市场战略管理过程。

【知识链接】

CS 理论

1. CS 的含义

CS 是英文“Customer Satisfaction”的缩写，意味“顾客满意”。它本是商业经营中一个普遍使用的生活概念，没有特别的含义。1986 年，一位美国心理学家借用 CS 这个词来界定消费者在商品消费过程中需求满足的状态，使 CS 由一个生活概念演变为一个科学概念。企业界在心理学家定义的基础上，对 CS 的内涵进行了扩展，把它从一种界定指标发展成一套营销战略，直接指导企业的营销活动，甚至经营活动，并被称为“CS 战略”。CS 战略的出现不是偶然的，它是在追求市场占有率战略（PIMS）和 3R 战略的基础上发展而来的。

美国著名的市场营销学家菲利普·科特勒在《市场营销管理》一书中明确指出：“企业的整个经营活动要以顾客满意度为指针，要从顾客角度，用顾客的观点而非企业自身利益的观点来分析考虑消费者的需求。”科特勒的观点形成了现代市场营销观念的经典名言。从某种意义上说，只有使顾客感到满意的企业才是不可战胜的。

2. CS 营销战略

美国著名企业战略管理学家彼得·德鲁克曾经说过：“营销的目的在于充分认识及了解顾客，使产品或服务能适合顾客的需要。”CS 营销战略的指导思想是：企业的全部经营活动都是要从满足顾客的需要出发，从顾客的观点而不是从企业的观点来分析考虑消费者的需求，以提供满足顾客需要的产品或服务作为企业的责任和义务。在产品功能及价格设定、分销、促销环节建立和完善售后服务系统等方面，以便利顾客为原则。以满足顾客需要、使顾客满意为企业的经营目的。CS 营销战略就是要站在顾客的立场上考虑和解决问题，要把顾客的需要和满意放到一切考虑因素之首。

CS 营销战略的产生，源于日益加剧的市场竞争。早期的企业竞争取决于产品的价格。随着技术的不断进步和技术市场的发展，同一行业的生产工艺水平日趋接近，各竞争企业之间的技术差距缩小，产品的相似之处多于不同之处。企业竞争环境发生了变化，买方市场的特征逐渐明显，消费者的经验和消费心理素质也日趋成熟，消费者对产品和服务的需求已从“价廉物美”转向“满足需求”。于是综合服务质量成了企业竞争的关键，靠优质服务使顾客感到满意已成为众多优秀企业的共识，以服务营销为手段提高顾客满意度是企业在竞争激烈的市场中的理性选择。

3. PIMS 理论

1972 年，美国战略规划研究所对 450 多家企业近 3000 个战略业务单位进行了当年的追踪研究，形成了 PIMS（Profit Impact of Market Share）的研究报告，该研究报告通过对采取的一些企业样本和数据的分析，提出了市场份额与利润有着直接和重要的关系，即市场份额影响（决定）企业利润，市场份额的扩张必然带来利润的增长，而市场份额的缩小必然带来利润的萎缩。

作为一项十分有影响的研究报告，PIMS 从理论和实践上为企业经营战略指明了方向：在竞争的市场上，企业欲立于不败之地，必须以“顾客永远是对的”的理念，通过大力的促销（主要是依靠大量的广告投入）来争夺顾客，从而实现企业扩张市场份额的战略目标。PIMS 的影响是如此深广，以至 40 年后的今天，许多企业都将其视为指导经营的圭臬、制定战略的首要。

PIMS之所以有如此深邃的影响，关键在于它揭示了企业经营中利润与市场份额之间的密切关系，特别是其结论来自大量的实证资料，故有其合理的、坚实的内核。但企业切不可认为不论在任何时候、任何情况下，市场占有率的提高都意味着利润的增长。这还要取决于为提高市场占有率所采取的营销策略是什么，有时提高市场占有率所付出的代价往往高于它所获得的收益。大量营销调查表明，发展一名新顾客的费用是维系一名老顾客费用的5~8倍。过高的拓展新顾客的费用往往会无情吞噬掉企业的利润，而且当企业的市场份额已达到一定水平时，再进一步提高，其边际费用非常高，结果使企业得不偿失。另外，过高的市场份额还会引起反垄断诉讼，无端增加企业的交易成本。

4. CS理论

PIMS毕竟产生于20世纪70年代的市场环境，时过境迁，当年的结论来自于当年的数据，它已经代表不了20世纪70年代之后的实际情况，特别是代表不了今天的实际情况。重新对此问题进行审视，再对市场份额与利润关系进行分析，显得十分必要。事实上，早就有人对PIMS进行再次研究了。就在PIMS出台十余年之后，美国哈佛大学商学院的两位营销学教授瑞查德（Riochheld）与塞斯（Sasser）用当年美国战略规划研究所的方法，采集了大量的样本，对市场份额与利润的关系进行重新探究。他们发现，这二者的相关度已大大降低；相反，在对其他变量进行测定时，发现顾客的“满意”与“忠诚”已经成为决定利润的主要因素。

瑞查德与塞斯的分析动摇了PIMS以及支撑它的理论基石。20世纪80年代，大量的研究与实践使人们认识到，以顾客满意（Customer Satisfaction）作为标志的市场份额的质量，比市场份额的规模对利润有更大的影响。一味推行“顾客永远是对的”这一哲学应该被“顾客不全是满意的”理念所替代。与此相适应，企业经营的PIMS战略应该被CS所替代。

在科学技术高速发展的21世纪，CS之所以应该替代40年前的PIMS是基于以下三方面的因素（这三方面的因素都能大大降低企业经营费用，从而提高企业的利润）。

1. 留住老顾客（Retention）

满意的老顾客能最大限度抵御竞争对手的降价诱惑，企业较易为满意的老顾客服务，相对于发展新顾客，费用大大降低。

2. 销售相关新产品和新服务（Related Sales）

满意的老顾客对企业新推出的产品和服务最易接受，在产品寿命周期日益缩短的今天，此举尤显重要。任何企业只有不断推出新产品才能生存，而满意的老顾客往往是企业新产品的“第一个吃螃蟹的人”。他们的存在大大节省了企业开发新产品的营销费用。

3. 用户宣传（Referrals）

在购买决策过程中，为了降低自己感觉中的购买风险，用户往往会向亲友收集信息，听取亲友的意见；同时，顾客购买、使用产品之后，总会情不自禁将自己的感受告之他人。“满意”与“不满意”的顾客对企业招徕或是阻滞新顾客影响重大，精明的企业家总会巧妙利用“满意”的顾客作为其“业务营销员”，为自己的企业进行“口碑宣传”，从而带来大量的新顾客。

资料来源：吴泗宗：《市场营销学》，北京：清华大学出版社，2008。

【同步练习】

一、单项选择题（在下列每小题中，选择一个最适合的答案）

1. 在美国，生产观念产生于（　　）。

A. 卖方市场　　B. 买方市场

C. 买方市场向卖方市场过渡阶段　　D. 卖方市场向买方市场过渡阶段

2. 最容易导致企业出现市场营销近视的营销观念是（　　）。

A. 生产观念　　B. 产品观念　　C. 推销观念　　D. 市场营销观念

3. 从本质上看，市场营销观念（　　）。

A. 注重卖方市场　　B. 考虑如何把产品变成现金

C. 企业以顾客需求为中心，确定经营方向　　D. 产生于卖方市场向买方市场过渡阶段

4. 许多冰箱生产厂家高举“环保”、“健康”旗帜，纷纷推出无氟冰箱，他们所奉行的经营观念是（　　）。

A. 生产观念　　B. 推销观念　　C. 社会营销观念　　D. 市场营销观念

5. “我们卖什么，就让人们买什么”是一种（　　）。

A. 产品观念　　B. 推销观念　　C. 市场营销观念　　D. 社会营销观念

6. “顾客满意”是指一种（　　）。

A. 感知小于期望　　B. 感知大于期望

C. 感知等于期望　　D. 感知与期望无关系

7. 在顾客总价值与其他成本一定的情况下（　　）。

A. 时间成本越低，顾客让渡价值越低

B. 时间成本越高，顾客让渡价值越高

C. 时间成本越低，顾客让渡价值越高

D. 时间成本无论高低，顾客让渡价值均低

8. “老顾客是最好的顾客”是指（　　）。

A. 顾客忠诚　　B. 顾客满意　　C. 顾客让渡价值　　D. 顾客意识

9. 产品没有缺陷且稳定一致的性能是指（　　）。

A. 适用性质量　　B. 适合性质量　　C. 全面性质量　　D. 一般性质量

10. 产品达到某种特定功能的质量是指（　　）。

A. 适用性质量　　B. 适合性质量　　C. 全面性质量　　D. 一般性质量

11. 创造顾客价值，成败优劣主要取决于（　　）。

A. 产品质量　　B. 产品技术　　C. 产品价格　　D. 顾客服务

12. 有效倾听必须保证企业能听到（　　）的声音。

A. 企业　　B. 社区

C. 顾客　　D. 顾客、社区和企业

13. 从组织创新的角度看，传统企业组织（有的学者称为“命令—控制”式组织）的弱点是（　　）。

A. 高度集中

B. 效率低下

C. 执行过时的营销观念

D. 阻碍市场知识的积累及其在组织内部的广泛传播

14. 企业决策网络能保证企业更好地实施（　　）。
A. 顾客导向的营销观念　　B. 生产导向的营销功能
C. 产品导向的营销功能　　D. 社会导向的营销功能

二、多项选择题（在下列每小题中，选择多个适合的答案）

1. 企业的市场营销管理哲学包括（　　）。
A. 生产观念　B. 产品观念　C. 推销观念　D. 市场营销观念
E. 社会市场营销观念

2. 在美国，产生于买方市场条件下的营销哲学有（　　）。
A. 生产观念　B. 产品观念　C. 推销观念　D. 市场营销观念
E. 社会市场营销观念

3. 社会市场营销观念是（　　）。
A. 对市场营销的修改和补充
B. 一种兼顾企业利润、消费者需要和社会利益的营销哲学
C. 一种产生于买方市场形势下的营销哲学
D. "绿色营销"的思想根源
E. 目前企业普遍奉行的营销哲学

4. 生产观念产生的经济条件是（　　）。
A. 生产力水平低　B. 物资短缺　C. 商品供过于求
D. 商品供不应求　E. 买方市场

5. 现代市场营销观念产生的经济条件是（　　）。
A. 生产力水平高　B. 商品供过于求，竞争激烈
C. 消费者购买力差、生活水平低
D. 市场物资短缺　E. 买方市场

6. 企业在制定营销战略和策略时，要权衡（　　）。
A. 企业利益　B. 消费者利益　C. 社会利益
D. 企业需求　E. 企业优势

7. 根据顾客让渡价值理论，顾客购买总价值由（　　）构成。
A. 产品价值　B. 服务价值　C. 人员价值
D. 形象价值　E. 社会价值

8. 根据顾客让渡价值理论，顾客购买总成本主要包括（　　）。
A. 货币成本　B. 时间成本　C. 精神成本
D. 体力成本　E. 机会成本

9. 企业价值链的各个环节中，核心业务流程有（　　）。
A. 新产品实现流程　B. 存货管理流程　C. 订单—付款流程
D. 顾客服务流程　E. 生产管理流程

10. 企业经营业务都要满足利益方的要求，一般来说，利益方包括（　　）。
A. 顾客　B. 供应商　C. 经销商
D. 企业员工　E. 股东

11. 企业对（　　）挑战性工作的效果，将决定其业务经营的成功或失败。
A. 倾听　B. 学习　C. 领先
D. 沟通　E. 激励

12. 能持续领先的知识型企业，大都具有下列共性：（　　）。

A. 系统地倾听顾客和社区、竞争对手及企业内部的声音

B. 系统地学习上述声音随时间变化而变化的道理以及把这些声音总合起来的方法

C. 拥有促进倾听和学习以及对变化做出快速反馈的共同业务程序

D. 建立一个决策网络，把组织的战略方针同资源分配和许多为实行该方针必须作出的决策紧密地结合起来

E. 拥有科学合理且顺畅的营销网络和分销渠道

三、填空题（在下列每小题中，填上适当的内容）

1. 生产观念产生的条件是：________________。

2. “皇帝的女儿不愁嫁”是________________阶段的典型体现。

3. 最容易导致营销近视的观念是________________。

4. 许多电视机厂家近年来高举“环保、健康”旗帜，纷纷推出液晶电视，他们所奉行的营销管理哲学是________________。

5. 如果效果低于期望顾客就会________________。如果可感知效果与期望相匹配，顾客就________________。如果可感知效果超过期望，顾客就会________________。

6. 企业让渡给顾客，且能让顾客感受到的实际价值是________________。

7. 再次或大量地购买同一企业该品牌的产品或服务是________________。

8. 奔驰轿车要比本田轿车行驶更平稳、操作性更好、更经久耐用等，这是指________________。

9.企业在创造价值时互不相同但又互相关联的经济活动的集合是________________。

10. 企业通过决策过程从而比竞争对手做得更好是________________。

四、判断题（判断下列各题是否正确，正确的在题后的括号内打“√”，错误的打“×”）

1. 美国通用电气公司生产大量的节能电器，并宣传节约用电，这种经营观念称为市场营销观念。（　　）

2. 福特汽车公司曾对建议其生产彩色汽车的人说：“不管顾客需要什么，我们生产的汽车就是黑色的。”表明其持有的经营观念是生产观念。（　　）

3. 某家具生产企业宣称其生产的办公柜从十层楼上扔下来都不会摔坏。该家具生产企业所奉行的营销管理哲学是产品观念。（　　）

4. “只要掌握祖传秘方，就可以永远立于不败之地”是典型的生产观念。（　　）

5. 以产定销是生产观念的内容，以销定产是市场营销观念的特点。（　　）

6. 研究进一步表明，维系老顾客要比吸引新顾客花费更高的成本。（　　）

7. 顾客让渡价值是指企业让渡给顾客，且能让顾客感受到的实际价值。（　　）

8. 顾客忠诚是指主动向亲朋好友和周围的人员推荐该品牌产品或服务。（　　）

9. 质量是我们维护顾客忠诚最好的保证。（　　）

10. 一个由企业、供应商、分销商和最终顾客组成的价值链，称为价值让渡系统。（　　）

11. 企业感知外部世界的所有活动，称为探查。（　　）

12. 企业必须遵循一个原则——满足每一个利益团体的最高期望。（　　）

五、简答题

1. 简述推销观念与市场营销观念的关系。

2. 简述社会市场营销观念对我国企业的现实指导意义。

3. 简述顾客满意与顾客忠诚的关系。

4. 简答企业价值链及其构成。

5. 简述市场导向战略规划。

六、论述题

1. 试述顾客让渡价值的理论及其意义。

2. 试述市场导向组织创新。

七、案例分析题

案例分析

福特公司——几起几落

福特汽车公司位于美国密歇根州的迪尔本市，拥有占地 1200 英亩的钢铁铸件厂、玻璃厂和 110 英里长的专用铁轨。自从 1896 年老亨利·福特的第一号试验车试制成功，汽车就成了人们生活中取代马车的主要交通工具，汽车业也迅速发展起来。

当时的汽车制造者们一般都致力于高档汽车的设计生产，推出的都是价格昂贵的豪华车型，只有少数富人有购买能力，一般人根本不敢问津。作为汽车行业佼佼者的福特汽车公司推出了 8 种以 A、B、C 等字母为标志的高档车型，指望这些豪华车能给公司带来更为火爆的行市，谁料事实正好相反，福特汽车的销量大幅度下降，利润仅为前一年的 1/3。

老福特大为震惊，他意识到汽车业要大发展，必须满足大多数人的需求，而不是仅仅局限于生产高档汽车。面对市场的选择，他决心来一次汽车制造业革命，让汽车实用化、大众化，走入千家万户。

福特首先想到了农村这一广阔的市场。他自己便出身于农民家庭，知道农民最需要的是一种便于农用的工具车。这种车不仅要价格便宜，而且除乘坐外，最好还能拆开来拼成农具。这一思路完全突破了以往的汽车概念，非常大胆。福特亲自上阵，精心设计出一种万能农用车——“T 型车”。

这种全新的“T 型车” 造型简单，就像是四个轮子上安装了一个大黑匣子，各部分可装可拆，可以自由组装成多种实用的农用机械，可用来锯木、抽水、搅拌等。由于去除了不必要的附件，车身重量减轻了，造价也大大降低。另外它还有一大优势，那就是适合乡间路况。当时，美国内陆地区没有多少正规公路，落基山区弯弯的山路、密西西比河谷的狭窄泥路便是典型的路况。“T 型车”针对这种情况，设计了较高的底盘，可以像踩高跷一样在凹凸不平的路上顺利行驶。

1912 年福特公司聘用詹姆斯·库兹恩任总经理。库兹恩上任后实施了三项政策：

第一，对主产品“T 型车”作出了降价的决策，将售价从 1910 年年底的 950 美元，降到了 850 美元以下。

第二，按每辆“T 型车”850 美元售价的目标，着手改造公司内部的生产线。在占地面积为 278 英亩的新厂中首先采用现代化的大规模配件作业线，使生产速度由过去 12.5 小时生产一辆“T 型车”，提高到 9 分钟生产一辆，大幅度地降低了成本。

第三，在全世界设 7000 多家代销商，广设销售网点。

这三项决策的成功，使“T 型车”走向全世界，市场占有率为美国汽车行业之首。

1919 年，老亨利·福特独占福特汽车公司，库兹恩被解雇，福特自任总经理。福特一方面采用低价策略，到 1924 年，每辆“T 型车”售价已降到 240 美元；另一方面又提出“不管顾客需要什么颜色的车，我的车都是黑色的”的“以我为主”的策略，以“黑色车”作为福特汽车公司的特征。到 1928 年，福特汽车公司的市场占有率被通用汽车公司超过，退居第二位。

美国通用汽车公司于 1908 年成立，由杜邦财团控制（成立时称为美国新泽西通用汽车公司，1916 年改为美国通用汽车公司）。在 1928 年前，通用汽车公司是市场占有率远远低于福特汽车公司的一个小公司。1921 年斯隆就职于通用汽车公司，针对当时通用汽车公司的权力分散状况写了《组织研究》一文，提出了“集中政策控制下的分散作业”的组织结构（后发展成“事业部制”），使集权与分权得到很好的平衡。1923 年，斯隆任通用汽车公司总经理。他改造了经营组织，使公司高层领导人主抓经营，抓战略性决策，日常的管理工作由事业部去完成；同时提出“汽车形式多样化”，以满足各阶层消费者需要的经营方针，推出了高级舒适的“凯迪拉克”车、中级的“奥尔茨莫比尔”车和低级的“雪佛兰”车。1923 年该公司市场占有率为 12%，远远低于福特汽车公司；1928 年市场占有率超过 30%，超过福特汽车公司；1956 年市场占有率达 53%，成为美国最大的汽车公司。

20 世纪 40 年代初，作为美国汽车行业元老的福特汽车公司渐渐显出老态，许多原有车型和车种都面临被淘汰的危险。

1943 年，26 岁的亨利·福特从海军复员，进入福特汽车公司工作，1945 年被任命为福特汽车公司的总经理，摆在他面前的是一个月亏损 900 万美元的濒临破产的公司。亨利·福特从引进人才入手，引进了通用汽车公司副总经理欧内斯特·布里奇及另外几个高级管理人员，并雇用了十个战争期间在空军中从事管理工作的、被称为“神童”的年轻人，通过成本控制、产品开发，使公司扭亏为盈。

1962 年，亚科卡担任福特汽车公司分部总经理。他决心力挽狂澜，重振福特雄风。亚科卡首先意识到福特原有车型在外观上与潮流不符，人们都偏爱美观新潮的车型，而福特在设计上观念陈旧，忽视外形，一味注重车辆机械性能。在一些细节设计上，也为用户考虑得不周到，如车上没有行李架，给人们造成不便。在研究市场的过程中他发现，上一代汽车用户的原有车辆已基本老化，许多人正准备购买一辆时髦新颖的豪华车。另外，“二战”后生育高峰中出生的孩子都已长大成人，西方世界仅 20~24 岁的人就增加了 50%以上，这代人追求高档、新潮，原有车型很难满足他们的需求，而他们正是一个巨大的汽车消费群体。

基本思路确定后，亚科卡马上组织专业人员，开始全力设计市场需要的新车型。新车大体模型出来了，该取一个什么名字来吸引消费者呢？在车名研讨会上，一位设计人员提到“一战”中所向披靡的“野马”式战斗机。这个名称一下子吸引了亚科卡，他想到，以一种人们熟悉的战斗机为汽车命名，本身就带有一种狂放不羁的意味，何况“野马”还能让人们产生风驰电掣、不拘一格的感觉，对“二战”后的新一代来说一定具有强烈的吸引力。

车名定下来后，设计者们又根据“野马”（Mustang）这一名称对新车的外形作了一些改进。他们将车身涂成白色，却将车轮涂成红色，车尾的保险杠向上弯曲，整辆车看上去仿佛一匹正在昂首阔步向前奔跑的骏马，独特而抢眼。他们还把车的标志设计成狂奔的野马，安装在车前护栅中。这下，新车真的成了一匹不驯的“野马”。

亚科卡对新车的性能与外形都很满意，接下来他关注的便是在推出新车的同时，用怎样的广告攻势抓住人心。对这次广告策划，亚科卡着重强调的是那种铺天盖地、不可阻挡的感觉。大家决定多渠道出击：发动新闻战，让广大拥护者了解新产品；向消费者本人直接促销；在最佳时机做广告，实施连续不断的广告攻势，大做户外广告。

亚科卡的心血没有白费，“野马” 上市第一天，就有400万人涌到福特销售店购买新车。一年内，销售量达到418812辆，创下了惊人的纪录。

1. 请结合案例，总结一下福特公司的历史。

2. 从福特公司的兴衰，分析该公司营销观念的演变。

3. 福特汽车公司发展过程中有哪些经验教训?

4. 福特汽车公司应如何更新营销观念?

资料来源：叶生洪、张泳、张计划：《市场营销经典案例与解读》，广州：暨南大学出版社，2009。

【参考答案】

一、单项选择题

1. A　2. B　3. C　4. C　5. B　6. C　7. C　8. A　9. B
10. A　11. D　12. D　13. D　14. A

二、多项选择题

1. ABCDE　2. DE　3. ABCE　4. ABD　5. AB　6. ABC　7. ABCD
8. ABCD　9. ABCD　10. ABCDE　11. ABC　12. ABCD

三、填空题

1. 商品供不应求，完全属于卖方市场　2. 生产导向　3. 产品观念　4. 社会市场营销观念　5. 不满意　满意　高度满意　6. 顾客认知价值　7. 顾客忠诚　8. 适用性质量　9. 企业价值链　10. 领先

四、判断题

1. ×　2. √　3. √　4. ×　5. √　6. ×　7. ×　8. √　9. √
10. √　11. √　12. ×

五、简答题

1. 简述推销观念与市场营销观念的关系。

答：推销观念与市场营销观念两者都属于企业经营观的一种。推销观念是为许多企业所采用的一种观念，它认为，消费者通常表现出一种购买惰性或抗衡心理，如果听其自然的话，消费者一般不会足量购买某一企业的产品，因此，企业必须积极推销和大力促销，以刺激消费者大量购买本企业的产品。

市场营销观念认为，实现企业各项目标的关键在于正确确定目标市场的需要和欲望，并且比竞争者更有效地向目标市场传送所期望的物品或服务，进而比竞争者更有效地满足目标市场的需要和欲望。

推销观念注重卖方的需要，市场营销观念则注重买方的需要；推销观念以卖主需要为出发点，考虑如何把产品变成现金，市场营销观念则考虑如何通过制造、传送产品以及与最终消费产品有关的所有事物来满足顾客的需要。推销观念是通过销售实现利润，市场营销观念

是通过追求满意度实现目标利润。

2. 简述社会市场营销观念对我国企业的现实指导意义。

答：社会市场营销观念认为，满足消费者的需要以及消费者与社会的长期福利是企业营销的目的与责任。从这一观点出发，企业必须承担保护社会利益的责任。在保证满足消费者需求的同时要服从社会的需要，对危害社会利益的消费者需求应加以阻止，对危害社会利益的营销手段和活动应当摒弃，社会营销观念不仅把企业创造利润的过程建立在满足消费者需求的基础上，而且综合考虑企业、消费者和社会三者的利益，使消费者的需求得到满足，使企业取得利益，使社会利益得到保护，因此保证了企业长期稳定发展。

通过学习社会市场营销观念，运用社会整体综合素质，可以增强企业的活力，搞好、搞活流通领域，保证市场经济的发展。更重要的是，我们利用其基本原理，引导企业以灵活的姿态投身于市场经济之中，以适应复杂的、多层次的社会需求，促使企业提高效率，引导企业自觉、自发地按市场需要组织好生产与营销，树立以消费者为中心的现代市场营销观念，以适销对路的产品及优质的服务，更好地满足人民群众日益增长的物质和文化社会需要，最终达到企业经济效益与社会效益双丰收的目的。

3. 简述顾客满意与顾客忠诚的关系。

答："满意"与"忠诚"是两个完全不同的概念，满意度不断增加并不代表顾客对你的忠诚度也在增加。满意本身具有多个层次，声称"满意"的人们，其满意的水平和原因可能是大相径庭的：其中有些顾客会对产品产生高度的满意，如惊喜的感受，并再次购买，从而表现出忠诚行为；而大部分顾客所经历的满意程度则不足以产生这种效果。因此，顾客满意先于顾客忠诚并且有可能直接引起忠诚。但是，又非必然如此。有调查显示，65%~85%表示"满意"的顾客会毫不犹豫地选择竞争对手的产品。所以顾客满意的最目标是提升顾客的忠诚度，而不是满意度。

4. 简答企业价值链及其构成。

答：所谓企业价值链，是指企业创造价值时互不相同，但又互相关联的经济活动的集合。即企业内部各职能部门的每一项经营管理活动都是"价值链条"上的一个环节。这些环节相互关联，相互影响。一个环节经营管理的好坏，会影响其他环节的成本和效益。

一般来说，我们可根据产品的生产分配流程把企业价值链划分为上游环节和下游环节，其中上游环节经济活动的中心是创造产品价值，与产品技术特性紧密相关；下游环节的中心是创造顾客价值，成败优劣主要取决于顾客服务，此外我们也可按照对产品价值的不同影响把企业价值链划分为企业基本增值活动和企业辅助性增值活动两大部分，其中企业基本增值活动包括材料供应、生产加工、成品储运、生产销售、售后服务五个环节，而辅助性增值活动则包括设施与组织建设、人事管理、技术开发和采购管理四个方面，实际上它发生在所有基本活动的全过程中。

5. 简述市场导向战略规划。

答：全面贯彻现代市场营销观念，要求企业不仅致力于创造近期的顾客满意，而且要积极适应市场环境的变迁，致力于创造长期、整体顾客满意，实施有效的市场导向战略规划和管理。

企业市场导向战略规划是一种管理过程，其任务是发展和保持企业的资源、目标与变化的市场机会之间的适应关系，其目标是形成和重新开拓企业的业务和产品，以期获得目标利润和成长。

市场导向战略规划的主要内容是：①正确选择和调整企业投资经营方向，并将企业的投资业务作为一个组合来管理。企业必须根据环境及其变化的要求，综合考虑顾客、社会和企业利益，决定进入哪些领域生产经营，哪些业务项目（事业单位）需要建立、保持、发展、收缩或撤销，并据以配置企业资源。②根据市场增长率、企业定位及其组合，测算每次具体业务（事业单位）的未来利润潜力。企业必须根据发展动态，而不是依据目前的销售额或利润来决定未来的业务发展方向。③从长期发展的战略高度制定规划。企业要对每一项业务制定一个"战略方案"，以实现其长期目标。同时，企业还必须根据自己在行业中的地位及它的目标、机会、能力和资源确定一个具有意义的战略规划，并使各项业务战略方案体现企业战略规划的基本要求。

六、论述题

1. 试述顾客让渡价值的理论及其意义。

答：顾客让渡价值是指顾客总价值与顾客总成本之间的差额。顾客总价值是指顾客购买某一产品与服务所期望获得的一组利益，由产品价值、服务价值、人员价值和形象价值构成，其中每一项价值的变化均对总价值产生影响；顾客总成本是指顾客为购买每一产品所耗费的时间、精神、体力以及所支付的货币资金等要素，可分为货币成本、时间成本、精神成本、体力成本等非货币成本两类。

由于顾客在购买产品时，总希望把有关成本包括货币、时间、精神和体力等降到最低限度，而同时又希望从中获得更多的实际利益，以使自己的需要得到最大限度的满足，因此，顾客在选购产品时，往往从价值与成本两个方面进行比较分析，从中选择出价值最高、成本最低，即"顾客让渡价值"最大的产品作为优先选购的对象。企业为在竞争中战胜对手，吸引更多的潜在顾客，就必须向顾客提供比竞争对手具有更多"顾客让渡价值"的产品，这样，才能提高顾客满意程度。进而更多购买本企业的产品。也就是说，树立正确的"顾客让渡价值"观念。对于加强市场营销管理，提高企业经济效益具有十分重要的意义。

（1）顾客让渡价值的多少受顾客总价值与顾客总成本两方面因素的影响。由于顾客总价值与顾客总成本的各个构成因素的变化及其影响作用不是各自独立的，而是相互作用、相互影响的。因此，每一项价值因素的变化不仅影响其他相关价值因素的增减，从而影响顾客总成本的大小，而且还影响顾客让渡价值的大小；反之亦然。因此，企业在制定各项市场营销决策时，应综合考虑构成顾客总价值与顾客总成本的各项因素之间的这种相互关系，从而用降低的生产与市场营销费用为顾客提供具有更多的顾客让渡价值的产品。为此，企业可从两个方面改进自己的工作：一是通过改进产品、服务、人员与形象，提高产品的总价值；二是通过降低生产与销售成本，减少顾客购买产品的时间、精力与体力的耗费，降低货币与非货币成本。从而实现顾客让渡价值最大化。

（2）不同的顾客群对产品价值的期望与各项成本的重视程度是不同的。企业应根据不同顾客的需求特点，有针对性地设计和增加顾客总价值，降低顾客总成本，以提高产品的实用价值。总之，企业应根据不同细分市场顾客的不同需要，努力提供实用价值强的产品，这样才能增加其购买的实际利益，减少其购买成本，使顾客的需要获得最大限度的满足。

（3）企业为了争取顾客，战胜竞争对手，巩固或提高企业产品的市场占有率，往往采取顾客让渡价值最大化策略。追求顾客让渡价值最大化的结果却往往会导致成本增加，利润减少。因此，在市场营销实践中，企业应掌握一个合理的度，而不应片面追求顾客让渡价值最大化，以确保实行顾客让渡价值所带来的利益超过因此而增加的成本费用。换言之，企业顾客让渡价值的大小应以能够实现企业的经营目标为原则。

2. 试述市场导向组织创新。

答：现代市场营销管理哲学要求企业创造顾客和顾客满意，将顾客利益摆在核心地位。

许多企业在此基础上也开始认识到兼顾行业、合作伙伴社区和国家利益对社会成功经营与发展的重要地位。然而，在实践中真正贯彻这种观念，保证企业健康成长，却并不容易。面对现代科技迅速发展、市场环境急剧变迁和竞争日益激烈的挑战，企业必须对自身组织与管理制度进行革新，形成能够全面有效地创造顾客和为之提供良好服务的机制。

(1) 满足利益方的要求。在今天的价值交换体系中，企业绩效及其利润目标只有在能使其他利益方获得利益的条件下，才有可能实现。因此，企业及其经营业务都要确定利益方及其要求。一般来说，利益方主要包括顾客、供应商、经销商、企业员工和股东。如果这些利益方觉得不满意，就不能实现理想的合作，导致整体绩效下降，甚至经营失败。

为此，企业必须遵循一个原则——满足每一个利益团体的最低期望。企业要致力于为不同的利益方传递高于最低限度的满足水平。同时，也需要根据不同程度满意水平，为员工尽好责任（基本满意水平），为经销商提供绩效满意水平。在确定这些满意水平的时候，企业必须注意，不要让利益方之间相对待遇有失公平。

各方利益关系的协调本质上仍然是以顾客满意为最大核心的。从经营动态关系上看，通过顾客满意达到包括股东在内的其他利益方满意，又是建立在企业组织与制度革新所创造的高质量环境基础上的。建立一个面向市场的组织管理体制，可形成高水平的员工满意；通过员工积极性、创造性的充分发挥，以高质量的产品和服务建立高度的顾客满意，可带来更多的交易、更高的企业利润以及供应商、经销商的利益。各方满意的结果又会促进新一轮更高质量的良性循环。

(2) 改进关键业务过程。达到满意目标必须通过对工作过程的管理才能实现。目前，大多数企业的这种管理都是通过以专业职能分工为基础的部门组织来进行的。这种传统的组织结构往往使各业务部门各自为政，追求自身目标最大化而不是企业目标最大化，各部门之间不能实现理想的合作，从而也使企业创造高度满意顾客这一总体目标及其战略规划，不能有效地遍及整个业务环节和全过程。因此，使企业的每一个部门都高度面向市场并积极与其他部门协作，是十分必需的。为适应以快速变化为主调、灵活反应为关键的外部环境，企业必须突出和加强业务过程的管理，通过组织革新，建立多功能的团体，将市场和企业的各种声音和谐一致地协调起来，形成自己的管理核心业务的能力。

(3) 合理配置资源。业务过程的执行需要配置相应的人、财、物及信息等资源。企业必须设计出一个决策框架，使有限资源能够按照让顾客和企业都满意的方式有效配置。这需要寻求拥有资源并对各业务的资源分配与使用实施控制。同时，企业还应努力寻求运用协作资源的可能性，以充分利用外部获得的非关键性资源。研究表明，高绩效公司往往十分重视自己拥有并培养那些能构成业务核心的资源和能力，并以此形成自己的核心竞争力。它们将好钢用到刀刃上，而将非关键性资源配备转移到企业外部。

(4) 组织革新。企业的组织要素通常包括组织结构、政策与文化。这些因素在市场环境发生急剧变化时，如果不相应变革，往往会成为企业维系和发展与市场有机联系时的机能障碍。我国国有企业深化改革、转换机制的沉重任务，很大程度上就是由于其组织与市场不相适应而派生出来的。

传统企业组织（有的学者称为“命令—控制式组织”）的致命弱点是阻碍市场知识的积累及其在组织内部的广泛传播，影响企业的决策水平及营销观念的全面贯彻。企业要根据环境的变化对其组织结构和政策进行革新。与此同时，也要通过长期艰苦努力，加强企业的文化建设。

七、案例分析题

案例解读

福特公司——几起几落

1. 请结合案例，总结一下福特公司的历史。

答：1896 年 6 月 4 日，老亨利·福特的第一辆汽车开上了底特律的大街。

1903 年 6 月 16 日，老亨利·福特和 11 个初始投资人签署了公司成立文件。

1908 年 10 月 1 日，福特公司推出了“T 型车”。

1911 年 1 月 9 日，老亨利·福特赢得了对塞尔登辛迪加的诉讼，使福特汽车公司及所有其他汽车制造厂家不用再为内燃机支付专利费。

1913 年 10 月 7 日，福特汽车公司在海兰园设立了第一条汽车流水总装线，几乎使装配速度提高了 8 倍。

1914 年 1 月 5 日，老亨利·福特宣布公司 8 小时工作制的最低日工资为 5 美元。

1922 年 2 月 4 日，福特公司收购了“林肯”（Lincoln）品牌。

1935 年，福特公司开创了“水星”（Mercury）品牌，填补了福特产品和高档的林肯产品间的市场空缺。

1942 年 2 月 1 日，福特公司中止了民用汽车的生产，全面转向军工生产。

1948 年 4 月 26 日，福特公司在“二战”后的第一款新车型投产。

1964 年 4 月 17 日，福特公司推出了“野马”（Mustang），到 1966 年，仅在投产后两年内便售出 100 万辆“野马”轿车。

1996 年 12 月 8 日，福特成为首家，也是唯一一家使其全部生产厂（在 26 个国家中的 140 个生产厂）取得了 ISO14001 世界环境标准认证的汽车公司。

2003 年 6 月 16 日，福特公司庆祝百年华诞。

2. 从福特公司的兴衰，分析该公司营销观念的演变。

答：第一阶段：早期的高档车型没有给公司带来利益，反而使公司销量大幅下滑。当时的汽车制造者们一般都致力于高档汽车的设计生产，推出的都是价格昂贵的豪华车型，只有少数富人有购买能力。福特公司也推出了 8 种以 A、B、C 等字母为标志的高档车型。

分析：福特公司推出档次高、有特色的产品，其处在产品观念阶段。由于市场容量有限，导致销售不畅，企业受挫。

第二阶段：“T 型车” 走向世界，市场占有率居行业之首。

福特公司决心让汽车实用化、大众化，走入千家万户。他知道农民最需要的是一种便于农用的工具车，这种车不仅要价格便宜，除乘坐外，最好还能拆开来拼成农具，还需适合乡间路况。当时，美国内陆地区没有多少正规公路，落基山区弯弯的山路、密西西比河谷的狭窄泥路便是典型路况。

分析：福特公司致力于降低成本，并广泛建立销售网点，使消费者随处可以买到产品。此时该公司处于以生产观念指导的营销阶段。

第三阶段：观念僵化，行业老大位置不保。

“不管顾客需要什么颜色的车，我的车都是黑色的”——“以我为主”的策略使通用后来居上。

通用提出“汽车形式多样化”，以满足各阶层消费者需要的经营方针（营销观念）。福特通过产品开发、成本控制，使公司扭亏为盈。

分析：福特公司不断地完善其“T 型车”，不断地改进质量——导致“营销近视症”，不适当地把注意力放在产品上，而不是放在需求上，是停留在产品观念阶段，同时，还在不断降低成本，一定程度上也掺杂着生产观念。由于没有相应的主打产品，必须大幅度降低成本以使公司扭亏为盈。

战时政策直接导致福特仍然陷在生产观念和产品观念之间。

第四阶段：“野马”推出取得巨大成功，创下惊人的纪录。

福特推出“野马”的时机把握得非常好，当时正值战后生育高峰期的一代刚刚进入购车的年龄。这一代对车的要求与其父母大相径庭，他们想张扬自己的个性。

分析：“野马”的推出，说明福特公司能正确确定目标市场的需要和欲望，比竞争者更有效地供给目标市场需要的物品，因此其处于营销观念阶段。

3. 福特汽车公司发展过程中有哪些经验教训？

答：成功经验：

“T 型车”的推出，适应了当时社会发展的需要，契合了广大消费者的需求，使福特汽车公司获得巨大的市场和飞速的发展。

福特实行了日最低工资 5 美元的薪酬制度，从而大力支持了正处于萧条的美国经济，使得公司获得了巨大的声誉，制造汽车的工人能够成为汽车的拥有者了。

福特坚持生产高质量低成本汽车的目标，不断改善产品和工艺。

富有创新精神，重视产品开发：福特突破了以往的汽车概念，设计出一种万能农用车——“T 型车”。后来亚科卡组织专业人员，设计新车型，推出“野马” 轿车。

重视引进人才：亨利·福特引进了通用汽车公司副总经理欧内斯特·布里奇及另外几个高级管理人员，并雇用了十个战争期间在空军中从事管理工作的、被称为“神童”的年轻人。

失败的教训：

营销短视，市场反应速度慢。

没有适应社会发展和顾客需求的变化。老福特坚持认为公司的未来在于生产适合大众市场的价格低廉的汽车，顽固地坚持以生产为中心的观念，宣称“无论顾客需要什么颜色的车，我的车都是黑色的”。

虽然不断提高产品质量，但产品过于单一。

企业所有者对公司的发展影响过度。老福特本人的故步自封，直接导致 20 世纪 20 年代福特的市场占有率急剧下降。

4. 福特汽车公司应如何更新营销观念？

答：提倡社会营销观念，担负一定的社会责任（兼顾企业利润、消费者需要和社会利益）。

坚持产品创新，适时推出节能、环保而又能够顾客个性需求的产品。

对细分市场做出适当的摒弃与抉择，不为满足某一群体的需要付出过多的成本。

重视关系营销，并以此对企业经营进行指导：与政府、供应商、配套产品厂商（石油企业）建立良好关系，形成联盟，从而降低进入新的国外市场的门槛，降低产品的关税，使原有客户成为新客户，减少开发新客户所带来的额外成本。

为客户提供全方位的服务，以促进自身业务的发展，特别对经济成长中的国家，帮助这些国家的消费者实现购车的愿望（金融、保险）。

贡献于社会，不只将其当做一种义务，更可作为一种长期投资。

企业究竟生产什么是市场需求与企业优势的“交集”，并应以能否取得最大的预期投资回报率为最终选择标准。市场需求是极其丰富的，在信息传播十分迅捷的今天，企业生产什么主要根据企业自身的比较优势如何以及自身的优势能否与市场的需求很好地吻合来做决策。市场营销观念构筑了消费者、供应商、竞争者和中间商的小圈子，但只重视技术的发展趋势、产品改良、竞争优势和消费者偏好的改变，而忽视范围更广阔的人们的价值观念和社会发展的需要，是对市场营销观念的狭隘理解。

每一种营销观念的产生都适应了当时生产力的发展。营销观念作为一定历史时期的产物，当然受到生产力发展水平的制约，具有历史的局限性。尽管很多企业应用了市场营销观念来对经营进行指导，但未必能够取得成功，这不是市场营销观念的问题，而应属于市场营销观念执行不当。

第三章　企业战略及营销管理过程

战略的本质是“长远的、全局的、重要的”谋划，企业战略是指在环境与能力动态平衡条件下，企业实现目标的总体方案，它具有长远性、全局性和重要性等特征。

——本章编者

本章重点：理解战略及企业战略的概念及其理论原理；掌握企业战略管理过程、企业营销管理过程。

本章难点：企业规划总体战略的步骤。

【学习目标】

在“市场营销学”产生之前的“市场学”、“推销学”、“营销学”等，都强调如何将已经获得的产品以最有效的方法和技巧卖出去，从而获得收益，容易忽略或者不太注重市场需求的导向。

以市场需求为导向，从战略的高度，全面整合企业资源，设计并生产出市场需要的产品，最大限度地满足市场的需求，从而获利，这是“市场营销学”的重要思想和基本观念。本章“企业战略及营销管理过程”正是为了强化“市场营销学”的理论基础，专题探讨战略、企业战略及营销管理过程，为从总体上把握“市场营销学”特征提供支持。

通过本章学习，读者能够理解战略及企业战略的概念及其理论原理；掌握企业战略管理过程、企业营销管理过程。读者在学习过程中，要特别注意战略理论与市场营销学的内在联系。

【核心概念】

战略；战术；策略；企业战略；企业宗旨；企业使命；企业愿景；经营哲学；企业目标；总体战略（企业战略）；经营单位战略（事业部战略、经营战略）；职能战略；企业基本竞争战略；成本领先战略；差异化战略；集中化战略；成本领先与差异化整合战略（最优成本供应商战略）。

1. 战略

英文中，战略“Strategy”一词来源于希腊语“Strategos”，其含义是将军。到中世纪，这个词演变为军事术语，指对战争全局的筹划和谋略。它依据敌对双方的军事、政治、经济、地理等因素，周全考虑战争全局的各方面，规定军事力量的准备和运用。除军事领域之外，战略的原理和价值同样适用于政治、经济等领域。后来演变为泛指重大的、全局性的、长远的、决定性的谋划。

2. 战术

为了实现既定的战略目标，就要围绕战略部署制定具体的作战方案，这就是战术问题。战术（Tactic）是指解决局部问题的原则和方法，是有关特定军事行动的具体方案，考虑的是如何赢得战斗或战役的胜利。战略是战术的灵魂，是战术运用的基础；战术的运用要体现既定的战略思想，是战略的深化和细化。

3. 策略

另外还有一个与战略相近的概念，就是“策略”。策略的本质也是一种谋划，它与战略之别，也就在于“不是那么太重要的、不是那么太长远的和局部性的、不是决定性的”谋划。现实中，战略与策略这两个概念并没有十分清晰的划分界限，也就是说到底多重要、多全面、多长远才算战略？这并没有量的度量和标准。因此，通常这两个概念经常混用。比如“竞争策略”、“竞争战略”经常出现在各种文献中。我们在理解上，“竞争策略”可能更多地强调了竞争手段的技巧性和灵活性；“竞争战略”可能更多地强调了竞争手段的理智性和持续性。

4. 企业战略

将战略思想运用于企业经营管理之中，便产生了企业战略这一概念。企业战略的概念来源于企业生产经营活动的实践。不同的管理学家或实际工作者由于自身的管理经历和对管理的不同认识，对企业战略可以给予不同的定义。

在这里，我们认为：企业战略是指在环境与能力动态平衡条件下，企业实现宗旨（使命和愿景）和目标的总体方案，它具有长远性、全局性和重要性等基本特征；它是企业的组织行动方向和资源配置纲要，是制定各种计划的基础。

具体而言，企业战略是在符合和保证实现企业宗旨的条件下，在充分利用环境中存在的各种机会和创造新机会的基础上，确定企业同环境的关系，规定企业从事的经营范围、成长方向和竞争对策，合理地调整企业结构和配置企业的资源，从而使企业获得某种竞争优势。

5. 企业宗旨

企业宗旨是企业所有者与经营者确定的企业生产经营的总方向、总目标、总特征和总的指导思想。它反映企业管理者为组织将要经营的业务规定的价值观、信念和指导原则；描述了企业力图为自己树立的形象；揭示了本企业与同行其他企业在目标上的差异，界定企业的主要产品和服务范围，以及企业试图满足的顾客的基本需求。

企业宗旨一般由企业使命、企业愿景和经营哲学构成。

6. 企业使命

企业使命（Mission）要回答的根本问题是“我们要做什么？”

企业使命旨在阐述企业长期的战略意向，其具体内容主要规定企业目前和未来所要从事的经营业务范围。

7. 企业愿景

愿景（Vision）要回答的根本问题是“我们要做到什么程度？”

愿景是企业对其前景所进行的广泛的、综合的和前瞻性的设想。即我们要成为什么。这是企业为自己制定的长期为之奋斗的目标。它是用文字描绘的企业未来图景，它使人们产生对未来的向往，从而使人们团结在这个伟大的理想之下，集中他们的力量和智慧来共同奋斗。愿景只描述对未来的展望，而不包括实现这些展望的具体途径和方法。

8. 经营哲学

经营哲学是一个组织为其经营活动方式所确定的价值观、文化的高度概括。经营哲学主要通过以下两方面表现出来：①企业提倡的共同价值观。②企业对利益相关者的态度。

9. 企业目标

企业目标是企业宗旨和使命在特定条件下的具体化。

一般来讲，企业的目标由五个部分组成（SMART原则）：①目的（Specific），这是企业期望实现的标志。②衡量实现目的的指标（Measurable）。③企业应该实现的指标水平（Attainable）。④目标与其他目标具有相关性（Relevant）。⑤企业实现指标的时间表（Time-based）。

10. 总体战略（企业战略）

总体战略又称公司战略，是企业的战略总纲，是企业最高管理层指导和控制企业的一切行为的最高行动纲领。在大型企业里，特别是多元化经营的企业里，它需要根据企业的宗旨和目标，选择企业可以竞争的经营领域，合理配置企业经营所必需的资源，决定企业整体的业务组合和核心业务，促使各经营业务相互支持、相互协调。

11. 经营单位战略（事业部战略、经营战略）

经营单位是战略经营单位的简称，是指公司内其产品和服务有别于其他部分的一个单位（如分公司或分厂或事业部等）。一个战略经营单位一般有着自己独立的产品和细分市场。它的战略主要针对不断变化的环境，在各自的经营领域里有效地竞争。

12. 职能战略

职能战略又称职能部门战略，是为了贯彻、实施和支持总体战略与经营单位战略而在企业特定的职能管理领域制定的战略。职能战略一般可分为市场营销战略、人力资源战略、财务战略、生产战略、研发战略等。

13. 企业基本竞争战略

为在某一特定竞争领域形成并利用某种竞争优势，企业通常在四种基本的战略中进行选择：成本领先战略、差异化战略、集中化战略、最优成本供应商战略。

14. 成本领先战略

成本领先战略是通过设计一整套行动，以最低的成本生产并提供为顾客所接受的产品和服务。

15. 差异化战略

差异化战略是通过设计一整套行动方案，生产并提供一种“顾客认为很重要”的与众不同的产品或服务，并不断地使产品或服务升级为具有顾客认为有价值的差异化特征。

16. 集中化战略

集中化战略是通过设计一整套行动来生产并提供产品或服务，以满足某一特定竞争性细分市场的需求。企业可以采用两种集中化战略：以低成本为基础的集中成本领先战略和以差异化为基础的集中差异化战略。

17. 成本领先与差异化整合战略（最优成本供应商战略）

成本领先与差异化整合战略的目的是为顾客所支付的价格提供更多的价值。从市场的观点来看，它的核心思想是为用户追求令人满意的“性价比”。

【学习重点】

企业宗旨、目标和战略三者的关系；企业战略的构成要素和层次；企业基本竞争战略；企业规划总体战略的步骤；企业战略管理过程；市场营销管理过程

1. 企业宗旨、目标和战略三者的关系

在制定企业战略的过程中，企业宗旨、目标和战略三者紧密相连、相互关联。战略方案为实现目标服务，而目标又体现了企业宗旨的要求（见图 3–1）。

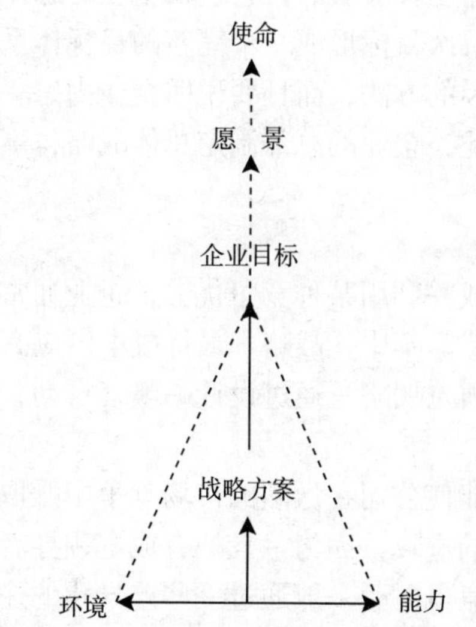

图 3–1　企业战略与企业宗旨、目标的关系

2. 企业战略的构成要素和层次

（1）企业战略的构成要素。从狭义战略的角度来讲，企业战略由以下四个要素组成：

1）经营范围。经营范围是指企业从事生产经营活动的领域。它反映出企业与其外部环境相互作用的程度，也反映出企业计划与外部环境发生作用的要求。企业应该根据自己所处的行业、自己的产品和市场来确定自己的经营范围。

2）资源配置。资源配置是指企业过去和目前对资源和技能进行配置、整合的能力与方式。资源配置的优劣差异极大地影响企业战略的实施能力。企业只有注重对异质战略资源的积累，形成不可模仿的自身特殊能力，才能很好地开展生产经营活动。

3）竞争优势。竞争优势是指企业通过其资源配置模式与经营范围的决策，在市场上所形成的优于其竞争对手的竞争地位。竞争优势既可以来自企业在产品和市场上的地位，也可以来自企业对特殊资源的正确运用。

4）协同作用。协同作用是指企业从资源配置和经营范围的决策中所能寻求到的各种共同努力的效果。也就是说，分力之和大于各分力简单相加的结果。在企业管理中，协同作用主要表现为以下四个方面：

①投资协同作用：这种协同作用来源于企业各经营单位联合利用企业的设备、原材料储备、研发投资以及专用工具和专有技术。

②作业协同作用：这种作用产生于充分利用现有的人员和设备，共享由经验曲线造成的优势等。

③销售协同作用：这种作用产生于企业的产品使用共同的销售渠道、销售机构和促销手段。

④管理协同作用：这种作用来源于管理过程中的经验积累以及规模效益等。如对企业的新业务，管理人员可以利用过去积累的经验减少管理成本。

协同作用的值可以是正值，即 $1 + 1 > 2$ 的效应；但协同作用也会出现负值。从大量的实践中可以看出，当一个企业进入全新的行业进行多种经营时，如果新行业的环境条件与过去的经营环境截然不同，则以往的管理经验发挥不了作用。在这种情况下，管理协同作用的值便为负值。

（2）战略层次。企业的目标是多层次的，它包括企业的总体目标、企业内各个层次的目标以及各经营项目的目标，各层次目标形成一个完整的目标体系。企业的战略，不仅要说明企业整体目标以及实现这些目标的方法，而且要说明企业内每一层次、每一类业务以及每个部门的目标及其实现方法。因此，企业的总部制定总体战略，事业部或经营单位制定经营单位战略，部门制定职能战略。

3. 企业基本竞争战略

为在某一特定竞争领域形成并利用某种竞争优势，企业通常在四种基本的战略中进行选择：成本领先战略、差异化战略、集中化战略、最优成本供应商战略。

（1）成本领先战略。成本领先战略是通过设计一整套行动，以最低的成本生产并提供为顾客所接受的产品和服务。

成本领先战略的有效执行能使公司在激烈的市场竞争中赚取超过平均水平的利润。低成本优势可以有效防御竞争对手的进攻，因为 旦拥有成本领导者的有利位置，竞争对手就很难在价格上与其竞争。于是，竞争对手一般通过一些差异化的途径来与成本领导者竞争。如果竞争对手从价格上进行挑战，低成本的公司仍然可以赚取至少平均水平的利润，而竞争对手的利润则因此要低于平均水平。

（2）差异化战略。差异化战略是通过设计一整套行动方案，生产并提供一种“顾客认为很重要”的与众不同的产品或服务，并不断地使产品或服务升级为具有顾客认为有价值的差异化特征。差异化战略的重点不是成本，而是不断地投资和开发顾客认为重要的产品或服务的差异化特征。差异化战略的企业可以在很多方面使自己的产品不同于竞争对手。而且企业的产品或服务与竞争对手之间的相似性越少，企业受竞争对手行动的影响也就越小。

成功地采用差异化战略可以使企业在激烈的市场竞争中获得超过平均水平的利润。差异化战略利用客户对品牌的忠诚度以及由此产生对价格的敏感性下降使公司得以避免来自竞争对手的挑战。它也可以使利润增加而不必追求低成本。差异化产品或服务独特性能降低顾客对价格提高的敏感性。技术进步和管理模式的个性化是实施差异化战略的主要途径。

（3）集中化战略。集中化战略是通过设计一整套行动来生产并提供产品或服务，以满足某一特定竞争性细分市场的需求。包括某一特定的购买群体，某一特定的产品细分市场，或某一特定的地理市场。与采用成本领先战略和差异化战略的企业不同，执行集中化战略的企业寻求通过利用其核心竞争力以满足某一特定行业细分市场的需求。所有集中化战略的精髓在于比竞争对手更好地服务于目标细分市场的购买者，成为小市场中的巨人。如网景公司（用来浏览万维网的专业软件生产厂商）、劳斯莱斯（为高级购买者提供产品）。

企业可以采用两种集中化战略：以低成本为基础的集中成本领先战略和以差异化为基础的集中差异化战略。集中成本领先战略是从某些细分市场上成本行为的差异中获取利润，企业要做到服务于某一细分市场的成本比竞争对手低，此战略取决于是否存在这样一个购买者细分市场，满足他们的要求所付出的代价要比满足整体市场其他部分的要求所付出的代价要小。集中差异化战略是从特定细分市场中客户的特殊需求中获得利润，此战略取决于是否存在这样一个购买者细分市场，他们想要得到或需要特殊的产品属性。

（4）成本领先与差异化整合战略（最优成本供应商战略）。成本领先与差异化整合战略的目的是为顾客所支付的价格提供更多的价值。与单纯依赖某一主导战略的企业相比，能够成功地执行成本领先与差异化战略整合的企业处于一种更加有利的地位。它的基本思想是：满足或者超过购买者在质量、服务、特色、性能属性上的期望，低于他们在价格上的期望，从而最后为购买者创造超值的价值。其目的是低成本地提供优秀的、卓越的产品，然后利用成本优势来制定比有着可比属性品牌的价格还低的价格。从市场的观点来看，它的核心思想是为用户追求令人满意的"性价比"。

这种竞争战略也被称为最优成本供应商战略，公司追求的是竭尽全力成为一家成本不断降低、同时产品质量越来越高的厂商。在质量、服务、特色、性能上紧跟最好的竞争对手，在成本上打败它们，这就是最优成本供应商优势的源泉。

克利夫·鲍曼（Cliff Bowman）"战略钟"理论为我们进一步理解成本领先与差异化整合战略提供了理想的工具（见图 3-2）。附加值与差异化战略相关联，价格与成本领先战略相关联。因此，战略钟理论事实上反映了差异化战略要素和成本领先战略要素的无数动态组合形态。其中具有特征意义的组合为：

1）基于价格的战略（路径 1、路径 2）。

2）差异化战略（路径 4、路径 5）。

3）混合战略（路径 3）。

4）失败的战略（路径 6、路径 7、路径 8）。

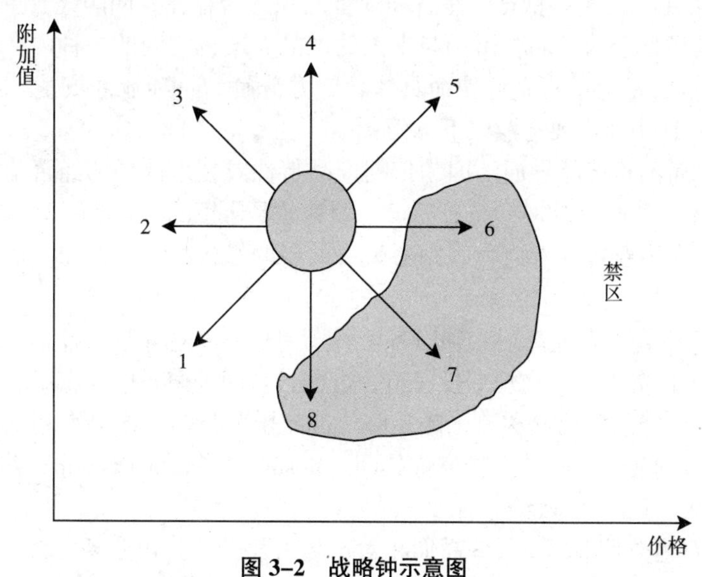

图 3-2 战略钟示意图

4. 企业规划总体战略的步骤

（1）认识和界定企业使命。企业使命（Mission）反映企业的目的、特征和性质。明确企业使命，就是对本企业是干什么的、本企业应该是怎么样的两个问题进行思考和解答。可以向所有者如股东、上级主管部门，向顾客、经销商以及员工广泛征求意见。关键在于如何深入分析构成企业外部环境和内部条件的各种因素，详尽了解它们对企业的要求、期望和约束，从中找出企业目前的以及理想的特征。

思考企业使命的结果，最后应当形成文字，即撰写企业使命说明书。在形式上，企业使命说明书可以多种多样，但是，必须包括以下基本要素：

1）活动领域。说明企业拟在哪些方面发挥作用、参与竞争，一般可从产业范围、市场范围（企业拟为哪些市场或类型的顾客服务）、纵向范围（指企业内部自给自足生产的程度）

以及地理范围等方面加以说明。

2）主要政策。用以指导员工如何对待顾客、供应商、经销商、竞争者和一般公众，使整个企业在重大问题或原则上步调一致，行动上有共同的标准参照、遵循。规定的方针要尽量缩小个人任意发挥和随意解释的空间。

3）远景和发展方向。揭示、指明今后若干年，比如未来 10 年、20 年的远景和发展方向。企业使命既是全局性的，又是长远性的，要有一定弹性和预见性。

要使企业使命说明书收到实效，内容必须具体化，特点应当明晰化。好的企业使命说明书在表达和陈述上，应当富有激励性，能够鼓舞人心。

（2）区分战略经营单位。大多数的企业，包括规模较小的企业，都有可能同时或准备经营若干项业务。比如一家公司既从事公路汽车运输，又经营房地产，还生产医药用品。即使专门从事汽车运输，也有客运、货运、长途运输、短途运输等多种类型。每项业务都会有自己的特点，面对的市场、环境也未必完全一样。界定企业的活动领域，只是在大范围上说明了企业经营的总体范围。为了便于从战略上进行管理，有必要对组成企业活动领域的各项业务，从性质上区别开来，划分为若干个战略经营单位。战略经营单位就是企业值得为其专门制定一种经营战略的最小经营单位。有的时候，一个战略经营单位会是企业的一个部门，或一个部门中的某类产品，甚至某种产品；有的时候，又可能包括几个部门、几类产品。

区分战略经营单位的主要依据，是各项业务之间是否存在共同的经营主线。所谓“共同的经营主线”，是指目前的产品、市场与未来的产品、市场之间的一种内在联系。由于区分战略经营单位的目的是为了将企业使命具体化、并分解为各项业务或某一组业务的战略任务，因此在实际工作中还需要注意以下方面：

1）市场导向而不是产品导向。因为依据产品特性或技术区分的经营单位难有持久的生命力。产品和技术会过时、陈旧，只有需求、顾客才是永恒的。

2）切实可行而不要包罗太广，否则会失去共同的经营主线。例如，依据“满足交通运输的需要”区分，就会定义过宽。

（3）规划投资组合。企业高层必须对各个经营单位及其业务进行评估和分类，确认它们的发展潜力，决定投资结构。在规划投资组合方面，有两种模式广为应用。

1）波士顿咨询集团法（又称波士顿矩阵、四象限分析法、产品系列结构管理法等）是由美国大型商业咨询公司——波士顿咨询集团（Boston Consulting Group）首创的一种规划企业产品组合的方法（见图 3-3）。

①问题类。问题类是市场增长率高而相对市场份额低的公司业务。大多数业务都从问题类开始，公司力图进入一个高速成长的市场，其中已有一个市场领导者。问题类业务要求投入大量现金，因为公司必须添置厂房、设备和人员，以跟上迅速成长的市场需要，此外，它还要赶超领导者。问题类业务必须小心确定，因为公司必须认真考虑是否要对它进行大量投资或者及时摆脱出来。如图所示，公司经营三项问题类业务，这似乎太多了些。把资金集中投入一个或两个这样的业务，而不是均匀地分散在三个业务上，这样似乎对公司更好一些。

②明星类。一个公司如果在问题类业务上经营成功，就变成明星类业务。明星类是市场增长率和相对市场占有份额都高的业务单位。明星类并不能给公司带来大量现金，公司必须投入巨资来维持市场增长率和击退竞争者的各种进攻。明星类业务常常是现金消耗者而非现金产生者；同时，它们也常常盈利可观并成为公司未来的金牛类。在上例中，公司有两个明星类业务，这个情况很好。一个公司如果没有明星类业务，便值得重视了。

③金牛类。当市场的年增长率下降到 10%以下，而如果它继续保持较大的市场份额，前

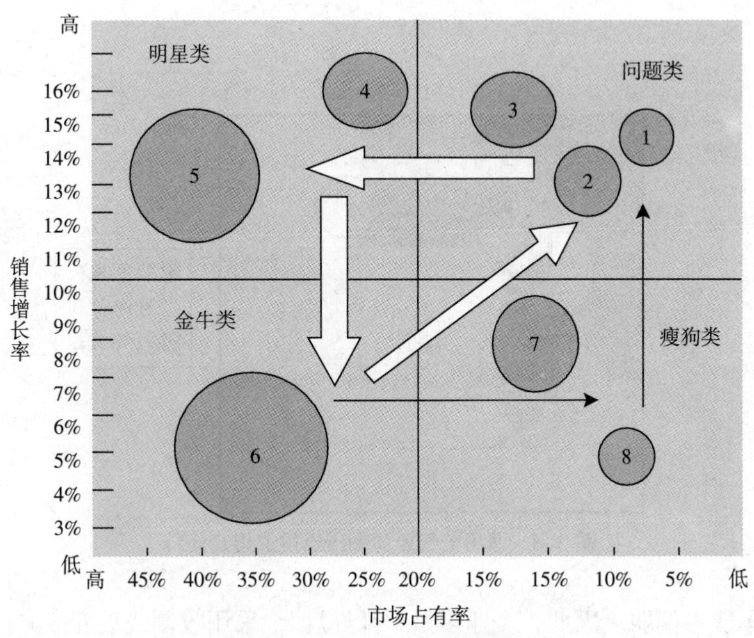

图 3-3　BCG——波士顿矩阵

面的明星类业务就成了金牛类业务。这类业务之所以称为金牛，是因为它为公司带来了大量的现金收入。由于市场增长率低，公司不必大量投资，同时也因为该业务是市场领先者，它还享有规模经济和较高利润率之优势。金牛类业务单位能为企业提供较多现金及支持明星类、问题类和瘦狗类业务，这些业务常常是现金短缺者。图中该公司中有一种金牛类业务，故其地位是很脆弱的。如果这一金牛业务突然失去其相对市场份额，公司必须把大量的货币投入该金牛业务中以维持其市场领导地位。如果公司把全部现金都用来支持其他业务，强壮的金牛有可能变成一头衰弱的金牛。

④瘦狗类。瘦狗类业务是指市场增长率低缓、市场份额也低的公司业务。一般来说，它们的利润很低，虽然也可能丢掉一些钱，但损失也不会很大。在图中，公司有两个瘦狗类业务，这就显得太多了些。公司必须考虑这些业务的存在是否有足够理由（例如，市场成长率会回升，或者可能重新成为市场领先者），或者是出自某种情感上的缘故。瘦狗类业务的继续经营，通常要占用管理者较多时间，这可能是得不偿失的，需要进一步收缩或者淘汰。

2）通用电力公司方法（The General Electric Model）。通用电器公司方法是由美国通用电器公司在波士顿短阵法的基础上加以改进而创立，又称为“多因素投资组合矩阵”（见图 3-4）。GE 矩阵认为，在评价分析企业业务时，不应简单考虑市场增长率和相对市场份额两个因素，而要综合考虑多个因素。

多因素投资组合矩阵依据市场吸引力的大、中、小，竞争能力的强、中、弱，分为九个区域。它们组成了三种战略地带：

①“绿色地带”，由左上角的大强、大中、中强三个区域组成。这个地带的市场吸引力和经营单位的竞争能力都最为有利。要“开绿灯”，采取增加资源投入和发展扩大的战略。

②“黄色地带”，由左下角至右上角对象线贯穿的三个区域，即由小强、中中、大弱组成。这个地带的市场吸引力和经营单位的竞争能力，总的说来都是中等水平。一般来说，对这个地带的经营单位应当“开黄灯”，即采取维持原投入水平和市场占有率的战略。

③“红色地带”，由右下角的小弱、小中、中弱三个区域组成。这里的市场吸引力偏小，

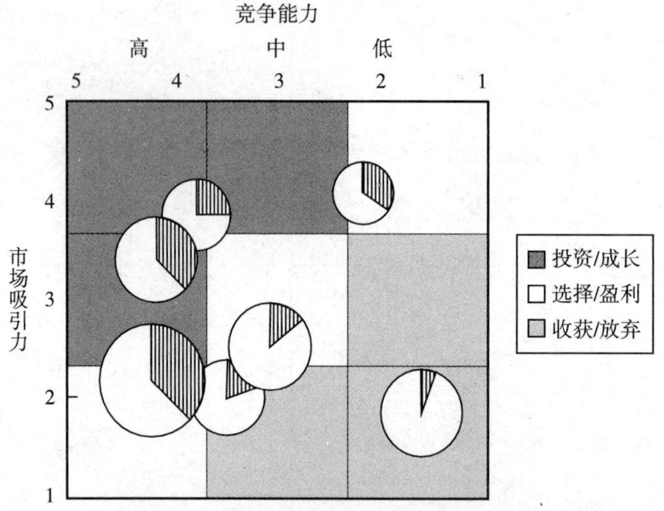

图 3-4 通用电气公司多因素投资组合矩阵

经营单位的竞争能力偏弱。因此，企业多是“开红灯”，采用收割或放弃战略。

值得注意的是，企业应对各个经营单位在今后几年的发展趋势进行预测。有的现在看好，以后可能急剧下降，有的可能急剧上升。掌握这些情况以后，可为各个区域的经营单位最后决定其政策。

(4) 规划成长战略。

1) 密集型增长战略 (Intensive Growth Strategies)。这一战略具有三种形式：市场渗透、市场开发、产品开发（见图 3-5）。

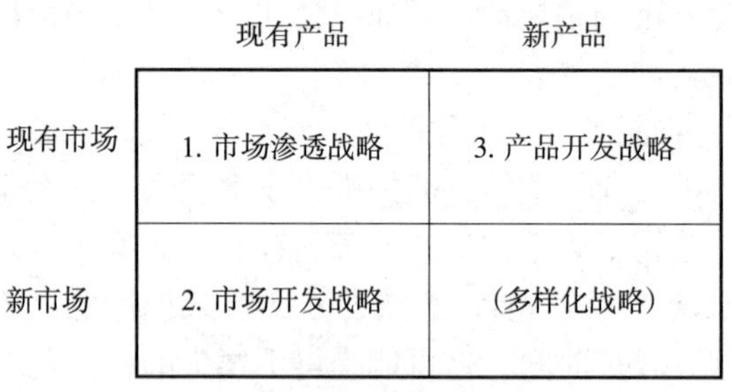

	现有产品	新产品
现有市场	1. 市场渗透战略	3. 产品开发战略
新市场	2. 市场开发战略	(多样化战略)

图 3-5 密集增长战略

①市场渗透。即采取积极的措施，在现有市场上扩大现有产品的销量。可运用三种方法：一是设法使现有顾客多次或大量购买本企业产品；二是吸引竞争对手的顾客购买本企业的产品；三是开发潜在顾客。可通过提高产品质量，改善包装、服务，加大广告、促销力度，多方面刺激需求，扩大销量。

②市场开发。把现有产品投放新的市场，从而增加销量，企业可把产品从一个地区推进其他地区、全国市场，甚至国际市场，也可以发现新的细分市场，扩大市场范围。

③产品开发，又称产品多样化。即向现有市场提供新产品或者改进产品，满足现有顾客的潜在需求，增加销量。

2) 一体化增长战略 (Integrative Growth Strategies)。企业发展到一定程度，企业所属的行业属于增加潜力大，具有吸引力的行业，在供产、产销方面合并后更有利益，便可考虑采用一体化增长战略，以增加新业务提高盈利能力。具体形式有三种：前向一体化、后向一体化、水平一体化。

①前向一体化。生产企业向前控制分销系统，如收购、兼并批发商、零售商，通过增强销售力量来谋求进一步的发展。企业也可以把生产的产品向前延伸，如造纸公司或印刷业经营文件用品，木材公司生产木家具。

②后向一体化。如制造商收购、兼并原材料供应商，控制市场供应系统。一方面，避免原材料短缺，成本受制供应商的局面；另一方面，通过盈利高的供应业务争取更多收益。

③水平一体化。企业兼并或控制竞争者，也可以实行其他形式的联合经营，可以扩大经营规模增强实力，也可取长补短，争取共赢。

3）多角化增长战略（Diversification Growth Strategies）。企业通过创建新工厂或购买别的企业，生产和经营与企业原有业务无关或关联较小的业务，称为多角化增长战略，又称为多元化战略。

多角化增长战略有三种形式：

①同心多角化，又称为关联多角化，指企业利用原有技术、生产线和营销渠道开发与原有产品和服务相类似的新产品和新服务项目，比如电冰箱厂家生产空调产品、面粉厂经营方便面等。

②水平多角化，又称为横向多角化，指企业研究开发能满足现有市场顾客需要的新产品，而产品技术与原有企业产品技术没有必然的联系。如原来生产彩电的企业，现在经营饮水机；或者大型百货公司经营美容、娱乐等业务。这标志着企业在技术和生产上进入一个新的领域，具有较大风险。

③复合多角化，又称为集团多样化，指企业开发与原有产品的技术无关，同时与原有市场毫无联系的新业务。例如，家电企业同时经营旅游、金融、房地产等业务，如海尔电器公司除了经营家电，还同时经营物流、旅游、金融等业务。白云山制药厂也同时经营药品、汽配、酒店等业务。美国柯达公司主要经营摄影器材，还经营食品、石油、化工和保险公司，实行多角化增长。国际上的大型集团性企业往往采取复合的经营战略，优点是扩大企业经营领域，有效分散经营风险，但管理难度大大增强。

5. 企业战略管理过程

战略是计划的一种形式，但战略管理却不仅仅是制定战略。战略管理是制定和实施战略的一系列管理决策与行动。一般认为，战略管理是由几个相互关联的阶段所组成，这些阶段有一定的逻辑顺序，包含若干必要的环节，由此而形成一个完整的体系。

（1）战略分析。

1）明确企业当前宗旨、目标和战略。首先要明确企业当前的宗旨、目标和战略，这些指导企业目前行动的纲领性文件是战略分析的起点。

2）外部环境分析。外部环境分析的目的就是要了解企业所处的战略环境，掌握各环境因素的变化规律和发展趋势，发现环境的变化将给企业的发展带来哪些机会和威胁，为制定战略打下良好的基础。

3）内部条件分析。战略分析还要了解企业自身所处的相对地位，分析企业的资源和能力，明确企业内部条件的优势和劣势；还需要了解不同的利益相关者（投资人、债权人、员工、客户、供应商等）对企业的期望，理解企业的文化，为制定战略做好充分的准备。

4）重新评价企业的宗旨和目标。当掌握了环境的机会和威胁，并且识别了自身的优势和劣势之后，需要重新评价企业的宗旨，必要时要对它做出修正，以使它们更具有导向作用，进而确定下一步的战略目标。

（2）战略选择。战略选择阶段的任务是确定达到战略目标的途径，为实现战略目标确定适当的战略方案。企业战略管理人员在战略选择阶段的主要工作是：

1）产生战略方案。根据外部环境和企业内部条件、企业宗旨和目标，拟订供选择的几种战略方案。

2）评价战略方案。评价战略备选方案通常使用两个标准：一是考虑选择的战略是否发挥了企业的优势，克服了劣势，是否利用了机会，将威胁削弱到最低程度；二是考虑该战略能否被利益相关者所接受。需要指出的是，实际上并不存在最佳的选择标准，经理们和利益相关者的价值观和期望在很大程度上影响着战略的选择。此外，对战略的评估最终还要落实到战略收益、风险和可行性分析的财务指标上。

3）最终选出供执行的满意战略。在充分评价的基础上，通过特定的优选准则，最终选择满意方案。

（3）战略实施与控制。战略实施与控制过程就是把战略方案付诸行动，保持经营活动朝着既定战略目标与方向不断前进的过程。这个阶段的主要工作包括计划、组织、领导和控制等管理职能的活动。其关注点如下：

1）战略实施的关键在于其有效性。要保证战略的有效实施，首先要通过计划活动，将企业的总体战略方案从空间上和时间上进行分解，形成企业各层次、各子系统的具体战略或策略、政策，在企业各部门之间分配资源，制定职能战略和计划。

2）战略实施的成功与否取决于管理者激励员工能力的大小和人际技能。战略实施活动会影响到企业中的所有员工和管理者。每个部门都必须回答以下问题：为了实施企业战略中属于我们责任的部分，我们必须做什么？我们如何才能将工作做得更好？战略实施是对企业的一种挑战，它要求激励整个企业的管理者和员工以主人翁精神和热情为实现已明确的目标而努力工作。

3）战略控制是战略管理过程中的一个不可忽视的重要环节，它伴随战略实施的整个过程。建立控制系统是为了将每一阶段、每一层次、每一方面的战略实施结果与预期目标进行比较，以便及时发现偏差，适时采取措施进行调整，以确保战略方案的顺利实施。如果在战略实施过程中，企业外部环境或内部条件发生了重大变化，则控制系统会要求对原战略目标或方案做出相应的调整。

图 3-6 总结了前面讲的战略管理过程。需要指出的是，在管理实践中，并不是各阶段都按直线排列。由于各项工作是直接相联系的，很可能战略分析和战略决策重叠在一起，也可能评价战略时就开始实施战略了，因此，以上的步骤更是为了理论上讨论问题的方便而已。

（4）SWOT 分析法。在战略分析和战略选择的过程中，SWOT 分析方法能够发挥有效的作用。

SWOT 分析法（见图 3-7）是一种对企业外部环境中存在的机会、威胁和企业内部条件的优势、劣势进行综合分析，据此对备选的战略方案做出系统的评价，最终选择出最佳的竞争战略的方法。SWOT 中的 S 是指企业内部的优势（Strengths）；W 是指企业内部的劣势（Weaknesses）；O 是指企业外部环境中的机会（Opportunities）；T 是指企业外部环境的威胁（Threats）。

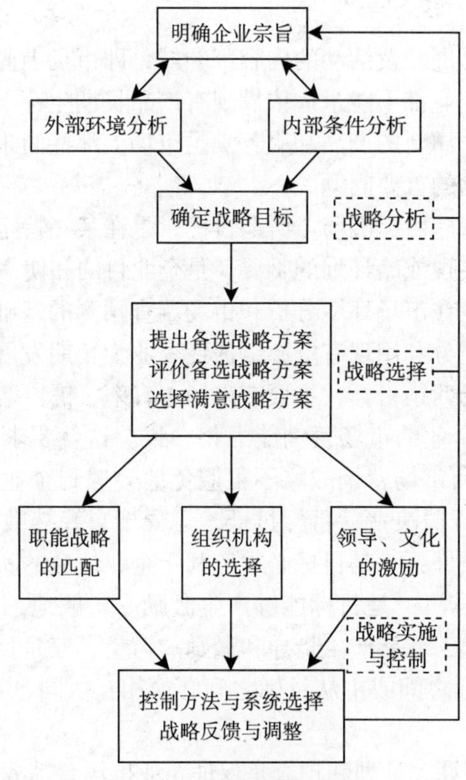

图 3–6　战略管理的过程

能力 环境	优势 （S）	劣势 （W）
机会 （O）	利用优势 抓住机会 (SO)	利用机会 克服弱点 (WO)
威胁 （T）	利用优势 减少威胁 (ST)	使弱点和 威胁最小化 (WT)

图 3–7　SWOT 分析法

6. 市场营销管理过程

所谓市场营销管理过程就是识别、分析、选择和发掘市场营销机会，以实现企业的任务和目标的管理过程，即企业与它最佳的市场机会相适应的过程。这个过程包括四个步骤：第一，分析市场机会；第二，选择目标市场；第三，制定、优化市场营销组合（方案）；第四，管理营销活动。

（1）分析市场机会。分析市场机会的事实就是通过各种信息寻找和识别市场机会。寻找和分析评价市场机会，是企业市场营销管理人员的重要任务，也是企业市场营销管理过程的首要步骤。

市场营销机会是企业开展经营活动的内容和领域，即市场上尚未满足的消费需求。市场需求是不断变化的，任何企业都不能永远依靠现有产品长期生存下去。每个企业都必须善于发现和抓住新的市场机会，靠新的产品和服务满足市场上那些尚未满足的消费需求。发现市场机会是企业开展营销活动的首要问题。

（2）确定营销目标，选择目标市场。所谓目标，是在某一特定时期内希望完成的预期成果。它是经由战略行动而实现战略计划的纲要，是企业目的和使命的具体化。

市场营销目标，是企业在市场环境分析和市场调查预测的基础上，把企业的外部条件与内部条件相互协调起来，充分利用现有资源，促使企业为长期发展而制定的营销活动要达到的目的。企业指标化的市场营销目标，主要有市场占有率、销售增长率、销售额和利润等。

市场营销目标必须和企业的市场营销能力相一致。这就要求企业在制定市场营销目标时，要正确评价自己。任何市场营销战略不可避免地会遇到企业目标和企业能力之间的冲突，目标过高，可能造成资源浪费；目标过低，无异于自我挫败。因此，企业在确定目标时，至少要满足以下四个条件：一是目标必须有利于企业使命的实现，必须符合企业内外的价值观、社会伦理道德标准。二是目标能够产生激励。一般地，凡是上下级共同制定的目标，只要能够量化和具体化，就能产生指导和激励的力量。三是目标应当是可行的。四是在目标群中同一层次上的目标之间或主从目标之间必须相互协同、互相助长，不能彼此矛盾、相互冲突。

（3）制定营销计划和预算。计划和预算是保证企业市场营销战略目标实现的关键步骤。

从理论上和实践工作中，我们能够发现，通过预算可以使计划形象化，通过预算可以列出在执行预定销售战略后，能给企业带来的收益及营销费用的分配，从而检验营销目标、策略、方案的可行性程度。营销预算有助于市场研究、促进营销等工作的顺利开展，使企业一切营销工作都有计划、有步骤地顺利进行。

为实现市场营销目标，进入目标市场，要制定周全而详尽的市场营销计划、确定市场营销组合。市场营销组合是市场营销学中的一个基本的、重要的概念，它是企业可控制因素（产品、定价、分销、促销等）的策略组合。正确制定市场营销组合，使之协调配合，才可以顺利完成营销目标。

（4）营销计划的实施与控制。营销计划的实施与控制，是指企业营销管理者采取一系列行动，使实际营销结果与营销计划尽可能一致，在控制中通过不断评审和信息反馈，对营销计划乃至营销战略进行不断的修正。为了卓有成效地进行控制，在控制过程中，必须遵循的原则是：控制必须同企业的组织系统互相配合，必须符合经济原则，指标要有可比性。

1）执行计划。企业要贯彻执行市场营销计划，有效地管理营销活动，首先必须建立和发展市场的营销组织，使企业营销系统中各级人员保持协调一致。其次，营销部门还必须与生产、人事、财务、采购等其他部门密切配合。企业要善于调动内外部积极因素，使各个部门密切合作，实现企业的任务和目标。

2）控制计划。控制计划是管理营销活动的一个重要内容。在营销计划实施过程中，可能出现很多意想不到的情况。需要一个控制系统来保证营销目标的实现。市场营销控制包括：年度计划控制、盈利能力控制和战略控制三种。

企业为了保证完成年度计划中提出的销售利润和其他目标，必须实行年度营销计划的控制。年度计划控制是一种短期的即时控制，中心是目标管理。其工作步骤包括：一是管理者必须将年度计划分解为每月或每季的目标；二是管理者必须随时跟踪掌握营销情况；三是当营销实绩与计划发生偏差时，找出产生偏差的原因；四是提出改善计划实施的措施，消除目标与实际执行结果之间的差距，在必要的时候可以修改目标。

除了年度营销计划控制外，企业还需要测算它的各类产品在不同地区、不同市场、通过不同分销渠道出售的实际获利能力。这一分析结果能帮助主管人员决定哪些产品或哪些市场应予以扩大，哪些则应缩减，直至放弃。

战略控制是最高层次的控制。由于市场营销环境在迅速变化，企业的目标、政策、战略和措施可能很快过时，因此，必须时刻注意观察市场的变化，定期评估营销效果，及时采取适当的修正措施，以适应外部环境的变化。

【知识链接】

中国企业进入战略制胜期面临的战略管理难题

在全球化的大潮中，中国企业群落备受关注，同时承受着激烈竞争的压力。例如：

如何应对日趋复杂的商业环境和巨大竞争压力，实现企业的可持续发展；战略发展主要依靠“一把手”的经验判断，缺乏系统梳理和科学论证；缺乏支持企业长远发展的业务成长模式，盲目贪求大而全；缺乏核心竞争力建设，企业大起大落；缺乏对企业战略的有效监控和纠偏机制，战略成为一纸空文；缺乏对外部环境和内部资源与能力的系统思考，定位不切实际；没有就战略达成共识，无法起到统一认识和凝聚员工的作用；战略规划和业务运营两张皮……

何为中国企业存续发展之“道”？“道”在战略。所谓“大道无形”、“大道从简”，面临日益复杂与高度不确定性的竞争环境，如何执简驭繁，制定并执行合理的战略，将是成功的关键所在。

长城战略提供的企业战略咨询服务

面向公司的董事会、执行委员会和高级管理层，就其关心的重大问题提供咨询服务，制定公司中长期发展规划，制定企业变革方案，实施业务及资产重组，建立市场导向的适合中国特点的企业运营体制，设计合理的法人治理模式和高层管理架构。具体包括：企业外部环境分析；企业战略诊断；企业战略愿景规划；企业战略目标设定；企业战略选择方案；企业发展模式；企业发展规划；企业战略要点。

为配合战略的实施，还为中国企业提供营销、技术发展、人力资源、财务发展等方面的策略，以培育合理的战略能力架构。

企业战略咨询常用方法

在深入研究中国企业发展历程的基础上，长城战略独创性地发展了一套适用于中国企业的战略咨询方法与工具体系：转型期企业战略五要素分析模型；四维价值链分析模型；核心竞争力评估；概念设计方法；业务分析与选择矩阵模型；四层业务结构模型；企业成长路径模型；商业模式选择百分量表模型；企业战略能力结构模型；关键成功要素分析量表。

企业战略咨询经典案例

长城战略凭借对全球商业的前瞻性研究和对中国改革与发展的深刻体验，协助中国企业制定制胜战略并进行有效的管理，获取长期竞争优势，帮助企业创造最大价值。我们的客户

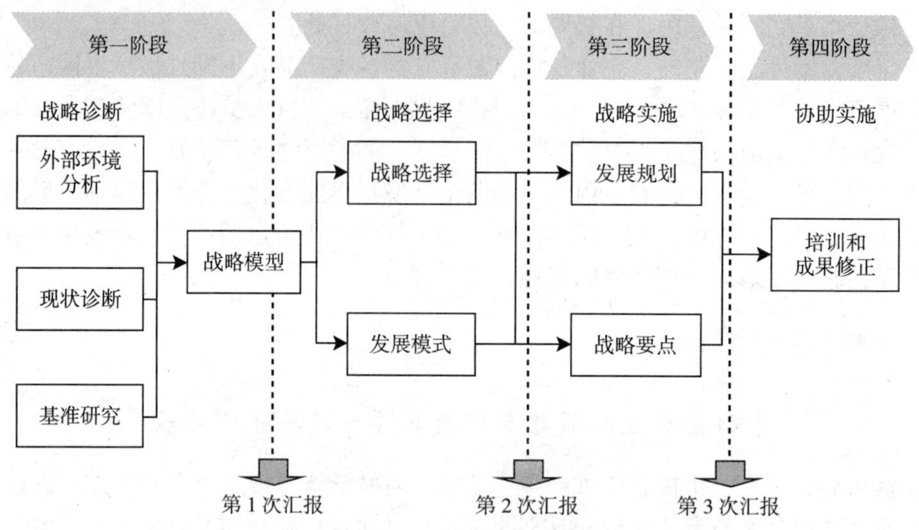

图 3-8　企业战略咨询流程

中既有中国最大的民营企业，也有锐意变革的国有企业集团，还有创业期的中小型企业。更为重要的是，我们秉承与客户共同成长的理念，在咨询项目成功运行的情况下，绝大比例地客户聘请长城战略作为长期管理咨询顾问，我们见证了我们的客户从一个小企业崛起为具有全球影响力大公司的发展历程，我们的很多客户已经发展成为各行业的领袖型企业：中国最大的文字处理软件开发和 IT 设备制造企业集团；中关村某著名的大型民营 IT 企业；中国最大的保健酒企业；中国首家民营研究所转制的上市公司；中国最大的化肥和天然气化工制造企业；山西某大型酒类上市公司；西部某知名医药上市公司；西部某知名信托投资公司；北京最大的医药连锁企业；中国知名的民营化工分销企业；中国新型建材行业的龙头企业。

资料来源：长城战略咨询网站，http：//www.gei.com.cn/html。

【同步练习】

一、单项选择题（在下列每小题中，选择一个最适合的答案）

1. 后向一体化战略是指企业将（　　）。

A. 向客户领域发展　　B. 向供应商领域发展
C. 向供应商和客户领域同时发展　　D. 兼并竞争对手或与其合作

2. 企业使命回答的根本问题是（　　）。

A. 做什么　　B. 做到什么程度　　C. 由谁来　　D. 怎样做

3.（　　）是指重大的、全局性的、长远的、决定性的谋划。

A. 战术　　B. 策略　　C. 战略　　D. 竞争

4.（　　）是一种对企业外部环境中存在的机会、威胁和企业内部条件的优势、劣势进行综合分析的方法。

A. SWOT　　B. SMAT　　C. 波士顿矩阵　　D. GE 矩阵

5.（　　）的目的是为顾客所支付的价格提供更多的价值。

A. 成本领先与差异化整合战略　　B. 差异化战略
C. 集中化战略　　D. 成本领先战略

6.（　　）指企业兼并或控制竞争者，也可以实行其他形式的联合经营，可以扩大经营规模增强实力，也可取长补短。

A. 前向一体化　　B. 后向一体化　　C. 多元化　　D. 水平一体化

7. 克利夫·鲍曼（Cliff Bowman）“战略钟”理论中，混合战略是指（　　）。

A. 基于兼顾价格和差异化的战略　　B. 基于差异化的战略

C. 基于价格的战略　　D. 基于多元化的战略

8. 企业战略是指企业环境与能力的（　　）平衡，以此来实现企业目标的总体方案。

A. 静态　　B. 动态　　C. 综合　　D. 合理

9. 差异化战略旨在向客户提供（　　）产品或服务。

A. 价格适中的　　B. 与众不同的　　C. 让客户满意的　　D. 价格更低的

10. 波斯顿矩阵理论把市场增长率高而相对市场份额低的公司业务定义为（　　）。

A. 问题类　　B. 明星类　　C. 金牛类　　D. 瘦狗类

11. 前向一体化战略是指企业将（　　）。

A. 向客户领域发展　　B. 向供应商领域发展

C. 向供应商和客户领域同时发展　　D. 兼并竞争对手或与其合作

12. 企业愿景回答的根本问题是（　　）。

A. 做什么　　B. 做到什么程度　　C. 由谁做　　D. 怎样做

13. GE 矩阵认为，市场吸引力和经营单位的竞争能力都最为有利，这个区域是（　　）。

A. “绿色地带”　　B. “黄色地带”　　C. “红色地带”　　D. “瘦狗地带”

14. 密集型增长战略理论指出，采取积极的措施，在现有市场上扩大现有产品的销量，是（　　）。

A. 市场渗透　　B. 市场开拓　　C. 产品开发　　D. 产品改进

15.（　　）是指企业从资源配置和经营范围的决策中所能寻求到的各种共同努力的效果。

A. 经营范围　　B. 资源配置　　C. 竞争优势　　D. 协同作用

16.（　　）是通过设计一整套行动方案，生产并提供一种“顾客认为很重要”的与众不同的产品或服务，并不断地使产品或服务升级为具有顾客认为有价值的差异化特征。

A. 差异化战略　　B. 成本领先战略

C. 集中化战略　　D. 成本领先与差异化整合战略

17.（　　）是指企业利用原有技术、生产线和营销渠道开发与原有产品和服务相类似的新产品和新服务项目。

A. 同心多角化　　B. 水平多角化　　C. 复合多角化　　D. 产品现代化

18. SWOT 中的（　　）是指企业内部的优势。

A. S　　B. W　　C. O　　D. T

19. 成本领先战略旨在向客户提供（　　）产品或服务。

A. 价格适中的　　B. 价格最低的　　C. 与众不同的　　D. 让客户满意的

20. 成本领先战略体现了“战略钟”（　　）的含义。

A. 基于价格的战略　　B. 基于差异化的战略

C. 基于多元化的战略　　D. 基于兼顾价格和差异化的战略

二、多项选择题（在下列每小题中，选择多个最适合的答案）

1. 企业战略的构成要素包括（　　）。

A. 经营范围　　B. 资源配置　　C. 竞争优势　　D. 企业文化

E. 协同作用

2. “战略钟”将企业可能出现的竞争战略综合归纳为（　　）类型。

A. 基于价格的战略　B. 基于差异化的战略　C. 混合战略　D. 失败的战略

3. 纵向一体化战略的形式主要有（　　）。

A. 前向一体化　B. 后向一体化

C. 兼并竞争对手　D. 前后双向一体化

4. SWOT 分析方法是关于企业（　　）的分析工具。

A. 机会　B. 威胁　C. 技术　D. 优势

E. 劣势

5. 企业战略是指在环境与能力动态平衡条件下，企业实现宗旨（使命和愿景）和目标的总体方案，它具有（　　）等基本特征。

A. 长远性　B. 永久性　C. 全局性　D. 重要性

6. 企业的目标由四个部分组成（SMAT），它们是（　　）。

A. 企业期望实现的标志　B. 企业实现目标的措施

C. 衡量实现目的的指标　D. 企业应该实现的指标水平

E. 企业实现指标的时间表

7. 总体战略主要有（　　）。

A. 发展战略　B. 成本领先战略　C. 稳定战略　D. 收缩战略

8. 市场营销管理过程的步骤有（　　）。

A. 分析市场机会　B. 选择目标市场

C. 制定企业发展战略　D. 制定、优化市场营销组合（方案）

E. 管理营销活动。

9. 战略分析的主要工作是（　　）。

A. 对当前的市场进行细分　B. 明确企业当前宗旨、目标和战略

C. 外部环境分析　D. 内部条件分析

E. 重新评价企业的宗旨和目标

10. 企业基本竞争战略有（　　）。

A. 成本领先战略　B. 加强型战略

C. 差异化战略　D. 集中成本领先和集中差异化战略

E. 最优成本供应商战略

三、填空题（在下列每小题中，填上适当的内容）

1. 企业战略是指在环境与能力动态平衡条件下，企业实现宗旨和目标的总体方案，它具有________、________和________等基本特征。

2. 企业宗旨是企业所有者与经营者确定的企业生产经营的________、________、________和________。

3. 经营哲学是一个组织为其经营活动方式所确定的________、________的高度概括。

4. 差异化战略是通过设计一整套行动方案，生产并提供一种________的与众不同的产品或服务，并不断地使产品或服务升级为具有顾客认为有价值的差异化特征。

5. 波士顿矩阵以纵轴表示企业销售增长率，横轴表示相对市场占有率，各以10%和20%作为区分高、低的中点，将坐标图划分为四个象限，依次为________、________、________、________。

6. 密集型增长战略具有三种形式：________、________、________。

7. 营销战略作为企业的职能战略，是关于寻求企业外部市场机会与内部资源配置相一致的总体方案，它既从属于________，又对________具有至关重要的影响力。

8. 营销计划的实施与控制，是指企业营销管理者采取一系列行动，使______与______尽可能一致。

9. 机会是指环境中对企业________的因素，威胁是指环境中对企业________的因素。

10. 水平一体化是指企业兼并或控制________，也可以实行其他形式的联合经营。

四、判断题（判断下列各题是否正确，正确的在题后的括号内打“√”，错误的打“×”）

1. 企业使命要回答的根本问题是“我们要做什么?”（　　）

2. 企业的宗旨可以不用文字陈述出来，而只为企业高层领导人所掌握。但是，精心策划、措辞恰当的文字形式的企业宗旨对管理者来说具有真正的价值。（　　）

3. 所有的企业都有总体战略、事业部或经营单位战略、职能战略三个战略。（　　）

4. 成本领先战略是通过设计一整套行动，以最低的成本生产并提供为顾客所接受的产品和服务。（　　）

5. 在克利夫·鲍曼（Cliff Bowman）“战略钟”理论中，混合战略是指提高产品价格并减少产品功能的战略。（　　）

6. 成本领先与差异化整合战略的核心思想，是为用户提供令人满意的“性价比”。（　　）

7. 波士顿矩阵中的金牛类，是指市场增长率和相对市场占有份额都高的业务单位。（　　）

8. 水平多角化，又称为横向多角化，指企业研究开发能满足现有市场顾客需要的新产品，而产品技术与原有企业产品技术没有必然的联系。（　　）

9. 愿景不一定要实现，只要有 50%~70%的可能性就可以了，关键是要能使人们认可，激励人们前进。（　　）

10. 差异化战略是通过设计一整套行动来生产并提供产品或服务，以满足某一特定竞争性细分市场的需求。（　　）

五、简答题

1. 简述企业宗旨、目标和战略三者之间的关系。

2. 简述企业宗旨的含义和内容。

3. 简述企业目标的 SMART 原则。

4. 简述企业战略的构成要素和层次。

六、论述题

试述企业战略管理过程。

七、案例分析题

案例分析

海尔集团发展战略

根据外部环境的变化和企业内部资源和条件的变化，海尔集团的发展战略经历了四个阶段，如图 3-9 所示：

1. 名牌战略阶段（1984~1991 年）

特征：只做冰箱一个产品，探索并积累了企业管理的经验，为今后的发展奠定了坚

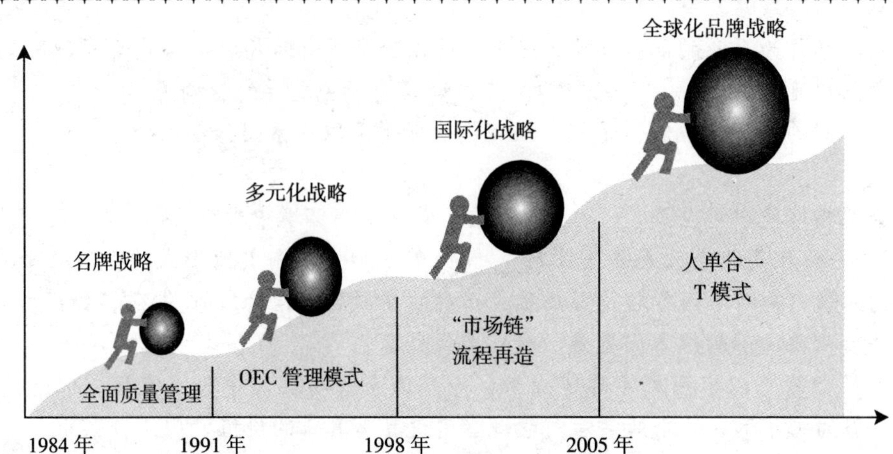

图 3-9　海尔集团发展战略阶段

实的基础，总结出一套可移植的管理模式。

2. 多元化战略阶段（1992~1998 年）

特征：从一个产品向多个产品发展（1984 年只有冰箱，1998 年时已有几十种产品），从白色家电进入黑色家电领域，以"吃休克鱼"的方式进行资本运营，以无形资产盘活有形资产，在最短的时间里以最低的成本把规模做大，把企业做强。

3. 国际化战略阶段（1998~2005 年）

特征：产品批量销往全球主要经济体市场，有自己的海外经销商网络与售后服务网络，海尔（Haier）品牌已经有了一定知名度与美誉度。

4. 全球化品牌战略阶段（2006 年至今）

特征：为了适应全球经济一体化的形势，运作全球范围的品牌，从 2006 年开始，海尔集团继名牌战略、多元化战略、国际化战略阶段之后，进入第四个发展战略阶段：全球化品牌战略阶段。国际化战略和全球化品牌战略的区别是：国际化战略阶段是以中国为基地，向全世界辐射；全球化品牌战略则是在每一个国家的市场创造本土化的海尔品牌。海尔实施全球化品牌战略要解决的问题是：提升产品的竞争力和企业运营的竞争力。与分供方、客户、用户都实现双赢或共赢。从单一文化转变到多元文化，实现持续发展。

资料来源：http：//www.haier.cn。

讨论分析题：

1. 海尔四阶段发展战略与其外部环境及内部条件有何联系？
2. 海尔发展战略各阶段的竞争优势是什么？

【参考答案】

一、单项选择题

1. B	2. A	3. C	4. A	5. A	6. D	7. A	8. B	9. B
10. A	11. A	12. B	13. A	14. A	15. D	16. A	17. A	18. A
19. B	20. A							

二、多项选择题

1. ABCE　2. ABCD　3. ABD　4. ABDE　5. ACD　6. ACDE
7. ACD　8. ABDE　9. BCDE　10. ACDE

三、填空题

1. 长远性　全局性　重要性　2. 总方向　总目标　总特征　总的指导思想　3. 价值观　文化　4. 顾客认为很重要　5. 问题类　明星类　金牛类　瘦狗类　6. 市场渗透　市场开拓　产品开发　7. 企业战略　企业战略　8. 营销实施情况　营销计划　9. 有利　不利　10. 竞争对手

四、判断题

1. √　2. √　3. ×　4. √　5. ×　6. √　7. ×　8. ×　9. √　10. ×

五、简答题

1. 简述企业宗旨、目标和战略三者之间的关系。

答：在制定企业战略的过程中，企业宗旨、目标和战略三者紧密相连、相互关联。战略方案为实现目标服务，而目标又体现了企业宗旨的要求（见下图）。

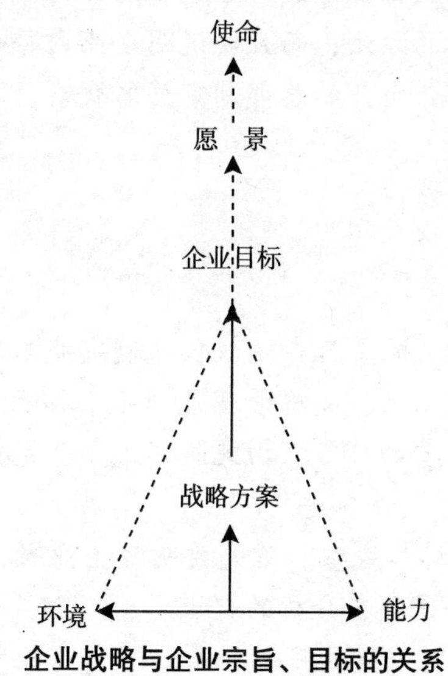

企业战略与企业宗旨、目标的关系

2. 简述企业宗旨的含义和内容。

答：企业宗旨是企业所有者与经营者确定的企业生产经营的总方向、总目标、总特征和总的指导思想。它反映企业管理者为组织将要经营的业务规定的价值观、信念和指导原则；描述企业力图为自己树立的形象；揭示本企业与同行其他企业在目标上的差异，界定企业的主要产品和服务范围，以及企业试图满足的顾客的基本需求。

企业宗旨一般由企业使命、企业愿景和经营哲学构成。

3. 简述企业目标的SMART原则。

答：企业目标是企业宗旨和使命在特定条件下的具体化。

一般来讲，企业的目标由五个部分组成（SMART原则）：①目的（Specific），这是企业期望实现的标志。②衡量实现目的的指标（Measurable）。③企业应该实现的指标水平（Attainable）。④目标与其他目标具有相关性（Relevant）。⑤企业实现指标的时间表（Time-based）。

4. 简述企业战略的构成要素和层次。

答：(1) 企业战略的构成要素。从狭义战略的角度来讲，企业战略由以下四个要素组成：

1) 经营范围。经营范围是指企业从事生产经营活动的领域。它反映出企业与其外部环境相互作用的程度，也反映出企业计划与外部环境发生作用的要求。企业应该根据自己所处的行业、自己的产品和市场来确定自己的经营范围。

2) 资源配置。资源配置是指企业过去和目前对资源和技能进行配置、整合的能力与方式。资源配置的优劣差异极大地影响企业战略的实施能力。企业只有注重对异质战略资源的积累，形成不可模仿的自身特殊能力，才能很好地开展生产经营活动。

3) 竞争优势。竞争优势是指企业通过其资源配置模式与经营范围的决策，在市场上所形成的优于其竞争对手的竞争地位。竞争优势既可以来自企业在产品和市场上的地位，也可以来自企业对特殊资源的正确运用。

4) 协同作用。协同作用是指企业从资源配置和经营范围的决策中所能寻求到的各种共同努力的效果。就是说，分力之和大于各分力简单相加的结果。

(2) 战略层次。企业的目标是多层次的，它包括企业的总体目标、企业内各个层次的目标以及各经营项目的目标，各层次目标形成一个完整的目标体系。企业的战略，不仅要说明企业整体目标以及实现这些目标的方法，而且要说明企业内每一层次、每一类业务以及每个部门的目标及其实现方法。因此，企业的总部制定总体战略，事业部或经营单位制定经营单位战略，部门制定职能战略。

六、论述题

试述企业战略管理过程。

答案重点：

战略是计划的一种形式，但战略管理却不仅仅是制定战略。战略管理是制定和实施战略的一系列管理决策与行动。一般认为，战略管理是由几个相互关联的阶段所组成，这些阶段有一定的逻辑顺序，包含若干必要的环节，由此而形成一个完整的体系。

(1) 战略分析。

1) 明确企业当前宗旨、目标和战略。首先要明确企业当前的宗旨、目标和战略，这些指导企业目前行动的纲领性文件是战略分析的起点。

2) 外部环境分析。外部环境分析的目的就是要了解企业所处的战略环境，掌握各环境因素的变化规律和发展趋势，发现环境的变化将给企业的发展带来哪些机会和威胁，为制定战略打下良好的基础。

3) 内部条件分析。战略分析还要了解企业自身所处的相对地位，分析企业的资源和能力，明确企业内部条件的优势和劣势；还需要了解不同的利益相关者（投资人、债权人、员工、客户、供应商等）对企业的期望，理解企业的文化，为制定战略打下良好的基础。

4) 重新评价企业的宗旨和目标。当掌握了环境的机会和威胁，并且识别了自身的优势和劣势之后，需要重新评价企业的宗旨，必要时要对它做出修正，以使它们更具有导向作用，进而确定下一步的战略目标。

(2) 战略选择。战略选择阶段的任务是决定达到战略目标的途径，为实现战略目标确定适当的战略方案。企业战略管理人员在战略选择阶段的主要工作是：

1) 产生战略方案。根据外部环境和企业内部条件、企业宗旨和目标，拟订供选择的几种战略方案。

2) 评价战略方案。评价战略备选方案通常使用两个标准：一是考虑选择的战略是否发挥了企业的优势，克服了劣势，是否利用了机会，将威胁削弱到最低程度；二是考虑该战略能否被利益相关者所接受。需要指出的是，实际上并不存在最佳的选择标准，经理们和利益相关者的价值观和期望在很大程度上影响着战略的选择。此外，对战略的评估最终还要落实到战略收益、风险和可行性分析的财务指标上。

3）最终选出供执行的满意战略。在充分评价的基础上，通过特定的优选准则，最终选择满意方案。

(3) 战略实施与控制。战略实施与控制过程就是把战略方案付诸行动，保持经营活动朝着既定战略目标与方向不断前进的过程。这个阶段的主要工作包括计划、组织、领导和控制等管理职能的活动。其关注点如下：

1）战略实施的关键在于其有效性。要保证战略的有效实施，首先要通过计划活动，将企业的总体战略方案从空间上和时间上进行分解，形成企业各层次、各子系统的具体战略或策略、政策，在企业各部门之间分配资源，制定职能战略和计划。

2）战略实施的成功与否取决于管理者激励员工能力的大小和人际技能。战略实施活动会影响到企业中的所有员工和管理者。每个部门都必须回答以下问题：为了实施企业战略中属于我们责任的部分，我们必须做什么？我们如何才能将工作做得更好？战略实施是对企业的一种挑战，它要求激励整个企业的管理者和员工以主人翁精神和热情为实现已明确的目标而努力工作。

3）战略控制是战略管理过程中的一个不可忽视的重要环节，它伴随战略实施的整个过程。建立控制系统是为了将每一阶段、每一层次、每一方面的战略实施结果与预期目标进行比较，以便及时发现偏差，适时采取措施进行调整，以确保战略方案的顺利实施。如果在战略实施过程中，企业外部环境或内部条件发生了重大变化，则控制系统会要求对原战略目标或方案做出相应的调整。

下图总结了前面讲的战略管理过程。需要指出的是，在管理实践中，并不是各阶段都按直线排列。由于各项工作是直接相联系的，很可能战略分析和战略决策重叠在一起，也可能评价战略时就开始实施战略了，因此，以上的步骤更是为了理论上讨论问题的方便而已。

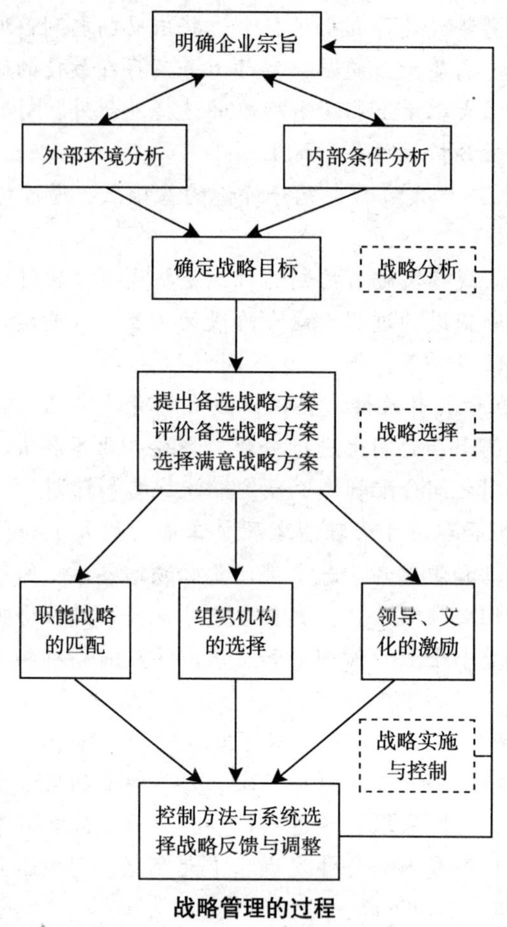

战略管理的过程

七、案例分析题

略

第四章　市场营销环境

“关于市场，唯一确定的就是不确定。”

——鲁宾

本章重点：理解市场营销环境的含义和特点；掌握宏观营销环境和微观营销环境的构成内容；掌握分析和评价市场机会与环境威胁的基本方法。

本章难点：宏观营销环境和微观营销环境的构成；分析和评价市场机会与环境威胁的基本方法。

本章新知识点：营销环境新变化趋势

【学习目标】

通过本章学习，了解市场营销环境对市场营销活动的重要影响作用，掌握微观环境和宏观环境的主要构成，应用分析、评价市场机会与环境威胁的基本方法，分析企业面对市场营销环境变化所应采取的对策。

【核心概念】

市场营销环境；宏观营销环境；微观营销环境；环境威胁；市场机会。

1. 市场营销环境

市场营销环境是存在于企业营销部门外部的不可控制的因素和力量，这些因素和力量是影响企业营销活动及其目标实现的外部条件。

2. 宏观营销环境

宏观营销环境是指对企业营销活动造成市场机会和环境威胁的主要社会力量，包括人口、经济、自然、技术、政治、法律、文化等因素。

3. 微观营销环境

微观营销环境包括企业本身、市场营销渠道、顾客、竞争者和社会公众。

4. 环境威胁

环境威胁是指环境中不利于企业营销的因素以及发展趋势，对企业形成挑战，对企业的市场地位构成威胁。

5. 市场机会

市场机会是指由环境变化造成的对企业营销活动富有吸引力和利益空间的领域。

【新知识点】

营销环境变化新趋势：企业管理决策者应站在新的起点，以全新的思想、视野，接受

21世纪企业营销环境变化新趋势的挑战，制订与营销环境新趋势相适应的营销战略和组织战略。只有做到这些，我国的企业经营和管理才不至于又一次落在发达国家的后面，我们的企业才可能成为新世纪国际化潮流企业。著名营销专家彼得·道伊尔（Peter Doyle）等学者将跨世纪的营销环境变化归纳为十大趋势。分析中国政治经济形势、市场变化和科技发展应用等实际国情，我国企业面临的21世纪营销环境将发生根本性变化。

【学习重点】

市场营销环境的含义和特点；宏观市场营销环境；微观市场营销环境；市场营销环境分析与对策。

1. 市场营销环境的含义和特点

（1）市场营销环境的含义。市场营销环境是企业营销职能外部的不可控制的因素和力量，这些因素和力量是与企业营销活动有关的影响企业生存和发展的外部条件。市场营销环境包括微观环境和宏观环境。微观环境指与企业紧密相连，直接影响企业营销能力的各种参与者；宏观环境指影响微观环境的一系列巨大的社会力量。营销环境按其对企业营销活动影响时间的长短，可分为企业的长期环境与短期环境，前者持续时间较长或相当长，后者对企业市场营销的影响则比较短暂。营销环境的内容比较广泛，可以根据不同标志加以分类。

（2）市场营销环境的特征。①客观性。环境作为营销部门外在的不以营销者意志为转移的因素，对企业营销活动的影响具有强制性和不可控性。②差异性。不同的国家或地区之间，宏观环境存在着广泛的差异，不同的企业，微观环境也千差万别。③相关性。营销环境诸因素间，相互影响，相互制约，某一因素的变化，会带动其他因素的相互变化，形成新的营销环境。④动态性。构成营销环境的诸因素都受众多因素的影响，每一环境因素都随着社会经济的发展而不断变化。⑤多样性。构成市场营销环境的因素多、层次多，对市场营销活动的影响方式多。

（3）市场营销活动与市场营销环境。市场营销环境通过其内容的不断扩大及其自身各因素的不断变化，对企业营销活动产生影响。首先，市场营销环境的内容随着市场经济的发展而不断变化。其次，市场环境因素经常处于不断变化之中。营销环境是企业营销活动的制约因素，营销活动依赖于这些环境才得以正常进行。营销管理者必须注意营销决策，不得超越环境的限制；企业营销活动所需的各种资源，需要从环境许可的条件下取得，企业生产与经营的各种产品，也需要获得消费者或用户的认可与接纳。虽然企业营销活动必须与其所处的外部和内部环境相适应，但营销活动绝非只能被动地接受环境的影响，营销管理者应采取积极、主动的态度能动地去适应营销环境。在一定条件下，也可运用自身的资源，积极影响和改变环境因素，创造更有利于企业营销活动的空间。

2. 宏观市场营销环境

宏观营销环境指对企业营销活动造成市场机会和环境威胁的主要社会力量，包括人口、经济、自然、技术、文化等因素。企业及其微观环境的参与者，无不处于宏观环境之中。

（1）人口环境。市场是由有购买欲望同时又有支付能力的人构成的，人口的多少直接影响市场的潜在容量。

（2）经济环境。经济环境一般指影响企业市场营销方式与规模的经济因素，如消费者收入与支出状况、经济发展状况等。

（3）自然环境。主要指营销者所需要或受营销活动所影响的自然资源。营销活动要受自然环境的影响，也对自然环境的变化负有责任。

（4）政治法律环境。政治环境指企业市场营销的外部政治形势；法律环境指国家或地方政府颁布的各项法规、法令和条例等。

（5）社会文化环境。社会文化主要指一个国家、地区的民族特征、价值观念、生活方式、风俗习惯、宗教信仰、伦理道德、教育水平、语言文字等的总和。

（6）科技环境。科技的发展对经济发展有巨大的影响，不仅直接影响企业内部的生产和经营，还同时与其他环境因素互相依赖、互相作用，给企业营销活动带来有利或不利的影响。

3. 微观市场营销环境

企业的微观营销环境包括企业本身、市场营销渠道企业、顾客、竞争者和社会公众，营销活动能否成功，除营销部门本身的因素外，还要受这些因素的直接影响。

（1）企业内部。企业为开展营销活动，必须设立某种形式的营销部门，而且营销部门不是孤立存在的，它还面对着其他职能部门以及高层管理部门。企业营销部门与财务、采购、制造、研究与开发等部门之间既有多方面的合作，也存在争取资源方面的矛盾。这些部门的业务状况如何，它们与营销部门的合作以及它们之间是否协调发展，对营销决策的制定与实施影响极大。

（2）市场营销渠道企业。①供应商。供应商是向企业及其竞争者提供生产经营所需资源的企业或个人，包括提供原材料、零配件、设备、能源、劳务及其他用品等。②营销中间商。营销中间商主要指协助企业促销、销售和经销其产品给最终购买者的机构，包括中间商、物流公司、营销服务机构和财务中介机构。

（3）顾客。顾客就是企业的目标市场，是企业服务的对象，也是营销活动的出发点和归宿。企业的一切营销活动都应以满足顾客的需要为中心。因此，顾客是企业最重要的环境因素。为便于深入研究各类市场的特点，国内顾客市场按购买动机可分为四种类型，连同国际市场，企业面对的市场类型有以下五种：①消费者市场。购买商品和服务供自己消费的个人和家庭。②生产者市场。购买商品及劳务投入生产经营活动过程以赚取利润的组织。③中间商市场。为转售谋利而购买商品和劳务的组织。④政府市场。为提供公共服务或转赠需要者而购买商品和服务的政府机构。⑤国际市场。国外购买者包括消费者、生产者、中间商和政府所构成的市场。

（4）竞争者。企业要成功，必须在满足消费者需要和欲望方面比竞争对手做得更好。企业的营销系统总是被一群竞争者包围和影响着，必须识别和战胜竞争对手，才能在顾客心目中强有力地确定其所提供产品的地位，以获取战略优势。从顾客作出购买决策的过程分析，企业在市场上所面对的竞争者，大体上可分为以下四种类型：①愿望竞争者，指提供不同产品以满足不同需求的竞争者。②类别竞争者，指提供不同产品以满足同一种需求的竞争者。③产品形式竞争者，指满足同一需要的产品的各种形式间的竞争。④品牌竞争者，指满足同一需要的同种形式产品不同品牌之间的竞争。

（5）公众。公众指对企业实现营销目标的能力有实际或潜在利害关系和影响力的团体或个人。企业所面临的公众主要有以下七种：①融资公众，指影响企业融资能力的金融机构。②媒介公众，主要是报纸、杂志、广播电台和电视台等大众传播媒体。③政府公众，指负责管理企业营销业务的有关政府机构。④社团公众，包括保护消费者权益的组织、环保组织及其他群众团体等。⑤社区公众，指企业所在地邻近的居民和社区组织。⑥一般公众，指上述各种关系公众之外的社会公众。⑦内部公众，企业的员工，包括高层管理人员和一般职工。

4. 市场营销环境分析与对策

（1）环境威胁与市场机会。市场营销环境通过对企业构成威胁或提供机会而影响营销活动。环境威胁是指环境中不利于企业营销的因素的发展趋势，对企业形成挑战，对企业的市场地位构成威胁。市场机会指对企业营销活动富有吸引力的领域，在这些领域，企业拥有竞争优势。

（2）威胁与机会的分析、评价。企业面对威胁程度不同和市场机会吸引力不同的营销环境，需要通过环境分析来评估环境机会与环境威胁。企业最高管理层可采用"威胁分析矩阵图"和"机会分析矩阵图"来分析、评价营销环境。①威胁分析。对环境威胁的分析，一般着眼于两个方面：一是分析威胁的潜在严重性，即影响程度；二是分析威胁出现的可能性，即出现概率。②机会分析。机会分析主要考虑其潜在的吸引力（盈利性）和成功的可能性（企业优势）大小。对市场机会的分析，还必须深入分析机会的性质，环境市场机会与企业市场机会、行业市场机会与边缘市场机会、目前市场机会与未来市场机会、全面的机会与局部的机会等，以便企业寻找对自身发展最有利的市场机会。

（3）企业市场营销对策。在环境分析与评价的基础上，企业对威胁与机会水平不等的各种营销业务，要分别采取不同的对策。对理想业务，应看到机会难得，甚至转瞬即逝，必须抓住机遇，迅速行动；否则，丧失战机，将后悔莫及。对冒险业务，面对高利润与高风险，既不宜盲目冒进，也不应迟疑不决，坐失良机，应全面分析自身的优势与劣势，扬长避短，创造条件，争取突破性的发展。对成熟业务，机会与威胁处于较低水平，可作为企业的常规业务，用以维持企业的正常运转，并为开展理想业务和冒险业务准备必要的条件。对困难业务，要么是努力改变环境，走出困境或减轻威胁，要么是立即转移，摆脱无法扭转的困境。

【知识链接】

市场营销环境的变化趋势

自20世纪中叶开始，由于科技迅猛发展，劳动生产率大幅度提高，产品迅猛增加，市场竞争日益激烈，企业的生存和发展越来越取决于消费者的需要，从而形成了以消费者为中心，一切为了消费者需求的市场营销观念。这一新的认识推动了市场营销理论向纵深发展，突破了流通领域，深入到了产前、产中、产后和售后的一切活动。在20世纪后半期的几十年里，在以顾客为导向、发现顾客需求、满足顾客需求的现代营销观念指导下，无数企业取得了辉煌的成就。进入21世纪后，以顾客为导向、发现顾客需求、满足顾客需求的营销观及其行为是否依然是灵丹妙药？固守这种观念是否仍然能指导企业从胜利走向胜利？本书给出的答案是否定的。因为进入21世纪后营销环境即科技、经济、社会文化，尤其是人们的需求在迅速地发展变化，那么营销观念、营销手段就会随之相应的变化。作为企业要想立足于21世纪必须把握这种变化趋势。

1. 市场营销环境的变化趋势

当今世界经济正以势不可当的趋势朝着全球市场一体化、企业生存数字化、商业竞争国际化的方向发展。以互联网、知识经济、高新技术为代表的新经济迅速发展，新经济及需求的特点越来越体现信息化、网络化、差异化、个性化。新世纪的营销正是处于这样一个高度竞争、瞬息万变的宏观环境中。

（1）信息技术正在发生着日新月异的飞速变化。进入21世纪，信息技术的变化之快，超过了许多公司的适应能力，信息技术的基础设施在技术和兼容性方面已经达到了令人欣慰的程度，下一个引起变革的浪潮，包括移动电子商务以及应用软件从个人电脑普遍地移到以互联网为基础的平台上，可供企业享受到及时的、充分的信息资源，对信息技术和信息的适用以及决策程度将发生质的变化。

(2) 企业经营、竞争国际化的加剧。20 世纪企业之间的竞争，大多是一国企业之间的竞争，竞争规则往往达不到规范化的要求，非公平竞争因素常常掺入其中，搞点小动作，拉点关系，取得某个当权者的支持就能使企业占有优势，可轻易地取得差别利益。新的世纪，世界各国，各地的企业相互进入，竞争规则越来越标准化，竞争的层次和激烈程度增强。所以，企业必须按规范的、符合新世纪营销要求的竞争规则，来适应企业经营的国际化。

(3)“环境保护”对企业的要求越来越严格。环境问题已经被国际社会及各个国家放到了非常重要的位置，它是经济持续发展的关键。因此，环保方面的法规、政策对企业要求越来越严格，有些企业由于不符合环保要求而被淘汰，新的世纪更是如此。所以，21 世纪的企业必须考虑环保问题，必须有预见性，预测到产品的经营环境在环保方面的变化，尽早地根据环保要求更新设备，调整生产经营，如果企业及时地按环保政策和标准生产了符合要求的产品（在其他企业没及时做到的情况下），就抓住了机会，就可获取丰厚的利润，就能较快地促进企业的发展。

(4) 市场需求的离散化、多样化、高档化。随着人们经济生活、文化生活水平的提高，人们需求的离散化、多样化、高档化越来越突出。将来在消费上标新立异、特点明显的消费者日益增多，这对企业有效细分市场，寻找特殊消费群体，有针对性地生产经营个性化产品创造了机会。这就要求企业在构思、设计产品、生产产品以及在推销产品和服务上，要个性化、多样化，形成为多目标市场、多顾客群体经营和服务的局面。将来在消费上追求高档品、奢侈品的人日益增多，低档品很多要消失，高档品进入主流消费。在中国的很多国外公司已清楚地看到了这一点，已开始为企业高档品的生产消费造势、宣传、引导。

2. 市场营销观念的变化趋势

21 世纪营销的变化，势必促使营销观念发生变化，如下的营销观念正在新的世纪开始形成：

(1) 社会营销观念。进入 21 世纪，企业的营销活动如何符合消费者的长期利益，符合社会的长远利益被提到了议事日程。西方学者已提出了“绿色营销”的观念，在新的世纪中缺乏环保意识的企业将失去发展的机会，反之若及时抓住环保的机遇，开发无污染的绿色产品，定能为企业赢得众多的营销机会。在新世纪里，对消费者的长期利益负责应是公司的着眼点，公司的目标要从促成更多交易转变为长期忠实于客户利益。将来要把公司的社会责任，从市场营销的角度来实施，协调企业、社会和消费者之间的关系，形成一个以实现社会和消费者长远利益为目标的观念和行为方式。

(2) 服务营销观念。在新世纪，服务营销将变得越来越重要，以前服务大多是依附于产品的售前和售后的服务，以后的服务应贯穿于从产品的构思、设计到产品的销售及售后的整个过程，乃至产品生命周期的各个阶段。例如，企业在设计产品时就确定产品的最高故障率以及最长诊断时限和修理时限，尽力提高产品的可靠性，最大限度地降低顾客使用产品的总费用。现在有些企业已设立与生产、销售等部门并列的为顾客服务的独立部门，向顾客提供一切服务，包括维修、咨询、指导、培训和解决顾客要求的有关问题：有些企业已设立了为顾客服务的专用电话、专用电脑网络。在新世纪，营销服务已经成为企业树立良好形象、创造新顾客、留住老顾客的最有效途径。

(3) 创造顾客需求的营销观念。以前的营销是给顾客想要的东西，即企业先弄清购买者想要什么，然后想出行之有效的办法予以满足。主要臆断前提是，购买者知道自己想要什么，企业再去发现，实质上是一种发现行为；将来的营销观与此不同，因为随着技术的迅速发展，需求的迅速变化，营销人员将会发现消费者一开始并不知道自己想要什么。例如，中国的很多农村消费者不知道自己需要纯平彩电（包括已达到这种消费水平的农民）。实际上消费者的需求是学来的（通过自己的观察、别人的影响、媒介的宣传、企业的引导等），对某一产品的认识和偏爱是学习的结果。鉴于此，将来的营销不会被动地适应顾客，不会等顾客学会了某方面的需求，企业发现后再去满足，而是主动地教给顾客需求什么，指导顾客需求什么，使顾客及早地认识到自己的需求，及时地给予满足，这就是引导需求、创造需求。

（4）体验营销观念。进入 21 世纪后，体验经济的时代已经来临，体验经济已经逐渐成为继服务经济之后的第四个经济发展阶段。越来越多的消费者渴望得到体验，越来越多的企业精心设计促销体验，各行各业的顶尖企业都将发现，未来的竞争战场就是体验。体验到底是什么？所谓体验，就是企业以服务为舞台，以商品为道具，环绕着消费者，创造出值得消费者回忆的活动。这其中商品是有形的、服务是无形的，而所创造出的体验是令人难忘的。体验是内在的，存在于个人的心中，是个人在形体、情绪、知识上参与的所得。体验不仅是娱乐，只要让消费者有感受、享受、留下深刻的印象就是提供体验。例如，重庆有一个擦皮鞋大王，他出卖的不仅是擦皮鞋的服务，更重要的是擦皮鞋的艺术。他擦皮鞋时伴着优美的音乐，其动作形似舞蹈，节奏感极强，给了顾客美的、乐的享受。很多顾客不是为擦皮鞋而来，而是为体验而来，其生意十分红火。英国航空公司前总裁马歇尔指出："商品经济的心态认为企业只是扮演一种功能，即以低价、准时地将旅客从甲地送往乙地，但我们的航空公司要超越功能，在提供体验上竞争。"该公司以完善的服务为准则，总是向旅客提供舒适的休息服务、娱乐服务，让飞行成为乘客忙碌生活中的舒适的休息时刻。体验营销观念和行为，在新世纪会在越来越多的企业中表现出来。

3. 市场营销手段的变化趋势

有什么样的营销观念，就应该产生什么样的营销手段，营销观念的变化最终要落实到变化的营销手段上，新世纪营销手段的变化首先体现在以下三个方面：

（1）根据新世纪经济特点，将形成开发和保持客户资源的营销手段。新世纪的经济是建立在信息技术之上的经济，利用信息技术能充分地、普遍地解消费者的需求状况和追求个性化、差异化的消费特点。新经济的本身是凭借强大的客户群来支持和发展的，它在营销上更加重视客户的终身价值，注重以人为本，努力保持和开拓客户资源，与客户建立长期关系，使客户对企业达到终生的满意。这就要求企业不仅注重有形资产的价值，更要注重无形资产的价值，消费者的个性需求特点越来越多地体现在无形资产价值上，所以不仅向客户提供产品，而且提供高度个性化的、无形资产价值明显的产品，最终是向用户提供解决一些问题的方案。很多公司已经建立了专门客户基本资料库，其中包括某个客户在商业活动中的表现和特别需要，利用这些资料向客户提供按要求定做的商品。竞争者会发现，越来越难以得到新的客户，大多数公司正在花费更多的时间以找到如何出售更多商品和为客户提供更多服务的方法。很多公司正集中精力建立消费者份额，而不是市场份额。许多公司正在开辟途径以增加相互间销售和向更高层的公司销售数量，公司正在通过运用更新的和更有效的挖掘数据的技术，从它们的数据库中获得一些部门和客户的新方法。

（2）随着计算机网络的高速发展，有许多网上商店已经建立，网上商品价格更加公开，对消费者更加便捷。因此，传统的店面经销遇到了强劲的挑战，很多公司竞相在网上公布自己的产品价格。网络时代，每个公司不仅仅是卖方，同时也是买方，随着电子商务的发展，公司以及消费者不需要到商店去，所有产品都可以买到。消费者可以从互联网上得到任何产品的图片，阅读产品说明书，然后按公司提供的便利、快捷的渠道（如邮寄、送货、自动售货机等）得到产品。网络技术的运用，可以改变公司的经营方向，可以成为整个行业及相关单位所需物品的网上交易所。例如，信息技术产品公司可以不再单一地生产信息技术所需的器材，而可以大量提供如何充分利用信息技术提高生产率的咨询意见。

（3）将按照知识管理需要，设置组织结构的营销手段。将来，很多公司在知识管理方面会有大的发展，以最大限度地利用自己的知识资产，为企业创造效益。将来公司的成功，必须有远见，能按照知识管理需要进行组织结构的调整。将来信息技术经理将成为首席信息官，成为主要收入的创造者，而具有现代管理理论和技能的专家，将成为首席知识官，将能有效地平衡集中指挥与分散管理的组织运作，使组织内一个地方创造的知识，为组织内所有可从中获益的单位和个人所有。总之，21 世纪是科技、经济、文化快速发展的世纪，人们的消费需求也相应地发生着迅速变化。作为 21 世纪企业，必须跟上这种变化，才能成为市场上的“弄潮儿”，反之，就会被市场潮流冲击得精疲力竭，甚至失去生存的能力，被时代所淘汰。

资料来源：无忧论文网。

【同步练习】

一、单项选择题（在下列每小题中，选择一个最适合的答案）

1. 与企业紧密相连，直接影响企业营销能力的各种参与者，被称为（　　）。

A. 营销环境　　B. 宏观营销环境　　C. 微观营销环境　　D. 营销组合

2. 下列哪一项不属于公司微观环境？（　　）

A. 营销中间商　　B. 技术因素　　C. 公众　　D. 顾客市场

3.下列哪一项不属于公司宏观环境？（　　）

A. 人口因素　　B. 营销中间商　　C. 技术因素　　D. 自然因素

4. （　　）是向企业及其竞争者提供生产经营所需资源的企业或个人。

A. 供应商　　B. 中间商　　C. 广告商　　D. 经销商

5. （　　）主要指协助企业促销、销售和经销其产品给最终购买者的机构。

A. 供应商　　B. 制造商　　C. 营销中间商　　D. 广告商

6. 影响消费需求变化的最活跃的因素是（　　）。

A. 个人可支配收入　　B. 可任意支配收入

C. 个人收入　　D. 人均国内生产总值

7. 恩格尔定律表明，随着消费者收入的提高，恩格尔系数将（　　）。

A. 越来越小　　B. 保持不变　　C. 越来越大　　D. 趋近于零

8. 国内市场按（　　）可分为消费者市场、生产者市场、中间商市场及政府市场。

A. 购买动机　　B. 商品用途　　C. 购买心理　　D. 人口因素

9. 购买商品和服务供自己消费的个人和家庭，被称为（　　）。

A. 生产者市场　　B. 消费者市场　　C. 中间商市场　　D. 政府市场

10. 下列哪一类顾客市场专门购买产品及服务用于进一步加工处理？（　　）

A. 生产者市场　　B. 消费者市场　　C. 政府市场　　D. 中间商市场

11. 下列哪一类顾客市场专门购买产品再卖出获得利润？（　　）

A. 生产者市场　　B. 政府市场　　C. 服务市场　　D. 中间商市场

12. 如果西服制造公司将西服销售给零售商，则西服制造公司应将产品出售到下列哪一类市场？（　　）

A. 中间商市场　　B. 产业市场　　C. 政府市场　　D. 机构市场

13. 在某国中西部某一小镇，某化肥公司发生一起油罐卡车化学品泄漏事故。该公司公关部门必须迅速直接与下列哪一类公众联系？（　　）

A. 金融公众　　B. 媒体公众　　C. 内部公众　　D. 政府公众

14. 下列哪一类公众包括工人、管理者以及公司董事会？（　　）

A. 一般公众　　B. 金融公众　　C. 内部公众　　D. 地方公众

15. 某公司打算在市内建一座工厂并迁出七个街区的居民。下列哪一类公众必须被妥善处理以确保该项目顺利实施？（　　）

A. 金融公众　　B. 内部公众　　C. 一般公众　　D. 地方公众

16. 股东属于下列哪一类公众？（　　）

A. 金融公众　　B. 地方公众　　C. 内部公众　　D. 一般公众

17. 消费者协会属于下列哪一类公众？（　　）

A. 媒体公众　　B. 政府公众　　C. 民间公众　　D. 地方公众

18. 一位年轻人为锻炼身体准备购买体育用品和选择运动场地，他在羽毛球和网球运动中选择了去打网球，则这两种运动之间是（　　）。

A. 愿望竞争者　　B. 类别竞争者　　C. 产品形式竞争者　　D. 品牌竞争者

19. 咖啡生产厂商与茶叶生产厂商之间的竞争关系是（　　）。

A. 愿望竞争　　B. 类别竞争　　C. 产品形式竞争　　D. 品牌竞争

20. 旅游业、体育运动消费业、图书出版业及文化娱乐业为争夺消费者一年内的支出而相互竞争，它们彼此之间是（　　）。

A. 愿望竞争　　B. 类别竞争　　C. 产品形式竞争　　D. 品牌竞争

21. 某人从城东去城西上班，选择了骑自行车而放弃了乘坐公共汽车，则自行车生产厂和公共汽车公司之间是（　　）。

A. 愿望竞争者　　B. 类别竞争者　　C. 产品形式竞争者　　D. 品牌竞争者

22. 某位顾客在选购42寸液晶电视时，在长虹、康佳、创维、TCL、海尔、海信之间进行选择，最终选定康佳，则这些公司之间是（　　）。

A. 愿望竞争者　　B. 类别竞争者　　C. 产品形式竞争者　　D. 品牌竞争者

23. 通过市场调查发现，休闲运动市场的兴起是由于人们的观念变化而引起的，这一因素属于宏观环境中的（　　）因素。

A. 经济　　B. 政治　　C. 社会　　D. 技术

24. （　　）指人们对社会生活中各种事物的态度和看法。

A. 社会习俗　　B. 消费心理　　C. 价值观念　　D. 营销道德

25. （　　）主要指一个国家或地区的民族特征、价值观念、生活方式、风俗习惯、宗教信仰、伦理道德、教育水平、语言文字等的总和。

A. 社会文化　　B. 政治法律　　C. 科学技术　　D. 自然资源

26. 威胁水平和机会水平都高的业务，被叫做（　　）。

A. 理想业务　　B. 冒险业务　　C. 成熟业务　　D. 困难业务

27. 机会水平高而威胁水平低的业务，被叫做（　　）。

A. 理想业务　B. 冒险业务　C. 成熟业务　D. 困难业务

28. 威胁水平高而机会水平低的业务是（　）。

A. 理想业务　B. 冒险业务　C. 成熟业务　D. 困难业务

29. 威胁水平和机会水平都低的业务，被叫做（　）。

A. 理想业务　B. 冒险业务　C. 成熟业务　D. 困难业务

二、多项选择题（在下列每小题中，正确的答案不少于2项，请准确选出全部正确答案）

1. 市场营销环境的特征是（　）。

A. 客观性　B. 差异性　C. 多变性　D. 稳定性

E. 相关性

2. 影响消费者支出模式的因素主要有（　）。

A. 消费者收入　B. 市场供求

C. 家庭生命周期阶段　D. 产品质量

E. 消费者家庭所在地点

3. 营销中介是指为企业融通资金、销售产品给最终购买者，提供各种有利于营销服务的机构，包括（　）。

A. 中间商　B. 实体分配公司　C. 营销服务机构　D. 金融中介机构

E. 证券交易机构

4. 社会购买力受（　）因素的影响。

A. 消费者收入　B. 价格水平　C. 储蓄水平

D. 信贷水平　E. 购买欲望

5. 从顾客做出购买决策的过程分析，企业在市场上所面对的竞争者，大体上可分为（　）。

A. 愿望竞争者　B. 随机型竞争者

C. 属类竞争者（一般竞争者）　D. 产品形式竞争者

E. 品牌竞争者

6. 对环境威胁的分析，一般着眼于（　）。

A. 威胁是否存在　B. 威胁的潜在严重性

C. 预测威胁到来的时间　D. 威胁出现的可能性

7. 企业直接营销环境的构成要素主要有（　）。

A. 竞争者　B. 公众　C. 供应商　D. 营销中介

E. 目标顾客　F. 企业内部环境

8. 市场营销的宏观环境包括（　）。

A. 人口　B. 经济　C. 自然环境　D. 文化教育

E. 科学技术　F. 社会制度

9. 以下竞争形式中属于同行业竞争的是（　）。

A. 产品形式竞争　B. 属类竞争（一般竞争）

C. 品牌竞争　D. 欲望竞争

10. 间接影响企业环境的因素包括（　）。

A. 人口　B. 经济　C. 科技　D. 竞争者

E. 社会文化　F. 自然　G. 营销中介

11. 企业竞争环境包含的层次有（　）。

A. 愿望竞争　B. 完全竞争　C. 寡头竞争　D. 品牌竞争
E. 产品形式竞争　F. 属类竞争（一般竞争）

12. 营销部门在制定和实施营销目标与计划时，要（　）。
A. 注意考虑企业外部环境力量　B. 注意考虑企业内部环境力量
C. 争取高层管理部门的理解和支持　D. 争取得到政府的支持
E. 其他职能部门的理解和支持

13. 对环境威胁的分析，一般着眼于（　）。
A. 威胁是否存在　B. 威胁的潜在严重性　C. 威胁的征兆
D. 预测威胁到来的时间　E. 威胁出现的可能性

14. 购买行为的实现必须具备（　）。
A. 消费欲望　B. 购买能力　C. 成年资格
D. 商品　E. 都不是

三、填空题（在下列每小题中，填上适当的内容）

1. 分析市场营销环境的目的就在于寻求______和避免______。
2. 市场营销环境大致包括两个方面的构成要素：______和______。
3. ______是市场营销环境的首要特征。
4. 人口环境的分析可以从______、______等方面的变动趋势着手。
5. 西方“银色市场”的兴起反映了目前人口结构中的______问题。
6. 消费者的货币收入扣除各种税金后，即构成______，若再扣除衣食住等基本生活开支，即构成______。
7. 经济环境的变化对市场营销的影响直接表现为______的变化。
8. ______是直接影响消费者支出模式变化的决定性因素。
9. 中间商分为______和______两类。
10. 代理中间商的报酬称为______。
11. ______是指对企业实现其市场营销目标构成实际或潜在影响的任何团体。
12. 企业应付环境威胁主要有三个策略，即______、______和______。
13. 环境保护意识和市场营销观念相结合所形成的______正成为21世纪市场营销观念的主流，从而预警现代企业的营销活动必须全面考虑自然环境问题。

四、判断题（判断下列各题是否正确。正确的在题后的括号内打“√”，错误的打“x”）

1. 微观环境与宏观环境之间是一种并列关系，微观营销环境并不受制于宏观营销环境，各自独立地影响企业的营销活动。（　）
2. 企业可以按自身的要求和意愿随意改变市场营销环境。（　）
3. 同一个国家不同地区的企业之间营销环境基本上是一样的。（　）
4. 市场营销环境是一个动态系统，每一环境因素都随着社会经济的发展而不断变化。（　）
5. 只要企业制定好营销组合策略，做好内部营销，企业的营销活动就一定能够取得很好的营销效益。（　）
6. 营销活动只能被动地受制于环境的影响，因此营销管理者在不利的营销环境面前可以说是无能为力。（　）
7. 面对目前市场疲软、经济不景气的环境威胁，企业只能等待国家政策的支持和经济形势的好转。（　）

8. 直接影响企业营销能力的各种参与者，事实上都是企业营销部门的利益共同体。(　　)

9. 选择数家供应商，借助供应商之间的相互竞争压低资源的购进成本，这是一种降低企业成本和风险的好办法。(　　)

10.只要存在需求向替代产品转移的可能性，就可能出现潜在的竞争对手。(　　)

11. 产品形式竞争者和品牌竞争者是不同行业的竞争者。(　　)

12. 进入难度指企业试图进入某行业时所遇困难的程度，不同的行业，所要求的技术与资金、规模等大体上是一样的。(　　)

13. 人口增长首先意味着人民生活必需品的需求增加。(　　)

14. 只有既想买，又买得起，才能产生购买行为。(　　)

15. 恩格尔系数越大，生活水平越低；反之，恩格尔系数越小，生活水平越高。(　　)

16. 在经济全球化的条件下，国际经济形势也是企业营销活动的重要影响因素。(　　)

17. 企业只需做好经营管理，无需了解和熟悉有关企业营销活动的法令法规。(　　)

18. 如果名义收入的增长率低于通货膨胀率，则消费者的实际收入会减少。(　　)

19. 根据现代管理学的"组织—环境适应"论，企业成败的关键在于企业的发展能否适应营销环境。(　　)

20. 环境威胁对企业来说是威胁而不是机遇。(　　)

五、简答题

1. 营销微观环境包括哪些因素?

2. 营销宏观环境包括哪些因素?

3. 一个国家和地区文化环境包括哪些内容?

4. 简述职业妇女增多的趋势对市场营销的影响。

5. 对营销活动有影响的公众包括哪些类型?

6. 企业对所面临的主要威胁，有几种可供选择的对策?

7. 根据环境机会与威胁矩阵，企业经营业务可能有几种情况?

六、论述题

1. 试述市场营销活动与市场营销环境的关系。

2. 试述科学技术的发展（特别是知识经济）对市场营销组合的影响。

七、案例分析题

案例分析 1

环保主义是关心环保的公民和政府为了保护和改善人们的生活环境所进行的有组织的运动。环保主义者关注着掠夺式采矿、滥伐森林、工厂排烟、户外广告牌和乱丢的垃圾；再生机会的丧失；越来越多的不洁空气、不洁水源和化学污染的食品导致的健康问题。

环保主义者并不反对市场营销和消费，他们只希望企业和消费者更多地遵守生态原则。他们认为市场营销系统的目标是最大限度地提高生活质量。而生活质量不只是消费的商品与服务的数量和质量，还有环境的质量。

环保主义者希望生产者和消费者决策时应考虑到环境成本的因素。他们赞成通过征税和立法来限制有损环境的行为。他们认为企业投资处理污染的设备，对不能回收的瓶子征税，禁止含磷量高的洗涤剂等对于引导企业和消费者保护环境是必要的。

环保主义者对某些行业的抨击非常强烈。钢铁公司和公用事业公司不得不在污染控制设备与昂贵的能减少污染的燃料上投资数十亿美元；汽车业只能在汽车上安装昂贵的排气控制器；制皂业必须提高产品的生物降解能力；汽油业只得提炼低铅或无铅汽油。这些行业怨恨环保条例，尤其是在环保条例的实施使他们难以很快调整时，这些公司耗费的高成本就会转嫁到消费者头上。

然而也有公司承担起了自己的环保责任。例如，菲律宾的强生公司在办公用品上采纳了杜绝浪费的思想，新加坡的乳品包装公司（Tetra Pak）将用过的牛奶盒回收再制造成椅子和公文包。

识别亚洲不断增长的环保消费者的特征对市场营销人员来说是非常重要的。同非环保消费者相比，环保消费者的特征是：更愿意牺牲舒适来保护环境；更忧虑环境问题可能带来的危险；认为自己更有权力保护地球；更固执己见；更好交际；更具有国际主义。

资料来源：菲利普·科特勒等：《市场营销管理》（亚洲版），北京：中国人民大学出版社，2005。

讨论分析题：

1. 目前全球自然环境方面的主要变化是什么？
2. 根据目前自然环境方面的变化，企业应如何应对？

案例分析 2

日本的丸井百货公司在其创建之初，是一个只有 13 平方米的小店铺，但如今却已发展成为日本国内屈指可数的大百货商店。究其原因，诀窍就在于时刻注意对经济环境进行研究并采取有效的营销策略。丸井百货在对整个日本经济进行了研究之后，发现日本青年的收入支出模式已经大大不同于自己的父辈，他们经常有超前消费的需求冲动，于是丸井把分期付款作为自己的主要业务，大受欢迎。据丸井的有关市场调查资料显示，其固定消费者在其总顾客流量中可高达 82%。

资料来源：吴建安等：《市场营销学教程习题集》。

讨论分析题：

结合案例说明企业营销的经济环境有哪些？对企业的营销有何影响？

【参考答案】

一、单项选择题

1. C	2. B	3. B	4. A	5. C	6. B	7. A	8. A	9. B
10. A	11. D	12. A	13. B	14. C	15. D	16. A	17. C	18. B
19. B	20. A	21. B	22. D	23. C	24. C	25. A	26. B	27. A
28. D	29. C							

二、多项选择题

1. ABCE 2. ACE 3. ABCD 4. ABCD 5. ACDE 6. BD
7. ABCDEF 8. ABCDEF 9. AC 10. ABCEF 11. ADEF 12. ABCE
13. BE 14. AB

三、填空题

1. 机会、威胁 2. 微观环境、宏观环境 3. 客观性 4. 人口规模、人口结构 5. 老龄化 6. 个人可支配收入、个人可任意支配收入 7. 社会购买力 8. 消费者的个人收入 9. 代理中间商 经销中间商 10. 佣金 11. 公众 12. 减轻策略、转移策略、反抗策略 13. 绿色市场营销观念

四、判断题

1. × 2. × 3. × 4. √ 5. × 6. × 7. × 8. √ 9. ×
10. √ 11. × 12. × 13. √ 14. √ 15. √ 16. √ 17. × 18. √
19. √ 20. ×

五、简答题

1. 营销微观环境包括哪些因素？

答：市场营销微观环境包括：①公司。②供应商。③营销中间商。④顾客。⑤竞争对手。⑥公众。

2. 营销宏观环境包括哪些因素？

答：市场营销宏观环境包括：①人口统计环境。②经济环境。③自然环境。④技术环境。⑤政治和法律环境。⑥文化环境。

3. 一个国家和地区文化环境包括哪些内容？

答：一个国家和地区文化环境应包括：①教育水平。②价值观念。③风俗习惯。④宗教信仰。⑤语言。⑥亚文化。⑦艺术等。

4. 简述职业妇女增多的趋势对市场营销的影响。

答：①促进托儿所、幼儿园等行业的发展。②对省时间产品的需求会增加。③给职业妇女装、化妆品、旅游、健身等服务行业带来市场发展机会。

5. 对营销活动有影响的公众包括哪些类型？

答：公众是指对公司实现其营销目标构成实际或潜在影响的任何团体，包括：①金融公众。②媒体公众。③政府公众。④市民行动公众。⑤地方公众。⑥一般公众。⑦公司内部公众。

6. 企业对所面临的主要威胁，有几种可供选择的对策？

答：企业对所面临的主要威胁，有三种可能选择的对策：①反抗，即通过各种途径来限制或扭转不利因素的发展。②减轻，即通过调整市场营销组合等来改善环境适应，以减轻环境威胁的严重性。③转移，即决定转移到盈利更多的行业或市场。

7. 根据环境机会与威胁矩阵，企业经营业务可能有几种情况？

答：任何企业都面临若干环境机会与威胁，根据环境机会与威胁矩阵，企业经营业务可能有四种情况：①理想业务，即高机会与低威胁的业务。②冒险业务，即高机会与高威胁的业务。③成熟业务，即低机会与低威胁的业务。④困难业务，即低机会与高威胁的业务。

六、论述题

1. 试述市场营销活动与市场营销环境的关系。

答：影响企业市场营销活动的因素主要有两方面：一是市场营销环境，二是内部条件。

营销环境是企业不可控制的因素，企业只能适应营销环境的变化，不能随心所欲地改变它或控制它；而内部条件是企业可以主动控制的因素，即企业营销管理者有权决定为顾客服务的方向，满足顾客的某种需求，在产品生产开发、价格制定、渠道选择和促销宣传上有自由支配的权力。从根本上说，企业必须在熟悉营销环境的基础上，制定市场营销策略，才可能行之有效。

市场营销环境是与企业营销活动有关的外部不可控制的因素和力量，是影响企业生存和发展的外部条件。一方面，营销活动依赖于这些环境才得以正常进行，这表现在：营销管理者虽可控制企业的大部分营销活动，但必须注意营销决策对环境的影响，不得超越环境的限制；营销管理者虽能分析、认识营销环境提供的机会，但无法控制所有有利因素的变化，更无法有效地控制竞争对手；由于营销决策与环境之间的关系复杂多变，营销管理者无法直接把握企业营销决策实施的最终结果。此外，企业营销活动所需的各种资源，需要在环境许可的条件下取得，企业生产与经营的各种产品，也需要获得消费者或用户的认可与接纳。

另一方面，虽然企业营销活动必须与其所处的外部和内部环境相适应，但营销活动绝非只能被动地接受环境的影响，营销管理者应采取积极、主动的态度能动地去适应营销环境。就宏观环境而言，企业可以以不同的方式增强适应环境的能力，避免来自环境的威胁，有效地把握市场机会。在一定条件下，也可运用自身的资源，积极影响和改变环境因素，创造更有利于企业营销活动的空间。

2. 试述科学技术的发展（特别是知识经济）对市场营销组合的影响。

答：新技术革命，给企业市场营销创造了机会，同时也可能形成威胁。机会在于寻找或利用新的技术，满足新的需求。面临的威胁则可能出于两个方面：一方面，新技术的突然出现，使企业现有产品变得陈旧；另一方面，新技术改变了企业人员原有的价值观。因此，科学技术的发展对某些企业可能是有利的，而对另一些企业则可能是不利的，对企业营销的影响是一把“双刃剑”，是一种“创造性的破坏”力量。

科学技术的发展和新技术的应用，特别是知识经济时代的到来，对企业的市场营销可能将产生如下的影响：

(1) 使产品的开发周期大大缩短，产品更新换代加速。营销者的主要注意力是不断寻找新科技来源、新技术的专利保护，给消费者带来更多便利的新产品。

(2) 科学技术的进步，带来信息科学的飞速发展，使得消费者和生产者之间的信息占用更加“对称”，利用信息的不对称性来制定高价的做法显然在信息社会是不可能实现的。同时，产品的售价中必须包含“创新成本”，而且占据较大的比例。

(3) 科学技术的发展也带来了分销方式的重大变化，人们的交易再也不局限于特定场合，非场合交易或自我服务的方式逐渐成为现代乃至未来商业的主体。

(4) 科学技术的日新月异也带来促销方式的变化，从以前的口碑传递过渡到印刷广告，而今是多种媒体、多种促销方式的电子传媒时代。

营销人员必须了解变化中的技术环境和新技术如何能为人类服务，注重市场导向的研究，同时关注可能会造成使消费者反对的技术。

七、案例分析题

案例解读1

1. 目前全球自然环境方面的主要变化是什么?

答:目前的自然环境方面的主要变化是:

(1) 某些自然资源短缺或即将短缺。

(2) 环境污染日益严重。

(3) 许多国家对自然资源管理的干预日益加强。

2. 根据目前自然环境方面的变化,企业应如何应对?

答:根据当前的自然环境,要求企业及时转变观念,实行绿色营销,具体来说,要求企业做到:

(1) 企业在选择生产技术、原料及制造程序时,应符合环境保护标准,实行清洁生产。

(2) 在产品设计和包装设计时,应尽量降低产品包装和产品使用的剩余物,以降低对环境的不利影响。

(3) 在分销及促销过程中,应积极引导消费者在产品使用、废弃物处置等方面尽量减少环境污染。

(4) 在产品售前、售中、售后服务中,应注意节省货源,减少污染。

案例解读2

结合案例说明企业营销的经济环境有哪些?对企业的营销有何影响?

答:日本青年超前消费的支出模式给了丸井公司以新的机遇,丸井公司认识到并牢牢地把握了这个机会,适时推出分期付款的业务,从而获得了巨大成功。可见,经济环境中特定要素的变动对于企业制定正确的营销策略至关重要。

经济环境是重要的营销环境因素,主要包括经济发展水平,消费者收入水平,消费者支出模式,消费者储蓄与信贷,税率、利率及汇率水平。

经济环境对市场营销的影响直接表现为社会购买力的变化。购买力是构成市场和影响市场规模大小的重要因素,而社会购买力又直接或间接受经济发展水平、消费者收入、消费者支出等经济环境因素的影响。

(1) 经济发展水平。经济发展水平高,人均收入高,社会购买力就大,市场营销的机会就多。

(2) 消费者收入水平。消费者收入是指消费者个人从各种来源所得到的经济收入。消费者收入水平的高低制约着消费者支出的多少和支出模式的不同,进而影响着市场规模的大小。

(3) 消费者支出模式。消费者支出模式指的是消费者各种消费支出的比例关系,也就是消费结构,受三个因素的影响:一是消费者的个人收入。它是直接影响支出模式变化的决定性因素。二是家庭生命周期。它是关于一般家庭从建立、成长到完结的阶段划分。家庭处于生命周期的不同阶段，消费需求与偏好存有明显的差别。三是家庭所在地。消费者家庭所处位置也会构成家庭支出模式的差异，居住在农村与居住在城市的家庭，其各自用于住房、交通、娱乐以及食品等方面的支出情况也存在不同。

(4) 消费者储蓄与信贷。消费者收入通常用于现实消费和储蓄两个方面。在消费者收入既定的前提下，储蓄越多，购买力和现实消费量就越小；反之，储蓄越少，购买力和现实消费量就越大。从动态的观点看，消费者储蓄是一种潜在的、未来的购买力。

(5) 税率、利率及汇率水平。税率直接影响企业消费者的收入水平，利率直接影响社会投资水平、企业的融资成本、消费者的消费、储蓄情况，汇率直接影响企业的国际营销活动，因此都是企业在市场营销中应密切关注的因素。

第五章　消费者购买行为分析

在消费者身上有两个明显的特征：一是言行不一，二是感性驱使理性。

——市场营销经典语录

本章重点：消费者市场的概念及特点；消费者需求与购买行为的影响因素。

本章难点：消费者购买行为模式理论；消费者购买行为类型与决策过程。

本章新知识点：消费者市场；消费者购买模式；消费者购买行为；参照群体；消费者购买过程。

【学习目标】

通过本章学习，读者可以对消费者市场的概念及特点、消费者需求与购买行为的影响因素有比较全面的认识。读者在学习过程中，要特别注意理解掌握消费者购买行为模式理论和消费者购买行为类型与决策过程。

【核心概念】

消费者市场；消费者购买模式；消费者购买行为；参照群体；消费者购买过程。

1. 消费者市场

消费者市场（Consumer Market）主要是指那些为满足个人生活需要而购买产品或服务的个人与家庭所构成的市场。消费者市场具有人数众多，个体间差异较大，交易频繁但交易量小，其消费行为具有诱导性、流动性和全球化等特征。

2. 消费者购买模式

分析消费者购买行为（Consumer Buying Behavior），主要依靠采用“刺激—反应”行为分析模式建立的消费者购买模式（Consumer Purchase Modality）。其中，了解“购买者黑箱”的内容，是掌握消费者购买行为规律性的关键。

3. 消费者购买行为

消费者购买行为受其不同的文化、社会、个人和心理因素组合的影响。根据购买的介入程度与品牌差异大小，可将消费者的购买行为分为四种类型：复杂的购买行为、减少失调感的购买行为、寻求多样化的购买行为和习惯性的购买行为。

4. 参照群体

参照群体也称关系集团、参考群体或相关群体，是指一个人在认知、情感的形成过程和行为的实施过程中用来作为参照标准的某个人或某些人的集合。换言之，参照群体是个人用以指导自己消费行为的某个具有特定价值观念和处事准则的群体。只要某一群人在消费行为、态度或价值观等方面存在直接或间接的相互影响，就构成一个参照群体，不论他们是否相识或有无组织。

5. 消费者购买过程

典型的消费者购买决策的一般过程可分为明确需要（Need Recognition）、收集信息（Information Search）、评估选择（Alternative Evaluation）、购买决策（Purchase Decision）和购后过程五个阶段。营销人员的任务是了解消费者在购买过程不同阶段的行为特点，制定有效的营销策略，促进购买并提高购后满意度。

【新知识点】

消费者购买行为模式理论；消费者购买行为类型与决策过程。

1. 消费者购买行为模式理论

在消费者购买模式（Consumer Purchase Modality）的研究中，比较基础的、有代表性的是“刺激—反应”模式，如图 5-1 所示。它是研究消费者的起点，因为营销者要了解诸如消费者对营销者所采取的各种营销刺激手段做出何种反应，这些反应与他们最终购买行为的关系又是怎样的。

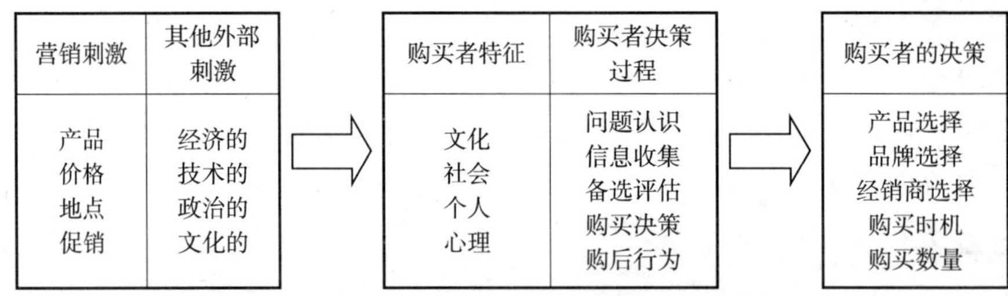

图 5-1 消费者购买行为的“刺激—反应”模式

“刺激—反应”模式的核心是“黑箱”（又称“暗箱”）。人的行为是受心理活动支配的，消费者的行为受消费者心理活动支配。心理活动是如何起作用的呢？心理学家们认为，人们产生行为的动机是一种内在的心理活动过程，就像一只“黑箱”，是一个不可捉摸的神秘过程。客观的刺激，经过黑箱（心理活动过程）产生反应，引起行为，只有通过对行为的研究，才能了解心理活动过程。

图 5-1 就说明了消费者受到外界刺激后的反应模式，营销和其他刺激进入购买者“黑箱”，然后产生购买者反应。营销刺激（Marketing Stimulation）指企业营销活动的各种可控因素，即“4Ps”：产品、价格、分销、促销；其他刺激是指消费者所处的环境因素（经济、技术、政治、文化等）的影响，如国内政治经济形势的变化、币值的波动、失业率的高低等。这些刺激通过购买者的黑箱产生反应，如产品选择、品牌选择、经销商选择、购买时间和购买数量选择等。

刺激和反应之间的购买者黑箱包括两个部分：第一部分是购买者的特性。购买者特性受到许多因素的影响，并进而影响购买者对刺激的理解和反应，不同特性的消费者对同一种刺激会产生不同的理解和反应。第二部分是购买者的决策过程。虽然我们不可能对市场上成千上万的消费者的这个“黑箱”完全了解，但是通过对行为中带有规律性的反应的观察和分析，就能够基本掌握行为规律性。对购买行为的研究也是这样，这正是建立“消费者购买行为模式”的意义。同时，通过建立这个行为模式，也得到了如何研究消费者购买行为的基本方法：通过分析“购买者黑箱”中的“购买者行为特征（的影响因素）”和“购买者决策过程”这两个行为心理过程，来掌握消费者购买行为的形成与变化规律。

消费者对各种外界影响的反应如何，这是企业研究消费者行为的中心问题。那些真正了解消费者对不同产品特征、价格、广告的反应的企业，较之竞争对手有更大的竞争优势。因此，营销人员和科研人员用了大量的精力去研究营销刺激和消费者反应这两者之间的关系。

2. 消费者购买行为类型与决策过程

（1）消费者购买行为类型。不同消费者购买过程的复杂程度不同，究其原因，是受诸多因素影响，其中最主要的是购买介入程度和品牌差异大小。购买介入程度指消费者购买风险大小或消费者对购买活动的关注程度。如果产品价格昂贵，消费者缺乏产品知识和购买经验，购买具有较大的风险性和高度自我表现性，则这类购买行为称为高度介入购买行为，这类消费者称为高度介入购买者；如果产品价格低或消费者有产品知识和购买经验，购买无风险或无自我表现性，则称为低度介入购买行为，这类消费者称为低度介入购买者。同类产品不同品牌之间的差异大小也决定着消费者购买行为的复杂性，差异小，无须在不同品牌之间精心选择，购买行为就简单。因此，同类产品不同品牌之间的差异越大，产品价格越昂贵，消费者越是缺乏产品知识和购买经验，感受到的风险越大，购买过程就越复杂。根据购买者的购买介入程度和产品品牌差异程度区分出四种复杂程度不同的购买类型，见图 5-2。

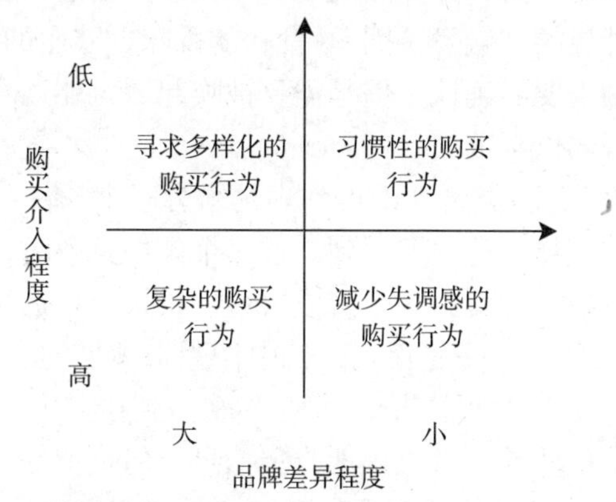

图 5-2　购买行为的 4 种类型

1）复杂的购买行为。如果消费者属于高度介入，并且了解现有各品牌、品种和规格之间具有显著差异，则会产生复杂的购买行为。复杂的购买行为指消费者购买过程完整，要经历大量的信息收集、全面的产品评估、慎重的购买决策和认真的购后评价等各个阶段。例如，家用计算机价格比较昂贵，不同品牌之间差异大，某人想购买家用计算机，但又不知硬盘、内存、主板、中央处理器、分辨率、Windows 等为何物，对于不同品牌之间的性能、质量、价格等无法判断，贸然购买有极大的风险。因此，他要广泛收集资料，弄清很多问题，逐步建立对此产品的信念，然后转变成态度，最后才会做出谨慎的购买决定。

2）减少失调感的购买行为。当消费者高度介入某项产品的购买，但又看不出各厂牌有何差异时，对所购产品往往产生失调感。因为消费者购买一些品牌差异不大的商品时，虽然他们对购买行为持谨慎的态度，但他们的注意力更多地是集中在品牌价格是否优惠、购买时间、地点是否便利，而不是花很多精力去收集不同品牌间的信息并进行比较，而且从产生购买动机到决定购买之间的时间较短。因此这种购买行为容易产生购后的不协调感：即消费者购买某一产品后，或因产品自身的某些方面不称心，或得到了其他产品更好的信息，从而产生不该购买这一产品的后悔心理或心理不平衡。为了改变这样的心理，追求心理的平衡，消费者广泛地收集各种对已购产品的有利信息，以证明自己购买决定的正确性。

3）习惯性的购买行为。如果消费者属于低度介入并认为各品牌之间没有什么显著差异，就会产生习惯性的购买行为。习惯性购买行为指消费者并未深入收集信息和评估品牌，没有经过信念—态度—行为的过程，只是习惯于购买自己熟悉的品牌，在购买后可能评价也可能不评价产品。

4）寻求多样化的购买行为。如果消费者属于低度介入并了解现有各品牌和品种之间具有显著差异，则会产生多样性的购买行为。多样性的购买行为指消费者购买产品有很大的随意性，并不深入收集信息和评估比较就决定购买某一品牌，在消费时才加以评估，但是在下次购买时又转换其他品牌。转换的原因是厌倦原口味或想试试新口味，是寻求产品的多样性而不一定有不满意之处。

（2）消费者购买决策的一般过程。不同购买类型反映了消费者购买决策过程的差异性或特殊性，消费者的购买过程（Consumer Purchase Procedure）也有其共性或一般性。

1）明确需要（Nccd Recognition）。明确需要指消费者确认自己的需要是什么。需要是购买活动的起点，升高到一定程度时就变成一种驱使力，驱使人们采取行动予以满足。需要可由内在刺激或外在刺激唤起。内在刺激是人体内的驱使力，如饥、渴、冷等。人们由从前的经验学会如何应付这种驱使力，并受到激励去寻找能满足这种驱使力的物品，如食品、饮料和服装。外在刺激是外界的“触发诱因”。食物的香味，衣服的款式等都可以成为触发诱因，形成刺激，导致对某种需要的确认。但是需要被唤起后可能逐步增强，最终驱使人们采取购买行动，也可能逐步减弱以至消失。

2）收集信息。被唤起的需要立即得到满足须有三个条件：①这个需要很强烈。②满足需要的物品很明显。③该物品可立即得到。这三个条件具备时，消费者满足被唤起的需要无须经过信息收集阶段，也可理解为这个阶段很短、很快、接近于零。在很多情况下，被唤起的需要不是马上得到满足，而是先存入记忆中作为未满足的项目，称为“累积需要”。随着累积需要由弱变强，可分为两种情况：一是“高亢的注意力”，是指消费者对能够满足需要的商品信息敏感起来。虽然并不有意识地收集信息，但是留心接受信息，比平时更加关注该商品的广告、别人对该商品的使用和评价等。二是“积极的信息收集”，是指主动地、广泛地收集该产品的信息。所需信息量取决于购买行为的复杂性。

3）评估选择（Alternative Evaluation）。消费者在获得全面的信息后就会根据这些信息和一定的评价方法对同类产品的不同品牌加以评价并决定选择。一般而言，消费者的评价行为涉及三个方面：

①产品属性，是指产品所具有的能够满足消费者需要的特性。产品在消费者心中表现为一系列基本属性的集合。

在价格不变的条件下，一个产品有更多的属性将更能吸引顾客购买，但是会增加企业的成本。营销人员应了解顾客主要对哪些属性感兴趣以确定本企业产品应具备的属性。

②品牌信念，是指消费者对某品牌优劣程度的总的看法。每一品牌都有一些属性，消费者对每一属性实际达到了何种水准给予评价，然后将这些评价连贯起来，就构成他对该品牌优劣程度的总的看法，即他对该品牌的信念。

③效用要求，是指消费者对该品牌每一属性的效用功能应当达到何种水准的要求。或者说，该品牌每一属性的效用功能必须达到何种水准他才会接受。

在明确了上述三个问题以后，消费者会有意或无意地运用一些评价方法对不同的品牌进行评价和选择。

4）购买决策（Purchase Decision）。做出购买决定和实现购买，这是购买决策过程的中心环节。消费者对商品信息进行比较和评价后，已经形成购买意图，然而从购买意图到实际购买之间，还要受两个因素的影响：第一个因素是他人的态度。例如，某人已准备购买某品牌彩电，但他的家人或亲友持反对意见，就会影响购买意图。反对意见越强烈，或持反对意见者与购买者的关系越密切，修改购买意图的可能性就越大。第二个因素是意外的情况。购买意图是在预期家庭收入、预期价格和预期获益的基础上形成的。如果发生了意外的情况，如失业、意外急需、产品涨价、新出现的有关该产品令人失望的信息等，都可能导致购买意图的修改。

消费者修改、推迟或取消某个购买决定，往往受已察觉的风险的影响。“察觉风险”的大小，随购买金额的大小、产品性能的稳定程度和购买者的自信心强弱而定。因此，营销者应设法使消费者所承担的风险减到最低限度，促使消费者做出购买决定并付诸实现。目前有些大商场做出零风险承诺，对促进购买者决定很有效。

顾客一旦决定实现购买意向，必须作出以下决策：

①产品种类决策，即在资金有限的情况下优先购买哪一类产品。

②产品属性决策，即该产品应具有哪些属性。

③产品品牌决策，即在诸多同类产品中购买哪一品牌。

④时间决策，即在什么时间购买。

⑤经销商决策，即到哪家商店购买。

⑥数量决策，即买多少。

⑦付款方式决策，即一次付款还是分期付款，现金购买还是其他方式等。

5）购后过程。与传统观念相比，现代市场营销观念最重要的特征之一是重视对消费者购后过程研究以提高其满意度。消费者的购后过程分为三个阶段：

①购后使用和处置。消费者在购买所需商品或服务之后，会进入使用过程以满足需要。有时只是一个直接消耗行为，比如喝饮料、看演出等；有时则是一个长久的过程，如家电和家具等耐用消费品的使用。营销人员应当关注消费者如何使用和处置产品。如果消费者使用频率很高，说明该产品有较大的价值，会增强其对购买决策正确性的信息，有的消费者甚至为产品找到新用途，这些都对企业有利。如果一个应该有高频率使用的产品而消费者实际使用率很低或闲置不用，甚至丢弃，说明消费者认为该产品无用或价值较低，或产生不满意，进而怀疑或懊悔自己的购买决定。如果消费者把产品转卖他人或用于交换其他物品，将会影响企业产品的销售量。

②购后评价（Post Purchase Evaluation）。消费者通过使用和处置过程对所购产品和服务有了更加深刻的认识，检验自己购买决策的正确性，确认满意程度，作为以后类似购买活动的参考。消费者的购后满意程度不仅仅取决于产品质量和性能发挥状况，心理因素也具有重大影响。

③购后行为。消费者对产品满意与否直接决定着以后的行为。如果感到满意，则反应大体相同，即重复购买或带动他人购买该品牌。如果感到不满意，则会尽量减少或消除失调感，因为人的心理机制中存在着一种建立协调性、恢复平衡的驱使力。消费者消除失调感的方式各不相同，第一种方式是寻找能够表明该产品具有高价值的信息或避免能够表明该产品具有低价值的信息，证实自己原先的选择是正确的。第二种方式是讨回损失或补偿损失，比

如要求企业退货、调换、维修、补偿在购买和消费过程造成的物质和精神损失等。如果遭到拒绝，就可能向政府部门、法院、消费者组织和舆论界投诉，力求依靠法律和舆论的力量讨回和补偿损失，还有可能采取各种抵制活动，比如不再购买或带动他人拒买等，通过发泄不满来恢复心理平衡。

从以上分析可见，研究购买者决策过程各阶段的特点，对市场营销有重要意义。营销者可根据不同阶段的特点，采取有针对性的措施，制定有效的营销方案。

【学习重点】

消费者市场的概念及特点；消费者需求购买行为的影响因素。

1. 消费者市场的概念及特点

（1）消费者市场，又称消费品市场、最终产品市场或生活资料市场，主要是指那些为满足个人生活需要而购买产品或服务的个人与家庭所构成的市场。人们的生活消费是各类产品或服务流通的终点，因此，消费者市场是整个市场体系的基础，是现代营销理论的主要研究对象。

消费者市场的基础作用还表现在其对其他类型市场的深刻影响。尽管对很多企业来说，生产者市场、中间商市场，还有政府及非营利组织市场可能是其最主要的市场，即这类企业主要面向组织市场提供产品或服务。但这些组织市场最终的服务对象还是消费者。最终消费者的需求与偏好仍是决定企业市场定位、产品或服务设计及品牌定位的根本导向。例如，一些向组织市场提供原材料、半成品或产成品的企业（卖方），其最终服务对象还是各类消费者；而组织市场的买方也要根据其所服务客户（最终消费者）的需求与偏好来确定购买决策，如客户对消费品质量、性能的要求等。因此，消费者市场是研究整个市场体系的起点。

（2）消费者市场的特征。由于消费者需求与偏好可以受到多种主观与客观因素的影响，而消费者心理与行为又影响着消费品生产者、提供者的相应决策，这就使消费者市场具有如下四个方面主要特征：

1）从市场参与者来看，消费者市场买卖双方参与者都很多，个体差异大。首先，消费者需求与偏好差异性大。例如，受到年龄、职业、收入、教育程度、居住区域、民族和宗教信仰等因素的影响，消费者的个人需要、欲望、兴趣、爱好和习惯呈现多样性，进而形成他们对各类消费品的品种、规格、性能、款式、价格、包装、品牌等方面需求的多样性。其次，市场上交易的消费品也呈现较大的差异性与多样性。这一方面是由消费者差异化的需求与偏好所影响并引导的，另一方面也是各类消费品本身的一些特点所决定的。例如，许多消费品在款式、价格、包装、品牌等方面具有明显差异，但专用性不强，在功能上可以相互替代；一些消费品的生命周期较短，尤其是电子类产品，更新换代速度快；除生活必需品外，大多数消费品的价格需求弹性较大，价格变动对其需求量具有较大影响。

2）从市场交易的规模与方式来看，消费者市场交易频繁，但单次交易的数量较少，交易方式简单。消费品的购买一般以个人或家庭为单位。因受个人或家庭收入及使用量的限制，消费者的单次购买量通常是以满足一定时间内的个人及家庭需要为限，因此，一般来说交易的数量和金额相对较少，多是零星购买，购买频率较高。另外，消费品本身的一些特点，如保存的方便性、保质期等，也使消费者不愿一次性大量购买。因此，较多的消费品生产者是通过一定的销售渠道，如各级批发、零售、代理、代销等中间商，来向消费者市场提供、销售产品，以方便消费者购买。

3）从购买行为看，消费者的购买行为具有较大的可诱导性。消费者的购买行为决策主要取决于个人需求与个人判断，具有自主性、自发性，易受干扰、易冲动；而大多数消费者对消费品缺乏专业的、甚至是基本的商品知识、价格知识和市场知识。同时，个人需求的差异性又造成了消费品的多样性，消费决策要考虑到产品品牌、性能、技术、使用与保管方法等多方面因素，这就大大增加了消费者作出正确判断与选择的难度。因此，消费者行为比较容易受到促销、宣传推广等的影响。例如，广告宣传可以使有些消费需求发生变化，潜在需求上升为现实需求，未来需求转变为现期需求；拟订的某消费品购买计划会转变为其替代品的实际购买行为。

比较而言，组织市场的购买行为决策主要受到购买者自身生产技术、运作模式等的限制，以及国家相关政策、计划等的影响，相对来说其采购形式与决策过程具有一定的规律性。

4）从市场变化趋势来看，消费者市场具有一定的流动性与全球化趋势。首先，从购买行为决策的经济性、有效性出发，大多数消费者在购买力相对有限的前提下，对满足自身需要的产品必然慎重选择，加之经济全球化的发展趋势，国际间交往日益增多，人口的流动性越来越大，导致消费者的购买力经常在不同产品、不同品牌、不同企业、不同行业、甚至不同国家与地区之间流动，国家、区域市场之间相互影响，呈现全球化趋势。

2. 消费者需求与购买行为的影响因素

影响因素主要分为消费者的外部影响因素和内部影响因素。

外部影响因素有以下两种：

（1）文化因素。

1）文化（Culture）。文化指人类从生活实践中建立起来的价值观念、道德、理想和其他有意义的象征的综合体。每一个人都在一定的社会文化环境中成长，通过家庭和其他主要机构的社会化过程学到和形成了基本的文化观念。文化是决定人类欲望和行为的基本因素，文化的差异引起消费行为的差异，表现为婚丧、服饰、饮食起居、建筑风格、节日、礼仪等物质和文化生活等各个方面的不同特点。比如中国的文化传统是仁爱、信义、礼貌、智慧、诚实、忠孝、上进、尊老爱幼、尊师重教等。

2）亚文化。每一个国家的文化中又包含若干不同的亚文化群，主要有：

①民族亚文化群。每个国家都存在不同的民族，每个民族都在漫长的历史发展过程中形成了独特的风俗习惯和文化传统。

②宗教亚文化群。每个国家都存在不同的宗教，每种宗教都有自己的教规或戒律。

③种族亚文化群。一个国家可能有不同的种族，不同的种族有不同的生活习惯和文化传统。

④地理亚文化群。世界上处于不同地理位置的各个国家，同一国家内处于不同地理位置的各个省份和市县都有着不同的文化和生活习惯。

此外，亚文化还可以分为年龄亚文化、性别亚文化、职业亚文化、社区亚文化等。在几种亚文化群中，对消费者行为影响较大的主要是地理亚文化群和年龄亚文化群。

3）社会阶层。社会阶层是指一个社会按照生活方式、价值观念、行为态度等方面的不同来进行等级划分，还可以根据职业、收入来源、教育水平、价值观和居住区域等指标进行划分，把人们划分为许多相对稳定的同类人群。社会阶层是按层次排列的，也可视其为广义的文化范畴，处于不同的社会阶层就具有不同的价值观念、消费观念、文化水平。

在现代社会，社会阶层对消费者行为的影响可以归纳为两个方面：一是不同的社会阶层具有不同的收入水平和生活方式，因此在消费水平、消费结构、消费方式上都表现出显著差异，进而形成不同的消费行为；二是较高阶层的消费方式对较低阶层的消费方式具有较强的示范作用，从而影响较低阶层的消费行为。企业以形象代言人等形式来体现的顾客品牌，就是利用人们消费攀比、仿效的心理来实现广告宣传等营销目标的。

(2) 社会因素。

1) 参照群体。消费者行为不仅受其所处社会阶层的影响，而且还会受到参照群体的影响。参照群体也称关系集团、参考群体或相关群体，是指一个人在认知、情感的形成过程和行为的实施过程中用来作为参照标准的某个人或某些人的集合。换言之，参照群体是个人用以指导自己消费行为的某个具有特定价值观念和处事准则的群体。只要某一群人在消费行为、态度或价值观等方面存在直接或间接的相互影响，就构成一个参照群体，不论他们是否相识或有无组织。某种参照群体的有影响力的人物称为"意见领袖"或"意见领导者"，他们的行为会引起群体内追随者、崇拜者的仿效。

2) 家庭。消费者以个人或家庭为单位购买产品，家庭成员和其他有关人员在购买活动中往往起着不同作用并且相互影响，构成消费者的"购买组织"。分析这个问题，有助于企业抓住关键人物开展营销活动，提高营销效率。家庭不同成员对购买决策的影响往往由家庭特点决定，家庭特点可以从家庭权威中心点、家庭成员的文化与社会阶层等方面分析。

3) 社会角色与社会地位。每个人的一生会参加许多群体，如家庭、公司、俱乐部及各类组织。一个人在群体中的位置可用角色（身份）和地位来确定。角色是周围的人对一个人的要求或一个人在各种不同场合应起的作用。例如，某人在女儿面前是父亲，在妻子面前是丈夫，在公司是经理。每种角色都伴随着一种地位，反映了社会对他的总评价。消费者做出购买选择时往往会考虑自己的角色和地位，企业把自己的产品或品牌变成某种角色或地位的标志或象征，将会吸引特定目标市场的顾客。当然，人们以何种产品或品牌来表明身份和地位会因社会阶层和地理区域的不同而不同。

内部影响因素有以下几种：

(1) 消费者的知觉。知觉是人脑对直接作用于感觉器官的客观事物各个部分和属性的整体反映。这是影响个人购买行为的一个重要心理因素。一个被动机驱使的人随时准备着行动，但具体如何行动则取决于他对情景的知觉如何。两个处于同样情景的人，由于对情景的知觉不同，其行为可能不大相同。知觉的性质不同对市场营销的作用机制也不同。

1) 知觉的整体性，也称为知觉的组织性。是指知觉能够根据个体的知识经验将直接作用于感官的客观事物的多种属性整合为同一整体，以便全面地、整体地把握该事物。有时，刺激本身是零散的，而由此产生的知觉却是整体的。

2) 知觉的选择性。指知觉对外来刺激有选择地反映或组织加工的过程，包括选择性注意、选择性扭曲和选择性保留。

①选择性注意，是指在外界诸多刺激中仅仅注意到某些刺激或刺激的某些方面，而对其他刺激加以忽略。人的感官每时每刻都可能接受大量的刺激，而知觉并不是对所有刺激都做出反应。知觉的选择性保证了人能够把注意力集中到重要的刺激或刺激的重要方面，排除次要刺激的干扰，更有效地感知和适应外界环境。

②选择性扭曲，是指人们有选择地将某些信息加以扭曲，使之符合自己的意向。受选择性扭曲的作用，人们在消费品购买和使用过程中往往忽视所喜爱品牌的缺点和其他品牌的优点。

③选择性保留，是指人们倾向于保留那些与其态度和信念相符的信息。

正由于上述三种知觉加工处理程序，使得同样数量和内容的信息，对不同的消费者会产生不同的反应，而且都会在一定程度上阻碍消费者对信息的接收。这就要求市场营销人员必须采取相应的市场营销策略，如大力加强广告宣传，不断提高和改善商品的质量和外观造型、包装装潢等，以打破各种知觉障碍，使本公司和企业的商品信息更易为消费者所注意、了解和接收。

（2）动机。消费者针对某种商品的购买动机十分复杂，动机是指足以迫使人们去寻找满足的需要。

马斯洛曾试图解释为什么在某一特定时间人们被特定的需求所驱使；为什么有些人花大量的时间和精力去寻求个人安全，而另一些人则花大量的时间和精力去追求令人尊重。从而形成了“需要层次理论”。这个理论的出发点是：

第一点：人类是有需要和欲望的，随时有待于满足，已满足的需要不会形成动机，只有未满足的需要才会形成引起行为动机。

第二点：人类的需要是从低级到高级具有不同层次的，只有当低一级的需要获得基本满足时，才会产生高一级的需要。一般说来，需要强度的大小和需要层次的高低成反比，即需要层次越低，其强度越大。马斯洛依照需要强度的次序，把人类需要分为五个层次：生理的需要、安全的需要、社会的需要、尊重的需要和自我实现需要。根据马斯洛需要层次理论，这些需要的重要性不同。

1）生理需要。包括饥饿、干渴等方面的需要，这是人类最基本的需要，也是人类最首要的需要。在这类需要没有得到满足时，人们一般不会产生更高的需要，或者不认为还有什么需要比这类需要更高、更重要。

2）安全需要。这是与人们为免遭肉体和心理损害有关的需要，最主要的是为保障人身安全和生活稳定。最一般的表现是对保险、保健、保安的需要。但往往还有一些表现不很明显的需要。例如，在一个安定的社会里，个人还可能通过提高教育和职业培训，加强自己的社会地位来保证生活安定。

3）社会需要。即爱和归属感的需要，包括感情、亲昵、合群、爱人和被人爱等。希望被别人或参照群体承认和接纳，能给予别人和接受别人的爱及友谊等这些需要，它往往是影响人们行为的最重要的因素。

4）尊重需要。包括威望、成就、自尊、被人看重和有身份等需要。这些具体不同的需要，同样也会从不同的侧面影响人们的行为。例如，威望这种需要，既可鼓舞人们去完成有益的事业，也可导致人们破坏性的、反社会利益的行为。

5）自我实现需要。这是最高层次的需要，包括个人行使自主权及获得成就的需要。人们一般都会有这样的经验，当个人完成一件工作或达到一项目标时，都会感到一种内心的愉悦。马斯洛阐述的这一需要层次和第四需要层次往往是不易明显区分的，因为自我实现的需要往往与受表扬的需要、追求地位的需要密不可分。

以上就是马斯洛需要层次论中从低到高的五个层次需要。但是应指出，个人行为也可能会出现某种差异，有的人甚至在其低级需要还未完全满足时，会受到为满足更高需要目标动机的影响，因为人们是可以容忍某种需要只得到部分满足的。马斯洛通过观察研究发现，可能一般人容忍生理需要获得 80%的满足，尊重需要得到 40%的满足，自我实现的需要得到 10%的满足。

（3）学习。学习是指由于经验而引起的个人行为的改变。人类行为大都来源于学习。内在需要引起购买某种商品的动机，这种动机可能在多次购买之后仍然重复产生，也可能在一次购买之后即行消失。

(4) 消费者的态度。态度是指一个人对某个客观事物或想法的相对全面而稳定的评价。态度对任何人的生活都有影响，它影响个人对其他人、其他事物和事件的判断方式和反应方式。因此，人们生活的许多方面都受到自己所持态度的支配。

态度标的物指引发态度的因素，可以是人、物、事等因素，可以是有形或无形因素。态度总是针对一定的态度标的物而言的。

态度的基本特性是持久性和广泛性。持久性指一种态度会在相当长的时间内维持不变，转瞬即逝的评价并不构成态度。广泛性指一种态度适用于所有同类事物，而不是仅仅适用于单一事物。例如，消费者对某品牌评价较差，就会对使用该品牌的所有产品都有不好评价，而不仅仅针对其中的个别产品。

品牌信念、评估品牌和购买意向构成了消费者态度的三种成分。品牌信念是态度的认知成分，评估品牌是态度的情绪或情感成分，购买意向是态度的意动成分或行为成分。

(5) 经济因素、生理因素、生活方式与行为因素。

1) 经济因素。经济因素指消费者可支配收入、储蓄、资产和借贷的能力。经济因素是决定购买行为的首要因素，决定着能否发生购买行为以及发生何种规模的购买行为，决定着购买商品的种类和档次。例如，我国中等收入的家庭不会选择购买高档汽车，低收入家庭只能购买基本生活必需品以维持温饱。

2) 生理因素。生理因素指年龄、性别、体征（高矮胖瘦）、健康状况和嗜好（比如饮食口味）等生理特征的差别。生理因素决定着对产品款式、构造和细微功能有不同需求。例如，儿童和老人的服装要宽松，穿脱方便；身材高大的人要穿特大号鞋；江浙人嗜甜食，四川人嗜麻辣；病人需要药品和易于吸收的食物。

3) 生活方式与行为因素。生活方式指一个人在生活中表现出来的活动、兴趣和看法的模式。不同的生活方式群体对产品和品牌有不同的需求。营销人员应设法从多种角度区分不同生活方式的群体，如节俭者、奢华者、守旧者、革新者、高成就者、自我主义者、有社会意识者等，在设计产品和广告时应明确针对某一生活方式群体。行为因素是指消费者已经发生或正在发生的外在行为能够影响其后续消费行为。

综上所述，一个人的购买行为是文化、社会、个人和心理因素之间相互影响和作用的结果。其中很多因素是市场营销者无法改变的，但这些因素在识别那些对产品有兴趣的购买者方面颇有用处。

除此之外，影响消费者行为的还有企业市场营销因素，包括企业营销战略、产品策略、价格策略、渠道策略、促销策略、品牌策略等。市场营销者借助有效的营销管理，可以诱发消费者产生消费反应，实现营销目标。

【同步练习】

一、单项选择题（在下列每小题中，选择一个最适合的答案）

1. 需求层次理论是1943年由美国心理学家（　　）提出的。

A. 波登　　B. 赫杰特齐　　C. 马斯洛　　D. 温得尔·斯密

2. 你在购买牙膏、牙刷等生活必需品时的购买决策主要依据已往的经验和习惯，较少受广告宣传和时尚的影响，在购买过程中也很少受周围气氛、他人意见的影响，你的购买类型属于（　　）。

A. 习惯型　　B. 冲动型　　C. 疑虑型　　D. 理智型

3. 根据需求层次理论，将人类需要按低级到高级的顺序分，属于人类最高级需要的是（　）。

A. 自尊的需要　B. 他人实现的需要
C. 自我表达的需要　D. 自我实现的需要

4. 度假、孩子上学、购买和装修住宅一般是由什么方式的家庭决策来做出决定的？（　）

A.自主型　B. 丈夫主导型　C. 妻子主导型　D. 联合型

5. 针对（　）类型，市场营销者可采用销售促进和占据有利货架位置等方法，保障供应，鼓励消费者购买。

A. 习惯性购买行为　B. 寻求多样化购买行为
C. 化解不协调购买行为　D. 复杂购买行为

6. 消费者购买行为研究模式“刺激—反应”中，（　）不是刺激。

A. 产品价格　B. 社会影响　C. 行为动机　D. 产品促销

7. 消费品根据（　）可被分为便利品、选购品、特殊品等类型。

A. 购买行为　B. 购买时机　C. 购买动机　D. 购买过程

8. 消费者市场是整个市场体系的（　）。

A. 起点　B. 终点　C. 中点　D. 圆点

9. 消费者市场比生产者市场，买卖双方数（　），个体差异（　）。

A. 多　小　B. 多　大　C. 少　大　D. 少　小

10. 更倾向于通过一定的销售渠道进行购买的是（　）。

A. 消费者市场　B. 生产者市场　C. 非营利组织市场　D. 政府机构市场

11. 需求更具有弹性的市场是（　）。

A. 非营利组织市场　B. 生产者市场　C. 消费者市场　D. 政府机构市场

12. 按消费品使用特点与产品形态分，小轿车属于（　）。

A. 易耗品　B. 耐用消费品　C. 非渴求品　D. 便利品

13. 购买者追求“最大边际效用”符合哪种购买行为模式（　）。

A. 需求的驱策力模式　B. 社会心理模式
C. 经济学模式　D. 刺激—反应模式

14. 两个人受到同样的社会影响但其行为仍不同，符合哪种购买行为模式（　）。

A. 社会心理模式　B. 需求的驱策力模式
C. 经济学模式　D. 刺激—反应模式

15. 需求的驱策力模式将使人产生需求的驱策力分为两种，一种是原始驱策力，另一种是（　）。

A. 感知驱策力　B. 学习驱策力　C. 社会驱策力　D. 理性驱策力

16. 刺激—反应模式所含的购买者黑箱包括两部分，包括购买者特性和（　）。

A. 购买者动机　B. 购买者决策过程　C. 购买者心理　D. 购买者行为

17. 影响消费者购买行为最直接的因素是（　）。

A. 社会因素　B. 促销因素　C. 经济因素　D. 产品因素

18. 某些时尚博主拥有上百万的粉丝，具有强大的影响力，属于消费者购买行为影响因素的哪种？（　）

A. 促销因素　B. 社会因素　C. 经济因素　D. 产品因素

19. 一个人会根据其社会身份地位来决定其购买行为，属于消费者购买行为影响因素的

哪种？（ ）

A. 经济因素　　B. 促销因素　　C. 社会因素　　D. 产品因素

20. 广告主在播放一段情节完整的广告后改播简洁版的广告，是利用消费者知觉的（ ）。

A. 整体性　　B. 选择性　　C. 复杂性　　D. 重复性

21. 消费者知觉对外来刺激有选择地反映或加工，但不包括选择性（ ）。

A. 注意　　B. 扭曲　　C. 重复　　D. 保留

22. 双因素理论是1959年由美国心理学家（ ）提出的。

A. 赫兹伯格　　B. 赫杰特齐　　C. 马斯洛　　D. 温得尔·斯密

23. 消费者态度包括三种成分，以下哪种不是？（ ）

A. 评估品牌　　B. 品牌信念　　C. 购买行为　　D. 购买意向

24. 小明提出房间热需要装空调，爸妈去挑选空调，妈妈看中格力空调，爸爸去付钱，其中购买前，小明属于（ ）。

A. 购买者　　B. 发起者　　C. 决策者　　D. 使用者

25. 小王入读大学购买了一台电脑，基本属于哪种购买行为？（ ）

A. 习惯性购买行为　　B. 寻求多样化购买行为

C. 化解不协调购买行为　　D. 复杂购买行为

二、多项选择题（在下列每小题中，正确的答案不少于2项，请准确选出全部正确答案）

1. 消费品根据购买行为可被分为（ ）。

A. 便利品　　B. 选购品　　C. 特殊品

D. 非渴求品　　E. 易耗品

2. 消费者购买行为中包含的一系列决策包括（ ）。

A. 购买者　　B. 购买对象　　C. 购买目的

D. 购买组织　　E. 购买动机

3. "刺激—反应"行为模式中"刺激"包括（ ）。

A. 营销刺激　　B. 经济刺激　　C. 产品刺激

D. 外部刺激　　E. 内部刺激

4.参照群体对个体行为的影响主要有（ ）。

A. 信息性影响　　B. 功利性影响　　C. 价值表现影响

D. 利益性影响　　E. 公益性影响

5. 消费者知觉对外来刺激有选择地反映或加工，包括选择性（ ）。

A. 注意　　B. 扭曲　　C. 重复

D. 保留　　E. 协同

6. 根据需求层次理论，人类的需要包括（ ）。

A.自尊的需要　　B. 社会需要　　C. 安全的需要

D. 自我实现的需要　　E. 生理需要

7. 消费者的态度包括以下几种成分（ ）。

A. 评估品牌　　B. 品牌信念　　C. 品牌认知

D. 购买行为　　E. 购买意向

8. 经济因素包括消费者（ ）。

A. 可支配收入　　B. 储蓄　　C. 资产

D. 社会地位　　E. 借贷的能力

9. 购买者的行为类型包括（　　）。

A. 习惯性购买行为　　B. 寻求多样化购买行为

C. 化解不协调购买行为　　D. 复杂购买行为

E. 追求最佳性价比购买行为

10. 对于寻求多样性的购买行为，不同市场地位的企业的营销策略不同，以下正确的是（　　）。

A. 市场领导者多占领货架　　B. 市场领导者发布提醒购买的广告

C. 挑战者以较低的价格或折扣　　D. 挑战者强调试用新品牌的广告

E. 追随者跟随市场领导者的做法

11. 消费者购买决策过程包括（　　）。

A. 明确需要　　B. 收集信息　　C. 评估选择

D. 购买决策　　E. 购后过程

12. 在消费者购买的评估选择阶段，消费者评价行为一般涉及哪些方面？（　　）

A. 产品属性　　B. 品牌信念　　C. 效用要求

D. 售后服务　　E. 购买便利度

三、填空题（在下列每小题中，填上适当的内容）

1. 消费品根据购买行为可被分为______、选购品、特殊品等类型。

2. 消费者市场是整个市场体系的______。

3. 购买者追求“最大边际效用”的行为模式是______。

4. “刺激—反应”模式所含的购买者黑箱包括两部分，包括______和购买者决策过程。

5. 消费者知觉对外来刺激有选择地反映或加工，包括选择性注意、扭曲和______。

6. 消费者态度包括三种成分，评估品牌、品牌信念和______。

7. 根据需求层次理论，人类的需要包括生理需要、______、社会需要、自尊的需要和自我实现的需要。

8. 消费者的心理因素包括知觉，知觉具有整体性和______。

9. 消费者属于高度介入，品牌差异程度大的购买行为属于______的购买行为。

10. 消费者的购后过程包括购后使用和处置、购后评价和______。

四、判断题（判断下列各题是否正确，正确的在题后的括号内打“√”，错误的打“×”）

1. 购买手机、电脑等产品属于冲动性购买行为。（　　）

2. 人类高层次的需要应该优先于低层级的需要得到满足。（　　）

3. 针对寻求多样化购买行为，市场营销者可采用销售促进和占据有利货架位置等方法，鼓励消费者购买。（　　）

4. 消费品根据购买行为可被分为便利品、选购品、特殊品等类型。（　　）

5. 消费者市场是整个市场体系的起点。（　　）

6. 消费者市场更倾向于通过一定的销售渠道进行销售。（　　）

7. 生产者市场需求更具有弹性。（　　）

8. 需求的驱策力模式将使人产生需求的驱策力分为两种，一种是原始驱策力，另一种是学习驱策力。（　　）

9. 影响消费者购买行为最直接的因素是经济因素。（　　）

10. 双因素理论是1959年由美国心理学家赫兹伯格提出的。（　　）

五、简答题

1. 简述消费者市场的概念及特点。
2. 简述消费者购买行为类型。
3. 简述消费者购买行为决策过程。
4. 简述参照群体对个体行为的影响。
5. 简述购买者黑箱中所包括的内容。
6. 简述消费者知觉的特性。

六、论述题

1. 试用“需要层次理论”结合亲身感受谈谈行为背后的动机。
2. 结合你的亲身感受和社会经验谈谈某一社会环境因素（参照群体、社会阶层、家庭）对消费心理与行为的影响。

七、案例分析题

案例分析1

请以你或你身边同学购买电脑的过程为例，来进行以下案例分析。

讨论分析题：

1. 消费者购买决策过程参与者包括哪五种？你的购买电脑决策过程中涉及了哪些参与者，分别起了什么作用？
2. 消费者购买决策过程包括哪五个阶段？你的购买电脑决策过程中包含了哪些阶段，在每个阶段中具体做了哪些工作或思考？

案例分析2

小王购物的一天

小王今天和女朋友约了要一起去逛街，早起匆匆出门，先进了门口的西饼店，从架上拿了爱吃的羊角面包，再从冷柜中拿了爱喝的酸奶，伊利正搞促销活动，就拿了伊利酸奶。

先到了数码城的某手机专卖店，拿出上周在这买的手机，要求调换。公司很多同事都在用这款手机，所以小王一直在觊觎着出手的机会。上周逛街的时候经过这家店，店家正在搞活动，就买了。买回去发现不好用，想要的软件都没有。结果营业员拿来一看，说不用调换，帮他把想要的软件给他拷上去，还教他在网上哪些地方可以下载和更新，小王满意地走了。

又来到旁边的百货公司，小王今天约了女朋友主要是要帮她买一套正装，她刚进了一家大公司，着装要求比较正规。小王为此还专门恶补了下有哪些正装品牌和正装搭配常识。小王陪着女朋友在百货公司转了半天，走了好几家品牌专卖店，试了无数套服装，最后买了一套2880元的正装。顺便也在那家店买了双颜色相配的皮鞋。

逛得筋疲力尽的他俩准备吃饭，去哪吃呢？旁边有必胜客，有真功夫，有大家乐。

一家家走过去，必胜客门口排起了长龙，真功夫上周刚去过，大家乐听说是港式的，没去过，就去试一下吧。

讨论分析题：

1. 消费者购买行为有哪四种类型？本案例中的购买行为分别属于哪种并请说明理由？

2. 消费者购买动机根据需求层次理论有哪五种？本案例中的购买行为的动机分别属于哪种并请说明理由？

【参考答案】

一、单项选择题

1. C　2. A　3. D　4. D　5. A　6. C　7. A　8. A　9. B
10. A　11. C　12. B　13. C　14. A　15. B　16. B　17. C　18. B
19. C　20. A　21. C　22. A　23. C　24. B　25. D

二、多项选择题

1. ABCD　2. ABCDE　3. ABCD　4. ABC　5. ABD　6. ABCDE
7. ABE　8. ABCE　9. ABCD　10. ABCD　11. ABCDE　12. ABC

三、填空题

1. 便利品　2. 起点　3. 经济学模式　4. 购买者特征　5. 保留　6. 购买意向　7. 安全需要　8. 选择性　9. 复杂　10. 购后行为

四、判断题

1. ×　2. ×　3. ×　4. √　5. √　6. √　7. ×　8. √　9. √　10. √

五、简答题

1. 简述消费者市场的概念及特点。

答：消费者市场主要是指那些为满足个人生活需要而购买产品或服务的个人与家庭所构成的市场。消费者市场具有人数众多、个体间差异较大，交易频繁但交易量小、其消费行为具有诱导性、流动性和全球化趋势等特征。

(1) 从市场参与者来看，消费者市场买卖双方参与者都很多，个体差异大。首先，消费者需求与偏好差异性大。例如，受到年龄、职业、收入、教育程度、居住区域、民族和宗教信仰等因素的影响，消费者的个人需要、欲望、兴趣、爱好和习惯呈现多样性，进而形成他们对各类消费品的品种、规格、性能、款式、价格、包装、品牌等方面需求的多样性。其次，市场上交易的消费品也呈现较大的差异性与多样性。这一方面是由消费者差异化的需求与偏好所影响并引导的，另一方面也是各类消费品本身的一些特点所决定的。

(2) 从市场交易的规模与方式来看，消费者市场交易频繁，但单次交易的数量较少，交易方式简单。消费品的购买一般以个人或家庭为单位。因受个人或家庭收入及使用量的限制，消费者的单次购买量通常是以满足一定时间内的个人及家庭需要为限，因此，一般来说交易的数量和金额相对较少，多是零星购买，购买频率较高。另外，消费品本身的一些特点，如保存的方便性、保质期等，也使消费者不愿一次性大量购买。因此，较多的消费品生产者是通过一定的销售渠道，如各级批发、零售、代理、代销等中间商，来向消费者市场提供、销售产品，以方便消费者购买。

(3) 从购买行为看，消费者的购买行为具有较大的可诱导性。消费者的购买行为决策主要取决于个人需求与个人判断，具有自主性、自发性，易受干扰、易冲动；而大多数消费者对消费品缺乏专业的、甚至是基本的商品知识、价格知识和市场知识。同时，个人需求的差异性又造成了消费品的多样性，消费决策要考虑到产品品牌、性能、技术、使用与保管方法等多方面因素，这就大大增加了消费者作出正确判断与选择的难度。因此，消费者行为比较容易受到促销、宣传推广等的影响。

(4) 从市场变化趋势来看，消费者市场具有一定的流动性与全球化趋势。从购买行为决策的经济性、有效性出发，大多数消费者在购买力相对有限的前提下，对满足自身需要的产品必然慎重选择，加之经济全球化的发展趋势，国际间交往日益增多，人口的流动性越来越大，导致消费者的购买力经常在不同产品、不同品牌、不同企业、不同行业、甚至不同国家与地区之间流动，国家、区域市场之间相互影响，呈现全球化趋势。

2. 简述消费者购买行为类型。

答：不同消费者购买过程的复杂程度不同，究其原因，是受诸多因素影响，其中最主要的是购买介入程度和品牌差异大小。购买介入程度指消费者购买风险大小或消费者对购买活动的关注程度。同类产品不同品牌之间的差异大小也决定着消费者购买行为的复杂性。根据购买者的购买介入程度和产品品牌差异程度区分出四种复杂程度不同的购买类型。

(1) 复杂的购买行为。如果消费者属于高度介入，并且了解现有各品牌、品种和规格之间具有显著差异，则会产生复杂的购买行为。复杂的购买行为指消费者购买过程完整，要经历大量的信息收集、全面的产品评估、慎重的购买决策和认真的购后评价等各个阶段。

(2) 减少失调感的购买行为。当消费者高度介入某项产品的购买，但又看不出各厂牌有何差异时，对所购产品往往产生失调感。因为消费者购买一些品牌差异不大的商品时，虽然他们对购买行为持谨慎的态度，但他们的注意力更多地是集中在品牌价格是否优惠、购买时间、地点是否便利，而不是花很多精力去收集不同品牌间的信息并进行比较，而且从产生购买动机到决定购买之间的时间较短。因而这种购买行为容易产生购后的不协调感：即消费者购买某一产品后，或因产品自身的某些方面不称心，或得到了其他产品更好的信息，从而产生不该购买这一产品的后悔心理或心理不平衡。为了改变这样的心理，追求心理的平衡，消费者广泛地收集各种对已购产品的有利信息，以证明自己购买决定的正确性。

(3) 习惯性的购买行为。如果消费者属于低度介入并认为各品牌之间没有什么显著差异，就会产生习惯性购买行为。习惯性购买行为指消费者并未深入收集信息和评估品牌，没有经过信念—态度—行为的过程，只是习惯于购买自己熟悉的品牌，在购买后可能评价也可能不评价产品。

(4) 寻求多样化的购买行为。如果消费者属于低度介入并了解现有各品牌和品种之间具有显著差异，则会产生多样性的购买行为。多样性的购买行为指消费者购买产品有很大的随意性，并不深入收集信息和评估比较就决定购买某一品牌，在消费时才加以评估，但是在下次购买时又转换其他品牌。转换的原因是厌倦原口味或想试试新口味，是寻求产品的多样性而不一定有不满意之处。

3. 简述消费者购买行为决策过程。

答：消费者购买行为决策过程一般包括：

(1) 明确需要。明确需要指消费者确认自己的需要是什么。需要是购买活动的起点，升高到一定程度时就变成一种驱使力，驱使人们采取行动予以满足。需要可由内在刺激或外在刺激唤起。内在刺激是人体内的驱使力，如饥、渴、冷等。

(2) 收集信息。被唤起的需要立即得到满足须有三个条件：①这个需要很强烈。②满足需要的物品很明显。③该物品可立即得到。这三个条件具备时，消费者满足被唤起的需要无须经过信息收集阶段，也可理解为这个阶段很短、很快、接近于零。在很多情况下，被唤起的需要不是马上得到满足，而是先存入记忆中作为未满足的项目，称为“累积需要”。

(3) 评估选择。消费者在获得全面的信息后就会根据这些信息和一定的评价方法对同类产品的不同品牌加以评价并决定选择。一般而言，消费者的评价行为涉及三个方面：产品属性、品牌信念、效用要求。

(4) 购买决策。做出购买决定和实现购买，这是购买决策过程的中心环节。消费者对商品信息进行比较和评价后，已经形成购买意图，然而从购买意图到实际购买之间，还要受两个因素的影响：第一个因素是他人的态度。第二个因素是意外的情况。

营销者应设法使消费者所承担的风险减到最低限度，促使消费者做出购买决定并付诸实现。

(5) 购后过程。与传统观念相比，现代市场营销观念最重要的特征之一是重视对消费者购后过程研究以提高其满意度。消费者的购后过程分为三个阶段：购后使用和处置、购后评价、购后行为。

4. 简述参照群体对个体行为的影响。

答：参照群体也称关系集团、参考群体或相关群体，指一个人在认知、情感的形成过程和行为的实施过程中用来作为参照标准的某个人或某些人的集合。换言之，参照群体是个人用以指导自己消费行为的某个具有特定价值观念和处事准则的群体。

参照群体对个体行为的影响主要有三种方式：

(1) 信息性影响。这是指参照群体的价值观和行为被个人作为有用的信息加以参考。这些信息可以主动收集，也可以被动获得。信息性影响的强弱取决于被影响者与群体成员的相似性以及施加影响的群体成员的专长。

(2) 功利性影响。这是指参照群体的价值观和行为方式对消费者发生作用后可以帮助其获得奖赏或避免惩罚。如果参照群体的某些成员由于消费某些产品而获得群体的赞赏或认同，群体中其他希望获得赞赏或认同的成员就会消费同样或同类的产品。如果某种消费行为受到群体成员的否定，如嘲笑或厌恶，那么其他成员就会避免此类消费行为。

(3) 价值表现的影响。这是指群体的价值观和行为方式被个人所内化，无须任何外在的奖惩就会依据群体的价值观或规范行事。这时，群体的价值观和行为规范已经完全被个体接受，成为个体价值观和行为规范。

5. 简述购买者黑箱中所包括的内容。

答：购买者黑箱包括两个部分内容：

(1) 购买者的特性。购买者特性包括购买者的文化、社会、个人、心理等特性，受到许多因素的影响，并进而影响购买者对刺激的理解和反应，不同特性的消费者对同一种刺激会产生不同的理解和反应。

(2) 购买者的决策过程。包括问题认识、信息收集、备选评估、购买决策、购后过程。

通过分析“购买者黑箱”中的“购买者行为特征（的影响因素）”和“购买者决策过程”这两个行为心理过程，可以掌握消费者购买行为的形成与变化规律。

6. 简述消费者知觉的特性。

答：知觉是人脑对直接作用于感觉器官的客观事物各个部分和属性的整体反映。这是影响个人购买行为的一个重要心理因素。知觉的性质不同对市场营销的作用机制也不同。知觉有两大特性：

（1）知觉的整体性：也称为知觉的组织性，指知觉能够根据个体的知识经验将直接作用于感官的客观事物的多种属性整合为同一整体，以便全面地、整体地把握该事物。有时，刺激本身是零散的，而由此产生的知觉却是整体的。

（2）知觉的选择性：指知觉对外来刺激有选择地反映或组织加工的过程，包括选择性注意、选择性扭曲和选择性保留。

1）选择性注意，是指在外界诸多刺激中仅仅注意到某些刺激或刺激的某些方面，而对其他刺激加以忽略。

2）选择性扭曲，是指人们有选择地将某些信息加以扭曲，使之符合自己的意向。

3）选择性保留，是指人们倾向于保留那些与其态度和信念相符的信息。

六、论述题

1. 试用"需要层次理论"结合亲身感受谈谈行为背后的动机。

答：先答"需要层次理论"：

第一点：人类是有需要和欲望的，随时有待于满足，已满足的需要不会形成动机，只有未满足的需要才会形成引起行为动机。

第二点：人类的需要是从低级到高级具有不同层次的，只有当低一级的需要获得基本满足时，才会产生高一级的需要。一般说来，需要强度的大小和需要层次的高低成反比，即需要层次越低，其强度越大。马斯洛依照需要强度的次序，把人类需要分为五个层次：生理的需要、安全的需要、社会的需要、尊重的需要和自我实现需要。根据马斯洛需要层次理论，这些需要的重要性不同。

（1）生理需要。包括饥饿、干渴等方面的需要，这是人类最基本的需要，也是人类最首要的需要。在这类需要没有得到满足时，人们一般不会产生更高的需要，或者不认为还有什么需要比这类需要更高、更重要。

（2）安全需要。这是与人们为免遭肉体和心理损害有关的需要，最主要的是为保障人身安全和生活稳定。最一般的表现是对保险、保健、保安的需要。但往往还有一些表现不很明显的需要。

（3）社会需要。即爱和归属感的需要，包括感情、亲昵、合群、爱人和被人爱等。希望被别人或参照群体承认和接纳，能给予别人和接受别人的爱及友谊等这些需要，它往往是影响人们行为的最重要的因素。

（4）尊重需要。包括威望、成就、自尊、被人看重和有身份等需要。这些具体不同的需要，同样也会从不同的侧面影响人们的行为。

（5）自我实现需要。这是最高层次的需要，包括个人行使自主权及获得成就的需要。人们一般都会有这样的经验，当个人完成一件工作或达到一项目标时，都会感到一种内心的愉悦。

以上就是马斯洛需要层次论中从低到高的五个层次需要。但是应指出，个人行为也可能会出现某种差异，有的人甚至在其低级需要还未完全满足时，会受到为满足更高需要目标动机的影响，因为人们是可以容忍某种需要只得到部分满足的。

再结合亲身经历谈感受，分析具体行为背后的动机。

2. 结合你的亲身感受和社会经验谈谈某一社会环境因素（参照群体、社会阶层、家庭）对消费心理与行为的影响。

答：先答概念：

（1）参照群体也称关系集团、参考群体或相关群体，是指一个人在认知、情感的形成过程和行为的实施过程中用来作为参照标准的某个人或某些人的集合。

(2) 社会阶层是指一个社会按照生活方式、价值观念、行为态度等方面的不同来进行等级划分，还可以根据职业、收入来源、教育水平、价值观和居住区域等指标进行划分，把人们划分为许多相对稳定的同类人群。社会阶层是按层次排列的，处于不同的社会阶层就具有不同的价值观念、消费观念、文化水平。

(3) 家庭成员在购买活动中往往起着不同作用并且相互影响，构成消费者的“购买组织”。家庭不同成员对购买决策的影响往往由家庭特点决定，家庭特点可以从家庭权威中心点、家庭成员的文化与社会阶层等方面分析。

再结合亲身感受和社会经验谈具体的购买行为和其背后的这三方面因素的影响。

七、案例分析题

案例解读 1

1. 消费者购买决策过程参与者包括哪五种？你的购买电脑决策过程中涉及了哪些参与者，分别起了什么作用？

答：消费者购买决策过程参与者，按各种角色在决策过程中所起的不同作用，可将参与者分为五种类型：

(1) 发起者。第一个提议或想到去购买某种产品的人。

(2) 影响者。直接或间接影响最终购买决定的人。

(3) 决策者。最终决定购买与否，购买什么，何时、何处购买的人。

(4) 购买者。实际执行购买决定的人。比如与卖方商谈交易条件，带上现金去商店选购等。

(5) 使用者。实际使用或消费该商品的人。

再根据你的购买电脑决策过程具体分析。

2. 消费者购买决策过程包括哪五个阶段？你的购买电脑决策过程中包含了哪些阶段，在每个阶段中具体做了哪些工作或思考？

答：消费者购买行为决策过程一般包括：

(1) 明确需要。明确需要指消费者确认自己的需要是什么。

(2) 收集信息。先收集相关的商品信息。

(3) 评估选择。根据信息对同类产品的不同品牌加以评价并决定选择。

(4) 购买决策。做出购买决定和实现购买。

(5) 购后过程。购后过程包括购后使用和处置、购后评价和购后行为。

再根据你的购买电脑决策过程具体分析。

案例解读 2

小王购物的一天

1. 消费者购买行为有哪四种类型？本案例中的购买行为分别属于哪种并请说明理由？

答：消费者购买行为的类型及案例中各个购买行为分属类型如下：

(1) 复杂的购买行为，如购买套装、鞋。

(2) 减少失调感的购买行为，如购买手机。

(3) 习惯性的购买行为，如购买面包。

(4) 寻求多样化的购买行为，如购买酸奶、用餐。

2. 消费者购买动机根据需求层次理论有哪五种？本案例中的购买行为的动机分别属于哪种并请说明理由？

答：

(1) 生理需要。购买面包、酸奶、用餐。

(2) 安全需要。购买套装和鞋以用于保障工作不丢，选择有品牌的餐厅用餐。

(3) 社会需要。购买手机用于社交、购买套装和鞋用于与公司同事保持一致。

(4) 尊重需要。更换手机、选择环境与服务较好的餐厅就餐。

(5) 自我实现需要。购买套装和鞋从个人形象上产生自我实现的幻觉。

第六章　组织市场购买行为分析

大客户唯一买的是态度。

——亚洲“销售女神”徐鹤宁

本章重点：组织市场的概念、主要类型；中间商的购买行为类型；政府及非营利组织的购买行为特点。

本章难点：组织市场的特点；中间商的购买行为决策过程与决策内容；政府及非营利组织的购买方式。

本章新知识点：组织市场；派生需求；生产者市场；中间商市场；政府市场；非营利组织市场。

【学习目标】

通过本章学习，将使读者对于组织市场的概念、主要类型，中间商的购买行为特征与类型，政府及非营利组织的购买行为特征与类型有比较全面的认识。读者在学习过程中，要特别注意理解掌握组织市场的特征，中间商的购买行为决策过程，政府及非营利组织的购买行为决策过程。

【核心概念】

组织市场；派生需求；生产者市场；中间商市场；政府市场；非营利组织市场。

1. 组织市场

组织市场（Organization Market）是由各种企事业单位等组织作为购买者、形成对企业产品与服务需求的市场；这些组织购买的主要目的是用于生产性消费，或转卖、出租，或其他非生活性消费。

从广义的理解来说，组织市场泛指一个组织向其他组织推销商品或服务的任何市场，包括除组织同最终消费者进行交易的市场（即消费者市场）之外的所有市场。

2. 派生需求

组织市场是派生需求，也称为引申需求或衍生需求。对于组织市场中的生产者市场来说，购买者是“非最终用户”。那么，这个市场上的工业客户对产品和服务的需求必然是从消费者对最终产品和服务的需求中派生出来的。如果最终用户对某企业生产的产品的需求下降了，那么该企业作为用户在产业市场上的购买量也将减少。因此，当消费者的收入大幅度增加或预期将相对减少时，受影响的不仅是消费者市场的需求，而且也包括为消费品制造厂家提供原料、设备、辅料、动力、零配件的产业市场的需求，最后的连锁反应将可能导致整个经济的繁荣或衰退。中间商市场的购买者也是为了给自己的服务对象提供所需的商品或服务而实施采购的，没有消费者市场的相应需求，就没有组织市场的需求。因此，其需求也是由消费品需求派生出来，并且随着消费品需求的变化而变化。

3. 生产者市场

生产者市场又称为产业市场、工业品市场或生产资料市场，一般是指工业企业为了获取利润进行再生产而购买产品的市场，是在组织市场这个大集合体中，购买目的为“生产”的购买者子集合体。这个购买者子集合体的成员分布在各个行业中，包括农业、林业、渔业、牧业、采矿业、制造业、建筑业、运输业、通信业、银行业、保险业以及其他一些行业。

在组织市场中，生产者市场的购买行为有典型意义，它与消费者市场的购买行为有相似性，又有较大差异性，特别是在市场结构与需求、购买单位性质、购买行为类型与购买决策过程等方面。

4. 中间商市场

中间商市场也称为转卖者市场，是指由那些通过购进商品与服务后再通过转售或租赁给他人以获取利润的组织或个人组成的市场。中间商包括批发商和零售商；中间商不提供产品的形式效用，只提供产品的时间、地点和占有方面的效用。

中间商市场的产品种类繁多，大多数的产品都是通过中间商转卖给最终消费者的；对于生产厂家来说，中间商也可以看做是其最终消费者的采购代理商。

在地理分布上，中间商市场与生产者市场相比较为分散，但与消费者市场相比则较为集中。

5. 政府市场

政府市场是指那些为执行政府职能而采购或租用产品的各级政府机构组成的市场。各国政府通过税收、财政预算掌握一定的国民收入，其中一部分用于支付日常政务所需的物资、服务采购支出，这就形成了一个很大的组织市场。政府采购的目的不是为了营利，而是为了履行政府职能，向社会提供公共产品，维护国家安全和社会公众利益。

对一些企业的产品与服务来说，政府机构是其最大的买家，有时可以占据20%~30%的份额。政府采购一般要采用公开招投标的形式，应受到社会公众的监督，相关法律法规的约束。

6. 非营利组织市场

非营利组织（Non-profit Organization，NPO），也称为非营利部门，泛指所有不以营利为目的、不从事营利性活动的机构、组织或团体。中国现有的非营利组织包括政府机构以外的教育、医疗等各类事业单位，其他教育、医疗机构，注册的民办科技机构，商会、协会等社会团体等。

非营利组织市场指为了维持组织正常运作、履行组织职能而购买产品与服务的各类非营利组织所构成的市场。

【新知识点】

组织市场的特点；中间商的购买行为决策过程和决策内容；政府及非营利组织的购买方式。

1. 组织市场的特点

（1）在市场结构方面，组织市场具有市场容量大、购买者少、购买规模大以及购买者在地理区域上相对集中的特点。

1）购买者比较少。由于购买者是各类组织，因此组织市场中企业（卖方）面对的购买者比消费品市场的购买者要少得多，尽管最终消费者可能非常多。

2）购买数量大。消费者的购买只是一连串购买活动的最后一个环节。以消费为目的的购买，一般是以“小批量和多批次”为特征。而以生产为目的的购买却以“大批量和少批次”为特征。

3）组织市场的用户的规模和集中程度差异很大。首先是每位客户的购买额度差异也很大。一般说，在多数行业里，总是少量企业生产了绝大比重的产品和利润，因此也购买了市场上的大部分产品。

另外，地区分布的情况也是如此，工业客户并不均匀地分布于整个国家，在我国主要集中在东北、华北、东南沿海一带。随着社会生产向社会化专业化发展，行业集中，经济结构复杂，用户规模和集中程度的差异也将扩大。有些组织市场的购买者往往集中在较为固定的区域，以至于这些区域的交易额占据企业整体市场的很大比重。这种集中的地理分布有助于购买者寻找、辨识供应商，开展采购活动，也方便供应商吸引更多的购买者。

(2) 在市场需求方面，组织市场属于派生需求（Derived Demand），需求缺乏弹性，市场波动较大。

1）组织市场是派生需求，也称为引申需求或衍生需求。对于组织市场中的生产者市场来说，购买者是“非最终用户”。那么，这个市场上的工业客户对产品和服务的需求必然是从消费者对最终产品和服务的需求中派生出来的。如果最终用户对某企业生产的产品的需求下降了，那么该企业作为用户在产业市场上的购买量也将减少。

2）组织市场的需求缺乏弹性，即需求对价格的敏感性差，短期内对产品和服务的需求总量受价格变动的影响较小。由于组织市场的需求具有派生性，是一个多环节的需求链条，因此一般情况下，在需求链条上距离最终消费者越远的产品需求弹性越小。

3）组织市场需求比消费者市场波动的幅度大。组织市场对工业产品的需求，特别是新工厂对原材料和设备的需求，通常比消费产品的需求还不稳定。消费者需求如果有些增减，生产企业如果迅速作出反应，会引起其对生产设备、原材料等的需求发生较大的同向变动，这属于经济学上的乘数效应，又称加速原理。例如，某一个节日或广告可能引发啤酒消费者的需求增加，啤酒零售商为了满足饮酒者的需求增加，就会增加存货与采购，从而通过增加订单而影响批发商或经销商的库存与采购，最后，啤酒的市场需求会通过零售商、批发商（或经销商）增加的订单成倍放大，最终可能导致啤酒厂大幅增加产量。因此在组织市场中，最终消费者的需求增加，可能会引发较大幅度的市场需求增加；反之，最终消费者需求减少，也很可能会引发较大幅度的市场需求减少。一些新行业、新企业尤其如此。组织市场需求的这种波动性使得许多企业向多元化发展，以避免单一经营的系统性行业风险；同时，渠道建设与创新也成为企业生存发展的一个重点。

(3) 组织市场的购买决策者、执行者、影响者成分复杂，呈现出专业化、职业化发展的特点。组织市场的购买者多种多样，一些企业的采购人员还需要通过专门训练或职业培训而成为专职采购人员。

(4) 组织市场购买者的购买决策具有规范化、程序化的特点。组织市场通常金额较大，或涉及复杂的技术问题；因此，组织市场的购买者行为及决策过程通常比以个人或家庭为主的消费者市场复杂得多。

(5) 买卖双方需要保持长期、密切的合作关系。一般来说，组织市场的买卖双方往往倾向于建立长期的合作关系；购买者（客户）需要拥有稳定的货源，而供应商则需要维护稳定的销路，双方的关系要建立于一个互惠互利、合作共赢的基础之上。

2. 中间商的购买行为决策过程和决策内容

与生产者用户一样，中间商完整的购买过程也分为八个阶段，即提出需求、确定需求、说明需求、寻求供应商、征求建议、选择供应商、正式订购、购后评价。改善交易条件的采购和最佳供应商选择可能跳过某些阶段，新产品采购则会完整地经历各个阶段。

中间商采购商品的目的是为了将所购商品转卖给自己的顾客。为此，中间商必须按照自己顾客的现实要求、自己对未来市场需求的预测来作出决策，根据产品组合策略制定采购计划。决策内容主要包括经营范围，目标客户，商品搭配交易价格与条件等。其中，商品搭配是最主要的决策，它决定中间商的市场定位，包括产品品牌、花色品种、规格和数量等内容。在购买活动中，批发商和零售商的产品组合策略主要有四种：

(1) 独家搭配。即只经销一家生产企业的产品品种，以求得较好的供货条件；所销售的不同花色品种的同类产品都是同一品牌或由同一厂家生产。例如，现今市场上的格力空调、茅台酒、五粮液酒等产品专营店都属于独家搭配。一般只有少数中间商采用这种策略。

(2) 深度搭配。即经销一个产品大类；所销售的不同花色品种的同类产品属于不同品牌、来自不同厂家，这就会给顾客在购买某种商品时带来更多的选择，从而增强中间商对顾客的吸引力。例如，某家私商场经营多种品牌的家具。这种经营策略在目前较具竞争力，有较多中间商采用这种策略。

(3) 广度搭配。即经营范围广泛，涉及某一行业的多系列、多品种产品，但商品品种尚未超出行业界限。例如，一些家用电器商场经营电视机、电冰箱、空调、洗衣机、VCD、DVD 等多种家电产品。这种策略也使顾客可以方便购得相关商品，有一些规模较大的中间商就采用这种策略。

(4) 混合搭配。即跨行业经营多种互不相关的产品品种系列。例如，一些大型商超经营电视机、电冰箱、服装、食品、鞋帽等。这种策略能减少中间商因外界环境变化所带来的经营风险，但要求企业有雄厚的经营实力。

3. 政府及非营利组织的购买方式

我国在 2003 年开始实施《中华人民共和国政府采购法》，政府采购法中明确指出，政府采购主要通过公开招标、邀请招标、竞争性谈判、单一来源采购、询价和国务院政府采购监督管理部门认定的其他采购方式来选择合适的供应商。政府采购法对每种方式的适用情况都做出了相应的规定：

(1) 公开招标。公开招标应作为政府采购的主要采购方式。采购人采购货物或者服务应当采用公开招标方式的，其具体数额标准，属于中央预算的政府采购项目，由国务院规定；属于地方预算的政府采购项目，由省、自治区、直辖市人民政府规定；因特殊情况需要采用公开招标以外的采购方式的，应当在采购活动开始前获得设区的市、自治州以上人民政府采购监督管理部门的批准。采购人不得将应当以公开招标方式采购的货物或者服务化整为零或者以其他任何方式规避公开招标采购。

(2) 邀请招标。符合下列情形之一的货物或者服务，可以采用邀请招标方式采购：①具有特殊性，只能从有限范围的供应商处采购。②采用公开招标方式的费用占政府采购项目总价值的比例过大。

(3) 竞争性谈判。符合下列情形之一的货物或者服务，可以采用竞争性谈判方式采购：①招标后没有供应商投标或者没有合格标的或者重新招标未能成立的。②技术复杂或者性质特殊，不能确定详细规格或者具体要求的。③采用招标所需时间不能满足用户紧急需要的。

④不能事先计算出价格总额的。

(4) 单一来源采购。符合下列情形之一的货物或者服务，可以采用单一来源方式采购：①只能从唯一供应商处采购的。②发生了不可预见的紧急情况不能从其他供应商处采购的。③必须保证原有采购项目一致性或者服务配套的要求，需要继续从原供应商处添购，且添购资金总额不超过原合同采购金额百分之十的。

(5) 询价采购。采购的货物规格、标准统一、现货货源充足且价格变化幅度小的政府采购项目，可以采用询价方式采购。

非营利组织的购买方式与政府采购相似，主要有公开招标选购、议价合约选购和日常性采购三种。

【学习重点】

组织市场的概念；组织市场的类型；中间商的购买行为类型；政府购买行为的特点；非营利组织购买行为的特点。

1. 组织市场的概念

消费者市场是最终消费者作为产品与服务购买者的市场，但由于产品特点、供货能力等因素的限制，大部分企业只能或不得不把产品卖给各类组织购买者，然后由他们提供给消费者市场，有些组织购买者也是某些产品与服务的最终消费者。相对于消费者市场来说，组织市场是由各种企事业单位等组织作为购买者、形成对企业产品与服务需求的市场；这些组织购买的主要目的是用于生产性消费，或转卖、出租，或其他非生活性消费。组织市场的购买者主要包括生产企业、商业企业、政府机构及其他非营利组织。

从广义的理解来说，组织市场泛指一个组织向其他组织推销商品或服务的任何市场，包括除组织同最终消费者进行交易的市场（即消费者市场）之外的所有市场。而组织市场的购买决策参与者、影响购买行为的因素以及决策过程等方面与消费者市场既有相似之处，也有很大的不同。因此，当一个企业打算把其产品销售给分销商或政府等组织购买者时，它就需要考虑组织市场的营销问题，就需要研究组织购买者的购买行为特点，购买决策的影响因素与决策过程。

2. 组织市场的类型

从组织市场购买者的角度来说，组织市场主要包括四大类，即生产者市场、中间商市场、政府市场及非营利组织市场。

(1) 生产者市场。生产者市场又称为产业市场、工业品市场或生产资料市场，一般是指工业企业为了获取利润进行再生产而购买产品的市场，是在组织市场这个大集合体中，购买目的为“生产”的购买者子集合体。这个购买者子集合体的成员分布在各个行业中，包括农业、林业、渔业、牧业、采矿业、制造业、建筑业、运输业、通信业、银行业、保险业以及其他一些行业。

(2) 中间商市场。中间商市场也称为转卖者市场，是指由那些通过购进商品与服务后再通过转售或租赁给他人以获取利润的组织或个人组成的市场。中间商包括批发商和零售商；中间商不提供产品的形式效用，只提供产品的时间、地点和占有方面的效用。

(3) 政府市场。政府市场是指那些为执行政府职能而采购或租用产品的各级政府机构组成的市场。各国政府通过税收、财政预算掌握一定的国民收入，其中一部分用于支付日常政务所需的物资、服务采购支出，这就形成了一个很大的组织市场。政府采购的目的不是为了营利，而是为了履行政府职能，向社会提供公共产品，维护国家安全和社会公众利益。

（4）非营利组织市场。非营利组织（Non-profit Organization，NPO），也称为非营利部门，泛指所有不以营利为目的、不从事营利性活动的机构、组织或团体。中国现有的非营利组织包括政府机构以外的教育、医疗等各类事业单位，其他教育、医疗机构，注册的民办科技机构，商会、协会等社会团体等。

3. 中间商的购买行为类型

中间商要根据不同的购买需要做相应的购买决策。中间商市场主要有四种购买类型：

（1）新产品采购。这是指中间商根据某种新产品销路的判断与预测，作出是否进货以及如何进货的购买决策。中间商在考虑是否购进以及向谁购进以前未经营过的某一新产品时，首先要考虑"买"与"不买"，然后再考虑"向谁购买"。中间商会通过对该产品的进价、售价、市场需求及市场风险等因素进行综合分析后作出购买决策。

（2）最佳供应商选择。中间商在确定拟经营的具体产品后，就需要为今后可能的批量购买或重复购买来选择最佳供应商，以建立稳定的货源。导致中间商作出此类购买决策的原因有：一是各种品牌的产品货源充裕，但由于经营场地、资金等各种局限，中间商不能经营目前所有供应商的产品，只能从中选择一部分供应商的产品来经营。二是中间商打算使用自有品牌进行商品销售，选择愿意为自己贴牌生产的最佳生产企业。国内外许多大型零售商场都有自己的品牌。

（3）改善交易条件的采购。对于这类决策，中间商并不想更换供货商，只是希望现有供应商在原有交易条件上再做些让步，使自己得到更多的利益。如果同类产品的供应增多或其他供应商提出了更有诱惑力的价格与供货条件，中间商就会要求现有供应商增加折扣、增加服务，或给予更实惠的付款方式，如分期付款或赊销等。

（4）直接重购。这是指中间商的采购部门按照过去的订货目录和交易条件继续向原先的供应商购买产品。中间商会对以往的供应商进行评估，选择感到满意的供应商作为直接重购对象，在商品库存低于规定水平时就按照常规续购。

4. 政府购买行为的特点

政府购买行为有其自身的特点，主要表现为：

（1）一般受年度预算的约束。政府年度预算具有法律效力，不会轻易变动。受年度预算的约束，政府市场一般会相对稳定，一些采购项目的采购、招标时间具有一定的规律性。

（2）往往通过竞争性的招标采购、有限竞争性采购和竞争性谈判等方式来选择合适的供应商。对于重大采购项目，政府有关部门要根据各供应商的产品种类、技术指标、企业实力、资信情况等信息，对有意参与政府采购市场的供应商进行资格预审；只有通过资格审查进入准供应商名单中的企业才能参加竞标。

（3）进入政府市场难度较大，但回报丰厚。政府市场中非军需品的需求稳定，履约、付款较为可靠；中标政府采购项目可提高供应商的品牌价值、市场声誉及影响力。这也是政府市场的吸引力所在。

（4）有时不是单纯的经济行为，会受到政治、经济等因素的影响。例如，出于保护本国产业的目的，会倾向于采购本国供应商产品。

5. 非营利组织购买行为的特点

（1）总额限制。非营利组织设立的目的不是为了创造利润，其正常运转的活动经费主要来自于政府拨款或者社会捐助，因此经费的预算与支出都会受到严格的控制。非营利组织的采购经费总额是既定的，不能随意突破。

（2）保证质量和价格。非营利组织购买商品不是为了转售，而是用于维持组织运行和履行职能，但由于受到经费预算的限制，非营利组织在采购中要求商品的质量和性能必须符合使用要求，并且价格低廉。

（3）行为限制。为了使有限的资金发挥更大的效用，非营利组织采购人员受到较多的局限和控制，只能按照规定的条件购买，缺乏自主性。

（4）程序复杂。非营利组织购买过程的参与者多，程序也较为复杂。例如，政府采购要经过许多部门签字盖章，受许多规章制度约束，准备大量的文件，填写大量的表格，遇有官僚气息严重的人则更加难办。

【同步练习】

一、单项选择题（在下列每小题中，选择一个最适合的答案）

1. 相对消费者市场是个人市场，组织市场是（　　）。

A. 集体市场　B. 法人市场　C. 整体市场　D. 产业市场

2. 组织市场主要有生产者市场、（　　）、政府市场和非营利组织市场。

A. 商业企业市场　B. 服务企业市场　C. 零售商市场　D. 中间商市场

3. 组织市场上卖方所面对的购买者比消费者市场要（　　），购买规模要（　　）。

A. 多　小　B. 多　大　C. 少　小　D. 少　大

4. 组织市场属于派生需求，需求弹性较（　　），市场波动较（　　）。

A. 大　小　B. 大　大　C. 小　大　D. 小　小

5. 组织市场需求的原动力是（　　）。

A. 消费者市场需求　B. 生产者市场需求

C. 零售商市场需求　D. 中间商市场需求

6. 组织市场是多环节的需求链条传递，在链条上距离最终消费者越远的产品需求弹性越（　　）。

A. 大　B. 小　C. 强　D. 不确定

7. 在组织市场中最终消费者的需求增加，可能会引发生产者供给的（　　）。

A. 同步增加　B. 成倍幅度增加　C. 较少幅度增加　D. 不确定

8. 经济形势对于生产者市场需求的影响，（　　）对消费者市场需求的影响。

A. 大于　B. 远大于　C. 小于　D. 远小于

9. 组织市场购买相比消费者市场所独有的购买行为是（　　）。

A. 直接购买　B. 互为购买者　C. 租赁　D. 经销购买

10. 影响生产者购买行为的基础性因素是（　　）。

A. 环境因素　B. 经济因素　C. 组织因素　D. 个人因素

11. 生产者用户购买与消费者购买之间的主要区别是（　　）。

A. 购买过程不同　B. 购买动机不同　C. 购买方式不同　D. 购买数量不同

12. 生产者市场购买决策类型包括三种，以下哪种不是？（　　）

A. 新购买　B. 修正重购　C. 直接重购　D. 扩大重购

13. 购买方虽决定重复购买同种产品，但想变更产品的规格、数量、价格或其他条款的，属于哪种购买决策？（　　）

A. 新购买　B. 直接重购　C. 修正重购　D. 扩大重购

14. 直接重购所不包含的购买过程阶段是（　　）。

A. 购后评价　B. 选择供应商　C. 正式定购　D. 寻求供应商

15. 中间商的购买类型有四种，以下哪种不是？（　）

A. 新购买　B. 最佳供应商选择　C. 直接重购　D. 修正重购

16. 中间商并不想更换供应商只希望现有供应商在原有交易条件上再做些让步的中间商购买类型是（　）。

A. 新产品购买　B. 改善交易条件的采购

C. 修正重购　D. 最佳供应商选择

17. 中间商采购决策中最主要的内容是（　），它决定中间商的市场定位。

A. 经营范围　B. 目标客户　C. 商品搭配　D. 交易条件

18. 经销一个产品大类，所销不同花色品种的同类产品属于不同品牌来自不同厂家，这属于哪种中间商的商品搭配策略？（　）

A. 独家搭配　B. 深度搭配　C. 广度搭配　D. 混合搭配

19. 经营范围广泛，涉及某一行业的多系列、多品种产品，但商品品种尚未超出行业界限，如家电电器商场，这属于（　）。

A. 独家搭配　B. 混合搭配　C. 广度搭配　D. 深度搭配

20. 格力空调专卖店属于哪种中间商的商品搭配策略？（　）

A. 广度搭配　B. 混合搭配　C. 独家搭配　D. 深度搭配

21. 购买者所选择的货源都是最物美价廉、最适销的商品，每次购买总量不大，但品种繁多，力图实现最佳产品组合的是（　）。

A. 斤斤计较的购买者　B. 挑剔的购买者　C. 最佳交易购买者　D. 忠实的购买者

22. 政府采购一般会受（　）的约束。

A. 年度预算　B. 技术指标　C. 企业实力　D. 资信情况

23. 具有特殊性，只能从有限范围供应商处采购，采用公开招标方式的费用占政府采购项目总价值比例过大情况下，采取（　）。

A. 邀请招标　B. 竞争性谈判　C. 单一来源采购　D. 询价采购

24. 以下不是非营利组织市场购买特点的是（　）。

A. 总额限制　B. 保证质量和价格　C. 行为限制　D. 程序简单

25. 非营利组织采购部门同时和若干供应商就某一采购项目的价格及交易条件展开谈判，最后与符合要求的供应商签约，属于（　）。

A. 公开招标选购　B. 竞争性谈判　C. 议价合约选购　D. 日常性采购

二、多项选择题（在下列每小题中，正确的答案不少于两项，请准确选出全部正确答案）

1. 组织市场购买者主要包括（　）。

A. 生产企业　B. 商业企业　C. 政府机构　D. 非营利组织

E. 服务企业

2. 以下哪些属于非营利组织？（　）

A. 教育机构　B. 医疗机构　C. 中国红十字会

D. 中国青少年发展基金会　E. 壹基金

3. 组织市场的购买行为主要有（　）。

A. 直接采购　B. 互惠购买　C. 招标采购　D. 租赁

E. 间接采购

4. 影响生产者购买行为的主要影响因素包括（　）。

A. 经济因素　B. 环境因素　C. 组织因素
D. 人际因素　E. 个人因素

5. 生产者市场购买决策的类型包括（　）。
A. 新购买　B. 修正重购　C. 直接重购　D. 扩大重购
E. 改善交易条件购买

6. 中间商市场购买决策类型包括（　）。
A. 新购买　B. 最佳供应商选择　C. 直接重购　D. 扩大重购
E. 改善交易条件购买

7. 中间商采购的商品搭配组合策略有（　）。
A. 广度搭配　B. 混合搭配　C. 独家搭配　D. 深度搭配
E. 宽度搭配

8. 美国学者狄克森将购买者个人的购买风格分为几类，包括（　）。
A. 忠实的购买者　B. 随机性购买者　C. 创造性的购买者
D. 最佳交易购买者　E. 挑剔的购买者

9. 政府采购的特点主要表现为（　）。
A. 一般受年度预算的约束　B. 往往通过竞争性的招标采购等方式
C. 有时不是单纯的经济行为　D. 进入政府市场难度较大
E. 回报丰厚

10. 政府购买行为与其他组织市场不同的影响因素有（　）。
A. 社会各界监督　B. 国际国内政治形势　C. 国际国内经济形势
D. 自然因素　E. 环境因素

11. 政府采购方式主要包括（　）。
A. 公开招标　B. 邀请招标　C. 单一来源采购
D. 竞争性谈判　E. 询价采购

12. 非营利组织的购买方式主要包括（　）。
A. 公开招标　B. 议价合约选购　C. 单一来源采购
D. 竞争性谈判　E. 日常性采购

三、填空题（在下列每小题中，填上适当的内容）

1. 组织市场上卖方所面对的购买者比消费者市场要______，购买规模要______。

2. 组织市场属于派生需求，需求弹性较______，市场波动较______。

3. 组织市场是多环节的需求链条传递，在链条上距离最终消费者越______的产品需求弹性越______。

4. 在组织市场中最终消费者的需求增加，可能会引发生产者供给的______，这又被称为______效应。

5. 组织市场购买相比消费者市场所独有的购买行为是______。

6. 生产者用户购买与消费者购买之间的主要区别是______。

7. 购买方虽决定重复购买同种产品，但想变更产品的规格、数量、价格或其他条款的，属于______。

8. 中间商采购决策中最主要的内容是______，它决定中间商的市场定位。

9. 经销一个产品大类，所销不同花色品种的同类产品属于不同品牌来自不同厂家，这属于哪种中间商的商品搭配策略？______

10. 购买者所选择的货源都是最物美价廉、最适销的商品，每次购买总量不大，但品种繁多，力图实现最佳产品组合的是______。

四、判断题（判断下列各题是否正确，正确的在题后的括号内打“√”，错误的打“×”）

1. 消费者市场是个人市场，组织市场是法人市场。(　　)
2. 组织市场购买者数量多，购买规模大。(　　)
3. 直接重购的购买过程中不包含寻求供应商阶段。(　　)
4. 派生需求具有需求弹性大，市场波动小的特点。(　　)
5. 消费者市场需求是组织市场需求的原动力。(　　)
6. 社会因素是影响生产者购买行为的基础性因素。(　　)
7. 购买过程不同是生产者与消费者之间的主要购买区别。(　　)
8. 商品搭配是中间商采购决策中最主要的内容。(　　)
9. 国美电器属于深度搭配的商品搭配策略。(　　)
10. 政府采购一般会受年度预算的约束。(　　)

五、简答题

1. 简述组织市场的类型。
2. 简述组织市场派生需求的特点。
3. 简述中间商的购买行为类型。
4. 简述中间商商品搭配组合策略。
5. 简述政府购买行为的特点。
6. 简述政府的购买方式种类。

六、论述题

1. 试述组织市场的特点。
2. 试述中间商的购买行为决策过程与决策内容。

七、案例分析题

案例分析 1

玛吉斯轮胎——反依随成长

汽车轮胎业尤其是轿车轮胎领域是一个高度依随本国家、本地区汽车工业的产业。在每一个知名的轮胎企业背后都可以数得出知名的汽车品牌，比如在日本，有普利司通，也有丰田、本田；在韩国，有韩泰、锦湖，也有现代；在法国，有米其林，也有标致；在意大利，有倍耐力，也有玛莎拉蒂。

近来，连续 4 年实现年增长 30%以上，在中国大陆的年销售额为 43 亿元的轮胎品牌玛吉斯崭露头角，其品牌影响力虽然很难赶上普利司通、米其林这样的百年老店，但已经可以和锦湖、韩泰等并列位居轮胎产业的第二集团。

玛吉斯轮胎是中国台湾正新橡胶集团旗下的汽车轮胎品牌。正新橡胶创立于 1956 年，是一个老牌的自行车、摩托车轮胎制造商。20 世纪 70 年代，全球日益庞大的汽车市场让正新看到了一个新的且充满潜力的市场——汽车轮胎。同为橡胶产品，但汽车轮胎相比正新所熟悉的自行车、摩托车轮胎来说，是个技术含量很高的产品。向上切入更具技术含量的市场，对于正新来说并不是顺理成章的事。在经过一段时间的卡车轮胎

（技术相对简单）的试水生产后，正新积累了一定的生产经验，再后来，正新通过购买技术、代工等方式积累了一定的经验和资源，1973 年，正新正式进入轿车轮胎领域，但马上就面临战略路径的选择。

汽车轮胎是一类较为有趣的产品，它既有 B2B 的一面——消费者第一次“购买”轮胎产品时往往没有选择权，选择什么样的轮胎完全由汽车厂商代为决定；又有 B2C 的一面——轮胎是消耗品，一般来说，平均两三年消费者就要更换一次轮胎，这还不算意外中的爆胎。这也就让轮胎形成了两个市场，原车配套市场和替换胎市场。

对于轮胎企业来说，如果能够依附一家大型汽车生产商就意味着企业有了稳定、庞大而且持续性很强的市场份额。并且轮胎是一个需要非常多冷门的专业知识才能了解的耐用品，许多非资深车迷恐怕都不清楚子午胎和斜交胎的概念，所以换胎时大都愿意“保持惯性”选择原有的配套品牌。因此，即便相对来说利润较低，一般厂家还是愿意“捆绑”大型汽车企业做配套胎市场，甚至许多轮胎厂家宁可赔钱也要去做整车配套。

但硬币的另外一面是，依附于汽车生产商的轮胎厂家需要提前两年就开始参与到厂家的研发中去，按照汽车厂家的性能要求设计轮胎，达到同汽车产品最大的适配性。因此，汽车厂家对轮胎供应商的审核也非常严格，过程十分烦琐和漫长。

在权衡之后，正新决定以个人替换胎市场作为行业的切入点。在分析全球市场的特点之后，正新想到了一个突破口：美国市场的消费者相对比较“开明”和专业，美国的汽车厂家也不像日本、韩国厂家那么“固执”地倾向本土的轮胎品牌。正新决定先从美国个人消费市场做起，有了一定的影响力后再争取美国汽车厂家的配套业务。首先正新需要一个适合英文发音，而且显得国际化的品牌名称，MAXXIS（玛吉斯）由此诞生了。正新对玛吉斯的定位是主要面向中低端车型，强调性价比的品牌。

最初玛吉斯外销美国时，沿用了国内的销售习惯：找大代理商，批发给它。但玛吉斯很快发现美国的轮胎渠道同国内很不同：中国消费者换胎需要到店，但美国人工很贵，加上自己有别墅、车库、工具，消费者都是把轮胎真正当成个人消费品，会买回家自己换，因此美国的轮胎渠道主要是类似沃尔玛这样的渠道。借助中国台湾制造的红利，玛吉斯在价格上拥有一定的优势，逐渐在美国个人替换胎市场有了一定份额和品牌知名度。但是随着 20 世纪末中国汽车市场的井喷，玛吉斯的战略重心自然而然地转移到了中国大陆。

1997 年，玛吉斯正式在昆山设厂投产，紧邻国内汽车工业最发达的地区之一上海。1999 年，凭借在美国个人消费市场的影响力，玛吉斯通过美国通用总部联系到上海通用，获得了自己的第一个配套合同：上海通用君越。虽然配套量不高，但对于玛吉斯来说，这是逆向销售成功的第一步。

有了第一个配套业务作为“标杆”，玛吉斯接下来的发展道路就轻松了很多，其后陆续获得了上海大众等主流汽车厂商旗下品牌的配套合同，同时开始针对个人消费市场建设渠道和赞助一些专业的体育赛事，但相比在产品定位和价格上相近的对手锦湖、韩泰依靠韩国汽车工业在中国的飞速发展，玛吉斯的增长速度还显得不温不火。玛吉斯意识到，自己必须采取措施加速发展，否则很可能错失中国汽车高速增长的良机。

相比较发展较为规范的轮胎产业，国内轮胎渠道并不规范。除了如普利司通之类的可以投入巨资自建高端直营渠道的品牌，市场上的轮胎销售渠道大都比较散乱，一家终端同时贩卖几个品牌，有些甚至还会掺杂假货。

2005年以前，玛吉斯的渠道管理同样粗放：直接把货给经销商，每年给经销商制定一定的销售指标，如果没有完成，那么换掉。但玛吉斯逐渐发现，这种做法存在着一个特别大的问题：玛吉斯在刚进入中国轿车轮胎市场时，为了降低风险，坚持对代理商采取款到发货的方式。但一方面优质的轮胎经销商资源本身就不好找，另一方面玛吉斯款到发货的政策也给代理商增加了代理成本和风险，因此玛吉斯最早的一批经销商有一部分都不是圈内人。他们对轮胎行业的情况不是那么了解，销售指标很难次次完成，为此更换经销商也不太现实。

从2005年开始，玛吉斯全面加强了渠道管理，分为两个方面：①帮助经销商成长。②玛吉斯开始加强对终端渠道的管理，主要还是三个措施：首先是制定和优化销售返利的政策，直接刺激终端销售；其次是发展形象店和加盟店；最后就是加强厂派业务员权限和职责。玛吉斯在北京的业务员和代理商就遇到过这样一件事情，某终端店一个消费者刚换的玛吉斯轮胎由于个人使用操作问题导致轮胎“受伤”，但他认为这是质量事故，于是玛吉斯的业务员和代理商迅速带着厂家的资料赶到事故现场，同消费者解释说明和协商后续事宜。事实上这类问题如果没有厂家直接介入，终端店是不会特别有动力来做，但如果做了，对于品牌无疑是一种促进。渠道调整之后，玛吉斯实现了高速增长，尤其是替换胎业务始终强势压过配套业务。

在加强渠道管理和建设的同时，玛吉斯开始有意识地调整布局全国市场的策略。尽管“北上广”是全国汽车消费的重要阵地，但竞争也更为激烈，而且消费者“见多识广”，对于品牌的忠诚度也不高。于是，玛吉斯在不放弃“北上广”的前提下，加大二、三线城市的投入力度，如今，在个人业务部分，二、三线城市销售额占据玛吉斯总销售额的85%。

对于一家以替换胎市场为主要切入点的轮胎企业来说，营销的重要性似乎要高于渠道，但玛吉斯却将渠道整改放在了更高的优先级。对此，玛吉斯副总经理张传顺的解释是：“我们本身资源有限，如果两个都做的话，怕难以兼顾，我们就选择先做渠道，渠道达到规模以后再推品牌，让消费者看到想买的时候哪里都有。”

玛吉斯做品牌推广的主要手段是赞助体育赛事，比如在NBA赛场，玛吉斯曾经赞助过火箭和湖人两支人气球队；美国职棒大联盟（MLB）中，久负盛名的纽约洋基队亦是玛吉斯轮胎的赞助球队；还有英超赛场上的利物浦队。不过，玛吉斯最看重的还是2009年年底，与上海东方篮球俱乐部签约赞助，球队同时以“上海玛吉斯轮胎男子篮球队”征战CBA联赛。

从以上活动中不难看出，首先，玛吉斯的品牌推广以赞助为主，少有电视广告。按照张传顺的说法是：“电视广告的效果虽然很直接，受众面也广，但我们在资金有限的情况下，还是选择更有性价比的投资策略，如果用来赞助冠名，每次比赛玛吉斯在电视上‘待’上几个小时，每次播报比赛或是介绍赛况时，主持人都会念上一遍‘上海玛吉斯’。”其次，玛吉斯赞助的比赛多以美国消费市场比较喜爱的体育项目为主，一方面，美国依然是玛吉斯的重要阵地；另一方面，赞助美国主流的体育活动，如NBA等，当中国消费者在转播时看到玛吉斯的品牌，更有一种国际化的感觉。

一条不同逆向战略路径的选择，加上相宜的渠道布局与营销推广，“先天条件”不足的玛吉斯实现了突围。截止到2010年，国内悬挂玛吉斯招牌的店面已经达到5000多家，只针对终端的数量而言，玛吉斯已经进阶国内轮胎品牌的第一梯队。

资料来源：罗东：《玛吉斯——反依随成长》，《21世纪商业评论》，2011-08-31。

讨论分析题：

1. 玛吉斯轮胎面对的市场分别是哪种类型？玛吉斯轮胎更看重哪个市场？为什么？
2. 请结合本案例分析组织市场和消费者市场相比有哪些不同的特点。

案例分析 2

苏宁——云计算服务

苏宁电器以超过 1500 亿元人民币的销售规模，成为中国大陆第一大家电零售商。但苏宁并不想在未来十年重复自我。

2011 年 6 月 19 日，苏宁电器宣布了未来十年的发展战略：截止到 2020 年，实现销售收入 6800 亿人民币，这个数字将有望占据中国家电零售市场 20%的市场份额。

不过，这其中只有 3800 亿元的销售规模来自实体门店；另外一半的收入，寄希望于 2011 年正式发力的苏宁易购：到 2020 年打造一个与线下苏宁实体店基本等量齐观的电子商务平台，销售额超过 3000 亿元人民币。这将跨出家电零售的行业范畴，苏宁易购已向行业领跑者发起了挑战——开始卖书。

但这绝非苏宁十年战略的全部：这家传统得不能再传统的零售商，正希冀超出传统零售的范畴，涉猎云计算的领域。虽然在苏宁的战略规划中，并未对云计算业务做出任何数字量化，但这个做了 20 年零售，显然还打算继续做下去的零售商，却开始管自己叫“科技企业”。

尽管云计算服务还只是构想，目标是要用 3 年左右的时间，实现百万级以上供应商的在线交易服务云平台；到 2013 年，在服务平台的基础上，利用苏宁内部庞大的管理资源，为中小企业用户提供管理的整体外包服务。

按专业的数据统筹，苏宁的信息系统中心拥有 4000 人的团队，涵盖运用、管理服务的 10 大类和 120 多个应用模块和子系统，而更重要的是，未来苏宁还会拿出销售收入的 0.8%~1%来作为信息系统的投入，最快在 3 年内，要投资建设 6~8 个云计算中心。也许未来，苏宁就能成为张近东自己说的那样，“不是一个单纯的软件公司，但一定是中国最大的软件公司之一”。

苏宁的云计算构想并非不能实现。其实，全球最早涉及云计算服务的亚马逊从某种意义上来说也算是零售企业。而根据巴克莱资本的估计，亚马逊的网络服务已经带来 5 亿美元的收益。虽然规模还很小，但接近翻番的增长率和 23%的利润率，已经远远高于其核心业务 5%的利润率。

但苏宁毕竟不是亚马逊，后者 17 年前就蛰伏于电子商务领域，而苏宁真正意义上的信息系统建设，是从 2006 年年初开始的。彼时，苏宁刚刚完成了全国布局，重新上马了 SAP 的 ERP 项目，并将 2006 年全年净利润中将近一半——3 亿元拿出来，交给 IBM 进行信息系统的全面升级改造。要知道，这个数字在当年可以至少开出 30 家门店。

好消息是，零售行业需要苏宁提供的这些服务，要知道国内很少能找到为零售商量身定做的服务，而零售商自己又大多不具备自我开发的能力。最简单的例子，是当国美电器回归快速扩张的道路之后，正在考虑上马信息系统的改造；而更多的零售商，也还在为寻找进入电子商务的门而焦虑。

坏消息是，必须要寻找到让数据中心的速度更快，效率更高的方法，以应对来自IT业的巨无霸竞争对手。与此同时，还需要让服务更具灵活性以满足用户的不同需求，提供差异化服务，当然还需要打消用户对于信息安全问题的担忧。

从某种意义上说，苏宁易购的上马，更像是一个“触媒”，为苏宁云计算服务提供了可能性。最简单的例证是，虽然苏宁电器拥有1亿的注册会员，会员们的消费习惯都掩藏在苏宁后台浩如烟海的数据库中，直到2009年，苏宁一直都没有对这些数据进行足够的研究。但电子商务就完全不同。“这个行业最大的特点就是消费者行为研究，挖掘消费者内在需求”，苏宁易购总经理凌国胜告诉《环球企业家》，而不是现在这样，靠价格战。

通过线上和线下共同对消费市场的数据挖掘和订单分析，就可以形成消费行为习惯研究的数据库，也就是云资源。而苏宁还可以将这些数据反馈给供应商，以帮助他们从产品设计到产品生产都更贴近消费者的需求。据了解，目前苏宁已经实现了与2万家供应商的对接，以实现对生产和研发的指导。

资料来源：蔡一飞：《苏宁——云计划》，《环球企业家》，2011-08-09。

讨论分析题：

1. 苏宁本是一家中间商，中间商市场购买决策中的商品搭配策略有哪四种？苏宁实体店和苏宁易购分别属于哪一种？

2. 苏宁、亚马逊提供云计算服务，属于面向哪种形式的市场？结合案例说明其市场购买行为具有哪些特征？

【参考答案】

一、单项选择题

1. B　2. D　3. D　4. C　5. A　6. B　7. B　8. B　9. B
10. B　11. B　12. D　13. C　14. B　15. D　16. B　17. C　18. B
19. C　20. C　21. B　22. A　23. A　24. D　25. C

二、多项选择题

1. ABCD　2. ABCDE　3. ABD　4. ABCDE　5. ABC　6. ABCE
7. ABCD　8. ABCDE　9. ABCDE　10. ABCD　11. ABCDE　12. ABE

三、填空题

1. 少　大　2. 小　大　3. 远　小或近　大　4. 加倍增加　乘数　5. 互惠购买　6. 购买动机不同　7. 修正重购　8. 商品搭配　9. 深度搭配　10. 挑剔的购买者

四、判断题

1. √　2. ×　3. √　4. ×　5. √　6. ×　7. ×　8. √　9. ×　10. √

五、简答题

1. 简述组织市场的类型。

答：从组织市场购买者的角度来说，组织市场主要包括几大类，即生产者市场、中间商市场、政府市场及非营利组织市场。

（1）生产者市场。生产者市场又称为产业市场、工业品市场或生产资料市场，一般是指工业企业为了获取利润进行再生产而购买产品的市场，是在组织市场这个大集合体中，购买目的为“生产”的购买者子集合体。

(2) 中间商市场。中间商市场也称为转卖者市场，是指由那些通过购进商品与服务后再通过转售或租赁给他人以获取利润的组织或个人组成的市场。中间商包括批发商和零售商；中间商不提供产品的形式效用，只提供产品的时间、地点和占有方面的效用。

(3) 政府市场。政府市场是指那些为执行政府职能而采购或租用产品的各级政府机构组成的市场。政府采购的目的不是为了营利，而是为了履行政府职能，向社会提供公共产品，维护国家安全和社会公众利益。

(4) 非营利组织市场。泛指所有不以营利为目的、不从事营利性活动的机构、组织或团体。中国现有的非营利组织包括政府机构以外的教育、医疗等各类事业单位，其他教育、医疗机构，注册的民办科技机构，商会、协会等社会团体。

2. 简述组织市场派生需求的特点。

答：(1) 组织市场是派生需求，也称为引申需求或衍生需求。对于组织市场中的生产者市场来说，购买者是"非最终用户"。那么，这个市场上的工业客户对产品和服务的需求必然是从消费者对最终产品和服务的需求中派生出来的。

(2) 组织市场的需求缺乏弹性，即需求对价格的敏感性差，短期内对产品和服务的需求总量受价格变动的影响较小。由于组织市场的需求具有派生性，是一个多环节的需求链条，因此一般情况下，在需求链条上距离最终消费者越远的产品需求弹性越小。

(3) 组织市场需求比消费者市场波动的幅度大。组织市场对工业产品的需求，特别是新工厂对原材料和设备的需求，通常比消费产品的需求还不稳定。消费者需求如果有些增减，生产企业如果迅速作出反应，会引起其对生产设备、原材料等的需求发生较大的同向变动，这属于经济学上的乘数效应，又称加速原理。因此在组织市场中，最终消费者的需求增加，可能会引发较大幅度的市场需求增加；反之，最终消费者需求减少，也很可能会引发较大幅度的市场需求减少。

3. 简述中间商的购买行为类型。

答：中间商市场主要有四种购买类型：

(1) 新产品采购。这是指中间商根据某种新产品销路的判断与预测，作出是否进货以及如何进货的购买决策。中间商在考虑是否购进以及向谁购进以前未经营过的某一新产品时，首先要考虑"买"与"不买"，然后再考虑"向谁购买"。

(2) 最佳供应商选择。中间商在确定拟经营的具体产品后，就需要为今后可能的批量购买或重复购买来选择最佳供应商，以建立稳定的货源。

(3) 改善交易条件的采购。对于这类决策，中间商并不想更换供货商，只是希望现有供应商在原有交易条件上再做些让步，使自己得到更多的利益。

(4) 直接重购。这是指中间商的采购部门按照过去的订货目录和交易条件继续向原先的供应商购买产品。中间商会对以往的供应商进行评估，选择感到满意的供应商作为直接重购对象，在商品库存低于规定水平时就按照常规续购。

4. 简述中间商商品搭配组合策略。

答：中间商商品搭配组合策略主要有四种：

(1) 独家搭配。即只经销一家生产企业的产品品种，以求得较好的供货条件；所销售的不同花色品种的同类产品都是同一品牌或由同一厂家生产。

(2) 深度搭配。即经销一个产品大类；所销售的不同花色品种的同类产品属于不同品牌、来自不同厂家，这就会给顾客在购买某种商品时带来更多的选择，从而增强中间商对顾客的吸引力。

(3) 广度搭配。即经营范围广泛，涉及某一行业的多系列、多品种产品，但商品品种尚未超出行业界限。

(4) 混合搭配。即跨行业经营多种互不相关的产品品种系列。这种策略能减少中间商因外界环境变化所带来的经营风险，但要求企业有雄厚的经营实力。

5. 简述政府购买行为的特点。

答：政府购买行为有其自身的特点，主要表现为：

(1) 一般受年度预算的约束。政府年度预算具有法律效力，不会轻易变动。受年度预算的约束，政府市场一般会相对稳定，一些采购项目的采购、招标时间具有一定的规律性。

(2) 往往通过竞争性的招标采购、有限竞争性采购和竞争性谈判等方式来选择合适的供应商。对于重大采购项目，政府有关部门要根据各供应商的产品种类、技术指标、企业实力、资信情况等信息，对有意参与政府采购市场的供应商进行资格预审；只有通过资格审查进入准供应商名单中的企业才能参加竞标。

(3) 进入政府市场难度较大，但回报丰厚。政府市场中非军需品的需求稳定，履约、付款较为可靠；中标政府采购项目可提高供应商的品牌价值、市场声誉及影响力。这也是政府市场的吸引力所在。

(4) 有时不是单纯的经济行为，会受到政治、经济等因素的影响。例如，出于保护本国产业的目的，会倾向于采购本国供应商产品。

6. 简述政府的购买方式种类。

答：(1) 公开招标。公开招标应作为政府采购的主要采购方式。采购人采购货物或者服务应当采用公开招标方式的，其具体数额标准，属于中央预算的政府采购项目，由国务院规定；属于地方预算的政府采购项目，由省、自治区、直辖市人民政府规定；因特殊情况需要采用公开招标以外的采购方式的，应当在采购活动开始前获得设区的市、自治州以上人民政府采购监督管理部门的批准。采购人不得将应当以公开招标方式采购的货物或者服务化整为零或者以其他任何方式规避公开招标采购。

(2) 邀请招标。符合下列情形之一的货物或者服务，可以采用邀请招标方式采购：①具有特殊性，只能从有限范围的供应商处采购。②采用公开招标方式的费用占政府采购项目总价值的比例过大。

(3) 竞争性谈判。符合下列情形之一的货物或者服务，可以采用竞争性谈判方式采购。①招标后没有供应商投标或者没有合格标的或者重新招标未能成立的。②技术复杂或者性质特殊，不能确定详细规格或者具体要求的。③采用招标所需时间不能满足用户紧急需要的。④不能事先计算出价格总额的。

(4) 单一来源采购。符合下列情形之一的货物或者服务，可以采用单一来源方式采购：①只能从唯一供应商处采购的。②发生了不可预见的紧急情况不能从其他供应商处采购的。③必须保证原有采购项目一致性或者服务配套的要求，需要继续从原供应商处添购，且添购资金总额不超过原合同采购金额百分之十的。

(5) 询价采购。采购的货物规格、标准统一、现货货源充足且价格变化幅度小的政府采购项目，可以采用询价方式采购。

六、论述题

1. 试述组织市场的特点。

答：(1) 在市场结构方面，组织市场具有市场容量大、购买者少、购买规模大以及购买者在地理区域上相对集中的特点。

1）购买者比较少。由于购买者是各类组织，因此组织市场中企业（卖方）面对的购买者比消费品市场的购买者要少得多，尽管最终消费者可能非常多。

2）购买数量大。消费者的购买只是一连串购买活动的最后一个环节。以消费为目的的购买，一般是以“小批量和多批次”为特征。而以生产为目的的购买却以“大批量和少批次”为特征。

3）组织市场的用户的规模和集中程度差异很大。首先是每位客户的购买额度差异也很大。一般说，在多数行业里，总是少量企业生产了绝大比重的产品和利润，因此也购买了市场上的大部分产品。

(2) 在市场需求方面，组织市场属于派生需求（Derived Demand），需求缺乏弹性，市场波动较大。

1）组织市场是派生需求，也称为引申需求或衍生需求。对于组织市场中的生产者市场来说，购买者是“非最终用户”。那么，这个市场上的工业客户对产品和服务的需求必然是从消费者对最终产品和服务的需求中派生出来的。如果最终用户对某企业生产的产品的需求下降了，那么该企业作为用户在产业市场上的购买量也将减少。

2）组织市场的需求缺乏弹性，即需求对价格的敏感性差，短期内对产品和服务的需求总量受价格变动的影响较小。由于组织市场的需求具有派生性，是一个多环节的需求链条，因此一般情况下，在需求链条上距离最终消费者越远的产品需求弹性越小。

3）组织市场需求比消费者市场波动的幅度大。组织市场对工业产品的需求，特别是新工厂对原材料和设备的需求，通常比消费产品的需求还不稳定。消费者需求如果有些增减，生产企业如果迅速作出反应，会引起其对生产设备、原材料等的需求发生较大的同向变动，这属于经济学上的乘数效应，又称加速原理。组织市场需求的这种波动性使得许多企业向多元化发展，以避免单一经营的系统性行业风险；同时，渠道建设与创新也成为企业生存发展的一个重点。

(3) 组织市场的购买决策者、执行者、影响者成分复杂，呈现出专业化、职业化发展的特点。组织市场的购买者多种多样，一些企业的采购人员还需要通过专门训练或职业培训而成为专职采购人员。

(4) 组织市场购买者的购买决策具有规范化、程序化的特点。组织市场通常金额较大，或涉及复杂的技术问题；因此，组织市场的购买者行为及决策过程通常比以个人或家庭为主的消费者市场复杂得多。

(5) 买卖双方需要保持长期、密切的合作关系。一般来说，组织市场的买卖双方往往倾向于建立长期的合作关系；购买者（客户）需要拥有稳定的货源，而供应商则需要维护稳定的销路，双方的关系要建立在一个互惠互利、合作共赢的基础之上。

2. 试述中间商的购买行为决策过程与决策内容。

答：与生产者用户一样，中间商完整的购买过程也分为八个阶段，即提出需求、确定需求、说明需求、寻求供应商、征求建议、选择供应商、正式订购、购后评价。改善交易条件的采购和最佳供应商选择可能跳过某些阶段，新产品采购则会完整地经历各个阶段。

中间商采购商品的目的是为了将所购商品转卖给自己的顾客。为此，中间商必须按照自己顾客的现实要求、自己对未来市场需求的预测来作出决策，根据产品组合策略制定采购计划。决策内容主要包括经营范围，目标客户，商品搭配交易价格与条件等。其中，商品搭配是最主要的决策，它决定中间商的市场定位，包括产品品牌、花色品种、规格和数量等内容。在购买活动中，批发商和零售商的产品组合策略主要有四种：

（1）独家搭配。即只经销一家生产企业的产品品种，以求得较好的供货条件；所销售的不同花色品种的同类产品都是同一品牌或由同一厂家生产。例如，现今市场上的格力空调、茅台酒、五粮液酒等产品专营店都属于独家搭配。一般只有少数中间商采用这种策略。

（2）深度搭配。即经销一个产品大类；所销售的不同花色品种的同类产品属于不同品牌、来自不同厂家，这就会给顾客在购买某种商品时带来更多的选择，从而增强中间商对顾客的吸引力。例如，某家私商场经营多种品牌的家具。这种经营策略在目前较具竞争力，有较多中间商采用这种策略。

（3）广度搭配。即经营范围广泛，涉及某一行业的多系列、多品种产品，但商品品种尚未超出行业界限。例如，一些家用电器商场经营电视机、电冰箱、空调、洗衣机、VCD、DVD 等多种家电产品。这种策略也使顾客可以方便购得相关商品，有一些规模较大的中间商就采用这种策略。

（4）混合搭配。即跨行业经营多种互不相关的产品品种系列。例如，一些大型商超经营电视机、电冰箱、服装、食品、鞋帽等。这种策略能减少中间商因外界环境变化所带来的经营风险，但要求企业有雄厚的经营实力。

七、案例分析题

案例解读 1

玛吉斯——反依随成长

1. 玛吉斯轮胎面对的市场分别是哪种类型？玛吉斯轮胎更看重哪个市场？为什么？

答：玛吉斯轮胎面对了两个市场，一个是轿车厂家配套轮胎市场，另一个是更换胎市场。其中前者是组织市场，后者是消费者市场。

玛吉斯轮胎更看重更换胎市场。因为更换胎市场具有以下特性：

（1）消费者市场更零散，价格敏感度不高，利润更为丰厚。

（2）消费者市场更大，汽车使用生命周期内需多次更换轮胎。

（3）消费者市场是整个市场体系的起点，做好消费者市场也能带动配套胎的组织市场。

2. 请结合本案例分析组织市场和消费者市场相比有哪些不同的特点。

答：（1）组织市场购买者少、购买规模大、购买者在区域上相对集中。

案例中配套胎市场上只有少数几个轿车生产厂家，符合这些特点。

（2）在市场需求方面，组织市场属于派生需求，需求缺乏弹性，市场波动较大。

案例中轮胎为轿车配套，轿车厂家购买轮胎属于派生需求，因为生产规模效应，需求缺乏弹性，但市场波动较大。

（3）组织市场的购买决策者、执行者、影响者成分复杂，呈现出专业化、职业化发展的特点。

案例中轿车生产厂家采购符合这些特点。

（4）组织市场购买者的购买决策具有规范化、程序化的特点。

案例中轿车配套轮胎采购需经过复杂的程序，决策周期长，决策影响因素多。

（5）买卖双方需要保持长期、密切的合作关系。

案例中轿车生产厂家一旦确定轮胎的配套厂家，短期不会更换，倾向建立长期的合作关系。

案例解读 2

苏宁——云计算服务

1. 苏宁本是一家中间商，中间商市场购买决策中的商品搭配策略有哪四种？苏宁实体店和苏宁易购分别属于哪一种？

答：中间商市场购买决策中的商品搭配策略有：

(1) 独家搭配。

(2) 深度搭配。

(3) 广度搭配。

(4) 混合搭配。

本案例中，苏宁实体店和苏宁易购分别属于不同的商品搭配策略。其中，苏宁实体店属于广度搭配，专门销售各种家用电器。而苏宁易购属于混合搭配，因为不光销售家用电器，还可销售其他商品，如书籍等与家用电器不相关的产品。

2. 苏宁、亚马逊提供云计算服务，属于面向哪种形式的市场？结合案例说明其市场购买行为具有哪些特点？

答：苏宁、亚马逊提供云计算服务，属于面向组织市场。因为面向的是各种企业客户，甚至原先就是它们供应商的企业。

组织市场的购买行为具有不同于消费者市场的特点，表现在以下三种购买方式更为常见：

(1) 直接采购：本案例中，苏宁作为中间商，都是向供应商直接下大单来采购商品的，供应商会提供较大的价格优惠和其他有利的合作条件。

(2) 互惠购买：本案例中，苏宁向广大供应商采购家用电器等商品用于再出售，而广大供应商又可向苏宁采购消费者购买行为分析数据、电子商务平台、企业管理信息系统等云计算服务，可称之为互惠购买。

(3) 租赁：组织市场通过租赁方式取得所需产品，本案例中苏宁通过租赁方式获得开店场地，而供应商也可通过类似于软件租赁的方式来获得苏宁的云计算服务。

第七章　市场营销调研与预测

凡事预则立，不预则废。

——《礼记·中庸》

本章重点：掌握各种市场营销调研的方法；理解市场营销调研的内容和步骤；了解市场营销信息系统的含义、构成，市场需求预测的步骤和预测的主要方法。

本章难点：实验调查方法、调查问卷的设计。

本章新知识点：拦截访问调查法；网络调查法。

【学习目标】

通过本章内容的学习，读者可以对于市场营销调研与预测的内容、调研预测方法、步骤有个整体性的认识和把握。读者在学习过程中，要特别注意各种调研方法的适用条件，及其市场营销调研问卷的设计。

【核心概念】

市场营销信息系统；市场营销调研；观察法；实验法；问卷设计；市场需求预测。

1. 市场营销信息系统

市场营销信息系统是由人员、设备和程序所构成的一个相互作用的连续复合体。其基本任务是及时、准确地收集、分类、分析、评价和提供有用的信息，供市场营销决策者用于制订或修改市场营销计划、执行和控制市场营销活动。

2. 市场营销调研

市场营销调研是运用科学的方法，有目的、有计划、系统地收集、整理和分析研究有关市场营销方面的信息，提出解决问题的建议，作为市场预测和营销决策的依据。

3. 观察法

观察法是指调查者在现场对被调查者的情况直接观察、记录，以取得市场信息资料的方法，主要是凭调查人员的直观感觉或是借助于某些摄录设备和仪器来跟踪、记录和考察被调查者的活动和现场事实，来获取某些重要的市场信息。

4. 实验法

实验法是指在控制其他变量所造成影响的同时，改变某一变量，以观察它对另一个因变量的影响。

5. 问卷设计

问卷设计，是根据调查目的，将所需要调查的问题具体化，使调查者能顺利地获得必要的信息资料，并便于统计分析。

6. 市场需求预测

市场需求预测是指运用已有的科学知识和手段，充分掌握和利用市场调查所得到的资料，并且对影响市场需求的各种因素进行认真的分析和估计，从而对未来潜在市场的需求潜量进行推断和估计。

【新知识点】

拦截访问调查法；网络调查法。

1. 拦截访问调查法

拦截访问是目前十分流行的一种面谈方法，该方法的特点是调查者在某一特定人群相对集中的地点，如广场、购物中心、超市等公共场所现场拦截被调查者进行访谈。

街头拦截面访调查主要有两种方式。第一种方式是街头流动拦截访问，是由经过培训的访问员在事先选定的若干个地点选取访问对象，征得其同意后在现场按照问卷进行简短的面访调查，这种方式常用于需要快速完成的小样本的研究。例如，对某种新上市商品的反映，或反馈某类商品的使用情况等。街头流动拦截访问流程见图 7–1。

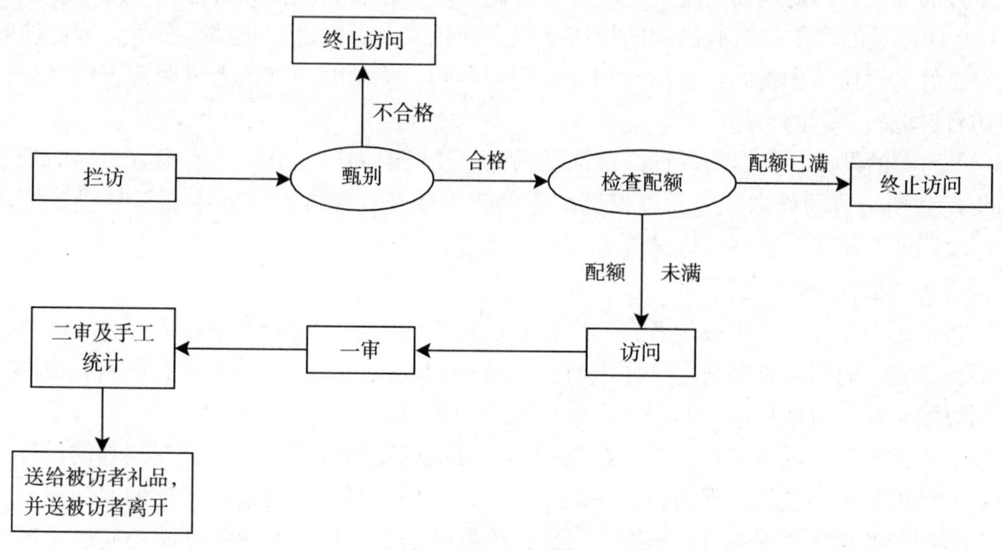

图 7–1　街头流动拦截访问流程

第二种方式是街头定点拦截访问，是在事先选定的场所内，租借好访问专用的房间或厅堂，根据研究的要求，可能还要摆放若干供被访者观看、品尝或试用的物品，然后按照一定的程序和要求，在事先选定的若干场所的附近，拦截访问对象，征得其同意后，带到专用的房间或厅堂内进行面访调查。这种方式常用于需要进行实物显示的或特别要求有现场控制的研究。例如，广告效果测试、某种新产品的试用实验等。街头定点拦截访问流程见图 7–2。

为了提高数据的质量，在拦截访问中我们应注意到以下四点：

（1）访问地点的选取。拦截地点一般选择在交通便利、人流量较大的重要交通路口，或是大商场、会展中心、娱乐中心等地方。但在地点的选择上不要阻塞交通或给其他商家带来不利影响。

（2）现场的控制。拦截访问大都安排在人流量较大的地方，行人在接受询问回答问题时

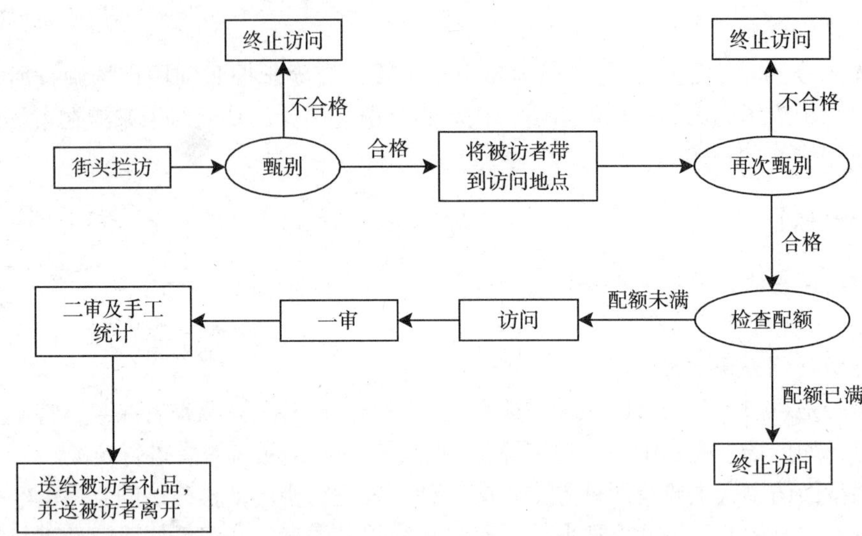

图 7–2　街头定点拦截访问流程

极易造成旁人的围观，影响数据的收集。同时在公共场所进行的拦截访问，极易受到有关部门的干涉而终止，因此现场的督导应有准备协调处理各种可能发生的问题。

（3）访问员的素质。拦截访问的拒访率很高，行人的态度也并非都很友善，因此访问员应具有良好的素质，如耐心、自信和相应的询问技巧，能及时向被访者讲明调查的目的，激发被访者对调查问题的兴趣。

（4）问卷的设计。问卷的设计应该简洁易懂，访问时间以 5 分钟左右为宜，同时为了避免街头拦截所造成的样本偏差，以保证样本的代表性及均衡性，问卷中要尽量设置配额条件，如以职业、年龄、性别、区域等方面的配额设置。

拦截访问的优、缺点如下：

优点：①费用低。由于被访者自己出现在访问员的面前，访问员可将大部分时间用于访谈，而且节省了时间及车旅费。②便于对访问员进行监控。访问员在指定的地点完成访问工作，所以派督导员在现场进行监督，以保证调查的质量。

缺点：①不适合内容较长、较复杂或不能公开的问题的调查。所以，在问卷的设计上应注意：一是内容不要太长，因为行人一般是有其他事情在身，不可能花太多的时间来回答问卷，一般问卷长度不能超过 15 分钟；二是问题最好不要涉及个人隐私方面的问题，因为在大庭广众之下，这样的问题会引起反感并遭到拒绝。②调查的精确度可能很低。由于所调查的样本是按非概率抽样抽取的，调查对象在调查地点出现带有偶然性，这可能会影响调查的精确度。另外，在某一地点调查，很难得到代表性强的样本。③拒访率较高。因为调查对象有充分的理由来拒绝接受调查。

2. 网络调查法

网络调查又称网上市场调研或联机市场调研，它指的是通过网络进行有系统、有计划、有组织地收集、调查、记录、整理、分析与产品、劳务有关的市场信息的一种新型调查手段。互联网调查主要有两种基本类型：E-mail 方式和网络调研系统。

E-mail 方式调查是将调查问卷按照已知的 E-mail 地址发出，被调查者回答完毕将问卷回复给调研机构的过程。E-mail 方式实际上是邮寄调查在互联网上的拓展，所以，E-mail 方式调查的优缺点与邮寄调查的一些优缺点相同。

网络调研系统是专门为网络调研设计的问卷链接及传输软件。一种典型的用法是：问卷由简易的可视问卷编辑器产生，自动传到互联网服务器上，通过网站使用者可以随时在屏幕上回答数据，并可以立即看到统计结果。

优点：接触范围广，不受时空限制、速度快、费用低、视觉效果好。互联网的图文及超文本特征可以用来展示产品或介绍服务内容。声音及播放功能还可以加入到问卷中。这是其他调查方法所无法比拟的。

缺点：调查对象仅限于网民，问卷回收率不高，很难监控调查过程。

【学习重点】

市场营销信息系统的构成；市场营销调研的内容；一手资料的调研方法；二手资料的调研方法；问卷的结构和内容；市场需求预测的方法。

1. 市场营销信息系统的构成

不同企业，其信息系统的具体构成会有所不同，但基本框架大体相同，一般由内部报告系统、营销情报系统、营销调研系统、营销决策支持系统这样四个子系统构成。

内部报告系统提供的数据包括订单、销量、存货水平、费用、应收应付款、生产进度、现金流量等。其中的核心是"订单——发货——账单"的循环，即销售人员将顾客的订单送至企业；负责管理订单的机构将有关订单的信息送至企业内的有关部门；有存货的立即备货，无存货的则要马上组织生产；最后，企业将货物及账单送至顾客手中。

营销情报系统是营销人员日常收集有关企业外部的市场营销资料的一些来源或程序。其主要功能是向营销部门及时提供有关外部环境发展变化的情报。

营销调研系统的任务是针对企业面临的明确具体的问题，对有关信息进行系统的收集、分析和评价，并对研究结果提出正式报告，供决策部门用于解决这一特定问题。营销调研系统与内部报告系统和营销情报系统最本质的区别在于：它的针对性很强，是为解决特定的具体问题而从事信息的收集、整理、分析。

营销决策支持系统任务是对情报系统和营销调研系统收集来的数据资料用数学方法进行分析归纳，从中得出有意义的结果，使营销管理者足不出户即可获得所需的信息。

2. 市场营销调研的内容

现代营销观念认为，企业市场营销活动范围广泛，涉及的因素很多，因而市场调研的内容也变得十分广泛。一般来说，凡属影响市场变化的各种主要因素都应调研。归纳起来，市场营销调研的内容主要包括市场营销宏观环境、微观环境两大方面。

（1）宏观环境调研。

1）政治法律环境调研。政治因素像是一只无形的手，调节着企业营销活动的方向，法律则成为企业规定营销活动的行为准则，因此任何企业在开展营销活动的过程中都会受到产品所在国或是区域政治及其法律的影响，为此开展调研变得尤为重要。调研的内容主要包括对企业产品的主要用户所在国家或地区的政府现行经济政策、法令及政治形势的稳定程度等。

2）经济环境调研。企业是社会经济的一个细胞，是整个国民经济建设有机整体的一部分。对产品的品种、规格、质量和数量等方面的要求，是受整个社会总需求制约的，而社会总需求的动态是与国家大的经济环境直接相关的。所以，企业必须对宏观经济进行调研，即调研整个国家经济环境的变化对企业产品的影响。调研的具体内容有：工农业总产值、国民收入、积累与消费的比例、发展速度、基建规模、基建投资、社会商品零售总额、主要产品产量等。

3）科学技术发展动态的调研。该项调研主要是调研与本企业生产的产品有关的科技现状和发展趋势。具体内容有：世界科学技术现状和发展趋势；国内同行业科学技术状况和发展趋势，本企业所需的设备、原材料的生产和科技状况及其发展趋势。

4）社会文化环境调研。社会文化作为人们一种适合本民族、本地区、本阶层的是非观念，强烈影响着消费者的购买行为，为此企业营销人员应充分了解、掌握相关的社会文化环境，主要包括文化程度、职业、民族构成，宗教信仰及民风，社会道德与审美意识等方面的内容。

（2）微观环境调研。

1）消费者调研。现代营销观念中，市场营销的核心是如何满足消费者的需求与欲望，所以在进行市场调研时，首先就是要对消费者进行调查，调查内容包括以下五个方面内容：影响消费需求的因素调查、消费者购买行为的心理活动过程调查、消费者行为调查、市场总需求调查、消费者结构调查。

2）企业营销策略调研。"知己知彼，百战不殆"是句古训，它同样适用于现代的企业经营决策。因此，经营者对于企业营销策略各方面情况也应调查了解清楚，以便为经营决策层提供有效的依据，对营销策略的调研主要包括产品、价格、分销渠道、促销等四方面的内容。

3）竞争对手调研。随着市场上竞争的加剧，对竞争者的调查了解显得越来越重要。竞争对手的调查可以从以下八个方面着手：

①企业的主要竞争对手是谁，竞争对手的市场份额有多少？变动趋势？

②在某一市场上，企业的竞争地位如何？

③市场竞争的激烈程度。

④企业与竞争者的优势和劣势。

⑤竞争者现在和今后的策略是什么，包括竞争对手的产品数量、质量如何，有何特色，有何变化，常用价格策略与定价方法、技巧等；分销渠道如何，主要中间商是谁，对中间商的选择条件要求如何等；以及了解竞争对手的促销情况如何？重点在哪？费用支出多大等？

⑥对企业的营销活动，竞争者可能的反应是什么？

⑦谁是企业今后可能的竞争者？

⑧除了对直接竞争对手进行上述内容调查外，企业还应对间接竞争对手的相关信息进行调查。

3. 一手资料的调研方法

当现有数据来源不能提供解决市场营销问题所需的数据时，企业必须进行一手数据的收集，根据调查的具体方式，收集原始资料的方法主要有访谈法、观察法、实验法，具体见图 7-3。

4. 二手资料的调研方法

（1）参考文献查找法。参考文献查找法是利用有关著作、论文的末尾所开列的参考文献目录，或者是文中所提到的某些文献资料，以此为线索追踪、查找有关文献资料的方法。采用这种方法，可以提高查找效率。

（2）检索工具查找法。检索工具查找法是利用已有的检索工具查找文献资料的方法。根据检索工具不同，检索方法主要有手工检索和计算机检索两种。

1）手工检索。进行手工检索的前提，是要有检索工具，因收录范围不同、著录形式不

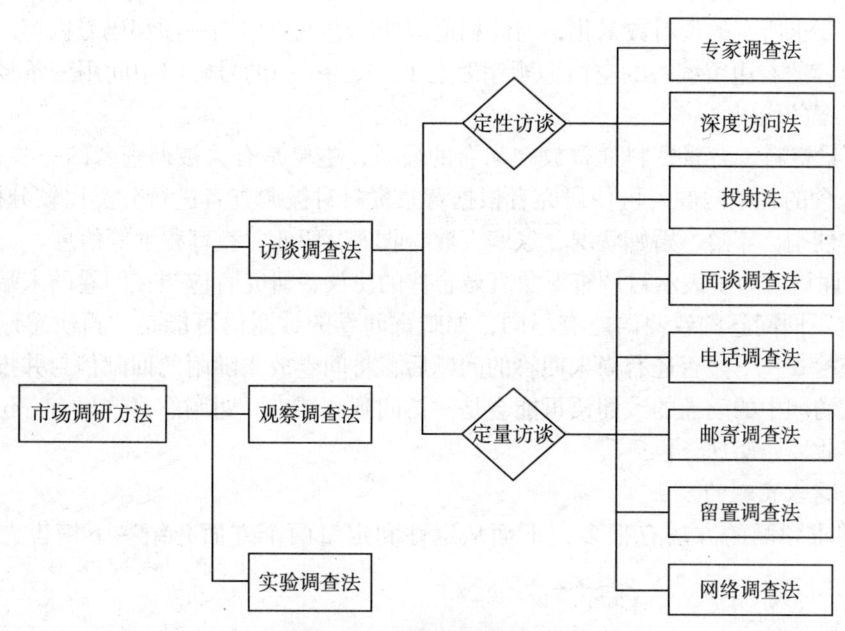

图 7–3　一手资料调研方法

同、出版形式不同而有多种多样的检索工具。以著录方式来分类的主要检索工具有三种：一是目录，它是根据信息资料的题名进行编制的，常见的目录有产品目录、企业目录、行业目录等；二是索引，它是将信息资料的内容特征和表象特征录出，标明出处，按一定的排检方法组织排列，如按人名、地名、符号等特征进行排列；三是文摘，它是对资料主要内容所做的一种简要介绍，能使人们用较少的时间获得较多的信息。

2）计算机检索。与手工检索相比，计算机检索不仅具有检索速度快、效率高、内容新、范围广、数量大等优点，而且还可以打破获取信息资料的地理障碍和时间约束，能向各类用户提供完善的、可靠的信息。在市场调查电脑化程度提高之后，将主要依靠计算机来检索信息。

5. 问卷的结构和内容

问卷的一般结构有标题、说明、甄别、主体、编码号、背景资料、致谢语七项内容。

(1) 标题。每份问卷都有一个研究主题。调研者应开宗明义确定题目，反映这个研究主题，使人一目了然，增强填答者的兴趣和责任感。例如，“中国互联网发展状况及趋势调查”这个标题简明扼要，既明确了调查对象，又突出了研究主题。

(2) 说明。问卷前面应有一个说明。这个说明可以是一封告知调查对象的信，也可以是指导语，说明这个调查的目的意义、填答问卷的要求和注意事项，下面同时署上调查单位名称和年月。问卷的说明是十分必要的，对采用发放和邮寄办法使用的问卷尤其不可缺少。

(3) 甄别。甄别也叫过滤，主要是为了选择符合调查要求的被调查者而设立的。通过甄别，一方面可以筛掉与调查事项没有关联的人，另一方面也可以确定哪些人是合适的被调查者。

(4) 主体。这是研究主题的具体化，是问卷的核心部分。它包括了所需要调查的全部内容，主要由问题和答案组成。从形式上看，问题可分为开放式和封闭式两种。从内容上看，可以分为事实性问题、意见性问题、断定性问题、假设性问题和敏感性问题等。

(5) 编码号。并不是所有问卷都需要的项目。在规模较大又需要运用电子计算机统计分析的调查，要求所有的资料数量化，与此相适应的问卷就要增加一项编码号内容。也就是在问卷主题内容的右边留统一的空白，顺序编上 1，2，3……的号码（中间用一条竖线分开），用以填写答案的代码。

（6）背景资料。背景资料通常放在问卷的最后，主要是有关被调查者的一些背景资料。该部分所包含的各项问题，可使研究者根据背景资料对被调查者进行分类比较分析。例如，被调查者的性别、年龄、婚姻状况、家庭人数、收入、职业、教育程度等信息。

（7）致谢语。为了表示对调查对象真诚合作的协议，研究者应当在问卷的末端写上感谢的话，不过不同问卷的致谢语略有不同，如邮寄问卷的致谢语可能是“再次感谢您参与访问，麻烦您检查一下是否还有尚未回答的问题后，将问卷放入随附的回邮信封并投入信箱。”而一份拦截访问中的问卷的致谢语可能会是“访问到此结束，谢谢您，这里有一份小礼品送给您，请签收。谢谢您，再见”。

6. 市场需求预测的方法

市场需求预测的方法有很多，下面从定性和定量两个方面介绍一下销售人员常用的方法。

（1）定性方法。

1）专家预测法。专家预测法是以专家为索取信息的对象，运用专家的知识和经验，考虑预测对象的社会环境，直接分析研究和寻求其特征规律，并推测未来的一种预测方法。其主要包括个人判断法、集体判断法和德尔菲法。

2）销售人员意见综合预测法。这里所指的销售人员除了直接从事销售的人员还包括管理部门的工作人员和销售主管等人员。销售人员意见综合预测法在实施过程中要求每一位预测者给出各自的销售额的“最高”、“最可能”、“最低”预测值，并且就预测的“最高”、“最可能”、“最低”出现的概率达成共识，进而加权预测的一种方法。

3）购买意向调查预测法。购买意向预测法是一种在市场研究中最常用的市场需求预测方法。这种方法以问卷形式征询潜在的购买者未来的购买量，由此预测出市场未来的需求。由于市场需求是由未来的购买者实现的，因此如果在征询中潜在的购买者如实反映购买意向的话，那么据此作出的市场需求预测将是相当有价值的。

（2）定量方法。

1）指数平滑法。指数平滑法是取预测对象全部历史数据的加权平均值作为预测值的一种预测方法。

指数平滑法的计算公式为：

$$F_{t+1}=\sum\alpha(1-\alpha)X_{t-k+1}$$

直接应用上述公式进行预测在操作上并不可行，因此在做预测时可将上述计算公式变形为：

$$F_{t+1}=\alpha X_t+(1-\alpha)F_t$$

其中，F 表示预测值，X 表示历史数据，α 表示平滑系数，α 在（0，1）中取值。在应用这一公式时直接取 $F_1=X_1$。

2）因果分析法。因果分析法也叫回归分析法，就是分析市场变化的原因，找出原因与结果的联系的方法，并据此预测市场未来的发展趋势。在生产和流通领域的活动中，经常遇到一些同处于一个统一体中的变量。在这个统一体中，这些变量是相互联系、相互制约的，它们之间客观上存在着一定的关系。为了深入了解事物的本质，需要利用适当的数学表达式来表明这些变量之间的依存关系。这类统计规律称为回归关系，有关回归关系的计算方法和理论通称为回归分析法。回归预测主要分一元线性回归预测、多元线性回归预测、非线性回归预测等。本章只简单介绍一元回归预测法。

如果因变量（y）与某一个主要影响因素（自变量）之间存在着较为密切的线性相关关系，则可用一元线性回归模型来描述它们之间的数量关系：$y = a + bx + e$。

其中 a、b 为模型参数（回归系数），a 为回归直线的截距，b 为回归直线的斜率（又称边际，即 x 每增加一个单位，y 能增加多少个单位），e 为误差项。

一元线性回归模型的 a、b 参数，通常采用最小二乘法估计，求解 a、b 参数的标准方程组为：

$$\sum y = na + b\sum x$$

$$\sum xy = a\sum x + b\sum x^2$$

一元线性回归模型的参数估计之后，所建立的回归模型还应通过评价与检验，才能应用于预测分析。常用的评价检验方法有拟合程度评价、估计标准误差、回归系数 b 的显著性检验、回归方程的显著性检验、D.W.检验。

一元线性回归模型通过各种检验评价之后，则可利用回归模型进行有关问题的分析、预测和控制。

【知识链接】

好莱坞电影的市场调研

好莱坞作为世界电影中心的地位是由其商业性质决定的。仅 2005 年一年就有 549 部新电影在美国本土发行，票房总收入将近 90 亿美元。而好莱坞电影 2005 年在全球的总票房更达到 232 亿美元之多。这其中的绝大部分都是由几大主要电影公司制作的商业影片，而不是由非主流机构或个人制作的独立影片。如此巨大的娱乐产业究竟是如何运作并保持一种良性循环的呢？其实说到头，最主要的一点就是高度的商业化。也就是说，从一部电影的最初选材到制作一直到发行，完全是把这部电影当作一种商品来制造并推广的。本文要提及的只是冰山一角，然而却是很重要的一角。那就是针对一部已经完全成形或基本成形的影片，好莱坞是如何进行市场调研的。

电影如同其他许多媒体产品一样，是一种无形的商品，它的消费者是观众。而电影带给观众的是一种精神上的愉悦感，而不是纯物质上的使用。这种精神上的享受如何去评估，并根据这些评估来制定相应的营销策略，这便是各大媒体咨询公司存在的缘由了。在对一部即将发行的影片进行市场评估时，有一套非常完整健全的体系。首先，各大电影公司都有自己的市场部，专门负责新电影的市场推广策略。相应地，每一个电影的市场推广项目都有很大一部分用于市场调研的预算。一般来讲，一部影片的投资越多，用于市场调研和推广的预算就越大。比如说，一部类似《海底总动员》的影片准备在市场上发行，作为电影公司的项目负责人，首先要试图了解的就应该是这部影片会在多大程度上受到观众的关注和喜爱，家长和孩子作为此种类型影片的主打群体是不是会喜欢。除此之外，一般的观众是否会感兴趣，会不会更投女性所好，是不是更适合年龄大一些的、较成熟的观众群，等等一系列的问题会随之而来。在这个时候，负责这部影片的市场部门就要寻求媒体咨询公司的帮助了。

总的来说，针对一部电影所进行的市场研究，大部分都是以抽样调查的方式完成的。根据各个调研项目的不同性质和需求，这些调查可以通过电话、问卷、当面提问，以及互联网来进行。与电影有关的调研项目大致可分为三大类：观众抽样审看会、电影新片预告及电视广告效果测试、电影市场跟踪调查。从它们的名称里，我们不难看出，这三种调查的侧重有所不同。然而，发行一部好莱坞商业电影所要了解的最关键的信息基本都能从这三类调查中获得。

观众抽样审看会就是以抽样的方式，根据影片本身的性质和客户的要求，组织一些包括不同性别和年龄段的观众来看这部电影。这是了解观众对一部影片喜好程度的最直接的方式。咨询公司在电影结束后发给每位观众一份问卷，收回问卷后马上整理数据。并且，会在最快时间内总结出这部电影在观众中的反响，把报告交到客户手中。从调查分析当中，电影公司对此部影片是否能叫座就有了初步的但确实很清晰的认识了。审看会的调查结果一般不用作票房预测，而是用于营销策略的把握。但可以这么说，虽然有少数取得较好调查结果的影片可能没有最终达到预期的票房，但是我从未见过一部在调研中得分很低的影片有过好的票房。

在一部影片投向市场之前，往往要通过各种渠道做大量的宣传。目前最普遍的宣传方式就是电影院里在放映新片预告以及电视广告了。这就需要电影公司对他们负责制作的宣传片和广告有清楚的认识，知道什么样的宣传内容能够吸引何种类型的人群。于是，媒体咨询公司的另一大任务，便是做电影宣传片和电视广告的测试。这种测试的方式一般来讲都是在一些大型购物中心里，设置一些可以播放录像的小帐篷，由工作人员根据对被测试群体年龄、性别等各方面的要求截住来往的人流，请他们来看一个新片预告或电视广告，并根据问卷向他们提出问题。有的电影，特别是大制作的影片，会在一段时期内调查十几个甚至几十个宣传片或广告，调查的结果用于选择观众反馈最佳的一两个进行播放，也可以因此重新制作出更能增加观众兴趣的宣传片来。

用来进行票房预测的数据，来源于电影市场跟踪调查。这是媒体咨询公司从不间断的长期项目。它的原理其实很简单，就是根据各大电影公司的要求，把大部分已经发行和即将发行的影片汇总，并且以电话调查的方式来收集每部电影在观众中的知名度和受欢迎程度。如果一部电影的宣传推广工作做得成功，这部电影发行前在跟踪调查中的得分就会一路攀升。在跟踪调查的结果中，电影公司不但能看到本公司影片的表现，更可以看到自己的电影相比竞争对手的影片在一个什么位置上，以便更好地进行分析和决策，所谓“知己知彼，百战不殆”。

资料来源：李湛，影人论坛。

【同步练习】

一、单项选择题（在下列每小题中，选择一个最适合的答案）

1. 以下哪个系统不属于营销信息系统的子系统？（　　）

A. 内部报告系统　　B. 营销情报系统　　C. 营销调研系统　　D. 营销评价系统

2.“订单——发货——账单”的循环是（　　）的核心。

A. 营销情报系统　　B. 营销决策支持系统　　C. 内部报告系统　　D. 营销调研系统

3.下列哪种方法不属于企业收集一手资料的主要方法？（　　）

A. 访谈法　　B. 观察法　　C. 实验法　　D. 文案调查法

4. 邮寄调查的优点是（　　）。

A. 问卷回收率高　　B. 所花时间短

C. 费用较低　D. 受被访者教育影响程度低

5.（　）是一种无结构的、直接的、个人的访问，在访问过程中，一个掌握高级技巧的调查员深入地访谈一个被调查者，以揭示对某一问题的潜在动机、信念、态度和感情。

A. 专家调查法　B. 德尔菲法　C. 深度访问法　D. 电话访问法

6. 下面不属于深度访问方法的是（　）。

A. 象征性分析方法　B. 阶梯前进方法

C. 隐蔽问题探询方法　D. 直接探询方法

7. 下面不属于投射法的调查形式的是（　）。

A. 访谈测试　B. 联想测试　C. 补充测试　D. 图片测试

8.（　）是选择若干实验对象作为实验组，将实验对象在实验活动前后的情况进行对比，得出实验结论。

A. 单一实验组前后对比实验　B. 实验组与对照组对比实验

C. 双重对比实验　D. 实验组与对照组前后对比实验

9. 收集第一手资料的主要工具是（　）。

A. 计算机　B. 乱数表法　C. 调查表　D. 统计年鉴

10. 企业二手资料的外部来源是（　）。

A. 企业业务资料　B. 企业统计报表　C. 企业财务资料　D. 政府统计年鉴

11. 问卷设计中不属于被调查者背景资料的是（　）。

A. 性别　B. 家庭状况

C. 收入　D. 问卷中的核心问题

12. 一般来说，回答问卷的时间要控制在（　）左右。

A. 5 分钟　B. 20 分钟　C. 40 分钟　D. 60 分钟

13. 通常在问卷的结构中，处于问卷末端的是（　）。

A. 说明　B. 编码号　C. 主体　D. 致谢语

14. 在设计问卷的问题时，基本信息、分类信息和鉴别信息，正确的顺序应该是基本信息（　），分类信息（　），鉴别信息（　）。

A. 最前　居中　最后　B. 最后　居中　最前

C. 最前　最后　居中　D. 居中　最前　最后

15.（　）指运用已有的科学知识和手段，充分掌握和利用市场调查所得到的资料，并且对影响市场需求的各种因素进行认真的分析和估计，从而对未来潜在市场的需求潜量进行推断和估计。

A. 市场开发　B. 市场调研　C. 市场预测　D. 市场控制

16.（　）根据历史的数据，通过建模和解模，对预测对象未来发展变化趋势进行量化分析和描述的一种预测方法。

A. 长期预测　B. 短期预测　C. 定量预测　D. 中期预测

17.（　）聘请一批专家以相互独立的匿名形式就预测内容各自发表意见，并反复多次修改各自的意见，最后由预测者综合确定市场预测的结论。

A. 个人判断法　B. 德尔菲法　C. 集体判断法　D. 头脑风暴法

18. 市场需求预测的第一步是（　）。

A. 确定预测目标　B. 确定预测方法

C. 确定所需的资料　D. 确定预测的结果

19. 通过直接询问购买者的购买意向和意见，据以判断销售量，这种购买者意向调查法适用于（　　）。

A. 长期预测　　B. 专家预测
C. 购买意向调查预测　　D. 销售人员意见综合预测

20. 下面属于定量预测分析方法的是（　　）。

A. 德尔菲预测　　B. 个人预测　　C. 头脑风暴预测　　D. 指数平滑预测

二、多项选择题（在下列每小题中，正确的答案不少于两项，请准确选出全部正确答案）

1. 以下哪些系统属于营销信息系统的子系统？（　　）

A. 内部报告系统　　B. 营销情报系统　　C. 营销调研系统
D. 营销评价系统　　E. 市场营销决策支持系统

2.市场营销的宏观环境调研包括（　　）。

A. 政治法律　　B. 经济环境　　C. 科学技术
D. 社会文化　　E. 消费者

3. 一个完整的调研报告应包括的三部分内容是（　　）。

A. 序言　　B. 主体部分　　C. 附件
D. 产品功能　　E. 盈亏分析

4. 直接调研法具体包括以下哪几种调研方法？（　　）

A. 面谈调查法　　B. 投射法　　C. 邮寄调查法
D. 网络调查法　　E. 电话调查法

5. 查找二手资料的方法有（　　）。

A. 参考文献法　　B. 手工检索法　　C. 计算机检索法
D. 问卷调查法　　E. 专家访问调查法

6. 常用的实验调查方法有（　　）。

A. 单一实验组前后对比　　B. 实验组与对照组对比
C. 实验组与对照组前后对比　　D. 投射法　　E. 德尔菲法

7. 问卷的设计原则包括（　　）。

A. 有明确主题　　B. 结构合理　　C. 逻辑性强
D. 问卷长度适中　　E. 结果便于整理、统计

8. 确定问卷的主题包括（　　）。

A. 调查目的　　B. 调查对象　　C. 调查方式
D. 调查时间　　E. 调查具体问题

9.在问卷的排版装订过程中，下面不正确的做法是（　　）。

A. 要尽量节省纸张，挤压卷面空间　　B. 同一问题可以不在一页
C. 尽量双面印刷　　D.尽量选用大一些的纸张
E. 尽量单面印刷

10. 按照市场需求预测的性质可以分为（　　）。

A. 定性预测　　B. 定量预测　　C. 长期预测
D. 中期预测　　E. 短期预测

三、填空题（在下列每小题中，填上适当的内容）

1. 内部报告系统主要用于向管理人员提供内部运营的“结果资料”，而市场营销情报系统则用于提供外部环境______的信息。

2. 营销决策支持系统任务是对情报系统和营销调研系统收集来的数据资料用______方法进行分析归纳，从中得出有意义的结果。

3. 市场营销调研的内容主要包括市场营销______、______两大方面。

4. 为有效地利用企业内外现有资料和信息，首先应该利用______调研方法，集中搜集与既定目标有关的信息。

5. 电话调查的缺点是：______与______不一致，抽样总体实际上是全体电话用户，而调查的目标总体可能包括所有有电话和没有电话的消费者。

6. 深度访谈法是一种无结构的、直接的、个人的访问。在访问过程中，一个掌握高级技巧的调查员深入地访谈一个被调查者，以揭示对某一问题的潜在______、______、______和感情。

7. 在有效排除各种______因素的干扰和影响以后，事前事后设计实验的全部效应才能看成是实验变量变化的结果。

8. 检索工具查找法是利用已有的______查找文献资料的方法。

9. 销售人员意见综合预测法中的销售人员除了直接从事销售的人员还包括______的工作人员和______等人员。

10. 指数平滑法是取预测对象全部________数据的加权平均值作为预测值的一种预测方法。

四、判断题（判断下列各题是否正确，正确的在题后的括号内打“√”，错误的打“×”）

1. 收集第一手资料通常花费较大、周期长，但能掌握市场的即时信息。(　　)

2. 调查资料的获取方法分为直接调查和间接调查，分别针对原始资料与二手资料的收集。(　　)

3. 邮寄调查法的问卷回收率很高。(　　)

4. 实验组与对照组对比实验可以反映实验前后非实验变量对实验对象的影响。(　　)

5. 问卷的语言要尽量使用书面词汇和专业词汇。(　　)

6. 购买者意向调查法比较适用于非耐用消费品的预测。(　　)

7. 在用综合销售人员意见法对市场需求情况进行预测时，只要参加预测的人员都非常熟悉了解他所管辖的区域市场，就肯定能取得较准确的预测结果。(　　)

8. 综合销售人员意见法预测中，参加预测者的概率是一个主观概率，取决于参加预测者对未来市场乐观或悲观的判断。(　　)

9. 德尔菲法的特点是专家互不见面，避免相互影响，且反复征询、归纳、修改，意见趋于一致，结论比较切合实际。(　　)

10. 一元线性回归模型的参数估计之后，所建立的回归模型可以直接应用于预测分析。(　　)

五、简答题

1. 简述市场营销信息系统的构成。

2. 简述市场营销调研的意义。

3. 简述邮寄调查法的优缺点。

4. 简述二手资料的来源途径。

5. 简述问卷设计原则。

6. 简述市场需求预测的步骤。

六、论述题

1. 论述市场营销调研的内容。

2. 结合实例，论述常用的三种实验调查法的调查过程及注意事项。

七、案例分析题

案例分析 1

可口可乐失败的市场调研

可口可乐，这样一个家喻户晓的全球性大品牌，却在 20 世纪 80 年代中期出现了一次致命的“失误”。1982 年，可口可乐的老对手百事可乐发动了咄咄逼人的市场攻势，百事公司的销量迅猛蹿升，并直接威胁到传统霸主可口可乐的市场地位。因此，为了找出可口可乐衰退的真正原因，可口可乐公司决定在美国 10 个主要城市进行一次深入的市场调研行动。

在这次市场调研中，可口可乐公司专门设计了“你认为可口可乐的口味如何?”“你想试一试新饮料吗?”“可口可乐的口味变得更柔和一些，你是否满意?”等一系列问题，希望了解消费者对可口可乐口味的评价，并征询消费者对新口味可口可乐的意见。这次市场调研的数据显示：大多数消费者愿意去尝试新口味可口可乐。

可口可乐公司的决策层以此为依据，决定结束可口可乐老配方的历史使命，同时研发新口味可口可乐。没过多久，比老可口可乐口感更柔和、口味更甜的新口味可口可乐样品便出现在消费者面前。为了确保万无一失，在新口味可口可乐正式推向市场之前，可口可乐公司又花费数百万美元在美国 13 个主要城市中进行了口味测试，并邀请了近 20 万人免费品尝无标签的新、老可口可乐。结果让决策层更为放心，六成消费者回答说新口味可口可乐味道比老可口可乐要好，认为新口味可口可乐味道胜过百事可乐的也超过半数。这次市场调研的数据显示：新可乐应该是一个成功产品。

1985 年，可口可乐公司举行了盛大的新闻发布会并宣布：新口味可口可乐取代老可口可乐上市。

然而，这对于可口可乐公司而言，却是一场营销噩梦的开始。在新口味可口可乐上市 4 小时之内，接到抗议更改口味的电话达 650 个；到了 5 月中旬，批评电话每天多达 5000 个；6 月份这个数字上升为 8000 多个。除此之外，还有数以万计的抗议信如潮涌来，人们纷纷指责可口可乐作为美国的一个象征和一个老朋友，突然之间就背叛了他们。对一种饮料配方的改变，本来是无足轻重的，可如今却变成了对人们爱国心的侮辱。甚至有人成立“美国老可口可乐饮用者”组织来威胁可口可乐公司，如果不按老配方生产，就要提出集体控告。有的消费者甚至扬言再也不买可口可乐。仅仅过了 3 个月，新口味可口可乐计划就以失败而告终。

资料来源：百度文库。

讨论分析题：

1. 新口味可口可乐失败的原因是什么?

2. 此案例给我们的启示有哪些?

案例分析 2

房产电话问卷（房主）

电话号____________ 日期____________ 时间____________

你好，我是在和男主人/女主人讲话吗？（如果不是，请求跟他/她谈话）

我叫________，为 MRI 一家营销调研公司工作，我们正在进行一项针对当地居民的营销调研项目。这项调研要解决的是房产评估服务问题。您可不可以帮助我们，回答几个问题？您的答复将是保密的，并且只用于连同其他人答复的综合分析。

1a. 您是住自己家还是租房？

_______自己家（跳到 1c）1

_______租房（继续 1b）2

1b. 如果租房，您计划下一年买房吗？

_______是 1

_______否 2（终止）

1c. 您家里有人为房产评估商或房产经纪工作吗？

_______是 1（终止）

_______否 2

1d. 您家里最近有人买房吗？

_______是 1

_______否 2

2. 您清楚可以获得的房产评估服务吗？

_______是 1

_______否 2

如果是，有什么看法？

如果否（解释），在房产评估时，一个房产经纪到您要买或卖的房子，评估它的损害程度或存在的问题，比如电、铅、房顶、地基、绝缘性，以及很多小的问题。

3. 选择这项服务时，哪个因素对您影响最大？（可以多选）

_______房产经纪的推荐　_______朋友的推荐　_______口头传言

_______好的声望　_______服务价格　_______是否省钱

_______评估商资历　_______其他

4. 当您计划买房时，下列哪一个是您了解房产评估最有效的途径？（可以多选）

_______房产经纪　_______电视广告　_______推荐

_______报纸广告　_______名片　_______邮寄广告/宣传品

_______车牌　_______广告牌　_______房地产杂志

_______其他　_______黄页

5. 请评估您对下列房产评估服务的兴趣，标明很感兴趣、有点兴趣、没有兴趣。

a. 构造

_____很感兴趣 1　_____有点兴趣 2　_____没有兴趣 3

b. 电

____很感兴趣 1 ____有点兴趣 2 ____没有兴趣 3

c. 铅

____很感兴趣 1 ____有点兴趣 2 ____没有兴趣 3

d. 地基

____很感兴趣 1 ____有点兴趣 2 ____没有兴趣 3

e. 供热和空调

____很感兴趣 1 ____有点兴趣 2 ____没有兴趣 3

f. 地势（从院落到房子的坡度）

____很感兴趣 1 ____有点兴趣 2 ____没有兴趣 3

g. 一氧化碳测试

____很感兴趣 1 ____有点兴趣 2 ____没有兴趣 3

h. 易燃瓦斯测试

____很感兴趣 1 ____有点兴趣 2 ____没有兴趣 3

i. 每月家庭能源排序和评估

____很感兴趣 1 ____有点兴趣 2 ____没有兴趣 3

j. 咨询（为首次购房者作的房产评估。有关费用计入首次抵押）

____很感兴趣 1 ____有点兴趣 2 ____没有兴趣 3

k. 氡检验

____很感兴趣 1 ____有点兴趣 2 ____没有兴趣 3

l. 自来水检验

____很感兴趣 1 ____有点兴趣 2 ____没有兴趣 3

m. 室内空气污染检验

____很感兴趣 1 ____有点兴趣 2 ____没有兴趣 3

6. 您住在：

____Mason 1

____East Mason 2

7. 您住在当地多久了？

____0~2 年 1 ____3~5 年 2 ____6~12 年 3 ____13~20 年 4

____超过 20 年 5 ____拒答 6

8. 现在还有一些关于您的问题。您是：

______单身且没有孩子 1

______已结婚且没有孩子 2

______已结婚且孩子在家 3

______单身且孩子在家 4

______已结婚且孩子不在家 5

______单身且孩子不在家 6

9. 您在哪一年龄段？

____18~24 1 ____55~64 5

____25~34 2 ____65 及以上 6

____35~44 3 ____拒答 7

____45~54　4

10. 您的家庭收入属于哪一级别？

____少于$15000	1	____$65000~$79999	6
____$15000~$24999	2	____$80000~$94999	7
____$25000~$34999	3	____$95000~$109999	8
____$35000~$49999	4	____超过$110000	9
____$50000~$64999	5	____不知道，拒答	10

11. 您是：

____高中毕业生 1　　____高中毕业生读过大学 2

____大学毕业生 3　　____大学毕业生读过研究生 4

____研究生毕业 5　　____拒答 6

12. 性别：

____男 1____女 2

非常感谢您的支持与合作！

资料来源：豆丁网。

讨论分析题：

运用本章所学知识点，结合案例，讨论设计一份成功的调研问卷应注意的事项有哪些？

【参考答案】

一、单项选择题

1. D　2. C　3. D　4. C　5. C　6. D　7. A　8. A　9. C
10. D　11. D　12. B　13. D　14. A　15. C　16. C　17. B　18. A
19. C　20. D

二、多项选择题

1. ABCE　2. ABCD　3. ABC　4. ABCDE　5. ABC　6. ABC
7. ABCDE　8. ABCD　9. ABCD　10. AB

三、填空题

1. 发展变化　2. 数学　3. 宏观环境、微观环境　4. 二手资料　5. 抽样总体、目标总体　6. 动机、信念、态度　7. 非实验　8. 检索工具　9. 管理部门、销售主管　10. 历史

四、判断题

1. √　2. √　3. ×　4. ×　5. ×　6. ×　7. ×　8. √　9. √　10. ×

五、简答题

1. 简述市场营销信息系统的构成。

答：(1) 内部报告系统。内部报告系统是决策者们利用的最基本的系统。它的最大特点是：信息来自企业内部的财务会计、生产、销售等部门；通常是定期提供，用于日常营销活动的计划、管理和控制。

内部报告系统提供的数据包括订单、销量、存货水平、费用、应收应付款、生产进度、

现金流量等。其中的核心是“订单——发货——账单”的循环，即销售人员将顾客的订单送至企业；负责管理订单的机构将有关订单的信息送至企业内的有关部门；有存货的立即备货，无存货的则要马上组织生产；最后，企业将货物及账单送至顾客手中。

(2) 营销情报系统。市场营销情报系统是营销人员日常收集有关企业外部的市场营销资料的一些来源或程序。其主要功能是向营销部门及时提供有关外部环境发展变化的情报。

(3) 营销调研系统。营销调研系统的任务是：针对企业面临的明确具体的问题，对有关信息进行系统的收集、分析和评价，并对研究结果提出正式报告，供决策部门用于解决这一特定问题。

(4) 营销决策支持系统。营销决策支持系统（DSS）任务是对情报系统和营销调研系统收集来的数据资料用数学方法进行分析归纳，从中得出有意义的结果，使营销管理者足不出户即可获得所需的信息。

2. 简述市场营销调研的意义。

答：(1) 有助于企业发现市场营销机会，开拓市场。通过市场营销调研，可使企业了解哪些市场存在尚未满足的需求，从中发现市场营销机会，并根据企业的经营目标及实力寻找和选择有利的目标市场。

(2) 为企业进行营销组合决策时提供依据。发现市场机会给产品的销售指明了一个正确的方向，但是并不意味着产品一定能为消费者所接受。企业还需要进一步进行市场营销调研，提供具体的信息和结论，帮助企业制定合理的产品、价格、分销和促销等市场组合策略，使企业能够在复杂多变的市场环境下稳步占领市场。

(3) 及时反映市场的变化，监测和评价企业营销活动的实施效果。可以促使企业适应性地调整营销方案。企业的决策者经常需要了解购买企业产品的对象，掌握企业在市场上所占的市场份额的大小变化情况，摸清影响企业销售的竞争者的行动，以及衡量本企业市场营销活动是否按计划认真执行。企业根据营销调研所获得的信息，对企业的市场营销策略进行必要的评估和修正，以保证企业营销活动的正常运转。

(4) 有助于企业分析和预测市场未来的发展趋势，掌握市场营销活动的规律。市场营销调研可以掌握一些预兆和非正常现象，对未来国际市场的变化和发展趋势进行估计，帮助企业决策人员及时调整和制定合理的营销计划，应付可能出现的变化及规避市场风险，使企业在市场竞争中掌握主动权，立于不败之地。

3. 简述邮寄调查法的优、缺点。

答：优点：①调查区域较广。只要通邮的地方，都可以进行邮寄调查。此外，提问的内容可增加，信息含量大。②受调查者影响小。可以避免被调查者受调查者态度、情绪等因素的影响，资料更客观。③回答问题更确切。被调查者没有时间限制，能在空闲时间更好地思考问题的答案。④费用较低。只需花费少量邮资和印刷费用，特别是回收率高时，有效问卷的费用可大大降低。

缺点：①问卷的回收率低。被调查者对问题不感兴趣，或是问卷过长或复杂，使被调查者没有时间或能力回答。一般来说，问卷长度与回收率之间是反比关系。②所花的时间长。调查时间包括问卷在路途的时间和等待被调查者回答问卷的时间。由于时间长，资料的时效性会受到影响。③漏答问题多。被调查者常会有意或无意地漏掉某些问题。

4. 简述二手资料的来源途径。

答：一般来说，市场研究的二手资料有两个重要的来源：内部资料和外部资料。内部资料主要是指企业内部的各种业务、统计财务及其他有关资料；外部资料主要是指企业外单位所持有的资料。

企业内部资料主要是指反映企业经济活动的多种记录，包括企业内部的各种业务、统计财务及其他有关资料等，具体包括如下内容：

(1) 业务资料。包括与企业业务经营活动有关的资料，如客户订货单、进货单、合同文本、发票、销售记录等，通过对业务资料的分析，可以掌握本企业生产和经营商品的供应情况，用户的需求变化情况等。

(2) 统计资料。包括多类统计报表、企业生产、销售、库存等各种数据资料、各类统计分析资料等，这是研究企业经营活动数量特征及其规律的重要依据，也是进行市场调查、预测的基础。

(3) 财务资料。包括企业财务部门提供的各种财务、会计核算和分析资料，包括成本、价格、经营利润等，这些资料可用来考核企业经济效益，确定企业发展前景。

(4) 企业积累的其他资料。包括各种调查报告、总结、顾客意见与建议、简报、录像等，这些资料可作为市场调查研究的参考。

企业外部资料是指公共机构提供的已出版和未出版的资料。这些机构可能是政府也可能是其他非政府机构。他们提供资料有的属于政府工作的一项内容，有的是为了盈利，还有的是为了增加机构的声誉。对于企业的调查人员要想及时获得有用的资料，一定要熟悉这些机构，以及他们所能提供的资料种类。对于企业的生产，营销活动有密切联系的机构以及该机构的工作人员也要处理好关系，以便获得有价值的资料。外部资料主要包括以下内容：

(1) 统计部门及各级政府主管部门公布的有关资料。包括统计年鉴和各类统计数据，也包括财政、工商、税务、银行等公布的市场信息。这些信息综合性强、辐射面广、权威、准确。

(2) 各种市场调研机构提供的市场信息。这些信息资料齐全、信息灵敏度高、针对性强。为了满足各类用户的不同需求，他们通常还提供资料的代购、咨询、检索和定向服务。这些信息是获取市场信息的主要渠道。

(3) 各种媒体提供的文献资料。包括报纸、杂志、电台、网络等发布的市场信息。比如电台为了适应市场经济发展的需要，都相继开设了市场信息、经济世界等以市场信息为导向的栏目；银行的经济调查、商业评论期刊等。这些信息速度快、成本低、信息量大、内容广泛。

(4) 公司报表。市场调查人员可以利用各个公司的公司报表来帮助估计市场规模和份额，公司报表包括组织详情、公司营业额和公司利润等。

5. 简述问卷设计原则。

答：(1) 有明确的主题。根据调查主题，从实际出发拟题，问题目的明确，重点突出，没有可有可无的问题。

(2) 结构合理、逻辑性强。问题的排列应有一定的逻辑顺序，符合应答者的思维程序。一般是先易后难，先简后繁，先具体后抽象。

(3) 通俗易懂。问卷应使应答者一目了然，并愿意如实回答。问卷中语气要亲切，符合应答者的理解能力和认识能力，避免使用专业术语。对敏感性问题采取一定的技巧调查，使问卷具有合理性和可答性，避免主观性和暗示性，以免答案失真。

(4) 控制问卷的长度。回答问卷的时间控制在20分钟左右，问卷中既不浪费一个问句，也不遗漏一个问句。

(5) 便于资料的校验、整理和统计。

6. 简述市场需求预测的步骤。

答：(1) 明确预测目标。进行市场预测首先要明确预测的目标是什么。所谓目标就是指预测的具体对象的项目和指标，为什么要进行这次预测活动，这次预测要达到什么直接目的。其次还要分析预测的时间性、准确性要求，划分预测的商品、地区范围等具体问题。

(2) 收集资料。进行预测必须要有充分的市场信息资料，因此，在选择、确定市场预测目标以后，首要的工作就是广泛系统地收集与本次预测对象有关的各方面数据和资料。收集资料是市场预测工作的重要环节。按照市场预测的要求，凡是影响市场供求发展的资料都应尽可能地收集。收集的市场资料可分为历史资料和现实资料两类。

(3) 确定预测方法。收集完资料后，要对这些资料进行分析、判断。常用的方法是首先将资料列出表格，制成图形，以便直观地进行对比分析，观察市场活动规律。分析判断的内容还包括寻找影响因素与市场预测对象之间的相互关系，分析预测期市场供求关系，分析判断当前的消费需求及其变化，以及消费心理的变化趋势等。

(4) 建立模型，进行计算。在选定具体预测方法后，通常为了进行量的估计，要建立模型进行计算。一些定性预测方法，经过简单的运算，可以直接得到预测结果。定量预测方法要应用数学模型进行演算、预测。预测中要建立数学模型，即用数学方程式构成市场经济变量之间的函数关系，抽象地描述经济活动中各种经济过程、经济现象的相互联系，然后输入已掌握的信息资料，运用数学求解的方法，得出初步的预测结果。

(5) 检验结果，编写报告。通过计算产生的是初步的结果，这一结果还要加以多方面的评价和检验才能最终使用。检验初步结果，通常有理论检验、资料检验和专家检验。

(6) 预测结果，事后跟踪。完成预测报告，并不是预测活动的终结，下一步还要对预测结果进行追踪调查。市场预测只能降低未来市场的不确定性，不可能100%地预测未来情况。因此，预测报告完成以后，要对预测结果进行追踪，时刻关注市场各因素的变化，考察预测结果的准确性和误差，并分析总结原因，以便取得预测经验，不断提高预测水平。

六、论述题

1. 论述市场营销调研的内容。

答：现代营销观念认为，企业市场营销活动范围广泛，涉及的因素很多，因而市场调研的内容也变得十分广泛。一般来说，凡属影响市场变化的各种主要因素都应调研。归纳起来，市场营销调研的内容主要包括市场营销宏观环境、微观环境两大方面。

(1) 宏观环境调研。

1) 政治法律环境调研。政治因素像是一只无形的手，调节着企业营销活动的方向，法律则成为企业规定营销活动的行为准则，因此任何企业在开展营销活动的过程中都会受到产品所在国或是区域政治及其法律的影响，为此开展调研变得尤为重要。调研的内容主要包括对企业产品的主要用户所在国家或地区的政府现行经济政策、法令及政治形势的稳定程度等。

2) 经济环境调研。企业是社会经济的一个细胞，是整个国民经济建设有机整体的一部分。对产品的品种、规格、质量和数量等方面的要求，是受整个社会总需求制约的，而社会总需求的动态是与国家大的经济环境直接相关的。所以，企业必须对宏观经济进行调研，即调研整个国家经济环境的变化对企业产品的影响。调研的具体内容有：工农业总产值、国民收入、积累与消费的比例、发展速度、基建规模、基建投资、社会商品零售总额、主要产品产量等。

3) 科学技术发展动态的调研。该项调研主要是调研与本企业生产的产品有关的科技现状和发展趋势。具体内容有：世界科学技术现状和发展趋势；国内同行业科学技术状况和发展趋势，本企业所需的设备、原材料的生产和科技状况及其发展趋势。

4）社会文化环境调研。社会文化作为人们一种适合本民族、本地区、本阶层的是非观念，强烈影响着消费者的购买行为，为此企业营销人员应充分了解、掌握相关的社会文化环境，主要包括文化程度、职业、民族构成，宗教信仰及民风，社会道德与审美意识等方面的内容。

（2）微观环境调研。

1）消费者调研。现代营销观念中，市场营销的核心是如何满足消费者的需求与欲望，所以在进行市场调研时，首要就是要对消费者进行调查，调查内容包括以下几方面内容：影响消费需求的因素调查、消费者购买行为的心理活动过程调查、消费者行为调查、市场总需求调查、消费者结构调查。

2）企业营销策略调研。"知己知彼，百战不殆"是句古训，它同样适用于现代的企业经营决策。因此，经营者对于企业营销策略各方面情况也应调查了解清楚，以便为经营决策层提供有效的依据，对营销策略的调研主要包括产品、价格、分销渠道、促销四方面的内容。

3）竞争对手调研。随着市场上竞争的加剧，对竞争者的调查了解显得越来越重要。竞争对手的调查可以从以下几个方面着手：

①企业的主要竞争对手是谁，竞争对手的市场份额有多少？变动趋势？

②在某一市场上，企业的竞争地位如何？

③市场竞争的激烈程度。

④企业与竞争者的优势和劣势。

⑤竞争者现在和今后的策略是什么，包括竞争对手的产品数量、质量如何，有何特色，有何变化，常用价格策略与定价方法、技巧等；分销渠道如何，主要中间商是谁，对中间商的选择条件要求如何等；以及了解竞争对手的促销情况如何？重点在哪？费用支出多大等？

⑥对企业的营销活动，竞争者可能的反应是什么？

⑦谁是企业今后可能的竞争者？

除了对直接竞争对手进行上述内容调查外，企业还应对间接竞争对手的相关信息进行调查。

2. 结合实例，论述常用的三种实验调查法的调查过程及注意事项。

答：常见的三种实验调查方法分别是单一实验组前后对比实验、实验组与对照组对比实验、实验组与对照组前后对比实验。

（1）单一实验组前后对比实验。选择若干实验对象作为实验组，将实验对象在实验活动前后的情况进行对比，得出实验结论。在市场调查中，经常采用这种简便的实验调查。例如，某手机厂为了提高手机的销售量，认为应改变原有的陈旧款式，并为此设计了新的外形。为了检验新外形的效果，以决定是否在未来推广，厂家取A、B、C三款手机作为实验对象，对这三款手机在改变外形设计的前一个月和后一个月的销售量进行了检测，得到的实验结果见表7–1。

表7–1　单一实验组前后对比表　　单位：部

手机名称	实验前售量 Y_0	实验后销量 Y_n	实验结果 $Y_n - Y_0$
A	300	330	30
B	280	300	20
C	380	400	20
合计	960	1030	70

针对表 7–1 中的数据可知，改变款式比不改变款式销售量大，说明顾客不仅注意手机的质量，也对其外形设计有所要求。如果经分析无其他因素影响，便可以断定，改变手机外形设计，以促进其销售量增加的研究假设是合理的，厂家可以推广新款式。

需要注意的是，事前事后设计只选择一个实验组进行实验，它把实验对象前后检测的变化全部看成是实验变量激发的结果，没有控制外来因素的影响，而实际上它无法完全排除外来因素的影响，因此，难以肯定前后测量的差异是否是实验变量的变化所导致。所以，只有在有效排除各种非实验因素的干扰和影响以后，事前事后设计实验的全部效应才能看成是实验变量变化的结果。

（2）实验组与对照组对比实验。选择若干实验对象为实验组，同时选择若干与实验对象相同或相似的调查对象为对照组，并使实验组与对照组处于相同的实验环境之中。例如，某食品厂为了解饮料的配方改变后消费者有什么反应，选择了 A、B、C 三个商店为实验组，再选择与之条件相似的 D、E、F 三个商店为对照组进行观察。观察一周后，将两组对调再观察一周，其检测结果见表 7–2。

表 7–2　实验组与对照组对比表　　单位：百瓶

	原配方销售量		新配方销售量	
	第一周	第二周	第一周	第二周
A		37	43	
B		44	51	
C		49	56	
D	35			41
E	40			47
F	45			52
合计	120	130	150	140

从表 7–2 中可知，两周内原配方饮料共销售了 120 + 130 = 250（百瓶），新配方饮料共销售了 150 + 140 = 290（百瓶）。这说明改变配方后增加了 40 百瓶的销售量，对企业很有利。

实验组与对照组对比实验，必须注意二者具有可比性，即二者的规模、类型、地理位置、管理水平、营销渠道等各种条件应大致相同。只有这样，实验结果才具有较高的准确性。但是，这种方法对实验组和对照组都是采取实验后检测，无法反映实验前后非实验变量对实验对象的影响。为弥补这一点，可将上述两种实验进行综合设计。

（3）实验组与对照组前后对比实验。这是对实验组和对照组都进行实验前后对比，再将实验组与对照组进行对比的一种双重对比的实验法。它吸收了前两种方法的优点，也弥补了前两种方法的不足。例如，某公司在调整商品配方前进行实验调查，分别选择了三个企业组成实验组和对照组，对其月销售额进行实验前后对比，并综合检测出了实际效果，见表 7–3。

表 7–3　双组前后对比表　　单位：万元

实验单位	前检测	后检测	前后对比	实验效果
实验组	$Y_0 = 2000$	$Y_n = 3500$	$Y_n - Y_0 = 1500$	$(Y_n - Y_0) - (X_n - X_0) =$
对照组	$X_0 = 2000$	$X_n = 2500$	$X_n - X_0 = 500$	$1500 - 500$

表 7–3 中的检测结果，实验组的变动量 1500 万元，包含实验变量即调整配方的影响，也包含其他非实验变量的影响；对照组的变动量 500 万元，不包含实验变量的影响，只有非实验变量的影响，因为对照组的商品配方未改变。实验效果是从实验变量和非实验变量共同影响的销售额变动量中，减去由非实验变量影响的销售额变动量，反映调整配方这种实验变量对销售额的影响作用。由此可见，实验组与对照组前后对比实验，是一种更为先进的实验调查方法。

七、案例分析题

案例解读 1

可口可乐失败的市场调研

1. 新口味可口可乐失败的原因是什么？

答：可口可乐公司最初的市场调研是新口味可口可乐最终失败的关键所在。可口可乐公司的市场调研只考虑新产品的口感成分，并把市场调研的主要精力放在了对消费者口味的测试上，而忽略了最不该忽略的品牌情感成分。消费者喜欢你的品牌和买你的产品并不是一件事情。很多人喜欢尝试新鲜的东西，但他们未必就会成为新产品的长期拥护者。

2. 此案例给我们的启示有哪些？

答：市场调研是直接指导营销实践的大事，对错是非要得到市场验证。然而，可口可乐公司却忽略了最关键的一点，对于可口可乐的消费者而言，口味并不是最主要的购买动机，而是可口可乐背后所承载的传统的美国精神，放弃老配方的可口可乐就等于背叛了美国精神，为此可口可乐公司没有抓住消费者的主要购买动机，造成了整个调研的失败。

不过，现在仍然还有不少企业在犯可口可乐公司同样的错误，它们不惜花费重金聘请专业的市场调研公司为其新产品进行各种各样的口感测试，如食品行业的新产品口味测试，力图获取消费者更详尽的资料，为其研发新产品做足准备。但是，他们往往忽略了这一点，对于品牌的忠诚消费者而言，口味往往并不是最主要的购买动机，而是品牌背后承载的精神，这才是消费者购买产品的最主要动机。

为此企业在进行原有产品改良、新产品开发的过程中要注意探询顾客购买该产品的主要原因，强化消费者的主要购买动机，增强其非买不可的理由，而不是企业想当然地强化企业认为重要的因素。

案例解读 2

房产电话问卷

运用本章所学知识点，结合案例，讨论设计一份成功的调研问卷应注意的事项有哪些？

答：从上面的房产问卷调查案例中，我们可以了解到问卷的基本结构，即指标题、指导语、主体、背景资料、结束语。同时，在此问卷调查中，我们可以很清楚地了解到问卷调查需要注意的主要问题：首先，在问题的选择上要符合某种市场调查的目的；要符合市场现象在一定时间、地点、条件下的客观实际表现；要符合被调查者回答问题的能力与愿望。其次，在问题的表述上要具体、简短、通俗、准确，以便于被调查者的回答。再次，要合理地安排问题的顺序，问题前后之间注意先后顺序，环环相扣，难易适合，同时一定要注意被调查者的心理承受能力。最后，访问的时间不宜过长，要控制问题的数量。

第八章　目标市场营销战略

企业应该将力量集中于对其产品最有兴趣的顾客，而不是分散地使用营销力量。

——菲利普·科特勒

本章重点：掌握消费者市场细分标准、目标市场范围选择、目标市场营销策略、市场定位方法及其策略；理解市场细分的概念，有效细分的条件及其市场定位的概念；了解市场细分的作用、步骤及其市场定位的步骤。

本章难点：消费者市场细分标准；市场定位策略。

本章新知识点：市场细分、市场定位。

【学习目标】

首先，通过市场细分区分不同的客户群体。其次，进行目标市场的选择，即评价和比较客户群体，从中选择最有潜力的一个或几个作为自己的目标客户群体。最后，进行目标市场定位，针对顾客对该类产品某些特征或属性的重视程度，为本企业产品塑造与众不同的、给人印象鲜明的形象，并将这种形象生动地传递给顾客，从而使该产品在市场上确定适当的位置，以获得竞争优势。这三个步骤环环相扣，构成了目标市场营销战略。

通过本章内容的学习，使读者能够整体地把握目标市场营销战略的三个步骤，并且能够理解市场细分、目标市场选择和市场定位三者之间的联系。在学习过程中，读者要加深对消费者市场细分标准和市场定位策略的理解。

【核心概念】

市场细分；目标市场；市场定位。

1. 市场细分

市场细分是指企业按照消费者需求的差异性将一个整体市场划分为由若干个具有相似需求的消费者组成的较小市场的过程。

2. 目标市场

目标市场是指企业在细分市场的基础上，经过评价和筛选所确定的作为企业经营目标而开拓的特定市场，即企业渴望能以某种相应的商品和服务去满足其需求、为其服务的若干个消费者群体。

3. 市场定位

根据竞争者现有产品在细分市场上所处的地位和顾客对产品某些属性的重视程度，强有力地塑造出本企业产品与众不同的个性或形象，并通过一套特定的营销组合把这种形象生动地传递给目标顾客，从而确定该产品在目标市场上的适当位置，保持持续的竞争力。

【新知识点】

市场细分；市场定位。

1. 市场细分

市场细分是现代市场学的一个新概念。它是美国著名市场学家温德尔·斯密在总结一些企业市场营销实践经验基础上，于20世纪50年代中期提出来的。在此之前，企业由于旧的市场观念，把消费者看作具有同样需求的群体，因此大量生产单一品种的产品，采用广泛分销的形式销售。尽管曾取得降低成本、简化交易过程、获取较多盈利的效果，但随着科学技术的进步、管理水平的提高和生产规模的扩大，上述“卖方市场”逐渐转变成“买方市场”，那种只靠广泛推销单一产品的策略已很难奏效。因此许多企业开始注意适应消费者的需求差异，有针对性地提供不同的产品，并运用不同的分销渠道和广告宣传形式，开展市场营销活动。如美国宝洁公司发现它的顾客由于需要洗涤不同性质的织物，要求有性能不同的肥皂，于是改变了原来经营单一肥皂的做法，推出三种不同性能、不同牌号的洗衣皂，从而满足了不同消费者的需要，提高了竞争能力，取得了很高的市场占有率。温德尔·斯密就是总结了这些经验，提出了市场细分的新概念。市场细分的理论是基于消费者需求的异质性理论提出的。这一理论的核心观点是：每个消费者的需求、爱好、购买动机以及购买行为都是有差异的。但在某一类市场中，消费者对营销策略的反应又具有一定的相同性。这样，从需求状况角度考查，各种社会产品的市场可以分为两类：一类产品的市场叫做同质市场；另一类产品的市场叫做异质市场。凡消费者或用户对某一产品的需求、欲望、购买行为以及对企业营销策略的反应等方面具有基本相同或极为相似的一致性，这种产品的市场就是同质市场。例如，所有消费者对普通食盐的消费需求、消费习惯和购买行为等都大体相同，普通食盐的市场就是同质市场。只有极少部分产品（主要是初级产品）的市场属于同质市场，很显然，同质市场不需要细分。但是，绝大多数产品的市场都是异质市场，即购买者对产品的质量、特性、规格、档次、花色、款式、质量、价格、包装等方面的需求和欲望是不相同的，或者在购买行为、购买习惯等方面存在着差异性。正是这种差异性，使市场细分成为可能。市场细分也就是把一个异质市场分为若干个相对来说是同质的细分市场。

2. 市场定位

现代市场营销理论把市场定位理解为以下三个方面：

（1）市场定位的基点是竞争。市场定位是一种帮助企业确认竞争地位，寻找竞争战略的方法。通过定位，企业可以进一步明确竞争对手和竞争目标；通过定位，企业可以发现竞争双方各自的优势与劣势。

（2）市场定位的目的在于吸引更多目标顾客。消费者的各种各样的偏好和追求都与他们的价值取向和认同标准有关，企业要想在目标市场上取得竞争优势和更大效益，就必须在了解购买者和竞争者两方面情况的基础上，确定本企业的市场位置，进一步明确企业的服务对象。企业在市场定位的基础上，才能为企业确立形象，为产品赋予特色，以特色吸引目标消费者，这是当代企业的经营之道。

很多知名的企业通过市场定位使企业的形象更为鲜明，产品特色更为明确，从而对目标顾客群产生强大的吸引力。以下是一些企业、品牌的市场定位：

“麦当劳”——大众快餐店

“马克西姆”——高档豪华餐厅

“金钥匙”——最具特色的超值服务

“海尔”——优质产品，优质服务

“佳洁士”——防龋齿牙膏

“汰渍”——强力、全能的家用洗衣粉

(3) 市场定位的实质是设计和塑造产品的特色或个性。产品的特色和个性可有多种表现。①可以通过产品实体本身来表现，如功能、结构、成分、款式、颜色等。②可以从消费者对产品的心理感受来表现，如产品可能使顾客感到豪华、朴素、时髦、典雅、别致、通俗、活泼、庄重等。③可以通过价格、质量、服务、促销方式等形式来表现。可见，产品不同，产品个性或特色的表现形式也会有所不同。产品的某一特色往往是由多个方面的因素构成的，如电视机的高质量这一特色是由电视的画面清晰度、使用寿命等多种因素所构成的。

【学习重点】

市场细分的步骤；消费者市场细分标准；有效细分的条件；目标市场范围选择；目标市场营销策略；市场定位方法；市场定位策略；市场定位的步骤。

1. 市场细分的步骤

(1) 识别细分市场。识别细分市场是指首先确定欲细分市场的基本性质，然后定出市场细分的重要因素，并尽可能对这些因素做定量分析。

(2) 收集研究信息。指收集、整理细分市场时需考察分析的市场情报和资料，如通过收集类似产品已有的市场情况，可以参照对新产品市场的细分，或者通过对消费者的调查，来检验欲采用的细分因素是否合适。

(3) 拟定综合评价标准。一般来说，细分市场后，应能使企业对谁是购买者、购买什么、在哪里购买、为什么购买、怎样购买等问题作出回答。因此，应对细分市场拟定综合评价标准，以回答上面的问题。

(4) 确定营销因素。对细分后的每一个子市场作出评价后，如果各个子市场之间存在较大差别，则企业就考虑不同市场的特点，确定本企业的市场活动范围，以及适应新选定的市场范围特点的营销活动要点。

(5) 估计市场潜力。根据市场研究的结果和选定的细分因素，估计出总市场和每一个子市场预期需求水平，这对选取目标市场和确定目标市场营销战略很重要。

(6) 分析市场营销机会。在细分市场过程中，分析市场营销机会，主要是分析总的市场和每个子市场的竞争情况，以及确定对总的市场或每一个子市场的营销组合方案，并根据市场研究和需求潜力的估计，确定总的或每一个子市场的营销收入和费用情况，以估计潜在利润量，作为最后选定目标市场和制定营销策略的经济分析依据。

(7) 提出市场营销策略。一个企业要根据市场细分结果来决定市场营销策略。这要区分为两种情况：

1) 如果分析市场细分后，发现市场情况不理想，企业可能放弃这一市场。

2) 如果市场营销机会多，需求和潜在利润较大时，企业可根据细分结果提出不同的目标市场营销战略。

2. 消费者市场细分标准

影响消费者需求的因素是多种多样的，因此，消费者市场细分的标准也很多。其中，常见的主要有地理因素、人口因素、心理因素和行为因素。

（1）地理因素。地理因素是指按照消费者所处的地理环境作为细分市场的标准。这是一种传统的划分方法，相对于其他标准，这种划分标准比较稳定，也比较容易分析。因为一般来说，处在同一地理条件下的消费者，他们的需求有一定的相似性，对企业的产品、价格、分销、促销等营销措施也会产生类似的反应。如农村市场比较偏爱坚固耐用、能负重的自行车，而城市市场则倾向于购买轻便、新颖的自行车；绿茶主要在南方各省市畅销，花茶则在华北、东北较为畅销；北方人选择棉衣注重的是保暖性能，南方人选择棉衣注重的是款式；而在饮食上，则历来有"南甜、北咸、东酸、西辣"之说。

地理因素主要包括以下一些细分变量：

1）行政区域。如国家、省、市、区县、乡村等，行政区域有大小不同，有城乡之别，往往意味着市场规模和需求等方面存在差异。当按行政区域来划分不同的细分市场时，往往容易受到人为因素的影响。

2）地形。如沿海地区、内陆地区、华北、东北、西南等地区。不同的地形位置，有不同的消费需求和生活习惯，这就可按地形位置来划分不同的细分市场。

3）气候。如我国气候分热带、亚热带、中温带、暖温带、寒带等。不同的气候有着不同的消费需求，需要不同的产品，所以可以按气候来划分不同的细分市场。

利用地理因素作为细分市场的标准，这是最容易掌握的一种细分方法，但它基本上是一个静态因素，不一定能充分反映消费者的特征，即使是在同一个地理环境中，消费者的需求往往也会有很多明显的差异，这就要求需要考虑其他一些动态因素。

（2）人口统计因素。人口统计因素是指按照人口变量的因素来细分市场的标准。人口是构成市场最主要的因素，人口标准易于统计且直接与市场规模相关，因此是市场细分最常用、最主要的标准。人口统计因素主要包括以下变量：

1）年龄。不同年龄消费者的需要和购买力具有明显差异，如儿童对玩具、少儿读物的需求最多；青年对服装、文化体育用品的需求较多；而营养滋补品和医疗保健用品的需求者多为老年人。根据消费者年龄标准可以划分为各个不同的细分市场。如婴幼儿市场、少年市场、青年市场、中年市场和老年市场。

2）性别。不同性别具有不同的细分需求和购买行为，这是自然生理差别引起的差异。在服装、化妆品、自行车等市场上因性别而产生的需求差异尤其明显，因此在这些行业中性别一直是一个常用的细分因素。根据消费者性别标准可以划分为男性市场和女性市场。

3）经济收入。消费者的收入直接影响他们的购买力、对消费需求的数量、结构和趋向具有决定性的影响。家具、家电、衣服、住宅等许多行业均以此作为细分依据，可以分为高档市场、中档市场和低档市场。

4）职业。消费者的职业不同会引起不同的需求。如公司的职业女性、教师和演员对服装、鞋帽和化妆品等产品的需求会有自己独特的购买要求。根据职业变量可以划分许多不同的细分市场。

此外，还有消费者的学历、教育、民族、宗教，家庭等也都是影响其消费习惯和购买特点的重要变量，根据这些变量都可以把市场划分为各个不同的细分市场。企业市场细分时，必须对人口标准及其变量予以充分研究注意，来确定自己的目标市场，实施相应的营销组合策略。

（3）心理因素。心理细分，是指按照消费者的生活方式、个性特点等心理变量来细分消费者市场。在同一人口统计群体中的人可能表现出差异极大的心理特性。尤其是在生活多样化、个性化、质比量更受到重视的时代，市场不只是要在性别、年龄、职业等方面加以细分，更重要的是要通过生活方式、个性等方面进行心理上的区分。

1）生活方式。即根据人们的生活价值观所形成的生活行为体系或生活模式和生活方法。不同生活方式的消费者对产品有着不同的需求和兴趣爱好；消费者生活方式的改变也就会产生新的需求。这充分说明，生活方式是影响消费者的需求和欲望的一个重要因素。

2）个性细分。企业还可以按照消费者不同的个性来细分消费者市场。这些企业通过广告宣传，试图赋予其产品与某些消费者的个性相似的“品牌个性”，树立“品牌形象”。

（4）行为因素。行为细分，是指企业按照消费者对产品的了解程度、态度、使用情况或反应等来细分消费者市场。其行为变量包括时机、利益、使用者地位、使用率、忠诚度、消费者待购阶段和消费者对品牌的态度。

1）时机。即根据消费者产生需要、购买或使用产品的时机，将其区分开来。

2）利益。即消费者往往因为各有不同的购买动机、追求不同的利益，所以购买不同的产品和品牌。以购买牙膏为例，有些消费者购买高露洁牙膏，主要是为了防治龋齿；有些消费者购买芳草牙膏，主要是为了防治口腔溃疡、牙周炎。正因为这样，企业还可以按照不同的消费者购买商品时所追求的不同利益来细分消费者市场。企业可根据自己的条件，权衡利弊，选择其中一个追求某种利益的消费者群为目标市场，设计和生产出适合目标市场需求的产品，并且用适当的广告媒体和广告语，把这种产品的信息传达给追求其利益的消费者群。

3）使用者地位。即许多商品的市场可以按照使用者情况来细分，如非使用者、曾经使用者、潜在使用者、初次使用者和经常使用者等。

4）使用率。即市场也可以按产品被使用的程度，细分成少量使用者、中度使用者和大量使用者群体。大量使用者的人数通常只占总市场人数的一小部分，但是他们在总消费中所占的比重却很大。市场营销者通常偏好吸引对其产品或服务的大量使用者群体，而不是少量用户。

5）忠诚度。即企业可以按照消费者对品牌（或商店）的忠诚度来细分消费者市场。所谓品牌忠诚，是指由于价格、质量等诸多因素的吸引力，使消费者对某一品牌的产品情有独钟，形成偏爱并长期地购买这一品牌产品的行为。提高品牌的忠诚度，对于一个企业的生存和发展、扩大市场占有率极其重要。根据品牌忠诚度的高低，可将消费者分为绝对忠诚者、不坚定的忠诚者、转移型忠诚者和易变者。

3. 有效细分的条件

消费需求的差异性是市场细分的基础，如何认识这些差异，怎样细分消费者市场，除选择和把握最能反映消费者需求特性的标准外，还需要注意以下四方面的要求。市场细分只有达到以下的要求，细分才有效。

（1）可衡量性。

（2）可进入性。

（3）可盈利性。

（4）相对稳定性。

4. 目标市场范围选择

企业在经过市场细分后，应根据自己的任务、目标、资源和特长等，权衡利弊，然后决定进入哪个或哪些细分市场，即企业目标市场的选择。在选择和确定目标市场范围时，一般有五种类型。

（1）市场集中化。这是一种最简单的目标市场模式。市场集中化是指企业只选取一个细分市场，只生产一类产品，供应给一类顾客群，进行集中营销。

(2) 产品专业化。产品专业化是指企业集中生产一类产品，并向各类顾客销售这类产品。

(3) 市场专业化。市场专业化是指企业生产满足某一类顾客群体的需要，专门生产这类消费者需要的各类产品。

(4) 选择专业化。选择专业化是指企业选取若干个具有良好的盈利潜力和结构吸引力，且符合企业的目标和资源的细分市场作为目标市场。该目标市场模式中的各个细分市场之间较少或基本不存在联系。

(5) 市场全面化。市场全面化是指企业生产的多种产品能够满足各类顾客群体的需要。因此，只有实力雄厚的大型企业才能选用市场全面化模式，这种市场模式由于面广量大，能够收到良好的营销效果。

5. 目标市场营销策略

目标市场一旦确定，就需要根据目标市场的需求特点制定相应的市场营销策略，即决定采取何种市场营销策略进入并不断拓展该目标市场。一般来说，企业可以选择三种目标市场策略。

(1) 无差异性市场营销策略。实行无差异性营销策略的企业，面对整个市场，只提供一种产品，采用统一的营销策略吸引所有的顾客。企业在两种情况下会采用无差异性营销策略，一种情况是：企业面对的市场是同质市场；另一种情况是：企业只考虑市场上消费者需求的共同点或相似点。采用此战略的企业把整个市场看作一个整体，不需要进行市场细分，无须关注市场间的需求差异性，只注重其需求的共性，向全部市场提供单一产品，满足消费者的需要。

(2) 差异性市场营销策略。实行差异性目标市场策略的企业，通常是把整体市场划分为若干细分市场作为其目标市场。针对不同目标市场的特点，分别制订出不同的营销计划，按计划生产营销目标市场所需要的商品，满足不同消费者的需要，不断扩大销售成果。

(3) 集中性市场营销策略。无差异性目标市场策略和差异性目标市场策略，都是以整体市场作为企业的营销目标，试图满足所有消费者的需要。集中性目标市场策略，则不是把目标放在整体市场上，而是目标市场更加集中。选择一个或几个细分化的专门市场作为营销目标，然后集中企业的总体营销优势开展生产和销售，充分满足某些消费者需要，以开拓市场。

采用集中性营销策略的企业，追求的不是在较大市场上占有一席之地，而是力求在一个较小的市场上占有较大的份额。这种营销策略一般适用于实力较弱的中小企业。

6. 市场定位方法

各个企业经营的产品不同，面对的顾客不同，所处的竞争环境也不同，因此市场定位的方法也不同。一般来说，市场定位的方法有：

(1) 根据具体的产品特色定位。产品特色定位是根据产品本身特征，确定它在市场上的位置。构成产品内在特色的许多因素都可以作为市场定位所依据的原则，如产品构成成分、材料、质量、档次、价格、功能等。

(2) 根据产品能为顾客提供的利益定位。产品本身的属性及由此衍生的利益，也能使顾客感受到它的定位。

(3) 根据使用者的类型定位。以收入、职业、性别、年龄等标准可以把消费者分为多个小群体，每个小群体的消费能力、消费习惯各不相同，也就为企业按照使用者的类型来定位产品提供了依据。

事实上，许多企业进行市场定位的方法往往不止一种，而是多种方法同时使用，因为要体现企业及其产品的形象和特色，市场定位必须是多维度的、多侧面的。

7. 市场定位策略

市场定位策略实际是一种竞争策略，即根据产品的特点及消费者对产品的知觉，确定本企业产品与竞争者之间的竞争关系。企业常用的市场定位策略主要有以下三种：

（1）避强定位。当企业通过对竞争者的市场位置、消费者的实际需求和自己产品的属性和特色等进行评估分析后，发现现有市场存在缝隙或空白，这一缝隙或空白有足够的消费者作为一个潜在区域而存在；并且企业发现自己的产品难以同竞争对手正面匹敌，或者发现这一潜在区域比老区域更有潜力。在这种情况下，企业避开强有力的竞争对手，不与对手直接对抗，将自己置于某个市场“空隙”中。由于这种定位策略风险较小，成功率较高，经常为大多数企业所采用。

（2）迎强定位。企业选择与竞争对手重合的市场位置，争取同样的目标顾客群，彼此在产品、价格、分销等方面少有差别。这是一种与在市场上处于支配地位的竞争者“对着干”的定位策略，存在着很大风险。但是这种方式能够激励企业以较高的目标要求自己，奋发向上，在激烈的市场竞争中赢得生存和发展的空间。

（3）重新定位。随着企业的发展、技术的进步、市场环境的变化，企业对过去的定位作修正，以使企业拥有比过去更多的适应性和竞争力。一般来说，主要有以下三种情况：

1）企业的经营战略和营销目标发生了变化。

2）企业面临激烈的市场竞争。

3）企业为适应目标顾客的新需求。

8. 市场定位的步骤

市场定位过程包括以下五个步骤：分析目标顾客对产品的评价标准、了解竞争对手的定位状况、识别企业在目标市场上的潜在竞争优势、选择适宜的竞争优势、传达选定的竞争优势。

（1）分析目标顾客对产品的评价标准。要分析购买者对所要购买的产品的最大愿望和偏好，以及他们对产品优劣的评价标准是什么。

（2）了解竞争对手的定位状况。要了解竞争者产品市场定位，产品的特色是什么，在顾客心目中的形象如何，衡量竞争者在市场中的竞争优势。

（3）识别企业在目标市场上的潜在竞争优势。企业要确认自己在目标市场的潜在竞争优势是什么，然后才能准确选择竞争优势。一般地说竞争优势有两种形式：一是在同样条件下价格可以比竞争者更低，从而在价格上具有竞争优势；二是具有更多的特色，可以更好地满足顾客需求。

（4）选择适宜的竞争优势。企业不可能也没有必要在所有方面都优于竞争者，它只能选择若干最有力的方面加以培养并使之成为自己的竞争优势，比如低成本或独特的差异。

（5）传达选定的竞争优势。企业选定的竞争优势不会自动在市场竞争中显示出来，必须通过大力宣传，把企业的定位观念准确地传播给潜在购买者。为此，企业首先要建立与市场定位相一致的形象，积极主动与消费者沟通，引起消费者的注意和兴趣，让顾客对本企业了解、熟悉、认同和偏爱。其次，企业要巩固与市场定位相一致的形象，强化企业形象，宣传企业与产品的相对优势和利益，使得顾客忠诚度提高。最后，企业应及时矫正与市场定位不一致的形象，对由于定位宣传上的失误而造成的目标顾客的模糊、混乱和误会要加以正确的引导。

【知识链接】

菲利普·科特勒的水平营销

菲利普·科特勒（Philip Kotler）是现代营销的集大成者，在 30 余年的营销学研究历程中，科特勒敏于把握市场趋势，提出了反向营销、社会营销、全方位营销等概念，将市场营销的重要性提升到战略高度，并把市场营销扩展到一般的传播和价值定位等领域，如将城市营销、国家营销应用于非商业领域。2005 年，科特勒正式推出其最新营销理念——水平营销。

在今天这个网络化、全球化的竞争市场上，越来越多的企业开始感受到营销的尴尬，痛彻于企业孱弱的盈利能力。一方面，传统的广告促销等营销组合已经无法有效激发消费者的消费诉求；另一方面，企业之间的竞争在每个传统的营销层面上刀刃互现，价格战、成本战等恶性竞争已经将企业竞争推向"他人即地狱"的境地。无论是在传统的日化行业，还是在新兴的数字电子行业，企业的有机增长已经越来越困难。按照科特勒的说法，在日益复杂的现代营销作用下，新产品、新品牌迅速地推出，但相当比例的这些新产品、新品牌不能避免"一出现即注定失败"的命运。科特勒对现在的市场生态的系统总结是：品牌数量剧增；产品生命周期大大缩短；更新比维修便宜；数字化技术引发多个市场的革命；商标数与专利数迅速上升；市场极度细分；广告饱和；新品推介越来越复杂，消费者越来越难以被打动。

毫无疑问，竞争加剧和又一轮的产能过剩已经将企业再次推向了微利时代。那么，陷于新的营销困境和买方市场的现代企业又将如何寻求持续生存与发展？

1. 纵向营销

针对这场全球范围的市场嬗变，科特勒提出了新的营销思维——水平营销。水平营销是相对于传统的营销观念而言，这种传统的营销方式被科特勒称为纵向营销。纵向营销的运行步骤是：首先，"市场营销就是发现还没有被满足的需求并满足它"，需求分析是起点。通过市场调研，确立可能成为潜在市场的群体。其次，在划定这个潜在市场后，运用市场细分、目标锁定、定位等方式形成产品或服务的竞争策略。最后，运用 4P 等营销组合贯彻竞争策略，将产品或服务推向有形的市场。作为一种成熟的市场营销理念，纵向营销虽然有其成功之处，但这种营销思维的机械性也决定了许多企业的市场细分、定位只是基于同一市场、同一产品的局部更新，而不能产生让人耳目一新的全新的东西。纵向营销的创新只是源于特定市场内部的创新，它是在市场一成不变的假定下开发新产品的主要策略，这是一种最普遍的市场创新方式。很显然，这些创新是常规性的，而且它们之间也相互勾连，这些创新并不改变特定的市场，都是在原有产品的类别里发生，诚然它们能够扩大市场规模，但由于它们不能创造出新的产品、新的市场，最终的结果必然是特定市场的无限细分和需求饱和，这也是当前许多企业的行销困境所在。

2. 水平营销

在纵向营销思维之外，一些公司已经在运用另一种思维，探索开发出了新的产品和市场，并在获取高额利润回报的同时，成为了新的市场的领导者。科特勒将这种思维方式称为水平营销。

水平营销就是横向思考，它跨越原有的产品和市场，通过原创性的理念和产品开发激发出新的市场和利润增长点。例如，日本伊仓产业公司原是一家从中国进口中药的贸易公司，然而在西药称霸的时代里，中药的销路并不好，药品大量积压在仓库。后来，该公司将中药和日本人习惯的茶饮联系起来，决定在东京中央区开办一家把中药与茶结合起来的新行业，结果这个称为“汉方吃茶店”的生意之好，令人羡慕。中药和茶并无本质上的关联，但跳出中药的行销领域，伊仓产业公司创造了新的市场。

水平营销首先是创造性的思考，科特勒称之为“跳出盒子的思考”，它不同于纵向营销的逻辑思维，本质上是一种基于直觉的创造。这种思维的基本步骤是，首先选择一个焦点，然后进行横向置换以产生刺激，最后建立一种联结。例如，聚焦于生活中总是会凋谢的花，将凋谢置换成不凋谢，这时候就产生了“不凋谢的花”这一刺激，这个刺激对于市场是有价值的，但在实现过程中产生了逻辑思维的中断，此时通过引入塑料等材质，创造出永不凋谢的塑料的花，这就成功地建立了联结。

科特勒认为水平营销是一个过程，虽然它属于一种跳跃性的思维，但也是有法可依的。应用创造性研究的结果，他指出了水平营销的六种横向置换的创新技巧，并分别应用到市场层面、产品层面和营销组合层面上。这六种技巧分别是：替代、反转、组合、夸张、去除、换序。

3. 市场层面

由于市场是需求、目标、时间、地点、情境、体验的结合体，此时运用替代的一个简单技巧就是改变其中的一个维度，这也是情境替代的最有效方法。例如，红牛饮料在解渴的需求之外，引进了补充能量的需求，这个改变需求的做法也使红牛饮料开掘了广大的市场。又如，原来乐队伴奏是职业歌手的专利，而卡拉 OK 则通过改变目标，使得大家都能享受音乐伴唱。

市场层面上的另五种技巧相对困难，推荐在积累了一定的“替代”经验后使用。例如，餐馆吃饭一般是不限时的，但如果进行情境反转，那么可否实现限时收费的餐馆经营？市场已有先例。在日本的一些餐馆中，每张餐桌上放一个大钟，计算顾客的就餐时间。如果顾客在规定时间内吃完饭，餐馆便给予优惠价。

意大利米兰市有一家叫希尔顿的餐厅，他们不按菜肴的价格收费，而是根据用餐时间的长短向顾客收钱——每分钟 1000 里拉。更有趣的是，纽约市中心开设了一家“沙漏”餐厅，当顾客坐定后，服务员即把桌子上一个“沙漏”翻过来，约 1 小时后，沙子基本漏完，这时，顾客也就该离座了。

4. 产品层面

在这个层面，科特勒参考市场层面的维度划分，主张对现有的产品进行分解，分解后的主要层面包括：有形的产品或服务、包装、品牌特征、使用或购买，然后利用六种技巧进行横向置换。例如，可将“老师教学生”替换成“学生教老师”，这种有趣的教学方式可大大提高学生的积极性与注意力。在包装上，可改变牛奶用玻璃、塑料包装的做法，代之以纸盒，这导致了利乐无菌纸盒的产生。在品牌特征上，耐克公司通过将婴幼儿鞋子的“可爱”特征换成“新潮”，一举将业务扩展到婴幼儿鞋类市场。在使用或购买层面上，在糖果中插入一根细棒便造就了儿童棒棒糖，这种替代曾在糖果市场引发了一场革命。产品层面的创新还有很多，如可作闹钟的温度计、不送货上门的比萨饼等。

5. 营销组合层面

在市场层面和产品层面不改变的情况下，通过市场营销组合的改变，往往能够催生创新性的商业战略。这种水平营销更讲究策略，更偏重短期效应，相对于原创性的新概念、新产品的开发，能更快速地生成新点子。

该层面的创新，可以在定价、分销和沟通等领域产生可观的效果，而最直接的创新做法就是替代，“拿其他产品的营销组合为我所用”。例如，在定价领域，电力、煤气或自来水公司可以通过自动取款机进行收费，这时的营销组合创新对自动取款机用来提取现金的功能作了颠覆——利用自动取款机付账。在沟通上，例如，一些公司把附有广告和产品说明的 CD 放入杂志，而不是通过常规的电视节目来宣传自己的产品。

不过，水平营销并不否定纵向营销，科特勒认为，水平营销只是纵向营销的有益补充。水平营销的思考能够激发无数的可能性，但这些可能性最终需要在纵向营销的框架内进行分析和落实。实际上，营销本来就是艺术与科学的综合，按照科特勒的说法，营销随需应变，它无法严格按照科学的术语进行规范，不同的营销方式可能都是对营销不同侧面的正确理解。水平营销对于可能性的颠覆和发生正是营销艺术的体现，只是这种艺术思维最终还有赖于纵向营销的框定。

6. 不止是思考框架

水平营销的思考对于企业的营销部门无疑是重要的，正是在这个意义上，科特勒说，“伟大的产品是营销部门创造的”。在这个产品和技术可以低成本复制的营销时代，我们已经见证了太多的特定市场的同质化竞争。就像酸奶市场一经开发后，许多竞争者不断进入，最终会使市场陷入无限细分的需求饱和状态，而借助水平营销，企业就可能在新的市场拔得头筹，因为创意是无法复制的。

但水平营销还不仅仅是一个思考框架。创意大师兼大文豪歌德说过，人的能量是无限的。科特勒也注意到了水平营销的主体性。在创意行销的时代，人是企业创造力的最重要来源，为此，以下三点对于企业来说，或许有着非同寻常的借鉴意义。首先，创意是基于个人的，企业的营销部门乃至整个组织是否拥有一批充满创意、富有想象力的人员，直接影响到企业的创造力，这样，尽量雇用一些有创造力的员工已是企业发展的必然要义。如果企业内部充满了惯于传统思考的人，这时候管理者应该警觉，企业的新思想将可能无处激发，这对企业将是先天致命的。其次，这些有创造潜质的员工是否得到了足够的横向思维训练？对员工进行水平思维的培训是企业创造力的放大器。最后，个人是基于组织的，组织是否有容纳个人创造性的文化氛围？对于创意的生发，组织是否能够提供有利于激发创造性的环境？实际上，除了让有创造性的员工加入，企业还要特别鼓励员工的创造性思想，如在内部设立奖项，对于勤于思考、富有创意的员工给予特别的奖励，这是培育组织创造性土壤的一个举措。

创造性的研究结果显示，虽然个人的创造性很重要，但创造性的激发环境可能更为重要。如果企业文化不鼓励创新，个人的创造性不受承认，企业文化的创造基因也将无处寻觅。这点对于企业管理层的警示意味尤为明显。现在许多企业耗费大量的时间、金钱着力于提高员工的独创性，希望借此赢得竞争优势，但除非管理层本身也是充分创造性的，并善于提炼出组织中其他员工的创新且付诸实施，企业才可能获得真实而持久的竞争优势。

资料来源：百度文库。

【同步练习】

一、单项选择题（在下列每小题中，选择一个最适合的答案）

1. 市场细分是 20 世纪 50 年代中期美国市场营销学家（　　）提出的。

A. 基恩·凯洛西尔　　B. 鲍敦　　C. 温得尔·斯密　　D. 菲利普·科特勒

2. 同一细分市场内部的顾客需求具有（　　）。

A. 绝对的共同性　B. 较多的共同性　C. 较少的共同性　D. 较多的差异性

3. 不同细分市场之间的顾客需求具有（　　）。

A. 绝对的共同性　B. 较多的共同性　C. 较少的差异性　D. 较多的差异性

4. 当市场上出现（　　）时，客观上就出现了不同的细分市场。

A. 集群偏好　B. 同质偏好　C. 一致偏好　D. 需求偏好

5.（　　）差异的存在是市场细分的客观依据。

A. 产品　B. 价格　C. 需求偏好　D. 细分

6. 某工程机械公司专门向建筑业用户供应推土机、打桩机、起重机、水泥搅拌机等建筑工程中所需要的机械设备，这是一种（　　）策略。

A. 市场集中化　B. 市场专业化　C. 全面市场覆盖　D. 产品专业化

7. 饮水机厂商只生产一种品种，同时向家庭、机关、学校、银行、餐厅等各类用户销售，这是一种（　　）策略。

A. 市场集中化　B. 市场专业化　C. 全面市场覆盖　D. 产品专业化

8. 不属于消费者细分标准的是（　　）。

A. 职业　B. 生活方式　C. 收入　D. 采购方法

9. 服装行业将服装分为老年人服装、中青年人服装和儿童服装，其细分标准是（　　）。

A. 地理因素　B. 人口统计因素　C. 心理因素　D. 行为因素

10. 下列哪项不是有效市场细分的条件？（　　）

A. 可衡量性　B. 可进入性　C. 可对比性　D. 可盈利性

11. 就每一特定市场而言，最佳市场营销组合只能是（　　）的结果。

A. 市场细分　B. 精心策划　C. 综合平衡　D. 统筹兼顾

12. 细分出来的市场是否具有足够的市场容量，使企业能够获得目标利润，这是市场细分的（　　）原则。

A. 可衡量性　B. 可盈利性　C. 可进入性　D. 稳定性

13. 采用（　　）的模式的企业应具有较强的资源和营销实力。

A. 市场集中化　B. 市场专业化　C. 产品专业化　D. 市场的全面覆盖

14. 采用无差异性营销战略的最大优点是（　　）。

A. 市场占有率高　B. 成本的经济性　C. 市场适应性强　D. 需求满足程度高

15. 集中性市场战略尤其适合于（　　）。

A. 跨国公司　B. 特大型企业　C. 大中型企业　D. 小型企业

16. 同质性较高的产品，宜采用（　　）。

A. 产品专业化　B. 市场专业化　C. 无差异营销　D. 差异性营销

17. 市场定位是（　　）在细分市场的位置。

A. 塑造企业人员　B. 塑造一种产品　C. 确定目标市场　D. 分析竞争对手

18. 重新定位，是对销路少、市场反应差的产品进行（　　）定位。

A. 避强　B. 对抗性　C. 竞争性　D. 二次

19. “七喜”汽水突出宣传自己不含咖啡因的特点，成为非可乐型饮料的主导者，它采取的是（　　）定位策略。

A. 市场渗透　B. 避强定位策略　C. 专业化营销　D. 竞争定位策略

20. 肯德基的门店总是开在麦当劳的附近，争取同样的目标顾客群，彼此在产品、价格等方面少有差别，肯德基采取的是（　　）定位策略。

A. 重新定位策略　B. 避强定位策略　C. 迎强定位策略　D. 竞争定位策略

二、多项选择题（在下列每小题中，正确的答案不少于两项，请准确选出全部正确答案）

1. 有效市场细分的原则包括（　）。

A. 可控制性　B. 可进入性　C. 相对稳定性

D. 可衡量性　E. 可盈利性

2. 属于消费者市场细分变量的有（　）。

A. 地理因素　B. 行业　C. 人口统计因素

D. 心理因素　E. 行为因素

3. 下列因素属于人口统计变量的有（　）。

A. 民族　B. 社会阶层　C. 经济收入

D.家庭　E. 人口密度

4. 市场细分的作用，有利于（　）。

A. 发现市场机会　B. 选定目标市场　C. 制定营销策略

D. 有效利用资源　E. 扩大市场占有率

5. 目标市场范围的选择包括（　）。

A. 市场集中化　B. 产品专业化　C. 市场专业化

D. 选择专业化　E. 市场全面化

6. 无差异营销战略（　）。

A. 具有成本的经济性　B. 不进行市场细分　C. 适宜于绝大多数产品

D. 只强调需求共性　E. 适用于小企业

7. 企业采用差异性营销战略时（　）。

A. 一般只适合于小企业　B. 要进行市场细分

C. 能有效提高产品的竞争力　D. 具有最好的市场效益保证

E. 以不同的营销组合针对不同的细分市场

8. 产品专业化意味着（　）。

A. 企业只生产一种产品供应给各类顾客

B. 有助于企业形成和发展其生产和技术上的优势

C. 可有效地分散经营风险

D. 可有效发挥大型企业的实力优势

E. 进行集中营销

9.市场定位的主要策略有（　）。

A. CIS　B. POP　C. 迎强定位　D. 避强定位　E. 重新定位

10. 市场定位方法有（　）。

A. 产品特色定位　B. 产品为顾客提供的利益定位　C. 使用者类型定位

D. 避强定位　E. 重新定位

11. 企业在市场定位过程中（　）。

A. 要了解竞争产品的市场定位

B. 要研究目标顾客对该产品各种属性的重视程度

C. 要选定本企业产品的特色和独特形象

D. 要避开竞争者的市场定位

E. 要充分强调本企业产品的质量优势

12. 实现目标市场营销包括三个步骤（　　）。

A. 集中营销　　B. 市场细分　　C. 目标市场

D. 竞争营销　　E. 市场定位

三、填空题（在下列每小题中，填上适当的内容）

1. 市场细分是20世纪______年代中期美国市场营销学家温德尔·斯密提出的。

2. 市场细分理论是基于消费者需求的______理论提出的。

3. 市场细分的可盈利性，表明该细分市场要有足够的市场______，使企业能够获得目标利润。

4. 实行无差异营销战略的企业把______看做一个大的目标市场。

5. 在选择目标市场营销战略时，如果企业能力有限，则宜选择______营销战略。

6. 市场专业化是企业专门经营满足某一顾客群体需要的______。

7. 企业选择目标市场营销策略，将会受到企业资源、______、市场特点、竞争者营销策略的影响。

8. 采用避强定位，市场风险较小，成功率______，常常为多数企业采用。

9. 市场定位的目的在于吸引更多的______。

10. 识别潜在竞争优势是______的基础。

四、判断题（判断下列各题是否正确，正确的在题后的括号内打"√"，错误的打"×"）

1. 企业不一定都要明确每一个细分市场的主要特征。（　　）

2. 市场细分只是一个理论抽象，不具有实践性。（　　）

3. 市场细分的理论依据是消费者存在需求偏好差异。（　　）

4. 市场细分标准中的有些因素相对稳定，多数则处于动态变化中。（　　）

5. 可盈利性是指企业易于进入的目标市场。（　　）

6. 市场细分是选择目标市场的目的和归宿。（　　）

7. 若企业资源与能力有限，可选择集中性营销战略。（　　）

8. 迎强定位有时会有危险，如果成功会取得巨大市场优势。（　　）

9. 市场定位与产品差异化无关。（　　）

10. 企业采用服务差别化的市场定位战略，就可以不再追求技术和质量的提高。（　　）

五、简答题

1. 简述市场细分的作用。

2. 简述消费者市场细分步骤。

3. 简述有效细分的条件。

4. 简述目标市场应具备的条件。

5. 简述影响目标市场营销策略的因素。

六、论述题

1. 论述消费者市场细分标准。

2. 举例论述市场定位的策略。

七、案例分析题

案例分析 1

“万宝路”的市场定位

20 世纪 20 年代的美国，被称为“迷惘的时代”。经过第一次世界大战的冲击，许多青年都自认为受到了战争的创伤，并且认为只有拼命享乐才能将这种创伤冲淡。他们或在爵士乐的包围中大声尖叫，或沉浸在香烟的烟雾缭绕当中。无论男女，他（她）们嘴上都会异常悠闲雅致地衔着一支香烟。妇女是爱美的天使，社会的宠儿，她们抱怨白色的香烟嘴常沾染了她们的唇膏。于是“万宝路”问世了。“万宝路”这个名字意为“男人们总是忘不了女人的爱”。其广告口号是“像五月的天气一样温和”。用意在于争当女性烟民的“红颜知己”。

为了表示对女烟民关怀，莫里斯公司把“Marlboro”香烟的烟嘴染成红色，以期广大爱靓女士为这种无微不至的关怀所感动，从而打开销路。然而几个星期过去，几个月过去，几年过去了，莫里斯心中期待的销售热潮始终没有出现。热烈的期待不得不面对现实中尴尬的冷场。

“万宝路”从 1924 年问世，一直至 20 世纪 50 年代，始终默默无闻。它的温柔气质的广告形象似乎也未给广大淑女们留下多少利益的考虑，因为它缺乏以长远的经营、销售目标为引导的带有主动性的广告意识。莫里斯的广告口号“像五月的天气一样温和”显得过于文雅，而且是对妇女身上原有的脂粉气的附和，致使广大男性烟民对其望而却步。这样的一种广告定位虽然突出了自己的品牌个性，也提出了对某一类消费者（这里是妇女）特殊的偏爱，但却为其未来的发展设置了障碍，导致它的消费者范围难以扩大。女性对烟的嗜好远不及对服装的热情，而且一旦她们变成贤妻良母，她们并不鼓励自己的女儿抽烟！

菲利普·莫里斯公司开始考虑重塑形象。公司派专人请利奥–伯内特广告公司为“万宝路”作广告策划，以期打出“万宝路”的名气销路。“让我们忘掉那个脂粉香艳的女子香烟，重新创造一个富有男子汉气概的举世闻名的‘万宝路’香烟！”——利奥–伯内特广告公司的创始人对一筹莫展的求援者说。一个崭新大胆的改造“万宝路”香烟形象的计划产生了。产品品质不变，包装采用当时首创的平开式盒盖技术，并将名称的标准字（MARLBORO）尖角化，使之更富有男性的刚强，并以红色作为外盒主要色彩。

广告的重大变化是：“‘万宝路’的广告不再以妇女为主要对象，而是用硬铮铮的男子汉”。在广告中强调“万宝路”的男子气概，以吸引所有爱好追求这种气概的顾客。菲利普公司开始用马车夫、潜水员、农夫等做具有男子汉气概的广告男主角。但这个理想中的男子汉最后还是集中到美国牛仔这个形象上：一个目光深沉、皮肤粗糙、浑身散发着粗犷、豪气的英雄男子汉，在广告中袖管高高卷起，露出多毛的手臂，手指总是夹着一支冉冉冒烟的“万宝路”香烟。这种洗尽女人脂粉味的广告于 1954 年问世，它给“万宝路”带来巨大的财富。仅 1954~1955 年间，“万宝路”销售量提高了 3 倍，一跃成为全美第 10 大香烟品牌，1968 年其市场占有率上升到全美同行第二位。

从“万宝路”两种风格的广告戏剧性的效果转变中，我们可以看到定位的魔力。正是定位塑造了产品形象，增添了产品的价值，使“万宝路”成长为当今世界第一品牌。

资料来源：《“万宝路”的市场定位》，中华管理学习网。

讨论分析题：

利用本章的理论知识，分析万宝路脱离逆境，取得成功的原因。

案例分析 2

帕米亚无烟香烟

1998 年下半年，美国 RJR 公司的帕米亚无烟香烟在美国亚特兰大、圣路易斯、菲尼克斯等城市试销，但是销售量不理想，再购率很低。

对于大多数人来说，帕米亚无烟香烟是个“新玩意儿”，它的一端有一个碳头和几个有趣的圆珠，香烟中的尼古丁来源于此，尼古丁被耐燃的铝薄纸包裹。这种烟很难点燃，一般要点三四次，原因是它不像一般香烟那样燃烧，并且不产生烟灰，吸过与没吸过在外表上无明显区别，价格比普通香烟高 25%。RJR 公司为此烟的生产和促销投入 3 亿多美元，它没有采用以往“万宝路”香烟等比较成功的形象广告，而采用比较复杂的印刷广告（顾客买“帕米亚”时，会同时得到三页文字说明书），还采取了买一送二的鼓励方式。公司营销人员认为：大多数吸烟者开始会对帕米亚不适应，但随着使用频率和使用时间的增加，最终会适应。公司把“洁净者之烟”作为帕米亚的主题广告概念，宣传帕米亚是“一种全新的吸烟享受时代的开端”。但是，帕米亚的真正利益者非吸烟者个人，而是环境和他人。RJR 公司对帕米亚香烟目标市场的定位极其广泛，包括：25 岁以上，受过良好教育的文雅的吸烟者；试图戒烟和寻求替代品者；吸烟成瘾者；生活富裕者；寻求低焦油含量者；老年吸烟者。

来自《华尔街日报》的一个记者在亚特兰大机场对几十名吸烟者的一项调查表明：大多数人不喜欢帕米亚香烟，包括它的味道和太多的吸烟方式的改变。有人只吸了一两口就扔掉了。但一位广告公司的总裁说：“我不喜欢帕米亚，但在家中为了摆脱太太喋喋不休的唠叨时，我会抽它。”一位长期在办公室工作的职员说：“有时我感到疲劳，但办公室不准吸烟。此时，帕米亚可以帮助我解决问题。”一位正打算登机长途旅行的人说：“一般情况下，我不会选择它。但长途旅行中为打发时间，我可能会抽帕米亚。”

最后，调查的结果是：60%以上的人不喜欢帕米亚香烟，主要是对它的味道和吸烟行为方式的改变不适应；40%的人回答说，只有在那些不允许冒烟的地方，才把帕米亚作为第二品牌。

资料来源：《帕米亚无烟香烟》，百度文库。

讨论分析题：

运用目标市场营销策略的相关知识，分析帕米亚无烟香烟在目标市场选择方面存在的问题及其改进策略。

【参考答案】

一、单项选择题

1. C　2. B　3. D　4. C　5. C　6. B　7. D　8. D　9. B

10. C　11. A　12. B　13. D　14. B　15. D　16. C　17. B　18. D
19. B　20. C

二、多项选择题

1. BCDE　2. ACDE　3. ABCD　4. ABCD　5. ABCDE　6. ABD
7. BCE　8. AB　9. CDE　10. ABC　11. ABC　12. BCE

三、填空题

1. 50　2. 异质性　3. 容量　4. 整个市场　5. 集中　6. 产品　7. 产品特性　8. 较高　9. 目标顾客　10. 市场定位

四、判断题

1. ×　2. ×　3. √　4. √　5. ×　6. ×　7. √　8. √　9. ×　10. ×

五、简答题

1. 简述市场细分的作用。

答：(1) 有利于发现市场机会。

(2) 有利于选定目标市场。

(3) 有利于制定营销战略和策略。

(4) 有利于企业有效地利用营销资源。

2. 简述消费者市场细分步骤。

答：(1) 识别细分市场。

(2) 收集研究信息。

(3) 拟定综合评价标准。

(4) 确定营销因素。

(5) 估计市场潜力。

(6) 分析市场营销机会。

(7) 提出市场营销策略。

3. 简述有效细分的条件。

答：(1) 可衡量性。

(2) 可进入性。

(3) 可盈利性。

(4) 相对稳定性。

4. 简述目标市场应具备的条件。

答：(1) 市场规模和增长潜力。这项评估主要是分析细分市场是否具有适当的规模和增长潜力。

(2) 市场的吸引力。

(3) 企业目标和资源。

5. 简述影响目标市场营销策略的因素。

答：(1) 企业资源。

(2) 产品特性。

(3) 市场特点。

(4) 竞争者营销策略。

六、论述题

1. 论述消费者市场细分标准。

答：影响消费者需求的因素是多种多样的，因此，消费者市场细分的标准也很多。其中，常见的主要有地理因素、人口因素、心理因素和行为因素。

(1) 地理因素。地理因素是指按照消费者所处的地理环境作为细分市场的标准。这是一种传统的划分方法，相对于其他标准，这种划分标准比较稳定，也比较容易分析。

地理因素主要包括以下一些细分变量。

1) 行政区域。如国家、省、市、区县、乡村等，行政区域有大小不同，有城乡之别，往往意味着市场规模和需求等方面存在差异。当按行政区域来划分不同的细分市场时，往往容易受到人为因素的影响。

2) 地形。如沿海地区、内陆地区、华北、东北、西南等地区。不同的地形位置，有不同的消费需求和生活习惯，这就可按地形位置来划分不同的细分市场。

3) 气候。如我国气候分热带、亚热带、中温带、暖温带、寒带等。不同的气候有着不同的消费需求，需要不同的产品，所以可以按气候来划分不同的细分市场。

(2) 人口统计因素。人口统计因素是指按照人口变量的因素来细分市场的标准。人口是构成市场最主要的因素，人口标准易于统计且直接与市场规模相关，因此是市场细分最常用、最主要的标准。人口统计因素主要包括以下变量：

1) 年龄。不同年龄消费者的需要和购买力具有明显差异，如儿童对玩具、少儿读物的需求最多；青年对服装、文化体育用品的需求较多；而营养滋补品和医疗保健用品的需求者多为老年人。根据消费者年龄标准可以划分为各个不同的细分市场。

2) 性别。不同性别具有不同的细分需求和购买行为，这是自然生理差别引起的差异。在服装、化妆品、自行车等市场上因性别而产生的需求差异尤其明显，因此在这些行业中性别一直是一个常用的细分因素。根据消费者性别标准可以划分为男性市场和女性市场。

3) 经济收入。消费者的收入直接影响他们的购买力、对消费需求的数量、结构和趋向具有决定性的影响。家具、家电、饮服、住宅等许多行业均以此作为细分依据，可以分为高档市场、中档市场和低档市场。

4) 职业。消费者的职业不同会引起不同的需求。如公司的职业女性、教师和演员对服装、鞋帽和化妆等产品的需求会有自己独特的购买要求。根据职业变量可以划分许多不同的细分市场。

此外，还有消费者的学历、教育、民族、宗教，家庭等也都是影响其消费习惯和购买特点的重要变量，根据这些变量都可以把市场划分为各个不同的细分市场。

(3) 心理因素。心理细分，是指按照消费者的生活方式、个性特点等心理变量来细分消费者市场。

1) 生活方式。即根据人们的生活价值观所形成的生活行为体系或生活模式和生活方法。不同生活方式的消费者对产品有着不同的需求和兴趣爱好；消费者生活方式的改变也就会产生新的需求。这充分说明，生活方式是影响消费者的需求和欲望的一个重要因素。

2) 个性细分。企业还可以按照消费者不同的个性来细分消费者市场。

(4) 行为因素。行为细分，是指企业按照消费者对产品的了解程度、态度、使用情况或反应等来细分消费者市场。其行为变量包括时机、利益、使用者地位、使用率、忠诚状况、消费者待购阶段和消费者对品牌的态度。

1) 时机。即根据消费者产生需要、购买或使用产品的时机，将其区分开来。

2）利益。即消费者往往因为各有不同的购买动机、追求不同的利益，所以购买不同的产品和品牌。以购买牙膏为例，有些消费者购买高露洁牙膏，主要是为了防治龋齿；有些消费者购买芳草牙膏，主要是为了防治口腔溃疡、牙周炎。正因为这样，企业还可以按照不同的消费者购买商品时所追求的不同利益来细分消费者市场。企业可根据自己的条件，权衡利弊，选择其中一个追求某种利益的消费者群为目标市场，设计和生产出适合目标市场需求的产品，并且用适当的广告媒体和广告语，把这种产品的信息传达给追求其利益的消费者群。现代市场营销的实践证明，利益细分是一种行之有效的细分方法。

3）使用者。即许多商品的市场可以按照使用者情况来细分，如非使用者、曾经使用者、潜在使用者、初次使用者和经常使用者等。资金雄厚、市场占有率高的大公司，一般都对潜在使用者的消费者群体发生兴趣，它们着重吸引潜在使用者，以扩大市场阵地；小企业资金薄弱，往往看重吸引经常使用者。当然，企业对潜在使用者和经常使用者要酌情运用不同市场营销组合及其相关措施。

4）使用率。即市场也可以按产品被使用的程度，细分成少量使用者、中度使用者和大量使用者群体。大量使用者的人数通常只占总市场人数的一小部分，但是他们在总消费中所占的比重却很大。市场营销者通常偏好吸引对其产品或服务的大量使用者群体，而不是少量用户。

5）忠诚度。即企业可以按照消费者对品牌（或商店）的忠诚度来细分消费者市场。所谓品牌忠诚，是指由于价格、质量等诸多因素的吸引力，使消费者对某一品牌的产品情有独钟，形成偏爱并长期地购买这一品牌产品的行为。提高品牌的忠诚度，对于一个企业的生存和发展、扩大市场占有率极其重要。根据品牌忠诚度的高低，可将消费者分为绝对忠诚者、不坚定的忠诚者、转移型忠诚者和易变者。

2. 举例论述市场定位的策略。

答：市场定位策略实际是一种竞争策略，即根据产品的特点及消费者对产品的知觉，确定本企业产品与竞争者之间的竞争关系。企业常用的市场定位策略主要有以下三种：

（1）避强定位。当企业通过对竞争者的市场位置、消费者的实际需求和自己产品的属性和特色等进行评估分析后，发现现有市场存在缝隙或空白，这一缝隙或空白有足够的消费者作为一个潜在区域而存在；并且企业发现自己的产品难以同竞争对手正面匹敌，或者发现这一潜在区域比老区域更有潜力。这种情况下，企业避开强有力的竞争对手，不与对手直接对抗，将自己置于某个市场"空隙"中。由于这种定位策略风险较小，成功率较高，经常为大多数企业所采用。如在美国软饮料市场，稳坐第一、第二把交椅的是可口可乐公司和百事可乐公司，而"七喜"公司又挤进该市场，把自己的产品定位于"非可乐型"饮料，满足了不愿饮用带有咖啡因饮料的消费者的需求。

（2）迎强定位。企业选择与竞争对手重合的市场位置，争取同样的目标顾客群，彼此在产品、价格、分销等方面少有差别。这是一种与在市场上处于支配地位的竞争者"对着干"的定位策略，存在着很大风险。但是这种方式能够激励企业以较高的目标要求自己，奋发向上，在激烈的市场竞争中赢得生存和发展的空间。例如，百事可乐与可口可乐的竞争、肯德基与麦当劳的竞争、富士与柯达的竞争等，都是采用这种以强对强的定位策略。采用迎强定位的企业，一般应具备三个条件：第一，企业产品的性能、质量和特色确实优于竞争对手；第二，在这个位置上，市场上确实有潜在的销售量，能容得下竞争双方的产品；第三，在这个产品定位上能发挥企业的优势。从实践中看，迎强定位策略适用于实力雄厚的大中型企业。

(3) 重新定位。随着企业的发展、技术的进步、市场环境的变化，企业对过去的定位作修正，以使企业拥有比过去更多的适应性和竞争力。一般来说，主要有以下三种情况：

1) 企业的经营战略和营销目标发生了变化。如当娃哈哈从一个儿童饮料的品牌发展成为全系列的、涉及多个年龄阶层的品牌时，其市场定位就需要进行延伸乃至重塑。

2) 企业面临激烈的市场竞争。如可口可乐也不例外，近年来，由于竞争加剧，特别是百事可乐和七喜的异军突起，可口可乐独霸市场的局面被打破，不得不开始改变其原来的产品定位，突破传统可乐型饮料，增加芬达、雪碧等新产品，满足各种顾客的需要。避开了与竞争对手在狭窄市场领域的激烈冲突，并使公司获得了更多的发展机会和空间。

3) 企业为适应目标顾客的新需求。消费需求是不断发展变化的，而企业的市场定位往往具有一定的稳定性，这样当消费需求不断变化时，企业的市场定位就需要根据需求的变化而不断调整。企业的市场定位应该是一个动态战略过程，需要针对新的环境、新的需求、新的企业战略而不断调整。

七、案例分析题

案例解读1

“万宝路”的市场定位

利用本章的理论知识，分析万宝路脱离逆境，取得成功的原因。

答：万宝路最初将目标市场定位于“迷惘的时代”中的女性顾客，但却没有实现预期的销售效果，这与女性顾客自身的消费行为是直接相关的，出于爱美之心，她们在抽烟时较男性烟民要节制得多，而且产品形象过于温柔，得不到男性顾客的喜欢，因此可以说公司对市场的细分不够合理，细分市场没有足够的规模。重新定位之后，公司将目标顾客瞄准为对香烟消费能力更强的男性，使得市场规模扩大，而且将产品定位在西部牛仔这一刚毅、硬朗，具有男子汉气质的形象上，更是受到了广大男烟民的追捧，因而摆脱了之前因前期不当定位所产生的问题，最终在市场上获得了极大的成功。

案例解读2

帕米亚无烟香烟

运用目标市场营销策略的相关知识，分析帕米亚无烟香烟在目标市场选择方面存在的问题及其改进策略。

答：作为传统香烟的替代品，公司选择的目标市场太宽泛了，而且在其营销组合策略中，产品和促销都存在问题，产品虽然有明显的优点但对吸烟者本人却没有什么利益，而促销的说明书又太长，“洁净者之烟”的广告主题缺乏个性。公司可以先把“吸烟成瘾者”列为目标市场，把帕米亚香烟定位于适合在不能吸传统烟的时间和场合享用的替代品，也可以考虑把年轻的刚开始吸烟者作为目标市场，以“全新的吸烟享受”为号召，使其形成吸帕米亚香烟的习惯。

第九章　市场竞争战略

“我最核心的发现是，如果你能发财，你能在任何一个产业发财。你身在哪个产业不重要，重要的是你在那个产业如何去与别人竞争。”

——迈克尔·波特

本章重点：掌握对竞争者进行分析的步骤与主要内容；理解竞争者的特点，明确如何确定竞争对象和竞争战略；理解竞争性市场地位的划分。

本章难点：企业如何根据自己的市场地位来选择和实施恰当的竞争战略，以应对激烈的市场竞争，实现其经营目标。

本章新知识点：顾客导向与竞争者导向的聚合与兼容。

【学习目标】

在市场经济中，任何企业都无法回避竞争。优胜劣汰，残酷无情。然而也正是在激烈的竞争中，企业得到了发展，人们的需要得到了满足，社会经济也在竞争中进步。当前，竞争机制在我国市场上发挥着日益强大的作用。因此，要想在市场上取得成功，就必须学会竞争。准确、恰当的竞争者分析和竞争性营销战略，对企业具有特别重要的意义。通过本章学习，要明确对竞争者分析的重要性、分析的内容和方法；初步懂得如何根据企业在市场上的竞争地位，制订相应的竞争战略和策略。

【核心概念】

战略群体；定点超越；市场领导者；市场挑战者；市场跟随者；市场补缺者。

1. 战略群体

战略群体是指在某特定行业内推行相同战略的一组企业。

2. 定点超越

定点超越，在国外也称为优胜基准法，它是通过寻找出竞争者在管理和营销等方面较好的做法为标准，然后加以模仿、组合和改进，并力争超过标杆者。

3. 市场领导者

市场领导者是指在相关产品的市场上市场占有率最高的企业，它通常在价格变化、新产品开发、分销渠道建设和促销策略等方面对本行业其他企业起着主导作用。一般来说，大多数行业都有一家企业被公认为市场领导者。

4. 市场挑战者

市场挑战者指在行业中占据第二位及以后位次，有能力对市场领导者和其他竞争者采取攻击行动，希望夺取市场领导者地位的公司。

5. 市场跟随者

市场跟随者是指那些在市场上处于次要地位并安于现状的企业，它们通常在产品、技术、价格、渠道和促销等大多数营销战略上模仿或跟随市场领导者，以求在“共处”的状态下取得尽可能多的收益。

6. 市场补缺者

市场补缺者是指能够发现及占有某些细分市场，并借助专业化对那些可能为大企业所忽略或放弃的市场提供有效产品和服务的企业。

【新知识点】

顾客导向与竞争者导向的聚合与兼容

在企业进行市场决策时，“以顾客为中心”还是“以竞争者为中心”是一个不容回避的问题。二者看似矛盾，实际上可以并行不悖，既要以顾客为导向，也要以竞争者为导向。但在侧重点上应考虑主次，即以顾客导向为中心，兼顾竞争者导向。在此基础上将二者有机嫁接，并使之相互兼容。现代企业通过以顾客导向为根本导向，兼顾竞争者导向，最终形成综合协调顾客、竞争者的市场导向——一种真正的经营导向。

1. 并行不悖——既要以顾客为导向，也要以竞争者为导向

顾客导向是指企业以满足顾客需求、增加顾客价值为企业经营的出发点，在经营过程中，特别注意顾客的消费能力、消费偏好以及消费行为的调查分析，重视新产品开发和营销手段的创新，以动态地适应顾客需求。它强调的是要避免脱离顾客实际需求的产品生产或对市场的主观臆断。竞争者导向则是指公司以竞争者为中心，根据竞争者的行动和反应来采取行动。公司将大部分时间用于追踪竞争者的行动，试图找出对策来反击。它强调的是要避免忽视竞争对手的存在。

（1）以顾客为导向的理由。随着经济市场化进程的日益加快，国际市场和国内市场环境发生了剧烈的变化——结束了卖方市场和短缺经济的局面，迎来了买方市场和过剩经济，从而导致了权利的转移，即在作为整体的消费者与企业的交易谈判中，企业的谈判地位下降，由企业主权转变为消费者（顾客）主权。决定生产经营何种产品的权利已不再属于生产者，而是属于消费者，衡量企业效率以及存在价值的决定权转移到顾客手中。

因此，企业应尽可能多地从顾客那里获得“货币选票”。在营销过程中，企业首先要了解、研究、分析消费者（consumer）的需要和欲求，而不是先考虑企业生产什么产品；首先要了解消费者对满足欲求愿意付出多少钱即成本（cost），而不是先给产品定价即向消费者要多少钱；首先要考虑在交易过程中如何给顾客方便（convenience），而不是先考虑销售渠道的选择和策略；以消费者为中心，通过互动沟通（communication）等方式，将企业内外营销不断进行整合，把顾客和企业双方的利益无形地整合在一起。

显然，这种“4Cs”论定位的中心是消费者、是顾客、是人本身，这是符合人性的；“4Cs”论是以顾客为导向的。企业必须广泛认同“顾客就是上帝”、“一切以顾客为中心”、“要求最大顾客满意度”等顾客导向的观念，并将之应用于企业经营实践。企业通过实施顾客导向战略，可以帮助企业给顾客提供整体顾客价值，并使价值不断创新（包括产品价值、服务质量、人员素质和企业形象）。

（2）以竞争者为导向的理由。企业要想在竞争中立于不败之地，仅仅局限于顾客导向也

是不够的。以顾客为导向解决了企业生产出的产品不偏离顾客需求这一问题，但它却未能打破“同质化竞争”的局面——只要市场上存在某种需求，企业就会花大力来获得这些消息，采取各种措施来满足该市场，而不考虑市场上竞争对手的多少和对策。殊不知对这些市场消息，其他竞争对手也可通过市场调研获得，也可采取相同的手段来获得该市场。

要解决这一问题，企业在营销中必须做到：提高产品与需求的对应程度，提供符合顾客特点和个性的具有特色或独特性的优质产品或服务与顾客建立关联（relevancy）；市场上出现了某种热点，企业必须提高市场反应（reflection）速度即企业得站在顾客的角度及时地倾听顾客的希望和渴求，并及时答复和迅速做出反应，满足顾客需求；充分意识到在竞争性市场中，顾客忠诚度是变化的，他们会转移到其他企业，即企业没有市场是因为竞争者占有了市场，你失去了顾客是因为竞争者抢走了顾客，于是企业应通过与顾客建立长期稳固的关系（relationship），从交易变成责任、从顾客变成用户、从管理营销组合变成管理和顾客的互动关系来抢占市场；为进一步提高企业的竞争力，企业的营销必须达到一种双赢的效果，即企业实施相对于竞争对手来说的低成本战略，并在此基础上获得更多的市场份额，形成规模效益，进而给企业带来短期或长期的收入和利润的能力以作为回报（reward）。

显然，这种“4Rs”论是以竞争者为导向的。竞争者导向要求企业对竞争者进行分析，即识别竞争者、识别竞争者战略、研究竞争者的目标、评估竞争者的优势与劣势、评估竞争者的反应模式、设计竞争情报系统和选择要攻击和回避的竞争者。企业通过实施竞争者导向战略，可以帮助企业抵御风险、防御对手的进攻；估计竞争者相对于本组织的优势和劣势，从而采取相应措施以提高自己的核心能力、发展自己的可持续优势。

2. 主次有别——以顾客导向为中心，兼顾竞争者导向

“顾客导向”是在充分满足需求的情况下，将顾客导向营销观贯穿于企业经营的整个过程，从而达到提高顾客满意度的目的。竞争者导向公司的行动以竞争者的行动为根据，而非实施自己一贯的顾客导向，结果可能会导致过度依赖竞争者。所以说，竞争者导向难以满足“急顾客所急、想顾客所想”。营销专家波特所勾画的“波特模型”中，顾客与竞争对手都在五种竞争力量之中。顾客导向与竞争者导向是当今营销中不可分割的部分。顾客导向是一切营销活动的基础。竞争者导向是为了提高企业的竞争力，从而更好地满足顾客，在竞争中时刻注意竞争对手的行动，从而采取相应的措施，但不能偏离顾客需求这个基础。因此，我们应以顾客导向为中心，兼顾竞争者导向。

3. 聚合兼容——市场导向

两种导向都十分重视赢得顾客，也都强调竞争，这就促使企业可以根据实际情况，有效地整合顾客导向和竞争者导向并使之聚合兼容成一种新的经营导向——市场导向。

企业作为市场经济的微观主体，一切活动都离不开市场，它所需要的原材料要从市场中获得，它的产品和服务要在市场中实现价值。在这一过程中，由于同业者充斥市场，必然会产生彼此之间的竞争。同时，为了在市场竞争中取得有利地位，各企业必然从市场需求出发开发产品和服务并制定相应的策略。因而企业在建立识别系统时必须同时兼顾顾客导向和竞争者导向，使自己的行为围绕着市场这一中心来展开。因此，企业得首先从顾客需求出发，通过市场调查、顾客行为分析等发现顾客的显性需求，运用资源生产出满足顾客显性需求的产品及服务投放市场，通过反馈及进一步的市场研究，对顾客显性需求及其可能的变化作出分析。与此同时，分析竞争产品及服务所体现的顾客价值，可以发现显性顾客需求中尚未被满足的区域，从而为企业在现有基础上通过产品服务创新去填补市场空缺，通过与竞争者产品或服务的比较发现本企业产品及服务在为顾客提供价值时所缺少的因素，通过改进或创新

产品、服务为企业渐进提升顾客价值。

"4Ps"关注的是企业，"4Cs"是以消费者为中心，"4Rs"是以竞争者为导向。因此，市场导向要求企业做到：在与顾客建立长期而稳固的关系基础上，对可控的产品、价格、渠道和促销四大因素进行综合运用与优化组合，以便保持顾客的忠诚度，永远留住顾客。

【学习重点】

竞争者分析；确定竞争对象与战略原则；竞争性市场地位确定的意义和策略；市场领导者战略；市场挑战者战略；市场跟随者战略；市场补缺者战略。

1. 竞争者分析

（1）识别竞争者。企业要制定正确的竞争战略和策略，就要深入地了解竞争者，主要方面有：谁是我们的竞争者，他们的战略和目标是什么，他们的优势与劣势是什么，他们的反应模式是什么，我们应当攻击谁、回避谁。

1）行业竞争观念。行业是一组提供一种或一类密切替代产品的相互竞争的公司。行业动态首先决定于需求与供应的基本状况，供求会影响行业结构，行业结构又影响行业的行为。决定行业结构的主要因素有：销售商数量及产品差异程度；进入与流动障碍；退出与收缩障碍；成本结构；纵向一体化；全球经营。

2）市场竞争观念。从市场方面来看，竞争者是那些满足相同市场需要或服务于同一目标市场的企业。例如，从产业观点来看，打字机制造商以其他同行业的公司为竞争者；但从市场观点来看，顾客需要的是"书写能力"，这种需要以铅笔、钢笔、电子计算机也可满足，因此生产这些产品的公司均可成为打字机制造商的竞争者。以市场观点分析竞争者，可使企业拓宽眼界，更广泛地看清自己的现实竞争者和潜在竞争者，从而有利于企业制订长期的发展规划。

识别竞争者的关键是，从产业和市场两方面将产品细分和市场细分结合起来，综合考虑。

（2）判定竞争者的战略和目标。

1）判定竞争者的战略。公司最直接的竞争者是那些处于同一行业同一战略群体的公司。战略群体指在某特定行业内推行相同战略的一组公司。战略的差别表现在目标市场、产品档次、性能、技术水平、价格、销售范围等方面。区分战略群体有助于认识以下三个问题：不同战略群体的进入与流动障碍不同；同一战略群体内的竞争最为激烈；不同战略群体之间存在现实或潜在的竞争。

2）判定竞争者的目标。竞争者的最终目标当然是追逐利润，但是每个公司对长期利润和短期利润的重视程度不同，对利润满意水平的看法不同。有的企业追求利润"最大化"目标，有的企业追求利润"满足"目标。具体的战略目标有多种多样，如获利能力、市场占有率、现金流量、成本降低、技术领先、服务领先等，每个企业有不同的侧重点和目标组合。

（3）评估竞争者的实力和反应。

1）评估竞争者的优势与劣势。竞争者能否执行和实现战略目标，取决于资源和能力。评估竞争者可分为三步：收集信息，分析评价，定点超越。

2）评估竞争者的反应模式。了解竞争者的经营哲学、内在文化、主导信念和心理状态，可以预测它对各种竞争行为的反应。竞争中常见的反应类型有以下四种：从容型竞争者，选择型竞争者，凶狠型竞争者，随机型竞争者。

2. 确定竞争对象与战略原则

(1) 确定攻击对象和回避对象。在了解竞争者以后，企业要确定与谁展开最有力的竞争。企业要攻击的竞争者不外乎下列三类之一：

1) 强竞争者与弱竞争者。攻击弱竞争者在提高市场占有率的每个百分点方面所耗费的资金和时间较少，但能力提高和利润增加也较少。攻击强竞争者可以提高自己的生产、管理和促销能力，更大幅度地扩大市场占有率和利润水平，但是取得成功的难度大、风险高。

2) 近竞争者和远竞争者。多数公司重视同近竞争者对抗并力图摧毁对方，但是竞争胜利可能招来更难对付的竞争者。

3) "好"竞争者与"坏"竞争者。"好"竞争者的特点是：遵守行业规则；对行业增长潜力提出切合实际的设想；按照成本合理定价；喜爱健全的行业，把自己限制在行业的某一部分或某一细分市场中；推动他人降低成本，提高差异化；接受为他们的市场份额和利润规定的大致界限。"坏"竞争者的特点是：违反行业规则；企图靠花钱而不是靠努力去扩大市场份额；敢于冒大风险；生产能力过剩仍然继续投资；总之，他们打破了行业平衡。公司应支持好的竞争者，攻击坏的竞争者。

(2) 企业市场竞争的战略原则。企业的市场竞争战略会随着时间、地点、竞争者状况、自身条件和市场环境等因素的不同而变化。但某些基本战略是不会改变的，包括创新制胜、优质制胜、廉价制胜、技术制胜、服务制胜、速度制胜、宣传制胜等。

3. 竞争性市场地位确定的意义和策略

这里所讲的竞争性市场地位是指企业依据自己的规模、资源、实力、目标、特色等，确定自己在目标市场上的竞争地位。他们或是谋求主导者地位，或是甘居人后，满足于追随者或填空补缺者的地位。

市场在动荡中发展变化，因此没有一种战略或策略是永恒适用的，企业根据各方面具体情况确认和调整在市场竞争中的地位，有助于企业选择适当的营销战略和策略。

按市场份额或资源实力的不同，通常可把企业的市场竞争地位分为四种类型：市场领导者、市场挑战者、市场跟随者、市场补缺者。

4. 市场领导者战略

市场领导者指占有最大的市场份额，在价格变化、新产品开发、分销渠道建设和促销战略等方面对本行业其他企业起着领导作用的企业。占据着市场领导者地位的企业常常成为众矢之的。要击退其他企业的挑战，保持第一位的优势，必须从三个方面努力：扩大市场需求总量，保护现有市场份额，扩大市场份额。

(1) 扩大市场需求总量。可通过三个途径来实现：发掘新的使用者；开辟产品的新用途；刺激使用者增大产品使用量。

(2) 保护现有市场份额。这是一种战略防御。近年来在国外经营管理学中常常借用军事上的战略战术，特别是对我国古代的兵法十分重视。《孙子兵法》是日本企业管理人员的必读书目，美国等国也十分注重对它的研究和应用。目前我国企业界也开始着手这方面的工作，已有许多成功的实例。

战略防御的第一种做法是主动出击。此外，还有多种防御战略可供选择，教材上列举了阵地防御、侧翼防御、以攻为守、反攻防御、机动防御、收缩防御六种策略。防御者要严守阵地，不能有任何疏漏。市场领导者必须善于准确地辨认哪些是值得耗资防守的阵地，哪些是风险很小可以放弃的阵地，同时企业必须集中使用防御力量。

(3) 扩大市场份额。在现有的市场规模下，市场领导者设法扩大市场份额，是增加收益、保持领导地位的一个重要途径。在许多市场上，市场占有率微小的增长就意味着销售额的巨大增加。但是，切不可认为市场份额提高就会自动增加利润，需要在如下两种条件下，提高市场份额才能使收益率同时增长：

1）单位成本随着市场份额的提高而下降。因为市场领导者经营的工厂较大，在成本上享有规模经济，而且成本的经验曲线下降较快，所以单位成本下降。也就是说，有一种既可提高市场份额又可提高利润的营销策略。

2）企业提供优质产品，并提高出售价格，售价的增加应大于为提高产品质量所付出的成本。

5. 市场挑战者战略

确定战略目标与竞争对手。市场挑战者指在行业中占据第二位及以后位次，有能力对市场领导者和其他竞争者采取攻击行动，希望夺取市场领导者地位的公司。大多数市场挑战者的目标是增加自己的市场份额和利润，与所要进攻的竞争对手直接相关。①攻击市场领导者。这一战略风险大，潜在利益也大。②攻击规模相同但经营不佳、资金不足的公司。③攻击规模较小、经营不善、资金缺乏的公司。

选择挑战战略。选择挑战战略应遵循“密集原则”，即把优势兵力集中在关键的时刻和地点，以达到决定性的目的。①正面进攻，是向对手的强项而不是弱项发起进攻。②侧翼进攻，是寻找和攻击对手的弱点。③包抄进攻，是在多个领域同时发动进攻以夺取对手的市场。④迂回进攻，是避开竞争对手的现有业务领域和现有市场，进攻对手尚未涉足的业务领域和市场，以壮大自己的实力。这是最间接的进攻战略。⑤游击进攻，是向对手的有关领域发动小规模的、断断续续的进攻，逐渐削弱对手，使自己最终夺取永久性的市场领域。游击进攻适用于小企业攻击大企业。

6. 市场跟随者战略

并不是所有的位居次要竞争地位的企业，都对主导者图谋取而代之，有许多企业情愿与市场主导者和平共处，跟随其后。这种状态普遍存在于资本密集、产品同质、价格敏感度甚高的行业。但跟随不等于没有策略，跟随者必须懂得如何保住现有的顾客，并争取一定数量的新顾客，必须设法给自己的目标市场带来某些特有的利益，同时还必须选择一条不会招致竞争性报复的发展途径。

追随的战略主要有三大类：①紧密跟随，是指在各个细分市场和产品、价格、广告等营销组合战略方面模仿市场领导者，不进行任何创新的公司。②距离跟随，是指在基本方面模仿领导者，但是在包装、广告和价格上又保持一定差异的公司。③选择跟随，是指在某些方面紧跟市场领导者，在某些方面又自行其是的公司。

7. 市场补缺者战略

市场补缺者也称市场利基者，是指专门为规模较小的或大公司不感兴趣的细分市场提供产品和服务的公司。规模较小且大公司不感兴趣的细分市场称为利基市场。

理想的利基市场具备以下特征：①具有一定的规模和购买力，能够盈利。②具备发展潜力。③强大的公司对这一市场不感兴趣。④本公司具备向这一市场提供优质产品和服务的资源和能力。⑤本公司在顾客中建立了良好的声誉，能够抵御竞争者入侵。

市场补缺者是弱小者，面临的主要风险是当竞争者入侵或目标市场的消费习惯变化时有可能陷入绝境。因此，它的主要任务有三项：创造利基市场，扩大利基市场，保护利基市场。

市场补缺者发展的关键是实现专业化，主要途径有：最终用户专业化，垂直专业化，顾客规模专业化，特殊顾客专业化，地理市场专业化，产品或产品线专业化，产品特色专业化，客户订单专业化，质量—价格专业化，服务专业化，销售渠道专业化等。

【知识链接】

迈克尔·波特和他的《竞争论》

迈克尔·波特是哈佛商学院教授，也是享誉世界的战略学者。他的本科学位是航天与机械工程，博士学位是产业经济。在这个背景下，他的战略研究不同于一般管理学者，更侧重于研究事物的内在规律，强调科学的准确性，注重行业的结构与竞争力。迈克尔·波特认为，行业是一群生产相互密切替代产品的企业所组成。因此，一个行业的竞争取决于其内在的经济结构，而不仅仅是行业内现有竞争者的行为。行业的竞争强度以及随之而产生的行业获利能力都取决于行业内五种竞争力的集体效果。

基于这种认识，迈克尔·波特 1979 年在《哈佛商业评论》上发表了《竞争力如何塑造战略》(How Competitive Forces Shape Strategy) 一文，将产业组织理论引进了战略管理研究，爆发了一场战略研究领域的革命。随后，他在 1980 年推出了经典名著《竞争战略》(Competitive Strategy)，介绍了行业竞争分析的五力模型。1985 年，他的另一本名著《竞争优势》(Competitive Advantage) 问世，介绍了企业价值链与行业价值链的学说。1990 年，在研究与咨询的基础上，波特撰写了《国家竞争力》(Competitive Advantage of Nations) 一书，探讨了产业集群与国家竞争力的问题。本文所介绍的经典名著《竞争论》(On Competition) 是波特 1998 年的力作。在这本书里，波特进一步深化与细化了前三本书的思想。读者阅读这本书，可以更深刻地了解波特的竞争思想框架与实践的导向。

在谈到这本书的目标时，波特讲："是要发展出一个严谨而实用，能够了解竞争的理论架构，并作为跨越理论与实务间鸿沟的桥梁……我的秘密武器是：把想法放进现实事务，理清自己思考的模糊地带，提出新的问题，并持续探索。"

波特在本书中所选用的大多数文章都是最初曾在《哈佛商业评论》上发表过的文章，再加上两篇过去没有发表过的文章：一篇是他研究国家竞争优势时提出的一个重要概念，即产业集群 (cluster)，另一篇是有关全球战略的文章。波特做出这样的选择是对的。1998 年，中国管理学院院长代表团为考察美国 MBA 教育而到哈佛商学院访问时，《哈佛商业评论》的主编就向我们介绍，其期刊 2/3 的读者是大公司的 CEO，余下的才是学术界读者。《哈佛商业评论》所登载的文章，是要以清晰易懂的方式阐述复杂的理论问题，从而在企业界产生巨大的影响。

本书共分为三篇：第一篇阐述了与企业有关的竞争力和战略问题。这是全书的核心部分，也是波特教授多年研究的精华。第二篇讨论的是地域竞争力的问题。随着生产能力的增加与过剩，市场的需求也开始增加，进一步导致竞争白热化。企业在行业的竞争由本地区开始外延，以致进入国际或全球市场，产生了对全球战略的需求。第三篇是在前两篇理论框架的基础上，关注了一些当前最重要的社会问题，如环保、城市贫穷、医疗保健和收入不均等。这些问题与经济发展和企业的竞争密切相关，也是决定企业可持续发展的关键点。

三篇有一个共同的主题，即企业获利能力与生存成长的关键，在于找出立足点，并持续不断地改善自身，获得独特的竞争地位。

1. 行业竞争力与企业战略

(1) 行业竞争力。每个行业的竞争结构是行业内各种竞争力较量的结果。根据研究，波特教授构建了著名的“五力模型”，即进入威胁、供应方议价能力、买方议价能力、替代品威胁，以及行业内现有竞争对手之间的对抗。这五种基本的竞争力决定着行业的竞争状态，也决定了行业竞争互动的本质。从这些竞争力量及其相互作用中，企业可以了解所在行业当前的获利能力，并预测行业长期竞争状况和获利能力。

任何经济现象都离不开社会与制度。波特也认识到政府政策对行业的竞争力结构有着直接或间接的影响。在很多情况下，特别是在供给与需求方面，政策的影响往往大于经济的影响。这种影响甚至会改变供给方、需求方以及替代品企业的竞争行为。为此，波特指出，如果在行业竞争力分析中，不考虑政府政策对行业竞争结构所产生的影响，那么这个分析就是不完善的。

波特指出，企业制定战略，首先要分析影响行业竞争结构的竞争力，以及其产生的原因，从而了解本行业的平均获利能力及长期变化的趋势。然后，企业可以根据自己对行业竞争力的判断，决定自己所要采取的战略行动。这包括企业对自己业务的定位，预测和利用行业竞争力的变化，重新构建对自己有利的行业结构。

(2) 战略的定位。竞争战略是指企业某项业务在自己所在行业从事的竞争活动，创造出差异性，即根据目标选择一整套不同的运营活动创造出独特的价值。企业在生产经营上，需要先界定自己是什么样的企业，属于哪个行业，再界定自己在行业中的位置。

波特教授从三个不同的角度阐述了战略定位的问题：基于品种（variety）的定位，即基于选择产品或服务种类而不是客户细分市场的定位；基于需求（needs）的定位，即满足特定顾客群大部分或所有的需求；基于接触（access）的定位，即以不同的方式接触细分型客户。

企业为了应对环境的突发变化，有时也需要考虑重新定位，改变既定的战略。例如，星巴克最近推出了免煮咖啡，并换了新的徽标（徽标上没有“咖啡”二字）。这说明星巴克要开始进军速溶咖啡市场以及其他市场。

在价值链的定位上，还有一种跳蛙战略（leapfrogging strategy），使得下游产品使用者了解上游某部件产品，赢得市场。例如，微软公司将自己的芯片徽标贴在电脑的表面，从而实现自己的品牌知名度和价值。

2. 地域竞争力

在以往的竞争研究中，很少涉及地域的问题。波特率先提出全球经济下有关国家、地方和地区的竞争理论。

(1) 国家竞争优势。1990 年，波特撰写了《国际竞争优势》一书。书中提到，国家财富并不是天生的，而是后天形成的。国家的竞争力在于其产业创新与升级的能力。企业要走向国际，与世界最强的竞争者进行竞争，并获得竞争优势，关键要先在国内做强。

同时，波特指出，在国际竞争越来越激烈的世界里，国家的作用会越来越强。不同的国家有着不同的竞争力形态，没有哪个国家能在所有或大多数产业中独领风骚。各国都有可能在特定的行业里获得成功。本国的环境会使得这些行业具有前瞻性、活力与挑战性。

那么，为什么在某些国家中，部分企业能够持续创新，找到更准确的竞争优势来源？为了回答这一问题，波特构建了一个各自独立，又能系统组合成国家优势的钻石模型。这个模型由四个要素构成：①生产要素，是指该国生产要素的地位。波特认为传统经济学认定的生产要素是基本要素，但要提升国家竞争力，仅靠基本的生产要素还不够，还需要考虑高级的生产要素，如技术、专利等。②需求条件，是指本地市场对产品或服务的需求本质。当特定的产业区间或国内市场达到相当规模时，国内市场的需求条件也有助于建立竞争优势。③相关与支持性产业，是指该国在相关产业与支持性产业上是否具有国际竞争力。④企业战略、企业结构和同业竞争，是指支配企业如何创建、组织与管理的国内条件，以及该国的国内竞争性质。

钻石模型的每个点，以及体系本身，都会影响企业在国际竞争中获得成功的基本条件。当然，在寻求国家竞争力的时候，不能忽视政府的作用。政府在支持国家竞争力上，可以起到鼓励改变、促进国内市场竞争以及刺激创新等作用。

(2) 产业集群与竞争。产业集群，是指在某个特定领域中，一群在地理上邻近、交互关联的企业和相关的法人机构，以其共通性和互补性相构成的群体。产业集群，可以由单一城市、整个州、一个国家甚至一些邻国构成。

产业集群影响竞争的方式主要有三种：增加了内部企业或行业的生产力；增加了创新的能力，并由此提升了生产力；促进新企业的产生，提高创新并扩大整个产业集群。产业集群对竞争的三大影响，在某种程度上取决于其中成员的人际交往、面对面沟通，以及个人与法人机构在网络中的互动。正式与非正式的组织机制和文化规范，通常会影响产业集群的发展与运作。

在产业集群发展上，除了需要了解产业集群与经济地理的关系以外，还需要密切关注产业集群的社会网络问题。在一个地理区域中，每个产业集群都是一种网络形式。邻近的企业和机构会保持特定的共同性，并增加互动的频率与影响力。产业集群内的这种关系形态，与生产力和创新方向有着重大的因果关系。同时，波特还认为，产业集群成员的“公民参与”意识，促成了企业的自我认同和社区意识。这种认同和社区意识将会直接创造经济价值。

从理论上来讲，以往对波特的理论介绍，多停留在竞争战略与竞争优势上，往往忽略了他在社会网络方面的论述。近年来，社会资本与社会网络已经成为战略管理研究中非常关注的问题之一。特别是，当以制度理论为基础的观点引入战略管理的研究以后，更开拓了战略管理研究的新起点。

(3) 全球化竞争。这对中国走出去的企业是个很重要的问题。在书中，波特讲到跨国企业的竞争问题。他认为，从战略观点来看，跨国企业主要是在两种形态的产业中竞争，即跨国本土化产业与全球化产业。两者在经济性质上和成功所需的条件上有所不同。目前，国际竞争格外激烈，跨国企业必须从跨国本土化的竞争者转向全球性企业。

在进入全球性竞争前，企业必须了解所在行业的结构，找出竞争优势的来源，分析竞争对手。在全球化的竞争中，最有力的行动仍是那些能够改善企业在全球各地的成本地位或差异化的能力，同时还要能够打击全球各地主要的竞争对手。这就需要考虑两种行动：一是在主要新兴工业化国家，要抢占领先的地位；二是建立起可以掌握最大客户群的有力定位，彻底封锁竞争对手。全球化战略的核心就是通过量身打造自己价值链的活动，形成有利的战略性地位。

对于发展中国家参与全球化竞争来说，波特认为最基本的挑战是，如何从比较优势转变成竞争优势。大多数发展中国家的企业走向国际，主要是靠资源和劳动成本。这类出口就会受到生产要素条件和政府保护政策等类似的限制。要超越这些传统的国际化模式，发展中国家的企业需要创造出与众不同的战略，构建出与众不同的产品和生产方式，同时又获得国际营销和渠道上的知识与控制力。

事实上，波特的理论在中国的实践遇到了极大的挑战。跨国公司认为，要进入中国市场的冲动与中国保护自己的愿望之间的紧张关系是一个跨越几个世纪的非常古老的故事。在中国市场上，不仅所有熟悉的跨国公司都挤在这里，而且还遭遇到中国本土企业的反击。这些跨国公司并不担忧那些国际上的竞争对手，因为彼此熟悉各自的竞争手段。他们最困惑的是中国本土企业根本不按套路出牌，打乱了他们最初设想的竞争方案。为此，这些跨国公司认为，在中国市场要生存，需要注意这样几个方面的战略，即人际关系、打能胜之战、不断创新、不要过度创造等。

3. 企业竞争与可持续发展

由于经济的发展、环境的污染，我们的生存空间变得越来越糟糕。这就要求企业在考虑自身的竞争优势与利润的同时，要承担一定的社会责任，努力改善我们的生活空间，真正达到环境完整、社会公平和经济繁荣，使企业可以得到可持续的发展。

但是，在生态与经济的对立状态下，企业面临一个两难的问题。一方面，严格的环保标准可以提高社会利益；另一方面，产业预防和处理的成本，会导致更高的价格和降低竞争力。波特指出，要改变以往对于竞争的思路，最有竞争力的国家和公司，不再是那些能获得最低成本生产要素的国家和公司，而是那些运用最先进的技术和方法来利用生产要素的国家和公司。在全球竞争力新范式的要求下，企业需要具有快速创新的能力。他还举出荷兰花卉行业的例子，说明创新带来的竞争力。最后，波特指出，成功的环保主义者、监管机构和企业要把环境、资源生产率、创新和竞争力联系起来，并在这个经济逻辑的基础上谋求可持续发展。

1985 年，我曾在一本管理类期刊的创刊号上第一次介绍了波特的名著《竞争战略》。今天很高兴，能在这里介绍他的《竞争论》。从波特的研究中，可以看得出他关注的重点，即竞争战略、竞争优势、政府作用以及创新等。有人批评他的观点过于静态，有些过时。但认真通读全书，你会发现他的研究跟得上时代的发展。特别是《竞争论》第三篇的内容更是如此。但是，也要承认他的观点是基于欧美企业的实践而形成的，并不完全适合中国的情况，对跨国公司与中国本土企业如何在中国的市场上竞争还需要作专门的研究。中国企业如何走出去，也需要在借鉴这些理论的前提下，探索出自己的路子来。建议读者在更宽的视野里，结合自己的实践，认真琢磨与领会波特的战略观点，提出更适合自己组织的战略，获得更好的竞争优势。

资料来源：徐二明：《迈克尔·皮特和他的〈竞争论〉》，《管理学家》2011 年第 6 期。

【同步练习】

一、单项选择题（在下列每小题中，选择一个最适合的答案）

1. 企业要制定正确的竞争战略和策略，就应深入地了解（　　）。

A. 技术创新　　B. 消费需求　　C. 竞争者　　D. 自己的特长

2. 一个企业若要识别其竞争者，通常可以从（　　）进行。

A. 目标和战略　　B. 销量和利润　　C. 行业和市场　　D. 资源和技术

3. 下列哪一个不是决定行业结构的因素？（　　）

A. 成本结构　　B. 社会变化

C. 进入与流动障碍　　D. 销售量及产品差异程度

4. 对某些特定的攻击行为没有迅速反应或强烈反应的竞争者属于（　　）。

A. 从容型竞争者　　B. 选择型竞争者　　C. 凶狠型竞争者　　D. 随机型竞争者

5. 企业要通过攻击竞争者而大幅度地提升市场占有率，应攻击（　　）。

A. 近竞争者　　B. “坏”竞争者　　C. 弱竞争者　　D. 强竞争者

6. 一般说来，“好”的竞争者的存在会给公司（　　）。

A. 增加市场开发成本　　B. 带来一些战略利益

C. 降低产品差别　　D. 必然造成战略利益损失

7. 企业根据市场需求不断开发出适销对路的新产品，以赢得市场竞争的胜利是属于（　　）。

A. 速度制胜　　B. 技术制胜　　C. 创新制胜　　D. 优质制胜

8. 当市场总需求扩大时，受益最多的是（　　）。

A. 市场挑战者　　B. 市场跟随者　　C. 市场领导者　　D. 市场补缺者

9. 市场领导者扩大市场总需求的途径是（　　）。

A. 寻找产品的新用途　B. 以攻为守　　C. 扩大市场份额　　D. 正面进攻

10. 市场领导者保护其市场份额的途径是（　　）。

A. 增加使用量　　B. 以攻为守　　C. 转变未使用者　　D. 寻找新用途

11. 结合盈利能力考虑，企业的市场份额（　　）。

A. 越大越好　　B. 存在最佳市场份额限度

C. 以 50%市场份额为限　　D. 不存在上限

12. 市场挑战者在选择挑战战略时应遵循（　　），即把优势兵力集中在关键的时机和地点，以达到决定性的目的。

A. 分散原则　　B. 关键原则　　C. 密集原则　　D. 重点原则

13. 对市场挑战者而言，（　　）策略是避开竞争对手的现有业务领域和现有市场，进攻对手尚未涉足的业务领域和市场，以壮大自己的实力。

A. 正面进攻　　B. 侧翼进攻　　C. 包抄进攻　　D. 迂回进攻

14. 在那些产品差异性很小而价格敏感度很高的资本密集且产品同质的行业中，竞争者之间通常是谋求（　　）局面。

A. 攻击市场领导者　B. 阵地防御　　C. 和平共处　　D. 以攻为守

15. 不属于市场跟随者通常可以选择的跟随战略的是（　　）。

A. 紧密跟随　　B. 距离跟随　　C. 模仿跟随　　D. 选择跟随

16. 市场补缺者战略取得成功的关键在于实现（　　）。

A. 分散化　　B. 专业化　　C. 竞争化　　D. 防御化

二、多项选择题（在下列每小题中，正确的答案不少于两项，请准确选出全部正确答案）

1. 下列各项中，属于竞争者分析的主要步骤的有（　　）。

A. 识别竞争者　　B. 判定竞争者的战略和目标

C. 评估竞争者的优劣势　　D. 判断竞争者的反应模式

E. 认识市场需求特征

2. 在市场竞争中，企业对竞争行为的反应类型通常可以分为（　　）。

A. 从容型　　B. 防御型　　C. 选择型

D. 凶狠型　　E. 随机型

3. 根据企业在行业内占有的市场份额的多少，可以将其竞争地位类型分为（　　）基本模式。

A.市场挑战者　　B. 市场跟随者　　C. 市场领导者

D. 市场执行者　　E. 市场补缺者

4. 市场领导者可以采取的主要竞争战略包括（　　）。

A. 谋求垄断　B. 扩大总需求　C. 保护现有市场份额
D. 挑战其他竞争者　E. 扩大市场份额

5. 市场领导者扩大总需求的主要途径有（　）。
A. 开发新用户　B. 降价销售　C. 发现产品新用途
D. 增加产品的使用量　E. 增加广告投入

6. 市场领导者在保护现有市场份额时可以采取的防御策略有（　）。
A. 阵地防御　B. 以攻为守　C. 反击防御
D. 机动防御　E. 收缩防御

7. 市场挑战者的主要进攻策略包括（　）。
A. 正面进攻　B. 侧翼进攻　C. 包抄进攻
D. 迂回进攻　E. 游击进攻

8. 市场跟随者要稳定自己的目标市场，保持现有竞争地位，通常采用的战略有（　）。
A. 紧密跟随战略　B. 提高跟随战略　C. 距离跟随战略
D. 选择跟随战略　E. 有限跟随战略

9. 一个理想的利基市场应具有的特征包括（　）。
A. 有足够的市场潜量和购买力，能够盈利
B. 市场有发展潜力
C. 强大的竞争者对这一市场不感兴趣
D. 企业具备有效地为这一市场服务所必需的资源和能力
E. 企业已在顾客中建立起良好的信誉，足以抵御竞争者入侵

10. 相对而言，市场补缺者的实力弱小，当竞争者入侵或目标市场的消费习惯变化时有可能陷入绝境。因此，市场补缺者的主要任务有（　）。
A. 创造利基市场　B. 扩大利基市场　C. 分散利基市场
D. 保护利基市场　E. 强化利基市场

三、填空题（在下列每小题中，填上适当的内容）

1. 分析竞争者的第二个步骤是判定________。

2. 公司最直接的竞争者是那些处于同一行业同一________的公司。

3. 评估竞争者的优劣势可分为收集信息、分析评价和________三步。

4.________竞争者是指对所有对手的攻击行为做出迅速而强烈的市场反应，进行激烈的报复和反击。

5. 市场领导者扩大需求量的途径有________、发现产品新用途和________。

6. 市场领导者欲扩大市场份额时应考虑________、________和反垄断法三项因素。

7. 决定市场挑战者正面进攻胜负的是________原则。

8. 挑战者企业根据自己的力量，向对手的有关领域发起小规模的、断断续续的进攻，以逐渐削弱竞争对手，这种攻击策略是________。

9.________即在市场上居于次要地位，但其安于现状，谋求与竞争者和平共处。

10. 市场补缺者战略的关键在于实现________。

四、判断题（判断下列各题是否正确，正确的在题后的括号内打“√”，错误的打“×”）

1. 如果某个行业的进入障碍低而退出障碍高，则此行业内部的竞争会比较激烈。（　）

2. 企业的业务范围导向不同，竞争者识别和竞争战略也就不同。（　）

3. 公司最直接的竞争者是那些处在同一行业同一战略群体的公司。（　）

4. 从容型竞争者不对竞争者的任何攻击行为进行反击。( )

5. 攻击弱竞争者能更大幅度地扩大市场占有率和利润水平。( )

6. 本地竞争者是近竞争者，外国竞争者则是远竞争者。( )

7. 市场挑战者集中优势兵力向竞争对手的主要市场阵地正面发动进攻，这是迂回进攻战略。( )

8. 游击进攻战略的目的在于以小型的、间断性的进攻干扰对方，使竞争对手的士气衰落，不断削弱其力量。( )

9. 提高跟随战略是指市场跟随者在竞争中在某些方面紧跟主导者，而在另一些方面有自己的创新。( )

10. 规模较小且大公司不感兴趣的细分市场称为利基市场。( )

11. 市场补缺者获取补缺基点的主要战略是实施专业化市场营销。( )

12. 在市场竞争中，潜在的竞争对手也许要比现实的竞争对手更可怕。( )

五、简答题

1. 简述战略群体的概念及区分战略群体的作用。

2. 竞争者的竞争反应模式有哪几种类型？分析竞争者反应模式有何意义？

3. 市场挑战者主要的进攻对象有哪些？可采取的进攻战略有哪些？

4. 简述市场补缺者的含义与理想的利基市场的特征。

六、论述题

1. 试论述竞争者分析的步骤与内容。

2. 试论述市场领导者通常可采取的竞争战略。

七、案例分析题

案例分析 1

手表市场的龙争虎斗

在当今世界上，能生产出永不磨损系列手表的厂家为数不多，而在中国销售的这类产品中，真正货真价实的，只有“雷达”与“飞亚达”这两个品牌。一个是享誉多年的世界名牌，一个是刚出世不久的中国品牌，于是它们在中国以至国际市场上展开了一场龙争虎斗。

从 1957 年开始生产手表的瑞士雷达公司，确实是一家非同凡响的企业。1962 年，它们推出了第一块永不磨损的手表；1979 年，该公司又以远见卓识，率先在上海的《文汇报》和上海电视台大做广告，成为中国改革开放后的第一家外商广告。

但是，雷达公司却犯了一个严重的错误，在它们看好中国市场的同时，却忽视了中国钟表业的潜力。

1984 年，雷达公司首创了永不磨损表的拱形外壳，虽然已经在世界上的许多国家申请了专利，但在中国却采取了先行在市场上销售的方法。根据我国专利法规定，这就等于它已经无法在中国取得专利权。

这一掉以轻心所导致的失误，终被飞亚达计时工业总公司察觉，该公司对雷达拱形表的外观做了局部改动以后，1989 年推出了自己研制生产的永不磨损的超级拱形表，并且迅速将其外观设计申请了国家专利。

雷达公司认为，永不磨损拱形外壳手表是它们独家生产，中国的飞亚达不可能有这样的技术能力，对这个事件并没有做出及时的反应。1990年，标价1998元的“飞亚达”表与标价14000元同类型的“雷达”表，突然在中国的许多大商店和钟表商店的柜台上并排出现，并且以明显的价格优势和可靠的质量保证开始对“雷达”表构成威胁时，雷达公司这才如梦初醒，追悔莫及。

1992年上半年，雷达公司向中国的专利局提出申请，要求取消“飞亚达”拱形表外观设计专利，理由是在它们申请专利之前，雷达公司同类设计已经在国内外的公开传播媒体上出现。

1992年7月，国家专利局正式取消了飞亚达的专利申请，雷达表同时作为永不磨损的拱形表首创的形象得到了承认。但是，雷达公司此时已经失去了在中国申请专利的机会，得不到任何保护。因此，“飞亚达”虽无专利，却仍然可以生产和销售。

“飞亚达”乘机四面出击，纵横南北，在短短的几年里创造了在全国市场中，千元以上高档表销售70%占有率的骄人业绩。

资料来源：陆明：《突破困境的另类法门》，北京：西苑出版社，2008。

讨论分析题：

1. 作为初期的市场领导者，雷达表为什么失去了优势？
2. “飞亚达”在市场中处于什么地位？其成功之处在哪里？

案例分析2

甩不掉的盖斯门

盖斯门公司生产安全剃须刀的历史不算长，更不是该产品的创始者，其生产的“普洛贝”刀片比这种产品的开创者慢了一大截时间，而且是从本行创始者的产品改良出来的。然而，盖斯门刀片经过多番精心策划和对产品的改良，居然一跃而上，战胜了曾称雄世界的刀片创始公司“吉列”。

美国的吉列安全剃刀公司在20世纪之初首先开发出安全剃刀，几经周折，产品在第二次世界大战期间才风行全球。吉列这个牌子亦开始名扬四海，公司从此亦财源广进，不久便成为资金雄厚、规模宏大的企业。

十多年过去后，吉列剃刀遇到一件貌似开玩笑的事，一家叫盖斯门的公司在市场上发出一个信号，大登广告说：“本公司提供新改良的安全剃刀，刀片可两面使用。”

吉列公司的产品此时已经快成名20年了，论技术设备和牌子知名度，在当时世界市场上绝无仅有。该公司的老板看见盖斯门的上述广告，根本不放在眼里。

当时吉列的安全剃刀使用的刀片上有三个洞，以此安装在刀架上。而盖斯门改良的刀片，既能用于盖斯门刀架，亦适用于吉列刀架，乃至适用于其他国家生产的安全剃须刀架。

这样的刀片适用性超越了吉列刀片的局限性，为此大受用户欢迎。一下占据了吉列刀片很多的市场。吉列安全剃刀公司受到了毫无准备的袭击，措手不及，在销售量急剧下降时才想方设法迎接盖斯门的凌厉进攻。

经过精心的技术改进和投入新设备后，吉列推出了一种新的安全剃须刀和刀片，使盖斯门的刀片不适合使用。这时，吉列公司满以为万事大吉了，岂知，魔高一尺，道高一丈，不到一周时间，盖斯门也改进了它的普洛贝剃须刀，使之又适用于吉利的改进剃须刀架，继续赢得广大消费者的喜爱，吉列对此哭笑不得。

盖斯门公司虽不是新产品的发明者，但却是新产品的优秀改良者，再加上它善于经营，善于捕捉信息和市场动态，应变能力强，所以它的得益甚至胜于创造者和开发者。

资料来源：鲍丽娜、姚丹：《市场营销学习题与案例》，大连：东北财经大学出版社，2009。

讨论分析题：

1. 盖斯门的市场地位如何？怎样获胜？
2. 现在盖斯门公司已经胜出，它应当怎么做？

【参考答案】

一、单项选择题

1. C　2. C　3. D　4. A　5. D　6. B　7. C　8. C
9. A　10. B　11. B　12. C　13. D　14. C　15. C　16. B

二、多项选择题

1. ABCD　2. ACDE　3. ABCE　4. BCE　5. ACD　6. ABCDE
7. ABCDE　8. ACD　9. ABCDE　10. ABD

三、填空题

1. 竞争者的战略与目标　2. 战略群体　3. 定点超越　4. 凶狠型　5. 开发新用户　增加产品的使用量　6. 经营成本　营销组合　7. 实力　8. 游击进攻　9. 市场跟随者　10. 专业化

四、判断题

1. √　2. √　3. √　4. ×　5. ×　6. ×　7. ×　8. √　9. ×
10. √　11. √　12. √

五、简答题

1. 简述战略群体的概念及区分战略群体的作用。

答：战略群体是指在某特定行业内推行相同战略的一组企业。

区分战略群体有助于认识三个问题：

（1）不同战略群体的进入和流动障碍不同。例如，某企业在产品质量、声誉和纵向一体化方面缺乏优势，则进入低价格、中等成本的战略群体比较容易，而进入高价格、高质量和低成本的战略群体则较为困难。

（2）同一战略群体内的竞争最为激烈。处于同一战略群体的公司在目标市场、产品类型、质量、功能、价格、渠道和促销战略等方面几乎没有差别，任何一家企业的竞争战略都会受到其他企业的高度关注及必要时的强烈反应。

（3）不同战略群体之间存在现实或潜在的竞争。不同战略群体的顾客会有交叉。例如，实行不同营销战略的复读机制造商都会向学习英语的中学生和大学生销售产品；每个战略群体都试图扩大自己的市场，涉足其他战略群体的领地，在企业实力相当和流动障碍小的情况下尤为如此。

2. 竞争者的竞争反应模式有哪几种类型？分析竞争者反应模式有何意义？

答：在市场竞争中，企业对竞争行为的反应通常可以分为四种类型：①从容型竞争者，指某些竞争者对某一特定竞争者的行动没有迅速反应或反应不强烈。②选择型竞争者，指竞争者只对某些类型的竞争攻击做出反应，而对其他竞争攻击无动于衷。③凶狠型竞争者，指对所有竞争者的攻击行为做出迅速而强烈的市场反应，进行激烈的报复和反击，势必将挑战自己的竞争者置于死地而后快。④随机型竞争者，其对市场竞争所做出的反应通常无规律可循，其在某些时候可能会对市场竞争做出反应，也可能不做出反应；既可能迅速做出反应，也可能反应迟缓；反应既可能是剧烈的，也可能是柔和的，使人感到不可捉摸，并且无法预料他们将会采取什么行动。

分析竞争者反应模式的意义在于：使企业能确认在什么地方应集中优势进攻，在什么地方应加强防守，在什么地方应主动退让；应进攻谁，回避谁，拟定较适合企业的市场竞争战略，争取处于较为有利的竞争地位。

3. 市场挑战者主要的进攻对象有哪些？可采取的进攻战略有哪些？

答：市场挑战者主要的进攻对象有：市场领导者；那些与自己规模相当，但经营不良且财务状况不佳的公司；地方性的或者区域性的营运与财务状况均不佳的企业。

可采取的进攻战略有：①正面进攻，是集中全力向对手的主要市场阵地发起攻击，进攻的是对手的强项而不是弱项。②侧翼进攻，是寻找和攻击对手的弱点，以己之长，攻人之短。③包抄进攻，是在多个领域同时发起攻击以夺取对手的市场。④迂回进攻，是避开竞争对手的现有业务领域和现有市场，进攻对手尚未涉足的业务领域和市场，以壮大自己的实力。⑤游击进攻，即根据自己的力量，针对竞争对手不同的侧面，向对手的有关领域发起小规模的、断断续续的进攻，逐渐削弱竞争对手，使自己最终夺取永久性的市场领域。

4. 简述市场补缺者的含义与理想的利基市场的特征。

答：市场补缺者是指能够发现及占有某些细分市场，并借助专业化对那些可能为大企业所忽略或放弃的市场提供有效产品和服务的企业。市场补缺者所服务的市场称为利基市场，因此市场补缺者也称为市场利基者。

一个理想的利基市场具有如下特征：①有足够的市场潜量和购买力，能够盈利。②市场有发展潜力。③强大的竞争者对这一市场不感兴趣。④企业具备有效地为这一市场服务所必需的资源和能力。⑤企业已在顾客中建立起良好的信誉，足以抵御竞争者入侵。

六、论述题

1. 试论述竞争者分析的步骤与内容。

答：竞争者分析的步骤和内容是：

（1）识别竞争者。准确地识别竞争者是企业进行竞争者分析和制定正确的竞争战略和策略的前提。企业可以从行业结构角度和市场角度两个方面来识别竞争者。

（2）判定竞争者的战略目标及其竞争战略。企业要对竞争者在利润最大化这一总的原则性目标之下具体采用的主导战略目标及目标组合进行判别。竞争者的战略目标一定会体现在其竞争战略中，而竞争战略又会通过竞争者的竞争行为反映出来。因此，企业要密切注意竞争者的市场竞争行为，并由此推断出竞争者的竞争战略目标及竞争战略。

（3）评估竞争者的优势和劣势。通过收集竞争者业务信息并进行综合分析，可对竞争者的竞争优势及劣势作出评估，从而形成企业超越竞争对手的优胜基准。

（4）判断竞争者的反应模式。判断竞争对手的竞争反应模式，可帮助企业预测自己的竞争战略和策略会引起什么样的竞争反应。竞争者反应模式包括从容型竞争者、选择型竞争者、凶狠型竞争者、随机型竞争者四种类型。竞争者反应模式的形成不仅受其战略目标和优劣势的制约，而且受到其企业文化、企业价值观和经营理念等的影响。

(5) 选择要攻击和回避的竞争者。企业不仅需要识别和了解自己的竞争者，而且还要明确与谁竞争对自己有利，因此，存在一个选择竞争对手的问题。对竞争者进行“强”与“弱”、“远”与“近”、“好”与“坏”的区分，有助于企业挑选合适的竞争对手。

2. 试论述市场领导者通常可采取的竞争战略。

答：要击退其他企业的挑战，保持市场第一的优势地位，一般来说，市场领导者有三种可供选择的竞争战略：扩大总需求、保护现有市场份额、扩大市场份额。

(1) 扩大总需求。当一种产品的市场需求总量扩大时，受益最大的是处于领先地位的企业。因为它的知名度和市场占有率最高，也有雄厚的资本可以不断地开发用户。因此，市场领导者应当努力从以下三个方面扩大市场总需求量：

1) 开发新用户。面对众多的市场需求者，每一种产品或服务都有一定的吸引购买的潜力。企业寻找新用户的方法：一是开拓新市场，即开辟新的细分市场，说服尚未使用该产品的顾客使用该产品；二是市场渗透，即说服现有细分市场中偶尔使用本产品的顾客增加使用量；三是扩展地理区域，将其产品销售到国外或是其他地区，通过销售范围的扩大来增加销售数量。

2) 发现产品新用途。企业也可通过发现并推广产品的新用途来扩大市场需求。

3) 增加产品的使用量。促使顾客增加对产品的使用量也是扩大需求的一种重要手段。

(2) 保护现有市场份额。在努力扩大市场规模的同时，处于领先地位的企业，必须时刻防备竞争者的挑战，保卫自己的市场阵地。具体而言，市场领导者通常可采取的防御策略有以下六种：

1) 阵地防御，指围绕企业目前的主要产品和业务建立牢固的防线，根据竞争者在产品价格渠道和促销方面可能采取的进攻策略而制定自己的防御性战略，并在竞争者发起进攻时坚守原有的产品和业务阵地。

2) 侧翼防御，指企业在自己主阵地的侧翼建立辅助阵地以保卫自己的周边和前沿，并在必要时作为反攻基地。

3) 以攻为守，指在竞争对手尚未构成严重威胁或向本企业采取进攻行动前抢先发起攻击以削弱或挫败竞争对手。

4) 反击防御，指市场领导者受到竞争者攻击后采取反击措施。

5) 机动防御，指市场领导者不仅要固守现有的产品和业务，还要扩展到一些有潜力的新领域，以作为将来防御和进攻的中心。

6) 收缩防御，指企业主动从实力较弱的领域撤出，将力量集中于实力较强的领域。

(3) 扩大市场份额。在现有的市场规模下，市场领导者设法扩大市场份额，是增加收益、保持领导地位的一个重要途径。在许多市场上，市场占有率微小的增长就意味着销售额的巨大增加。但是，切不可认为市场份额提高就会自动增加利润，还应考虑以下三个因素：

1) 为提高市场占有率所付出的成本。

2) 争夺市场占有率时所采用的市场营销组合战略。

3) 引起反垄断活动的可能性。

七、案例分析题

案例解读 1

手表市场的龙争虎斗

1. 作为初期的市场领导者，雷达表为什么失去了优势？

答：作为市场领导者，大力宣传，扩大市场份额是不容置疑的正确战略，然而雷达忽略了自己的竞争对手——本土竞争者，这就大错而特错了。忽略了竞争者，就等于放弃了保护自身市场份额的防线，一方面花费大量成本扩大自己的市场，一方面自己的市场份额却在被竞争者吞噬。这相当于在跟对方拼市场开发，而放弃了自身既有的优势。在市场开发方面，本土企业的优势更加明显。放弃自身优势，却用劣势与竞争者的优势较量，失败是在所难免的。

2. “飞亚达”在市场中处于什么地位？其成功之处在哪里？

答：“飞亚达”表对于“雷达”表而言，开发比较晚，处于被动局面，属于市场挑战者。然而，其虽然作为市场挑战者出现，但还是很有勇气地攻击了当时的市场领导者——“雷达”表。“飞亚达”仔细研究调查“领导者”在营销中的弱点和失误后，发现其在专利权申请方面出现了失误，以此为目标进行了进攻，并一举获得了胜利。能够敏锐地发现市场机会，冷静地分析对手，并果断进攻，是“飞亚达”作为市场挑战者的成功之处。

案例解读 2

甩不掉的盖斯门

1. 盖斯门的市场地位如何？怎样获胜？

答：盖斯门在竞争之初是市场跟随者，现在是市场领导者。竞争之初作为市场跟随者的盖斯门实行“选择跟随”的战略，在产品研发方面跟随的同时还发挥自己的独创性，这使得盖斯门成为市场挑战者，并最终通过不断的产品改良和善于变通的经营，成为市场领导者，比基础产品的创造者获取了更大的利益。

2. 现在盖斯门公司已经胜出，它应当怎么做？

答：盖斯门是从市场跟随者发展起来的，是通过对现有产品进行改良而成功的。这就使其基础产品的开发还要在现有成型的产品之上。其产品改良的速度很快，而产品更新换代后在短期内还是落伍的。这就是盖斯门自身需要改进的地方。盖斯门应该在基础产品的研究开发上下工夫，从而全面超越现有竞争者。另外也可以多元化策略，向其他行业发展。

第十章　产品策略

创意是智慧细胞的一次次组合，品牌是知名度的象征。在一切成功的营销个案中，用创意推动品牌，都是制胜术。

——菲利普·科特勒

本章重点：掌握产品整体思想，明确整体产品的层次；理解产品组合的相关概念；理解产品生命周期的概念及意义；明确市场营销学中的新产品含义，了解新产品开发的组织、程序及市场扩散；理解品牌的内涵，明确品牌与商标的区别，认识品牌对企业营销活动的作用；理解包装在现代营销中的作用，知道有哪些包装策略。

本章难点：理解整体产品五层次划分的含义及如何对企业的产品组合状况进行分析判断和决策；明确产品生命周期各阶段的市场特征及营销策略；掌握品牌经营的主要策略。

本章新知识点：品牌的成功源于品类的创新。

【学习目标】

通过本章学习，理解产品的整体概念及其营销意义，掌握产品组合策略和产品生命周期的阶段特征及其营销策略，应用新产品开发过程、新产品采用与扩散过程以及产品生命周期理论解决企业市场营销实践存在的各种问题。了解品牌的含义及其在市场营销中的作用，掌握品牌注册的营销意义及品牌与商标的区别，包装的含义、作用以及包装的市场要求，品牌设计与包装设计的原则，品牌与包装的基本策略，应用品牌理论分析中国实施名牌战略面临的机会与挑战。

【核心概念】

产品及产品整体概念；产品组合；产品生命周期；新产品；品牌；包装。

1. 产品及产品整体概念

产品是指能够通过交换满足消费者或用户某一需求和欲望的任何有形物品和无形服务。

市场营销学上的产品概念，是一个包含多层次内容的整体概念，而不单单是指某种具体的、有形的东西，一般认为，整体产品包含五个基本层次：核心产品、形式产品、期望产品、延伸产品和潜在产品。

2. 产品组合

产品组合是指一个企业提供给市场的全部产品线和产品项目的组合或结构，即企业的业务经营范围。

3. 产品生命周期

产品生命周期是指一种产品从研制成功投放市场开始，直到被市场淘汰为止所经历的全部时间和过程。根据销售额和利润额的变化，通常将产品生命周期分为四个阶段：导入期、成长期、成熟期和衰退期。

4. 新产品

从市场营销的角度看，只要在功能上或形态上得到改进或与原有产品产生差异，并能给顾客带来某种新的满足和新的利益的产品，都可视为新产品。

5. 品牌

品牌是用以识别某个销售者或某群销售者的产品或服务，并使之与竞争对手的产品或服务区别开来的商业名称及其标志，通常由文字、标记、符号、图案和颜色等要素或这些要素的组合构成。

6. 包装

包装是指对某一品牌商品设计并制作容器或包扎物的一系列活动。

【新知识点】

品牌的成功源于品类的创新

品类是品牌成功的关键所在，最伟大的品牌的成功多是源于品类构建的卓越，抢占品类获得第一是企业在市场竞争中获得成功的关键因素之一。很多成功的品牌，都是因为品类构建成功，比如说可口可乐成为可乐的代名词、王老吉成为凉茶品类的代名词、喜之郎成为果冻品类的代名词……大凡成为一个品类代名词的品牌，基本上都是成功的常青品牌。而那些跟随别人品类的企业和品牌，往往最后什么也没有留下。所以一个企业要想获得成功，就首先要占领一些或者独创一些新品类，并且成为品类的代名词，只有这样品牌才能够获得持续的发展。

可以说，构建品类和品牌定位，在市场营销的过程中同样重要，前者决定了产品及品牌的发展深度，后者决定了产品和品牌的市场广度，只有当深度和广度结合在一起，品牌才能够具有真正的生命力。关于如何进行品牌定位我在这里不做论述，因为这类专业的文章已经有很多，但是针对如何构建一个品类的文章，却不是那么卓著，那么企业如何构建品类呢？营销人员如何为企业构建一个成功的品类？

针对目前市场上存在的品类构建模式，我们大致可以总结为以下六点，这些很多企业都在运用，我且当成资料整理人员，将大家的智慧进行打包阐述，这样能够更全面地了解品类构建，以便于大家能够更好地搭建品类。以下我们以牛奶行业作为分析对象，品类构建的六大模式分别是：

1. 原料构建模式：以原料为基础构建产品品类

比如说，红枣奶、花生牛奶、枸杞奶等，都属于原料购买模式。这样的品类构建，突出的是原料的差异化和特色，原料就是产品核心利益点。这种品类构建模式通常应用于导入期的行业和产品，因为大家都不明白该行业和产品，所以利用原料来构建品类，最容易被市场所接受，也最容易传播。

这种品类构建的模式其优点在于便于传播，在导入期能够帮助企业迅速打开市场，但是其缺陷就在于原料不具备区隔性，所以很容易被人模仿，企业因此很快就会丧失自己的竞争优势。对于原料型的品类构建模式，通常比较适用的营销策略是低撇脂策略，即利用底价迅速导入市场，从而形成市场的竞争壁垒，以应对竞争对手模仿和跟随。通过低撇脂营销策略，建立市场价格标杆，让竞争对手丧失市场跟随优势。比如说，格兰仕在扩大微波炉品类市场时，利用低价策略快速扩大微波炉品类市场，将原本高高在上的微波炉产品平民化，并迅速形成规模优势。就这样在低价挤兑之下，众多国际品牌也被迫退出微波炉市场。

举例说明：红枣牛奶、枸杞牛奶等

品类发展期：导入期下做细分

核心利益点：加红枣的牛奶

核心概念——加红枣的牛奶

2. 工艺构建模式：以工艺为基础构建产品品类

工艺构建模式通常是指利用产品生产工艺、技术、包装方式等生产技术特点进行提炼，以表现产品的品类特点进行品类构建的一种方式，这通常是生产导向型的品类构建模式，比如说巴氏牛奶、常温牛奶、低温牛奶、瓶装牛奶、盒装牛奶等，这些都是工艺构建模式。

这种品类构建模式，其优势能够通过工艺特点，企业可以迅速建立自己在行业中的领先优势，而且工艺构建模式往往能够表现企业的专业、正宗的品牌形象，企业可以迅速占领行业技术先驱形象，确立自己的行业中的领导地位。但是工艺构建模式，如果不具备专利技术，那么就很容易被竞争对手模仿，如果具备专利技术，那么就可以保持自己的竞争优势。

工艺构建模式最大的弊端就在于不便于进行消费者教育，针对于生僻的技术名词和技术术语，消费者很难转化成自己的需求，除非当技术变成生动化、形象化、数据化，像乐百氏在传递纯净水时27层净化这个工艺，传递纯净的概念一样。否则用工艺去构建产品品类，等于是对牛弹琴，因为消费者不是专家，所以用专家的术语去教育消费者，就等同于鸡同鸭讲，最后消费者不理解，企业市场也就完蛋了。

举例说明：巴氏牛奶

品类发展期：导入期下做细分

核心利益点：新鲜

核心概念——巴氏杀菌工艺

3. 时机构建模式：以使用时机和环境为基础构建产品品类

时机构建模式是指企业通过引导一种消费方式和习惯，让产品陷入到消费者的生活中，从而形成一个全新的产品品类，以满足市场发展的需求。通常行业处于成长期，越来越多的产品涌现，市场细分也已经经过了原料及工艺初级阶段的细分之后，企业开始将目光转移到产品使用上，用食用环境来提升产品的价值，从而更好地扩大产品的利益，更准确地锁定目标市场。比如说，早餐奶、佐餐奶等产品，就是根据时机及环境进行构建的品类。

时机构建模式，其适应的品类发展阶段是成长期，也就是说一个品类已经度过了导入期阶段，越来越多的企业介入，消费者也越来越接受产品，市场开始出现细分，企业为了抢占市场先机，从产品使用环境和时机上去做文章，直接陷入到消费者的生活中，从而构建出一种全新的产品品类，这种品类构建的特点是通过消费方式的引导，将产品与消费者的需求对接起来，从而更好地传递产品的价值。其优点在于，产品与消费环境结合在一起，因为有了消费环境和时机的提示，消费者很容易就接受产品，并且认识到产品的价值。而缺点就在于，这样构建的品类，不具备竞争壁垒，竞争对手很容易就能够模仿产品。市场如果经营得好，那么消费能够很快启动，而跟随者也就随之而来了。

其实时机品类构建模式，其核心是引导一种消费潮流和生活方式，使之与目标消费者生活融合在一起，成为目标消费者生活中的一个必需的元素。这样品类的构建才能够长久。

举例说明：早餐奶、佐餐奶等

品类发展期：成长期下做细分

核心利益点：补充早餐营养

核心概念——早餐主角

4. 属性构建模式：以产品本身属性为基础构建产品品类

属性构建模式通常是企业利用产品本身的属性及成分进行品类构建的方式，也就是说产品拥有什么独特的属性和成分，那么企业就把它放大成品类去经营。这种品类构建方式，适合处于成长期的行业，因为在成长期的行业里，品类的基础功能和认知已经得到了广泛的普及，市场已经无须去做产品基础功能和消费方式的教育和引导，市场竞争已经到更高级的层面，产品的发展也已经上升到更高的层面，因此需要更独特的产品属性和成分的挖掘，以满足市场差异化竞争的需求。

比如说，乳酸菌、冠益乳等，在牛奶已经在中国得到基本普及之后，乳酸菌及冠益乳产品以其独特的产品属性和成分，成为更优越的牛奶大品类中的细分品类，使得企业获得更高的溢价空间，从而很快成为一种独特产品品类。

属性构建模式的特点就是，抓住产品本身的一个差异化的特点，进行放大提升。其优点是能够树立鲜明的差异化特点，可以很好地构建产品的竞争壁垒。但是缺点也很鲜明，因为属性构建模式全新的概念，因此市场接受度较低，需要企业投入大量的广告资源来塑造，而且市场往往属于细分市场，所以必须采用溢价策略才能维持属性模式，这就决定了产品开始的时候规模不会很大，但是一旦被市场接受了之后，其消费忠诚度就很高。

举例说明：乳酸菌、冠益乳等

品类发展期：成长期下做细分

核心利益点：肠道健康

核心概念——益生菌

5. 功能构建模式：以产品本身具备的功能特点为基础构建产品品类

功能构建模式是指企业利用产品本身的功能，去搭建自己的产品品类，从而形成独特的市场竞争区隔点，这样可以帮助企业在同质化的竞争中，开辟自己独特的市场空间。这种品类构建模式通常适用于成熟期的品类，在成熟期的品类市场中，企业为了塑造差异化的产品，从功能角度去提炼产品品类，既能很好地锁定目标消费者，又能让自己独树一帜，成为细分功能中的独特品类。

比如说，舒化奶、珍养牛奶等，这些都是功能化品类，舒化奶就是更容易吸收和消化的牛奶，营养分子更小。珍养牛奶则是补充女性气血的牛奶，适合女性补血、补气饮用。通常这类品类构建时，企业会把品类名进行商标化，从而让竞争对手无法跟随，以此达到竞争壁垒的构建，所以伊利舒化奶及蒙牛珍养牛奶，既是注册品牌名又是产品品类名。

功能化构建的优点就在于目标市场更清晰，产品差异化的特点也很突出，而且更容易建立市场竞争壁垒，所以在成熟期，企业都喜欢将品类品牌化注册。但是功能化品类面对的市场往往比较窄，市场很难迅速形成规模，而且市场教育的成本和投入也很大，只适合溢价策略进行推广，其投资回报时间较长，需要企业有很强的实力，因此不适合中小企业使用。

举例说明：舒化奶、珍养牛奶等

品类发展期：成熟品类下做细分

核心利益点：三重营养好气色

核心概念——营养有道

6. 人群构建模式：以目标人群为基础构建品类

人群构建模式最容易被人理解，也就是根据目标人群进行构建的品类，比如说目标人群是女人，可以是女性×××，目标人群是男人就是男性×××，针对的人群不同，品类的命名也就不同，这就是人群品类构建模式。这种品类构建模式，通常是行业处于成熟期，产品已经被全面普及，市场已经进入到细分时代，为了顺应市场细分的需求和发展，企业将产品进行分类，针对不同的使用者，把产品进行专业化的细分，从而既可以表现自己在行业中的专业形象，又能很好地引导市场细分。

比如说，儿童奶、中老年牛奶等，就是在成熟的牛奶品类之上做的细分品类，当牛奶已经被千家万户接受之后，企业为了更好地抓住细分市场，针对目标人群进行构建品类，儿童奶的出现就是针对儿童开发的，其使用者就是儿童，所以企业直接用儿童奶来做品类命名。

这类品类构建的优点就在于，人群化的品类模式，能够更好地锁定目标消费人群，同时把企业专业形象更好地传递给市场，让消费者更容易接受产品本身的价值。在细分初期，这个模式能够迅速帮助企业赢得竞争优势，但是不容易形成持续的竞争壁垒。而且人群化的品类模式，将产品的使用者缩小到特定的范围，其针对的市场比较窄，所需要投入的教育成本也比较大，因此只适合溢价策略。再者，人群化的品类模式，其市场竞争壁垒并不突出，很容易被竞争对手模仿和跟随，因此需要更独特的功能点作支撑才能够完成。

举例说明：儿童奶

品类发展期：成熟品类下做细分

核心利益点：长高——促进身体发育、聪明——促进脑部发育

核心概念——DHA

以上就是以牛奶行业为标本总结出来的六种品类构建模式，虽然只是以液态奶品类为对象分析，但是基本适用于各个品类和行业。通过本文的论述，希望使产品品类构建能够与品牌定位一样被企业所重视。

资料来源：邹文武：《品类构建的六大基本模式》，中国营销传播网。

【学习重点】

产品整体概念；产品组合；产品生命周期；新产品开发；品牌的概念、内涵与经营策略；包装的概念、内涵与策略。

1. 产品整体概念

（1）产品及产品整体概念。产品是整个市场交换活动中最基本的物质内容，通常是指企业出售的具有某种特定物质形态和用途的物体。例如，面包能充饥、衣服能御寒、电冰箱能制冷等。但这是一种传统的狭义的理解。从市场营销的观念来看，产品的概念包含着更为广泛的内容。人们购买某种产品的目的，是为了满足自己物质和精神方面的需要，即在消费、使用这种产品的过程中，生理和心理上能得到一定的享受和满足，而并非为了占有这种物质实体。从这个意义上来说，凡是能满足人们某种需要和利益的物质形态和非物质形态，都属于产品的范畴，它除了产品的实体外，还包括产品的性能、款式、质量、价格、服务、信誉、商标、包装等有形和无形的因素。按照这样的理解，产品是指企业提供的能满足人们某种需要和利益的一切物品或服务。这是一个广义的、整体性的概念。

可见，现代市场营销学更多地从消费者的立场来定义产品，从这一意义上看，产品是由五个层次构成的整体：核心产品，是指向顾客提供的产品的基本效用或利益；形式产品，是指核心产品借以实现的形式或目标市场对某一需求的特定满足形式；期望产品，是指购买者

在购买该产品时期望得到的与产品密切相关的一整套属性和条件；延伸产品，是指顾客购买形式产品和期望产品时，附带获得的各种利益的总和；潜在产品，是指现有产品包括所有附加产品在内的，可能发展成为未来最终产品的潜在状态的产品。

产品整体概念的五个层次，清晰地体现了以消费者为中心的现代市场营销观念。

（2）产品分类。在产品导向下，企业市场营销人员只是根据产品的不同特征对产品进行分类。在现代营销观念下，产品分类的思维方式是：每一个产品类型都有与之相适应的市场营销组合策略。根据产品的耐用性和是否有形可分为耐用品、非耐用品和服务；根据产品用途分类可分为消费品和产业用品。根据消费者的购买习惯通常可以将消费品分为便利品、选购品、特殊品和非渴求品。产业用品通常是按照它们如何进入生产过程及其与产品成本的关系划分为三类：材料和部件、资本项目、供应品和商业服务。

2. 产品组合

（1）产品组合、产品线及产品项目。产品组合，是指一个企业生产经营的所有产品线和产品品种的组合方式，即企业的业务经营范围。产品组合通常由若干产品线组成。产品线，也称产品系列或产品大类，是指在功能上、结构上密切相关，能满足同类需求的一组产品。每条产品线内包含若干个产品项目。产品项目，是指产品线中各种不同品种、规格、型号、质量和价格的特定产品。产品项目是构成产品线的基本元素。

（2）产品组合的宽度、长度、深度和关联度。产品组合的宽度是指一个企业的产品组合中所拥有的产品线的数目；产品组合的长度是指一个企业的产品组合中产品项目的总数；产品组合的深度是指一个企业产品线中的每一产品项目有多少品种；产品组合的相关性是指每条产品线在最终用途、生产条件、分销渠道或其他方面相互关联的程度。

（3）优化产品组合的分析。无论企业当前的产品组合状况如何，它都不可能是一成不变的。这是因为企业内部和外部的环境在不断发生变化，产品组合也必然随之发生变化。其中一部分产品获得较快成长，一部分产品为企业带来较高利润，也有一部分产品滞销，逐渐趋于衰退。为此，企业需要经常分析产品组合中各个产品品种销售现状及发展趋势，不断开发新产品，改进老产品和淘汰衰退产品，重新调整产品结构，力求达到动态的最佳产品组合。

企业要达到此目的，必须经常对现行产品组合作出系统的分析、评价和管理，而在分析产品组合时，一般需要考虑以下三方面的因素：对产品处境的分析；产品定位分析；产品项目关系及对企业的贡献分析。

（4）产品组合调整策略。企业在制定产品组合策略时，应根据市场需求、企业资源、技术条件、竞争态势等因素，经过科学分析和综合权衡，确定合理的产品结构。同时，随着市场因素的变化，适时地调整产品组合，尽可能使其达到最佳化，为企业带来更多的利润。可供选择的产品组合调整策略一般有以下三种：①扩大产品组合策略。这种策略包括拓展产品组合的宽度和加强产品组合的深度。拓展产品组合的宽度，是指在原产品组合中增加一条或几条产品线，扩大生产经营范围。加强产品组合的深度，是指在原有的产品线内增加新的产品项目，增加企业经营的品种。②缩减产品组合策略。缩减产品组合，即缩短产品线，减少经营范围，实现产品专业化。市场繁荣时，扩大产品组合可能为企业带来更多的盈利机会。但当市场不景气或原料、能源供应紧张时，缩减产品组合反而会使总利润上升。③产品线延伸策略。产品线延伸是指全部或部分地改变原有产品的市场定位，具体有三种实现方式：向下延伸，即生产经营高档产品的企业，在原有产品线中增加低档产品项目；向上延伸，即生产经营低档产品的企业，在原有产品线中增加高档产品项目；双向延伸，即原定位于中档产品市场的企业，在掌握了市场优势以后，将产品项目逐渐向高档和低档两个方向延伸。

（5）产品线现代化决策。这一策略强调把现代科学技术应用到生产过程中去，向消费者提供品质优良、使用方便、式样美观、经济实用、符合人们现代生活方式的产品，同时，可以降低企业的生产成本，增强产品的竞争能力。有些企业产品组合的宽度、深度虽然合适，但产品线的生产形式陈旧、技术性能落后，就必须对产品线进行现代化改造。

3. 产品生命周期

（1）产品生命周期的概念及其阶段划分。产品生命周期指某产品从进入市场到被淘汰退出市场的全部运动过程。产品生命周期由需求与技术的生命周期决定。产品生命周期一般分为四个阶段：产品导入期（也称引入期）指在市场上推出新产品，产品销售呈缓慢增长状态的阶段；成长期指该项产品在市场上迅速为顾客所接受，销售额迅速上升的阶段；成熟期指大多数消费者已经购买该项产品，市场销售额缓慢增长或开始下降的阶段；衰退期指销售额急剧下降、利润渐趋于零的阶段。

产品生命周期是一种理论抽象，在现实经济生活中，并不是所有产品的生命历程都完全符合这种理论形态。除上述的倒U形曲线，还有以下几种形态：再循环形态、多循环形态、非连续型循环形态等。一般而言，产品种类（如香烟）、产品形式（如过滤嘴香烟）和产品品牌（如云烟）的生命周期不同。产品种类具有最长的生命周期，产品品牌相对于前两者而言则显示了较短的生命周期。

（2）产品生命周期各阶段的特征与营销策略。①导入期的市场特点：消费者对该产品不了解，销售量小，相应地增加了单位产品成本；尚未建立理想的营销渠道和高效率的分配模式；价格决策难以确立，高价可能限制了购买，低价可能难以收回成本；广告费用和其他营销费用开支较大；产品技术、性能还不够完善；利润较少，甚至出现经营亏损，企业承担的市场风险最大。导入期的市场营销策略，一般区分为：快速撇脂策略、缓慢撇脂策略、快速渗透策略、缓慢渗透策略。②成长期的特点与营销策略。成长期的特点：消费者对新产品已经熟悉，销售量增长很快；大批竞争者加入，市场竞争加剧；产品已定型，技术工艺比较成熟；建立了比较理想的营销渠道；市场价格趋于下降；企业的促销费用水平基本稳定或略有提高，但占销售额的比率下降；单位生产成本迅速下降，企业利润迅速上升。成长期企业营销策略的核心是尽可能地延长产品的成长期。具体说来可以采取以下营销策略：不断提高产品质量，努力发展产品的新款式、新型号，增加产品的新用途；加强促销环节，树立强有力的产品形象，建立品牌偏好，争取新的顾客；巩固原有渠道，增加新的销售渠道，开拓新的市场；选择适当的机会调整价格。③成熟期的特点与营销策略。成熟期的阶段划分和市场特点：成长成熟期，各销售渠道基本呈饱和状态，增长率缓慢上升，还有少数后续的购买者继续进入市场；稳定成熟期，产品销售稳定，增长率一般只与购买者人数成比例，如无新购买者则增长率停滞或下降；衰退成熟期，销售水平显著下降，全行业产品过剩，竞争加剧，市场份额变动不大，突破比较困难。成熟期有三种基本策略可供选择：市场改良、产品改良和营销组合改良。④衰退期的特点与营销策略。衰退期的市场特点：产品销售量迅速下降；价格已下降到最低水平；多数企业无利可图，被迫退出市场；逐渐减少产品附带服务，削减促销预算等，以维持最低水平的经营。衰退期的营销策略：集中策略，把资源集中使用在最有利的细分市场、最有效的销售渠道和最易销售的品种上、款式上；维持策略，保持原有细分市场和营销组合策略，把销售维持在一个低水平上；榨取策略，大大降低销售费用，争取在销售量下降时，仍可增加眼前利润；放弃策略，对衰退迅速的产品，当机立断，放弃经营。

4. 新产品开发

（1）新产品的概念及种类。市场营销学中使用的新产品概念不是从纯技术角度理解的，产品只要在功能或形态上得到改进与原有产品产生差异并为顾客带来新的利益，即视为新产品。可分为六种基本类型：①全新产品，即运用新一代科学技术创造的整体更新产品。②新产品线，使企业首次进入一个新市场的产品。③现有产品线的增补产品。④现有产品的改进或更新，对现有产品性能进行改进或注入较多的新价值。⑤再定位，进入新的目标市场或改变原有产品市场定位推出新产品。⑥成本减少，以较低成本推出同样性能的新产品。

（2）开发新产品的必要性及其发展趋势。企业之所以要不断开发新产品，主要原因在于：产品生命周期理论、消费需求的变化、科学技术的发展、市场竞争的加剧。企业开发的新产品将呈现以下趋势：高科技新产品、绿色产品、大规模定制模式下的个性化产品、多功能产品。

（3）新产品开发的程序。为了提高新产品开发的成功率，必须建立科学的新产品开发管理程序。一般研制新产品的管理程序包括以下几个阶段：寻求创意，筛选构思，产品概念的形成与测试，初拟营销规划，商业分析，新产品研制，市场试销，商业性投放。

（4）新产品市场扩散。①新产品特征与市场扩散。新产品的相对优点越多，市场接受得就越快；创新产品与目标市场消费习惯、社会心理、产品价值观相适应或接近，则有利于市场扩散；新产品的结构和使用方法简单易懂，有利于推广扩散；信息传播较便捷、易于认知的产品，其采用速度一般比较快。②购买行为与市场扩散。人们对新产品的采用过程，客观上存在着一定的规律性。认为消费者接受新产品一般表现为以下五个重要阶段：认知—兴趣—评价—试用—正式采用。在新产品的市场扩散过程中，由于社会地位、消费心理、产品价值观、个人性格等多种因素的影响制约，不同顾客对新产品的反应具有很大的差异。新产品的整个市场扩散过程，从创新采用者、早期采用者、早期大众、晚期大众到落后购买者，形成完整的“正态分布曲线”，这与产品生命周期曲线极为相似，为企业规划产品生命同期各阶段的营销战略提供了有力的依据。

5. 品牌的概念、内涵与经营策略

（1）品牌的含义。品牌是用以识别某个销售者或某群销售者的产品或服务，并使之与竞争对手的产品或服务区别开来的商业名称及其标志，通常由文字、标记、符号、图案和颜色等要素或这些要素的组合构成。品牌是一个集合概念，它包括品牌名称和品牌标志两部分。

品牌，就其实质来说，它代表着销售者（卖者）对交付给买者的产品特征、利益和服务的一贯性的承诺。久负盛名的品牌就是优良质量的保证。不仅如此，品牌还是一个更为复杂的符号，蕴涵着丰富的市场信息。为了深刻揭示品牌的含义，还需从属性、利益、价值、文化、个性、用户六个方面进行分析。

（2）品牌的作用。品牌的作用可从两个方面来透视：①品牌对营销者的重要作用：有助于促进产品销售，树立企业形象；有利于保护品牌所有者的合法权益；有利于约束企业的不良行为；有助于扩大产品组合。②品牌给消费者带来的益处：易于辨认、识别所需商品，有助于消费者选购；有利于维护消费者利益；促进产品改良，有益于消费者。

（3）品牌与商标。品牌与商标都是用以识别不同生产经营者的不同种类、不同品质产品的商业名称及其标志。但品牌是市场概念，实质上是品牌使用者对顾客在产品特征、服务和利益等方面的承诺。而商标是法律概念，它是已获得专用权并受法律保护的品牌，是品牌的一部分。

（4）品牌资产。品牌资产是一种超过商品或服务本身利益以外的价值。它通过为消费者和企业提供附加利益来体现其价值，并与某一特定的品牌紧密联系。品牌资产作为企业财产的重要组成部分，主要特征是：无形性，在利用中增值，难以准确计量，具有波动性，是衡量营销绩效的主要指标。

(5) 品牌策略。企业从事品牌运营，科学而合理地制定品牌策略是其核心内容。依品牌运营的主要作业环节，品牌策略主要有品牌有无、品牌归属、品牌统分、多品牌、品牌延伸、品牌重新定位和品牌防御策略。

6. 包装的概念、内涵与策略

(1) 包装的含义、种类与作用。①包装的含义。包装是指对某一品牌商品设计并制作容器或包扎物的一系列活动。商标或品牌是包装中最主要的构成要素，应在包装整体上占据突出的位置。②包装的种类。产品包装按其在流通过程中作用的不同，可以分为运输包装和销售包装两种。③包装的作用。包装是商品生产的继续，作为商品的重要组成部分，其营销作用主要表现在：保护商品，便于储运，促进销售，增加盈利。

(2) 包装的设计原则。一般应遵循安全，适于运输，美观大方，与商品价值和质量相匹配，尊重消费者信仰和习俗，符合法律规定等原则。

(3) 包装策略。符合设计要求的包装固然是良好的包装，但良好的包装只有同科学的包装决策结合起来才能发挥其应有的作用。可供企业选择的包装策略主要有类似包装、等级包装、分类包装、配套包装、再使用包装、附赠品包装和更新包装策略。

【知识链接】

研究产品和服务的层次

产品开发者需要从三个层次来研究产品和服务。其中，最基础的一个层次是核心产品，它提出了这样一个问题：购买者真正想买的是什么？核心产品位于整个产品的中心。它是指消费者在购买一样产品或一项服务时所寻找的能够解决问题的核心利益。一个妇女买口红，她买的远不止口红的颜色。露华浓的查尔斯·雷弗森很早就认识到了这一点："在工厂里，我们生产化妆品；在商店里，我们出售希望。"因此，在设计产品时，营销人员首先必须确定产品将带给消费者的利益核心是什么。

产品设计者接下来要做的是围绕核心产品制造出实际产品。实际产品可有五大特征：质量水平、特色、设计、品牌名称以及包装。例如，一种索尼摄像机便是一件实际产品。它的名称、零部件、式样、特色、包装和其他特征，经过精心的组合，形成了它的核心利益——摄取重要时刻的便捷的高质量方法。

最后，产品设计者必须围绕核心和实际产品，通过附加的消费者服务和利益，建立起外延产品。索尼除了卖出一架摄像机之外，还必须为消费者提供解决拍摄问题的方法。因此，当消费者购买一架索尼摄像机时，索尼和它的经销商们还要提供零部件和工艺质量担保，如何使用摄像机的免费教学，必要时候的快速修理服务，以及解答疑难问题的免费电话。

因此，产品不单单是指一组有形的特色。消费者倾向于把产品看作是满足他们需要的复杂利益集合。在开发产品时，营销人员首先必须找出产品将要满足的核心消费者需要，然后设计出实际产品并找到扩大产品外延的方法，以便创造出能最大满足消费者要求的一系列利益组合。

需要特别指出的是，开发产品或服务需要规定其所提供的利益，这些利益是通过三大产品属性：质量、特色和设计来提供给消费者的。

1. 产品质量

质量是营销人员的主要产品定位工具之一。产品质量有两个尺度——级别和一致性。在开发产品时，营销人员必须选择一个质量级别。这里，产品质量指性能质量，即产品发挥作用的能力。它包括产品的耐用性、可靠性、精密度。使用及修理的简便程度，以及其他有价值的属性。例如，劳斯莱斯比雪佛莱的性能质量高，表现在“行驶更平滑，操作更简便，更经久耐用”等。因此，劳斯莱斯比较昂贵，适合于有较高收入并有较严格要求的市场。但是企业很少去追求最高性能的质量标准，因为没有几个顾客想要或支付得起高质量级别的产品。例如，劳斯莱斯小汽车、劳力士表等。相反，企业选择的质量级别往往和目标市场的需要以及竞争产品的质量级别相一致。

除了质量级别以外，高质量还指高水平的质量一致性。产品质量是指符合标准质量，即没有产品缺陷，以及目标性能质量标准的前后一致性。所有企业应努力追求高层次的符合标准质量。在这种情况下，雪佛莱的质量可以和劳斯莱斯的质量媲美。尽管雪佛莱的性能不如劳斯莱斯，但是它的质量同样能够与顾客的希望相吻合，实现物尽其值。

在过去的20年里，对质量的全新强调已掀起了一场全球范围内的质量运动。大多数企业正在实行“全面质量管理”，即不断地改进在每一个生产阶段中的产品质量和工艺水平。除了单纯地减少产品缺陷之外，全面质量的最高目标是提高顾客价值。例如，摩托罗拉在20世纪80年代初第一次开始全面质量计划时，目标是大幅度减少制造缺陷。但是，在最近几年，摩托罗拉的质量原则已演变为“顾客定义的质量”或“完全的顾客满意”。

最近，全面质量管理运动已遭到了批评。许多企业把全面质量管理当成了能治百病的灵丹妙药，采取了一些形式主义的全面质量计划，实行的质量原则徒有其名。结果，最近的一些调查表明有2/3、甚或更多的美国经理认为全面质量管理在他们的企业中已经失败。但是，尽管全面质量管理在最近遭到抨击，其基本质量原则还是很合情理的。

企业正越来越多地采纳一种“质量回报”的方法，视质量为一种投资，并靠花在质量上的努力来保证最低限度的效益。

因此，当今许多企业已把质量转变为一种强有力的战略武器。他们在与对手的竞争中，通过不断努力地满足顾客的需要和对质量的偏好，取得竞争优势。事实上，质量现在已成为竞争的必要内容。在20世纪90年代以及以后的时间里，只有追求高质量的企业才能生存。

2. 产品特色

一种产品可具有多种不同的特色。一个“剥白”的模型没有任何特点，只是个起点而已。企业可通过添加特色来制造出高水平的模型。特色是使企业产品区别于竞争对手产品的竞争性工具。抢先推出一种有用并有价值的新特色给顾客，是最有效的竞争方法之一。

企业怎样才能发现新特色，并将哪些新特色增添到原有产品上去？企业应定期调查产品使用者并向他们提出如下问题：您对产品的喜爱程度如何？该产品的哪一点是您最喜欢的？我们可以增加哪些特色来改进产品？您愿意为每种特色支付多少钱？这些调查问卷为企业带来丰富的有关特色的主意。然后，企业就能够估计每一种特色对顾客的价值与它对企业的成本之比。如果顾客价值与成本的比值很小，也就是顾客得利小而成本高，则这种特色不足取；反之，如果比值很高，则应该添加这种特色到产品上去。

3. 产品设计

另一条增加顾客价值的方法是运用与众不同的产品设计。一些企业因出众的设计而闻名。例如，布莱克与德柯尔公司的电池和外来电源两用式电器和工具、博斯的音频设备、西巴·科宁的医用器械等。但是许多企业缺乏一种“设计感”。它们的产品设计根本不起什么作用，产品外观十分单调、普通。然而，产品设计却是企业营销宝库中最厉害的竞争武器之一。

设计的概念范围式样大。式样仅指产品的外观。式样新颖别致，往往能夺人耳目；式样陈旧呆板，却能让人困得打哈欠。一种轰动的式样能引起人们的注意，但是却未必能够改进产品的性能。在有些情况下，甚至会适得其反。例如，一把椅子看上去很漂亮，但坐起来却并不舒服。设计不同于式样，它的内涵更深一层——它还涉及产品的核心。一项好的设计应该不仅能够改善产品的外观，而且能够提高产品的实用性能。

设计是对产品和服务进行市场定位及差异化的最重要工具之一。良好的设计能够吸引顾客的注意力，提高产品的性能，降低生产成本，并为该产品在目标市场上创造一个强有力的竞争优势。例如，第一辆福特金牛座车，以其流线型的车身、舒适的内座、先进的工艺，以及高效率的制造，成为当时美国最畅销的小汽车。

资料来源：《科特勒营销自白书》，《营销力提升的 10 大细节》。

【同步练习】

一、单项选择题（在下列每小题中，选择一个最适合的答案）

1.（　）是市场营销组合中最重要也是最基本的因素。

A. 技术　　B. 产品　　C. 质量　　D. 价格

2. 顾客花钱消费真正想要获得的是（　），它是顾客需求的中心内容。

A. 核心产品　　B. 形式产品　　C. 期望产品　　D. 延伸产品

3.（　），指消费者不了解或即便了解也不想购买的产品。

A. 便利品　　B. 特殊品　　C. 选购品　　D. 非渴求商品

4. 产品组合中所拥有的产品线的数目，叫产品组合的（　）。

A. 长度　　B. 宽度　　C. 深度　　D. 关联度

5. 产品组合的长度是指产品组合中所包含的（　）的总数。

A. 产品品牌　　B. 产品种类　　C. 产品项目　　D. 产品规格

6. 企业原来生产高档产品，后来决定增加低档产品，这种产品线延伸策略叫（　）。

A. 向上延伸　　B. 向下延伸　　C. 低端延伸　　D. 双向延伸

7. 处于市场不景气或原料、能源供应紧张时期，（　）产品线反而能使总利润上升。

A. 增加　　B. 缩减　　C. 延伸　　D. 扩充

8. 产品生命周期由（　）的生命周期决定的。

A. 质量与价格　　B. 促销与服务　　C. 企业与市场　　D. 需求与技术

9. 企业对刚投放市场的新产品采用低价格的同时作出巨大的促销努力，这种营销策略是（　）。

A. 快速撇脂策略　　B. 缓慢撇脂策略　　C. 快速渗透策略　　D. 缓慢渗透策略

10. 在普通牙膏中加入不同物质制成的各种功能型牙膏，这种新产品属于（　）。

A. 全新产品　　B. 低成本产品　　C. 新牌子产品　　D. 改进产品

11. 企业为了提高新产品开发的成功率，必须建立科学的开发管理程序，通常新产品开发流程的第一步工作是（　）。

A. 新产品研制　　B. 商业分析　　C. 寻求创意　　D. 筛选构思

12. 品牌最基本的含义是它代表着特定的（　）。

A. 消费者类型　　B. 商品属性　　C. 利益　　D. 文化

13. 品牌资产是一种特殊的（　）。

A. 无形资产　B. 有形资产　C. 潜在资产　D. 固定资产

14. 品牌资产是通过为消费者和企业提供（　　）来体现其价值。

A. 产品　B. 服务　C. 附加利益　D. 附加功能

15. 企业将其产品大批量地卖给中间商，中间商再用自己的品牌将货物转卖出去，这种品牌叫做（　　）。

A. 制造商品牌　B. 私人品牌　C. 全国性品牌　D. 中间商品牌

16. 宝洁公司在中国市场上推出的洗发水品牌有“潘婷”、“海飞丝”、“飘柔”、“润妍”等，这种品牌运营策略是（　　）。

A. 统一品牌　B. 分类品牌　C. 多品牌　D. 单一品牌

17. 雀巢公司将雀巢品牌使用到奶粉、巧克力、饼干等产品上，这种品牌决策是（　　）策略。

A. 品牌化　B. 品牌延伸　C. 品牌重新定位　D. 品牌防御

18. 商品包装包括若干个因素，（　　）是最主要的构成要素，在整体包装上应居突出的位置。

A. 商标或品牌　B. 图案　C. 包装材料　D. 形状

19. 包装对商品而言，其最基本的作用是（　　）。

A. 促进销售　B. 保护商品　C. 便于储运　D. 增加盈利

20. 对于拥有良好声誉且生产质量水平相近产品的企业，宜采用的包装策略应是（　　）策略。

A. 等级包装　B. 分类包装　C. 配套包装　D. 类似包装

二、多项选择题（在下列每小题中，正确的答案不少于两项，请准确选出全部正确答案）

1. 从产品的整体概念出发，产品可分为（　　）。

A. 核心产品　B. 形式产品　C. 实体产品
D. 延伸产品　E. 品牌产品

2. 产品可以根据其耐用性和是否有形进行分类，大致可分为（　　）。

A. 耐用品　B. 消费品　C. 产业用品
D. 非耐用品　E. 服务

3. 为使企业的产品组合保持动态优化，通常可采用的产品组合调整策略包括（　　）。

A. 扩大产品组合　B. 缩减产品组合　C. 产品线延伸
D. 产品创新　E. 产品线现代化

4.根据销售额和利润额的变化，企业通常将产品生命周期分为（　　）。

A. 研发期　B. 导入期　C. 成长期
D. 成熟期　E. 衰退期

5. 对处于成熟期的产品，企业可采取的市场营销策略有（　　）。

A. 市场改良　B. 服务改良　C. 产品改良
D. 营销组合改良　E. 销售渠道改良

6. 对处于产品生命周期衰退阶段的产品，可供选择的营销策略是（　　）。

A. 集中策略　B. 维持策略　C. 榨取策略
D. 放弃策略　E. 竞争策略

7. 新产品开发需要优选最佳产品概念，选择的依据是（　　）以及对企业设备、资源的充分利用等。

A. 未来的市场潜在容量　B. 技术能力　C. 投资收益率
D. 生产能力　E. 销售成长率

8. 根据消费者对新产品接受快慢程度的差异，一般把其划分为（　）。
A. 创新采用者　B. 早期采用者　C. 早期大众
D. 晚期大众　E. 落后购买者

9. 品牌对营销者的作用主要表现在（　）。
A. 树立企业形象　B. 促进产品销售　C. 保护合法权益
D. 约束不良行为　E. 扩大产品组合

10. 品牌资产作为企业财产的重要组成部分，其特征有（　）。
A. 无形性　B. 在利用中增值　C. 难以准确计量
D. 波动性　E. 评价营销绩效的重要指标

11. 品牌统分策略包括（　）。
A. 统一品牌　B. 分类品牌　C. 多品牌
D. 多样品牌　E. 复合品牌

12. 商品包装构成的要素有（　）。
A. 形状　B. 颜色　C. 图案
D. 材料　E. 商标或品牌

三、填空题（在下列每小题中，填上适当的内容）

1. 核心产品是指为顾客提供的最基本的______，是产品整体中最基本和最实质性的，也是顾客需求的中心内容。

2. 消费品可分成四种类型，即便利品、______、特殊品和非渴求品；而产业用品通常可分成三类：______、资本项目、供应品和商业服务。

3. 产品组合的关联度是指各条产品线在最终用途、______、分配渠道或其他方面相互关联的程度。

4. 产品种类、形式、品牌的生命周期长短不等，相比之下，其中具有最长的生命周期的是______。

5. 判断企业产品生命周期处于哪个阶段的方法主要有类比法、______和市场普及率判断法。

6. 产品的成熟期通常又可以分为三个时期：成长成熟期、______和衰退成熟期。

7. 市场营销学将新产品理解为只要在______上得到改进或与原有产品产生差异，并能给顾客带来某种新的满足和______的产品，都可视为新产品。

8. 从经济效益的角度对新产品概念进行商业分析，包括两个具体步骤：一是______，二是推算成本与利润。

9. 品牌的实质，是卖者对交付给买者的______、利益和服务的一贯性的承诺。

10. 品牌是一个集合概念，它包括品牌名称和______两部分。

11.______策略是指对同一种产品赋予其两个或两个以上的品牌，多牌共推一品，不仅集中了一品一牌策略的优点，而且还有增加宣传效果等作用。

12. 按照产品包装在流通过程中作用的不同，它一般可分为运输包装和______两种。

四、判断题（判断下列各题是否正确，正确的在题后的括号内打“√”，错误的打“×”）

1. 整体产品包含五个层次，其中最基本的层次是形式产品。（　）

2. 上海大众汽车公司生产了桑塔纳后，又推出了帕萨特，这是向上延伸策略。（　）

3. 实行多角化经营的企业，其产品组合中各条产品线在最终用途、生产条件、分配渠道或其他方面相互关联的程度高。(　　)

4. 产品生命周期的长短主要取决于企业的人才、资金、技术等实力。(　　)

5. 在产品导入期，采用“快速撇脂”策略是为了薄利多销，便于企业长期占领市场。(　　)

6. 产品生命周期不同阶段的市场特点与新产品的市场扩散过程密切相关。(　　)

7. 继续生产已处于衰退期的产品，企业将无利可图。(　　)

8. 一旦新产品市场试销成功，则意味着新产品能迅速被消费者接受，企业能获得丰厚的利润。(　　)

9. 品牌资产通过为消费者和企业提供服务来体现其价值。(　　)

10. 联想计算机中的“联想”二字是品牌名称。(　　)

11. 分类包装是根据消费者购买目的的差异，对不同质量等级的产品采用不同的包装。(　　)

12. 商品包装既可以保护商品在流通过程中品质完好和数量完整，同时，还可以增加商品的价值。(　　)

五、简答题

1. 简述产品整体概念的含义。

2. 什么是产品生命周期？对处于成长期的产品可以采取的市场营销策略有哪些？

3. 简述新产品的概念及企业开发新产品的必要性。

4. 简述品牌的概念及其主要作用。

5. 简述包装策略的主要类型。

六、论述题

1. 试述产品生命周期理论对企业开展营销活动的启示。

2. 试述品牌策略的主要类型。

七、案例分析题

案例分析 1

3M公司的产品创新战略

3M 公司营销 60000 多种产品。公司的目标是：每年销售量的 30%从前 4 年研制的产品中取得（公司长期以来的目标都是 5 年内 25%，最近又前进了一步），这是令人吃惊的。但是更令人吃惊的是，它通常能够成功。每年 3M 公司都要开发 200 多种新产品。它那传奇般的注重革新的精神已使 3M 公司连续成为美国最受人羡慕的公司之一。

新产品并不是自然诞生的。3M 公司努力创造一个有助于革新的环境。它通常要投资 7%的年销售额，用于产品研究和开发，这相当于一般公司投资研究和开发费用比例的两倍。

3M 公司鼓励每一个人开发新产品。公司有名的 15%规则允许每个技术人员至少可用 15%的时间来“干私活”，即搞个人感兴趣的工作方案，不管这些方案是否直接有利于公司。当产生一个有希望的构思时，3M 公司会组织一个由该构思的开发者以及来自生产、销售和法律部门的志愿者组成的冒险队。该队培育产品并保护它免受公司苛刻的调查。队员始终与产品待在一起直到它成功或失败，然后回到原先的岗位上或者继续和新产品待在一起。有些冒险队在一个构思成功之前尝试了 3 次或 4 次。每年 3M 公司都会把“进步奖”授予那些新产品开发后三年内在美国销售量达 200 多万美元或在全世界销售达 400 多万美元的冒险队。

在执著追求新产品的过程中，3M 公司始终与其顾客保持紧密联系。在新产品开发的每一时期，都对顾客偏好进行重新估价。市场营销人员和科技人员在开发新产品的过程中紧密合作，并且研究和开发人员也都积极地参与开发整个市场营销战略。

3M 公司知道为了获得最大成功，它必须尝试成千上万种新产品的构思。它把错误和失败当作是创造和革新的正常组成部分。事实上，它的哲学似乎成了“如果你不犯错，你可能不再做任何事情”。但正如后来的事实所表明，许多“大错误”都成了 3M 公司最成功的一些产品。

例如，关于 3M 公司科学家西尔维的故事。他想开发一种超强黏合剂，但是他研制出的黏合剂却不很黏。他把这种显然没什么用处的黏合剂给其他的 3M 公司科学家，看看他们能找到什么方法使用它。过了几年一直没有进展。接着，3M 公司另一个科学家遇到一个问题，因此也就有了一个主意。这位博士是当地教堂的唱诗班成员，他发现很难在赞美诗中做记号，因为他夹的小纸条经常掉出来。他在一张纸片上涂点西尔维的弱黏胶，结果这张纸条很好地粘上了，并且后来撕下来时也没有弄坏赞美诗集。于是便诞生了 3M 公司的可粘便条纸，该产品现已成为全世界办公设备畅销产品之一。

资料来源：陈胜权：《市场营销学经典教材习题详解》，北京：对外经济贸易大学出版社，2005。

讨论分析题：

1. 企业为什么要开发新产品？
2. 3M 公司在新产品开发上给了我们什么启示？

案例分析 2

“小护士”多品牌战略的得与失

多品牌战略是指企业在同类产品中，使用两种或两种以上的品牌战略。宝洁公司的多品牌策略在中国市场上取得了令人瞩目的市场业绩，旗下的“飘柔”、“潘婷”、“海飞丝”、“沙宣”四个品牌产品，在中国洗发水市场上的占有份额超过了 2/3。

几乎所有的日化企业都想学习“宝洁”和“欧莱雅”的多品牌策略。但事实上没有想象中的那么容易成功。

知名化妆品牌“小护士”曾是深圳丽斯达日化公司的主打品牌。自 1981 年创立以来，丽斯达一直是品牌大旗的高举者。它相继推出了“立得”、“邦氏”、“古方”、“小护士”、“兰歌”五大品牌。其中“小护士”凭借独特的“防晒”概念从 1997 年开始就杀入护肤品的三甲，成为深圳丽斯达的骄傲。

1999 年，靠“小护士”站稳脚跟的丽斯达企图用新的品牌“兰歌”来进攻“大宝”。而那时“大宝”已经成为中低档护肤品的第一品牌，分销已经深入到县一级城市。“兰歌”品牌一方面定位于“专业护理”，另一方面却是“低价”。这种自相矛盾的做法让它在诞生之初就因“低利润”而缺乏足够的经费去推广产品。“小护士”的成功是因为发现、培养并占据了防晒这个利基市场。而"兰歌"却是向市场的领先者发动全面的总攻，靠"小护士"的经验来推广"兰歌"，结果可想而知。

据说当年丽斯达在"兰歌"项目上亏损1亿元，这等于"小护士"白卖一年。失败并不可怕，可怕的是加上前几个品牌的挫折，丽斯达几乎没有了推广新品牌的勇气。

2000年，如日中天的"小护士"对欧莱雅的收购提议嗤之以鼻，但从那以后它的市场份额再也没有上升过。和第一名"玉兰油"的差距已经从2001年的2倍落后到现在的6倍，即使是和"大宝"也不在同一个竞争级别上。同时更多国际品牌"雅芳"、"欧莱雅"在中国的迅猛发展，几乎让"小护士"看不到未来。

2003年12月，著名的化妆品品牌"小护士"被欧莱雅收购，可以说，"小护士"被收购，很大一部分原因是栽在其蹩脚的多品牌战略上。

资料来源：鲍丽娜、姚丹：《市场营销学习题与案例》，大连：东北财经大学出版社，2009。

讨论分析题：

1. 结合案例谈谈"小护士"实施多品牌战略失败的原因是什么？

2. 你认为实施多品牌战略适用的条件是什么？

3. 企业应用多品牌战略应注意哪些问题？

【参考答案】

一、单项选择题

1. B　2. A　3. D　4. B　5. C　6. B　7. B　8. D　9. C
10. D　11. C　12. B　13. A　14. C　15. D　16. C　17. B　18. A
19. B　20. D

二、多项选择题

1. ABD　2. ADE　3. ABCE　4. BCDE　5. ACD　6. ABCD
7. ACDE　8. ABCDE　9. ABCDE　10. ABCDE　11. ABCE　12. ABCDE

三、填空题

1. 效用或利益　2. 选购品　材料和部件　3. 生产条件　4. 产品种类　5. 增长率计算法　6. 稳定成熟期　7. 功能或形态　新的利益　8. 预测销售额　9. 产品特征　10. 品牌标志　11. 复合品牌　12. 销售包装

四、判断题

1. ×　2. √　3. ×　4. ×　5. ×　6. √　7. ×　8. ×　9. ×
10. √　11. ×　12. √

五、简答题

1. 简述产品整体概念的含义。

答：产品整体概念含义的主要内容是随着营销理论的发展而不断丰富和完善的。过去，相当一段时间，理论界均用核心产品、形式产品和延伸产品三个层次来表述产品整体概念的含义。近年来，以菲利普·科特勒为首的北美营销学者提出用五个层次来描述产品整体概念的含义。

（1）核心产品。即为顾客提供的产品的基本效用或利益。

（2）形式产品。即指核心产品借以实现的形式或目标市场对某一需求的特定满足形式。

产品的基本效用必须通过特定形式才能实现。

(3) 期望产品。即指购买者在购买该产品时，期望得到的与产品密切相关的一整套适用性和条件。

(4) 延伸产品。即指顾客购买形式产品和期望产品时，附带获得的各种利益的总和，包括产品说明书、保证、安装、维修、送货、技术培训等各种服务。

(5) 潜在产品。即指现有产品包括所有附加产品在内的，可能发展成为未来最终产品的潜在状态的产品。

2. 什么是产品生命周期？对处于成长期的产品可以采取的市场营销策略有哪些？

答：所谓产品生命周期是指一种产品从研制成功投放市场开始，直到被市场淘汰为止所经历的全部时间和过程，通常分为四个阶段：导入期、成长期、成熟期和衰退期。

在产品进入成长期后，有越来越多的消费者开始接受并使用，企业的销售额直线上升，利润增加。在此情况下，竞争者也会纷至沓来，威胁企业的市场地位。因此，在成长期，企业营销的重点应放在保持并扩大自己的市场份额、加速销售额的上升方面。具体来说，企业可以采取以下营销策略：

(1) 根据用户需求和其他市场信息，不断提高产品质量，努力发展产品的新款式、新型号，增加产品的新用途。

(2) 加强促销环节，树立强有力的产品形象。促销策略的重心应从建立产品知名度转移到树立产品形象。主要目标是建立品牌偏好，争取新的顾客。

(3) 重新评价渠道选择决策，巩固原有渠道，增加新的销售渠道，开拓新的市场。

(4) 选择适当的时机调整价格，以争取更多顾客。

3. 简述新产品的概念及企业开发新产品的必要性。

答：市场营销学中使用的新产品概念不是从纯技术角度理解的，而是从产品的整体概念出发，将新产品理解为只要在功能或形态上得到改进或与原有产品产生差异，并能给顾客带来某种新的满足和新的利益的产品，都可视为新产品。

开发新产品的必要性：

(1) 产品生命周期理论要求企业不断开发新产品。企业同产品一样，也存在着生命周期。如果企业不开发新产品，则当产品走向衰退时，企业也同样走到了生命周期的终点。相反，企业如能不断开发新产品，就可以在原有产品退出市场舞台利用新产品占领市场。

(2) 消费需求的变化需要不断开发新产品。随着生产的发展和人们生活水平的提高，消费需求也发生了很大变化，方便、健康、轻巧、快捷的产品越来越受到消费者的欢迎。消费结构的变化加快，消费选择更加多样化，产品生命周期日益缩短。这一方面给企业带来了威胁，企业不得不淘汰难以适应消费需求的老产品，另一方面也给企业提供了开发新产品适应市场变化的机会。

(3) 科学技术的发展推动着企业不断开发新产品。科学技术的迅速发展导致许多高科技新型产品的出现，并加快了产品更新换代的速度。企业只有不断运用新的科学技术改造自己的产品，开发新产品，才不至于被挤出市场。

(4) 市场竞争的加剧迫使企业不断开发新产品。现代市场上企业间的竞争日趋激烈，企业要想在市场上保持竞争优势，只有不断创新，开发新产品，才能在市场占据领先地位，增强企业的活力。另外，企业定期推出新产品，可以提高企业在市场上的信誉和地位，并促进新产品的市场销售，增加企业的利润。

4. 简述品牌的概念及其主要作用。

答：品牌（Brand）是用以识别某个销售者或某群销售者的产品或服务，并使之与竞争对手的产品或服务区别开来的商业名称及其标志，通常由文字、标记、符号、图案和颜色等要素或这些要素的组合构成。

品牌对营销者的重要作用：①品牌有助于促进产品销售，树立企业形象。②品牌有利于保护品牌所有者的合法权益。③品牌有利于约束企业的不良行为。④品牌有助于扩大产品组合。

品牌给消费者带来的益处：①品牌便于消费者辨认、识别所需商品，有助于消费者选购商品。②品牌有利于维护消费者利益。③品牌有利于促进产品改良，有益于消费者。

品牌的作用，还表现在有利于市场监控、有利于维系市场运行秩序、有利于发展市场经济等对社会经济发展方面。

5. 简述包装策略的主要类型。

答：可供企业选择的包装策略主要有以下七种：

（1）类似包装策略，是指企业生产经营的所有产品，在包装外形上都采取相同或相近的图案、色彩等共同的特征，使消费者通过类似的包装联想起这些商品是同一企业的产品，具有同样的质量水平。

（2）等级包装策略，就是按照产品等级和档次将包装分为若干等级，使包装质量与产品等级相配，即质量水平高的产品使用优质包装，质量水平一般的产品使用一般包装，使消费者根据包装等级便可以判定产品真实的质量水平。

（3）分类包装策略，是企业根据购买者的购买目的对同一种产品采用不同的包装。根据产品整体概念，购买者购买目的不同，就意味着核心产品层次的内容不同。包装作为形式产品的一部分，自然应随着核心产品的变化而变化。

（4）配套包装策略，就是指企业将几种有关联性的产品组合在同一包装物内的做法。这种策略能够节约交易时间，便于消费者购买、携带与使用，有利于扩大产品销售，还能够在将新旧产品组合在一起时，使新产品顺利进入市场。但在实践中，还须注意市场需求的具体特点、消费者的购买能力和产品本身的关联程度大小，切忌任意配套搭配。

（5）再使用包装策略，它也称双重用途包装策略，即指包装物在被包装的产品消费完毕后还能移做他用的做法。我们常见的果汁、咖啡等的包装即属此种。由于这种包装策略增加了包装的用途，可以刺激消费者的购买欲望，有利于扩大产品销售，同时也可使带有商品商标的包装物在使用过程中起到延伸宣传的作用。

（6）附赠品包装策略，是指在包装物内附有赠品以诱发消费者重复购买的做法。在包装物中的附赠品可以是玩具、图片，也可以是奖券。该包装策略对儿童和青少年以及低收入者比较有效，这也是一种有效的营业推广方式。

（7）更新包装策略，是指企业包装策略随着市场需求的变化而改变的做法。一种包装策略无效，依消费者的要求更换包装，实施新的包装策略，可以改变商品在消费者心目中的地位，进而收到迅速恢复企业声誉之佳效。

六、论述题

1. 试述产品生命周期理论对企业开展营销活动的启示。

答：产品生命周期理论用于企业营销实践中，有以下四方面的启示：

（1）任何一个产品生命周期都是与相关的需求生命周期和技术生命周期相联系的产品，生命周期由需求与技术的生命周期决定。要求企业开展市场营销活动，要从需求出发，任何产品都只是作为满足特定需要或解决问题的特定方式而存在，同时必须跟踪最新的科学技术开发新产品，设法运用科技创新延长产品生命周期。

(2) 运用产品生命周期理论时，要善于区别产品种类、产品形式、产品品牌的生命周期。

(3) 不同种类的产品，其生命周期表现的形态也不尽相同，并非所有的产品都呈现倒U型曲线。同样的产品，可能在国内市场与国际市场上的生命周期也不尽相同。

(4) 影响企业产品生命周期的因素很多，有企业外部因素也有企业内部因素。如果仅就内部而言，企业产品生命周期相当于企业各种营销活动的因变量，企业经过营销努力，完全可能改变企业产品生命周期的命运。

2. 试述品牌策略的主要类型。

答：品牌是企业重要的无形资产，如何建立强势品牌、提升品牌的内涵，是一个复杂、长期的运营过程，这个过程涉及品牌化策略、品牌归属策略、品牌数量策略、品牌延伸策略和品牌再定位策略等内容。

(1) 品牌有无决策，是指企业在生产经营中设不设立自己的品牌，主要的策略包括无品牌策略和品牌化策略两种。

(2) 品牌归属策略，企业决定是使用本企业（制造商）的品牌，还是使用经销商的品牌，或两种品牌同时兼用，叫做品牌归属策略。

(3) 品牌统分策略，通常有四种可供选择的类型：①统一品牌，即指企业所有的产品都统一使用一个品牌。②分类品牌，即指企业对所有产品在分类的基础上对各类产品使用不同的品牌，避免发生混淆。③个别品牌，也称"多品牌"，即指企业对其所生产的不同产品使用不同的品牌（甚至是一品多牌）。④复合品牌策略，即指对同一种产品赋予其两个或两个以上的品牌，多牌共推一品，不仅集中了一品一牌策略的优点，而且还有增加宣传效果等作用。按照复合在一起的品牌的地位或从属程度来划分，复合品牌策略一般又可以分为主副品牌策略与品牌联合策略两种。

(4) 品牌延伸策略，也称品牌扩展，是指企业利用其成功品牌的声誉来推出改良产品或新产品。

(5) 品牌重新定位策略，也称再定位策略，是指全部或部分调整或者改良品牌原有市场定位的方法。

(6) 品牌防御策略，品牌是一种无形资产，如不能很好地保护，就会使其资产流失，降低品牌资产的增值能力，严重者还会使品牌资产荡然无存。有鉴于此，有效地对品牌进行保护是品牌运营的重要保障。

七、案例分析题

案例解读 1

3M 公司的产品创新战略

1. 企业为什么要开发新产品？

答：产品生命周期理论告诉我们，企业必须善于开发新产品。任何一个产品都会经历引入期、成长期、成熟期和衰退期，从进入市场到逐渐淡出市场，如果企业不进行新产品开发，将会导致企业产品线老化，跟不上时代形式，最终生产出来的产品没有人购买。新产品开发对于每个企业都有以下重大的意义：

（1）企业可以通过新产品开发不断向市场投放更多的新产品并扩大市场份额，从而促进企业快速成长。

（2）企业通过新产品开发，能够迅速实现新产品领先，超过竞争对手，增强企业的竞争力。

（3）有利于充分利用企业的剩余生产能力。

（4）有利于激发企业全体人员的革新精神和创造力。

（5）有利于加速新技术、新材料和新工艺的应用。

（6）有利于促进企业其他产品的销售。

所以，企业应该开发新产品。

2. 3M 公司在新产品开发上给了我们什么启示？

答：3M 公司在新产品开发上为我们提供了一个成功的范例。新产品开发始于构思形成，即系统化地收集新产品主意。为了找到几个好主意，企业一般都要进行许多构思，这就要求企业鼓励职工创新，从中挑选出好的主意进行试验。企业还可以通过对顾客的观察和聆听来构思新产品。3M 公司主要利用前者开发新产品。

案例解读 2

“小护士”多品牌战略的得与失

1. 结合案例谈谈“小护士”实施多品牌战略失败的原因是什么？

答：小护士多品牌战略失败的原因：在多品牌之间用“完全计划”和“完全独立”的方法都是错误的。如何掌握“竞争”和“协调”之间的关系取决于消费者和市场环境。多品牌管理是“富人俱乐都”的游戏。对于大部分企业而言，集中力量攻其一处才是出路。

2. 你认为实施多品牌战略适用的条件是什么？

答：实施多品牌战略的适用条件：适用于那些实力较强大的企业。

从国内外众多著名的品牌发展来看，多品牌战略的运用范围比较狭窄。一方面，企业树立多品牌的费用偏高，而各品牌之间并不能互相带动，这对企业实力是一大考验，实力弱小的企业是不敢问津的；另一方面，品牌之间竞争容易相互削弱单个品牌的竞争力量。众多品牌在某一市场领域抢“饭碗”，会削弱本企业的竞争实力。实践证明，实施多品牌战略是个系统工程，需要长期不懈的努力。

3. 企业应用多品牌战略应注意哪些问题？

答：在采用多品牌策略时，要注意各品牌市场份额的大小及变化趋势，在适当的时候撤出疲软的品牌，以免造成自身品牌间的过度竞争。

第十一章　定价策略

价格是现代企业营销战略中的重要工具，定价决策关系到企业经营活动的全局。

——本书作者

本章重点： 理解成本导向定价、需求导向定价、竞争导向定价三种企业定价的基本方法；掌握产品定价的基本策略。

本章难点： 如何为产品选择合理的定价方法和价格策略。

本章新知识点： 网络营销定价策略。

【学习目标】

企业定价受到很多因素的影响，包括定价目标、产品成本、市场需求和竞争状况等。其中，定价目标主要有维持生存、当期利润最大化、市场占有率最大化、产品质量最优化和保持价格稳定。企业在制定产品的基础价格时，可以采用三种定价方法，即成本导向定价法（包括成本加成定价法、目标收益定价法和边际成本定价法）、需求导向定价法（包括感受价值定价法、逆向定价法和需求差异定价法）和竞争导向定价法（随行就市定价法、主动竞争定价法和投标定价法）。

产品的基础价格依据成本、需求和竞争等因素决定，但在营销实践中，企业要根据市场条件的变化采取灵活多样的定价策略，即新产品定价策略、折扣定价策略、心理定价策略、地理定价策略和产品组合定价策略。其中，新产品定价策略包括撇脂定价、渗透定价和满意定价；折扣定价策略包括现金折扣、数量折扣、功能折扣、季节折扣、换新折扣；心理定价策略包括尾数定价、声望定价和招徕定价；地理定价策略包括产地交货定价、目的地交货定价、统一交货定价、分区运送定价、运费免收定价；产品组合定价策略包括产品线定价、任选产品定价、互补产品定价、副产品定价和捆绑定价。

企业处在不断变化的竞争环境当中，还需要运用价格调整策略，包括降价和提价。当企业考虑变动价格时，需要分析消费者、竞争者对企业价格变动的反应。当竞争对手进行价格变动时，企业必须认真考虑，并采取有效措施进行应对。

通过本章学习，读者可以对于影响企业定价的主要因素、定价的基本方法、定价的基本策略、价格调整与价格变动反应有比较全面的把握。

【核心概念】

定价目标；产品成本；价格需求弹性；成本导向定价法；需求导向定价法；竞争导向定价法；撇脂定价；渗透定价；折扣定价；招徕定价。

1. 定价目标

定价目标是指企业在制定产品价格时，有意识地通过价格策略的运用而达到相应的营销结果。

2. 产品成本

产品成本是指产品在生产过程和流通过程中所花费的物质消耗及支付的劳动报酬的总和，它是产品价格构成中最基本、最重要的因素，也是企业定价的最低界限。

3. 价格需求弹性

价格需求弹性是指一定时期内，一种商品的价格变动所引起的需求量的变动程度，其具体公式表现为：需求的价格弹性系数（E）= 需求量变动率/价格变动率。

4. 成本导向定价法

成本导向定价法是一种主要依据产品的成本决定其销售价格的定价方法。

5. 需求导向定价法

需求导向定价法是指企业根据市场对产品的需求强度及消费者对产品价值的理解和认识程度来确定产品价格的方法。

6. 竞争导向定价法

竞争导向定价法是指企业在制定价格时，主要以市场上竞争对手的同类产品价格为定价依据的定价方法。

7. 撇脂定价

撇脂定价是指企业在新产品上市之初，将产品的价格定得相对较高，以便在短期内获取较大的利润，尽快收回投资成本。

8. 渗透定价

渗透定价是指企业在新产品投入市场时，有意识地把价格定得相对较低，以吸引大量顾客，提高市场占有率，使新产品在短期内最大限度地渗入市场的一种定价策略。

9. 折扣定价

折扣定价策略是指企业对基本价格做出一定的让步，直接或间接降低价格，以争取顾客，扩大销量的定价策略。

10. 招徕定价

招徕定价是指企业有意选择几种商品制定比较低的价格以招揽顾客，在消费者购买低价商品的同时，带动其他正常价格商品的销售。

【新知识点】

网络营销定价策略

企业为了有效地促进产品在网上销售，就必须针对网上市场制定有效的价格策略。网络营销的定价策略主要包括：免费定价策略；低价定价策略；折扣定价策略；定制定价策略；使用定价策略；拍卖定价策略。

1. 免费定价策略

免费定价策略就是将企业的产品或服务以零价格或近乎零价格的形式提供给顾客。在网络营销中，免费价格策略是一种可以长期并行之有效的企业定价策略。企业在网络营销中采用免费策略，一个目的是让用户免费使用形成习惯后，再开始收费。另一个目的是想发展后续商业价值，它是从战略的发展角度制定价格策略的。企业采用免费策略先占领市场，然后再在未来市场上获取收益。

2. 低价定价策略

借助互联网进行销售，比传统销售渠道的费用低廉，因此网上销售价格一般来说比传统的市场价格要低。由于网上的信息是公开和易于搜索比较的，因此网上的低价信息对推动消费者的购买起着重要作用。低价定价策略一般是制造业企业在网上进行直销时采用的定价方式。

3. 折扣定价策略

折扣定价策略，它是在原价基础上进行折扣来定价的。这种定价方式可以让顾客直接了解产品的降价幅度以促进顾客的购买。这类价格策略主要用在一些网上商城，它一般按照市面上的零售价格进行折扣定价。如卓越网上的商品价格一般都要进行折扣，而且折扣价格达到 3~5 折。

4. 定制定价策略

按照顾客需求进行定制生产是网络时代满足顾客个性化需求的基本形式。定制定价策略是在企业能实行定制生产的基础上，利用网络技术和辅助设计软件，帮助消费者选择配置或者自行设计能满足自己需求的个性化产品，同时承担自己愿意付出的价格成本。这种策略是利用网络互动性的特征，根据消费者的具体要求，来确定商品价格的一种策略。

5. 使用定价策略

所谓使用定价，就是顾客通过互联网注册后可以直接使用某公司的产品，顾客只需要根据使用次数进行付费，而不需要将产品完全购买。这一方面减少了企业为完全出售产品而进行的不必要的大量的生产和包装浪费，另一方面节省了顾客购买产品、安装产品、处置产品的麻烦，为顾客节省不必要的开销。采用按使用次数定价，一般要考虑产品是否适合通过互联网传输、是否可以实现远程调用。目前，比较适合的产品有软件、音乐、电影等产品。

6. 拍卖定价策略

网上拍卖由消费者通过互联网轮流公开竞价，在规定时间内价高者赢得。随着网销市场的发展，网上竞拍出现了一种新方式，即“秒杀”。所谓秒杀，就是网络卖家发布一些超低价格的商品，所有买家在同一时间网上抢购的一种销售方式。由于商品价格低廉，往往一上架就被抢购一空。

【学习重点】

市场需求对企业定价的影响；成本导向定价法的具体形式；需求导向定价法的主要形式；竞争导向定价法的主要形式；新产品三种定价策略的比较；折扣定价策略的主要形式；企业进行价格调整的原因。

1. 市场需求对企业定价的影响

市场需求对企业定价有着重要影响。产品的最低价格受制于该产品的成本费用，产品的最高价格则取决于产品的市场需求状况。在其他因素不变的情况下，价格与需求量之间有一种反向变动的关系：需求量随着价格的上升而下降，随着价格的下降而上升，这就是通常所说的需求规律。

企业制定价格时应该了解价格与需求的弹性因素，不同产品在市场上所表现出的需求弹性强弱并不相同。需求的价格弹性系数（E）= 需求量变动率/价格变动率。

当 E>1 时，价格变动率小于需求量变动率，表明此产品富有需求弹性。

当E=1时，价格变动率同需求量的变动率一致，表明此产品具有单位弹性。

当E<1时，价格的变动率大于需求量的变动率，表明此产品缺乏需求弹性。

对于不同需求弹性的产品，价格变动的效果是不同的。因此，对于富有弹性的产品，定较低的价格可以增加总销售额；对于缺乏弹性的产品，如果企业定较低的价格，反而会减少总的销售收入；对于单位弹性产品，价格的高低不会对总收入产生多大变化，定价时不用考虑需求弹性的影响。

2. 成本导向定价法的具体形式

由于产品的成本形态不同以及在成本基础上核算利润的方法不同，成本导向定价法可分为成本加成定价法、目标收益定价法和边际成本定价法三种具体形式。

成本加成定价法是指根据产品单位成本加上一定比率的利润来制定产品销售价格的定价方法。成本加成定价法的公式为：$P=C(1+R)$。

目标收益定价法是根据企业预期的产品销售量及其总成本，按投资收益率确定的目标利润来制定产品价格的定价方法。目标收益定价法公式为：$P=(TC+Y)/Q$。

边际成本定价法也称边际贡献定价法，即仅计算变动成本，不考虑固定成本，在变动成本的基础上加上预期的边际贡献。产品价格的基本公式是：P=单位变动成本+边际贡献。

3. 需求导向定价法的主要形式

需求导向定价法主要包括感受价值定价法、逆向定价法和需求差异定价法。

（1）感受价值定价法是指企业根据消费者对产品的认知价值来制定价格的一种方法。感受价值定价法的关键在于准确地计算产品所提供的全部市场认知价值。

（2）逆向定价法是指企业依据消费者能够接受的最终销售价格，考虑中间商的正常利润后，逆向推算出中间商的批发价和产品的出厂价格。这种定价方法重点考虑市场需求状况，即消费者可以接受的价格，而不是考虑产品成本。

（3）需求差异定价法是指根据消费群体、消费时间、地理位置等因素的不同而产生的需求差异，对同一产品制定不同价格的定价方法。

4. 竞争导向定价法的主要形式

竞争导向定价法主要有三种形式：随行就市定价法、主动竞争定价法和投标定价法。

随行就市定价法也叫现行市价法，即依据本行业通行的价格水平或平均价格水平制定价格的方法。

与随行就市定价法相反，主动竞争定价法不是跟随竞争者的价格，而是以市场为主体，以竞争对手为参照物的一种定价方法。

投标定价法是指在投标交易方式中，企业根据对竞争者的报价估计来确定产品价格，而不是按企业自己的成本费用或市场需求来制定。

5. 新产品三种定价策略的比较

常见的新产品定价策略有三种：撇脂定价策略、渗透定价策略和满意定价策略。

撇脂定价策略的优点：一是便于快速收回投资。新产品上市，顾客对其无理性的认识，竞争的产品种类少，利用较高价格可以提高产品身价，适应顾客求新、求异的心理，创造高价优质的名牌形象，企业能够较快地收回投资费用。二是便于价格调整。在新产品推出阶段制定较高的价格，企业拥有较大的调价空间，一般发现价格制定不当，可随时主动调整价格，顾客总是乐于接受由高价向低价的调整。三是便于控制需求。新产品开发之初，由于资金、技术、资源、人力等条件的限制，企业可能难以以现有的规模满足所有的需求，利用撇脂定价，有助于企业把需求保持在企业生产能力的限度内。撇脂定价策略也存在着某些缺点：新产品刚投入市场，价格过高不利于开拓市场，甚至会遭受消费者抵制；另外，撇脂定价获利大，会诱使大量竞争者涌入，从而迫使价格急剧下降。

渗透定价策略的优点：产品能迅速为市场所接受，打开销路，增加销售量，单位成本也随之下降；同时，能在一定程度上阻止竞争者进入该市场，有利于企业获得长期稳定的市场地位。渗透定价的缺点：投资回收期较长，且价格变化余地小，并有可能给顾客造成低价低质的印象。

满意定价策略，以其兼顾生产者、中间商、消费者等多方面利益而广受欢迎。但此种策略过于关注多方利益，而不适应需求多变、竞争激烈的市场环境，只适合市场供求基本平衡、结构相对稳定的产品。

6. 折扣定价策略的主要形式

折扣一直被企业作为增加销售的主要方法之一，是企业常用的定价策略，它主要有以下五种具体形式：现金折扣、数量折扣、功能折扣、季节折扣、换新折扣。

（1）现金折扣是指对在规定的时间内提前付款或用现金付款者所给予的一种价格折扣。采用这一策略，其目的是促使顾客尽早付款，从而加速资金周转，减少财务风险。

（2）数量折扣是指企业给那些大量购买产品的顾客的一种减价，以鼓励顾客购买更多的货物。价格折扣程度的多少根据顾客购买的产品数量来决定，即按照顾客购买数量的多少，分别给予不同的折扣，购买数量越多，折扣越大。数量折扣的促销作用非常明显，企业因单位产品利润减少而产生的损失可以从销量的增加中得到补偿。此外，产品销售速度的加快，使企业资金周转次数增加，流通费用下降，有利于提高企业总体经济效益。

数量折扣有两种类型：一种是累计数量折扣，即规定在一定时间内，顾客购买商品的累计总量达到一定数额时，则按其总量给予一定折扣。另一种是非累积数量折扣，即规定顾客一次购买的产品达到一定数量或金额时，给予一定的折扣优惠。

（3）功能折扣是企业根据各类中间商在市场营销中所担负的不同业务职能和风险的大小，给予不同的价格折扣。它是企业给中间商的一种额外折扣，其目的在于调动中间商销售本企业产品的积极性，从而使企业与中间商建立长期、稳定、良好的合作关系，取得营销渠道的最佳使用效果。

（4）季节折扣是企业给那些购买季节性强的商品或服务的顾客的一种减价，鼓励消费者反季节消费，使企业的生产和销售在一年四季保持相对稳定。这样有利于减轻企业仓储的压力，加速商品流通，使淡季也能均衡生产，旺季不必加班加点，有利于充分发挥生产和销售潜力，避免因季节需求变化所带来的市场风险。

（5）换新折扣是企业为促进购买者对原来购买的产品升级换代的一种折扣优惠。企业为扩大新一代产品的销售，对于在原来购买企业产品的老顾客，开展以旧换新业务，将旧货折算成一定的金额，在新产品的价格中扣除，顾客只支付余额，以刺激消费需求，促进产品的更新换代。

7. 企业进行价格调整的原因

企业进行价格调整，包括降价及提价两种策略。

促使企业降价的因素主要包括以下几种情况：

（1）企业生产能力过剩，产品供过于求，但是企业又无法通过产品改进和加强促销等手段来扩大销售。在这种情况下，企业就需考虑降价。

（2）市场上出现强大的竞争者，企业的市场占有率有所下降，为保持其市场占有率，企业被迫采取降价策略。

(3) 企业资金周转困难，急需回笼大量现金。企业在经营过程中可能会因各种原因引起资金链紧张，如银行收缩信贷、企业投资失败、新产品开发等。此时，企业可以通过降低产品价格增加销售额，获取现金。

(4) 企业希望通过降价来开拓新市场，获得更大的生产规模。一种产品的潜在顾客往往由于其消费水平的限制而阻碍了其转向现实顾客的可行性。降价可以大幅度增进产品销售，从而在价格和生产规模之间形成良性循环，让企业获得更大的市场份额。

(5) 企业的成本费用比竞争者低，企业一般会考虑通过降低价格来控制市场或提高市场占有率，排挤竞争者。

企业提价的主要原因是：

(1) 生产成本上涨。企业开展生产活动所需要的能源、原材料、零部件、人力等各种要素价格上涨时，为了保持生产的持续进行，企业被迫采取提价策略。

(2) 通货膨胀。在通货膨胀条件下，货币贬值，使企业产品的市场价格低于商品价值，为减少货币贬值而造成的损失，企业只好提高产品价格，将通货膨胀的压力转嫁给中间商和消费者。

(3) 产品供不应求，不能满足其所有顾客的需要。在市场需求旺盛而生产规模又不能及时扩大的情况下，企业可以通过提价来限制部分需求，同时又可以取得高额利润。

【知识链接】

新经济时代的定价策略

定价策略会大大影响顾客和企业本身，营销人员需要在追求短期获利能力和长期获利能力的定价策略之间徘徊、权衡。因此，营销人员必须清楚地了解本企业的营销目标，以便于使自己的定价目标能与企业的战略相一致。通常，企业可能的定价目标有四种：降低顾客流失率；鼓励顾客采用新科技；在某些特定的细分市场上提高市场渗透率；裁减无利可图的通路或客户。

许多营销人员认为，互联网将大大提高消费者的价格敏感度 (Price Sensitivity)，因为购物者只要轻按鼠标便可找到提供同类产品的供应商及各自的价格。然而，关于网络购书的一项近期研究却显示：一般的购书者在作出购买决策之前，只会比较 1~2 个网站。有趣的是，与最便宜的网络书商相比较，亚马逊书店的市场占有率仍在不断攀升。很显然，购物者未必会寻求最低的价格，对那些价格较低的物品而言更是如此。然而，在比较性网站出现后，比较价格则变得较为容易，所以，这种情况也许会有所改变。例如，价格守望者 (Price Watch) 网站会显示出各种不同电脑系统和周边设备的说明和价格，并且可联结到销售这些产品的网络商店。

从另一方面来看，具有一定特色或独特利益的网站能够提高消费者付费购买的意愿。举例来说，甲骨文公司便对其业务咨询的能力、为顾客量身定做的解决方案、在线的支援性信息及培训支援提供了广泛的信息，其目的是要证明甲骨文公司所提供的服务是物超所值的。这些特色都强调了公司独特的价值诉求，并且降低了顾客的价格敏感度。

随着拍卖网站、现货市场 (Spot Market)、交换网站和团体采购力量的成长，互联网为动态、即时的定价策略提供了推波助澜的作用，动态的定价策略 (Dynamic Pricing) 对传统的由供应商制定的固定的定价方式构成了挑战。举例而言，机票和旅馆的价格可能每天都不一样，因为随着“把座位或房间租出去”最后时间的逼近，补满空位的目标也会有所不同。

航空公司常常运用智慧型软件来考虑旅客利用登机前一刻购买便宜机票的几率——它会估计"以一定的价格卖出剩余机位"相对于"飞机起飞后，仍有机位未卖出所造成的收益损失"的概率。

拍卖网站的出现使得价格更加难以捉摸，在线网站往往会以下述两种主要方式加强拍卖的力度和效率。首先，由于网站能提供深入的信息，它可以改善竞标者对于被拍卖物品的了解；其次，这使得竞标者的数目会不断增加。今天，竞标者可以从2000个以上的电子市场中选择出想要参加的拍卖网站。竞标的物品几乎包罗万象，从二手车、大宗物品到化学药品不一而足。以下是四种最基本的拍卖形态：

1. 英式拍卖（English Auction）

购物者彼此竞标，由出价最高者获得物品。当前的拍卖网站所开展的拍卖方式以"英式拍卖"为主，以这种方式进行拍卖的物品有二手设备、汽车、不动产、艺术品和古董等，Egghead.com 网站和 e-Bay 网站都是采用英式拍卖的网站。

2. 荷兰式拍卖（Dutch Auction）

其也叫降价式拍卖，卖方将要拍卖物品的价格公布到网站上，买方则选择价格最低的卖方。荷兰阿姆斯特丹的花市所采用的便是这种运作方式，通用电气公司的"交易过程网络"（Trading Process Network）也是如此。

3. 标单密封式拍卖（Sealed-bid Auction）

这是一种招标方式，在这种拍卖方式中，拍卖商是唯一能看到"各投标者投标价格"的人。举例来说，如果有一家公司想要建立工厂，它会请有意投标的厂商前来进行标单密封式投标，这种方式可让各投标者不知道他人的出价究竟是多少。目前，在中国国内各大城市相继展开的药品招标活动所采取的也是这种方式。

4. 复式拍卖（Double Auction）

众多买方和卖方提交他们愿意购买或出售某项物品的价格，然后通过电脑迅速进行处理，并且就各方出价予以配对。股票市场便是复式拍卖的典型范例，在股票市场上，许多买方和卖主聚集在一起，供需状况随时会发生变化。

资料来源：菲利普·科特勒：《新经济时代的定价策略》，中国营销传播网，2002-11-05。

【同步练习】

一、单项选择题（在下列每小题中，选择一个最适合的答案）

1. 在企业产能过剩、面临激烈竞争或试图改变消费者需求的情况下，企业的主要定价目标是（　　）。

A. 当期利润最大化　　B. 市场占有率最大化

C. 维持企业生存　　D. 产品成本最小化

2. 某种产品的最高价格取决于(　　)。

A. 市场占有率　　B. 成本费用

C. 竞争产品价格　　D. 市场需求

3.在企业定价方法中，目标收益定价法属于(　　)。

A. 成本导向定价　　B. 需求导向定价

C. 竞争导向定价　　D. 市场导向定价

4. 某服装店售货员把相同的西服以1000元卖给顾客甲，以900元卖给顾客乙，该服装店的定价属于(　　)。

A. 销售时间差别定价　B. 顾客差别定价
C. 产品形式差别定价　D. 环境差别定价

5. 随行就市定价法是（　）市场的惯用定价法。
A. 同质产品　B. 异质产品
C. 完全竞争　D. 完全垄断

6. 准确地计算产品所提供的全部市场认知价值是（　）的关键。
A. 反向定价法　B. 感受价值定价法
C. 需求差异定价法　D. 成本导向定价法

7. 为鼓励顾客购买更多物品，企业给那些大量购买产品的顾客的一种减价称为（　）。
A. 现金折扣　B. 季节折扣　C. 数量折扣　D. 功能折扣

8. 某旅行社推出海南双飞六日游旅游项目在暑假定价为 980 元/人，寒假期间定价为 1580 元/人，这种定价方法属于（　）。
A. 现金折扣　B. 季节折扣　C. 数量折扣　D. 功能折扣

9. 企业利用消费者具有仰慕名牌商品或名店声望所产生的某种心理而制定的价格为（　）。
A. 招徕定价　B. 反向定价　C. 整数定价　D. 声望定价

10. 当消费者对价格比较敏感，且市场的容量较大时，企业为阻止竞争对手进入这一市场，可以考虑采用（　）策略。
A. 渗透定价　B. 满意定价　C. 撇脂定价　D. 温和定价

11. "吉列"公司给其产品剃须刀架定价很低，而给其产品剃须刀片定价很高，这种定价方法属于（　）。
A. 产品线定价　B. 任选产品定价　C. 互补产品定价　D. 副产品定价

12. 按照单位成本加上一定百分比的利润来制定产品销售价格的方法称为（　）。
A. 目标收益定价法　B. 成本加成定价法
C. 边际成本定价法　D. 需求导向定价法

13.（　）是企业把整个市场分成若干价格区，对于不同价格区分别制定不同的地区价格。
A. 分区运送定价　B. 运费免收定价　C. 统一交货定价　D. 目的地交货定价

14. 超市周末期间对苹果、梨子降价亏本出售，以带动其他产品的销售，这种定价方法属于（　）。
A. 声望定价法　B. 招徕定价法　C. 尾数定价法　D. 差异定价法

15. 以产品成本为定价基础，在此基础上考虑定价，这种定价方法是以（　）定价。
A. 需求导向　B. 成本导向　C. 竞争导向　D. 利润导向

16. 下列费用属于企业变动成本的是（　）。
A. 管理人员工资　B. 生产设备　C. 产品研发费用　D. 原材料

17. 某产品富有需求弹性，其需求的价格弹性系数（E）的值是（　）。
A. $E=1$　B. $E>1$　C. $E<1$　D. $E=0$

18. 若运用需求价格弹性理论，通过降低产品价格提高其销售量，一般情况下，这种策略对下面（　）类产品效果明显。
A. 原材料　B. 特效药　C. 名牌服装　D. 生活必需品

19. 如果企业按产地交货定价出售产品，那么产品运输过程中的一切费用和风险都将由

（ ）承担。

A. 企业 B. 承运人 C. 顾客 D. 保险公司

20. 企业根据对竞争者的报价估计来确定产品价格的定价方法是（ ）。

A. 主动竞争定价法 B. 投标定价法 C. 随行就市定价法 D. 逆向定价法

21. 企业因竞争对手率先降价而做出相应降价的策略主要适用于（ ）市场。

A. 同质产品 B. 异质产品 C. 消费产品 D. 工业产品

22. 企业的产品供不应求，不能满足所有顾客需要的情况下，企业就应考虑（ ）。

A. 提价 B. 降价 C. 降低产品质量 D. 维持价格不变

二、多项选择题（在下列每小题中，正确的答案不少于两项，请准确选出全部正确答案）

1. 影响企业定价的主要因素有（ ）。

A. 产品成本 B. 物价水平 C. 市场需求 D. 竞争状况 E. 定价目标

2. 企业的定价目标包括（ ）。

A. 维持生存 B. 当期利润最大化 C. 市场占有率最大化

D. 产品质量最优化 E. 保持竞争优势

3. 下面的定价方法中，哪些属于成本导向定价法（ ）?

A. 目标收益定价法 B. 边际成本定价法 C. 逆向定价法 D. 成本加成定价法

E. 变动成本定价法

4.下面的定价方法中，属于竞争导向定价法的是（ ）。

A. 需求差异定价法 B. 随行就市定价法 C. 逆向定价法 D. 目标收益定价法

E. 投标定价法

5. 需求差异定价法的主要形式有（ ）。

A. 顾客差异定价 B. 产品形式差异定价 C. 环境差异定价 D. 地域差异定价

E. 时间差异定价

6. 常见的新产品定价策略有（ ）。

A. 折扣定价策略 B. 低价定价策略 C. 撇脂定价策略 D. 满意定价策略

E. 渗透定价策略

7. 折扣定价策略的主要形式有（ ）。

A. 数量折扣 B. 季节折扣 C. 功能折扣 D. 现金折扣

E. 换新折扣

8. 心理定价策略的常用形式有（ ）。

A. 声望定价 B. 尾数定价 C. 满意定价 D. 招徕定价

E. 渗透定价

9. 产品组合定价策略的常用形式有（ ）。

A. 任选产品定价 B. 产品线定价 C. 互补产品定价 D. 副产品定价

E. 捆绑定价

10. 市场领导者在遭到竞争对手通过降价来争夺市场份额的进攻后，有（ ）策略可供选择。

A. 维持价格不变 B. 降价 C. 加强广告攻势 D. 提高产品质量

E. 降低服务水平

三、填空题（在下列每小题中，填上适当的内容）

1. 产品成本是指产品在______过程和______过程中所花费的物质消耗及支付的劳动报酬

的总和。

2. 产品的最低价格受制于该产品的成本费用，产品的最高价格则取决于产品的______状况。

3. 企业定价主要有三种基本方法，即______、______和______。

4. 成本加成定价法是指根据产品单位成本加上一定比率的______来制定产品销售价格的定价方法。

5. 边际贡献是指企业增加一个产品的销售，所获得的收入减去______的数值。

6. 感受价值定价法是指企业根据消费者对产品的______来制定价格的一种方法。

7. 常见的新产品定价策略是______策略、______策略和______策略。

8. 数量折扣有两种类型：一种是______折扣，另一种是______折扣。

9. 地理定价策略是指企业根据产品销售______的不同而规定差别价格的策略。

10. 因企业产品所处的地位、环境以及引起降价原因的不同，企业降价的方式可分为______和______两种。

四、判断题（判断下列各题是否正确，正确的在题后的括号内打"√"，错误的打"×"）

1. 一般而言，对于富有需求弹性的产品，定较低的价格可以增加总销售额。(　　)

2. 在完全竞争的市场条件下，产品的价格是由卖方决定的。(　　)

3. 需求导向定价法包含随行就市场定价法和需求差异定价法。(　　)

4. 当采取感受价值定价法时，如果企业过高地估计认知价值，则会导致产品定价偏低。(　　)

5. 产品差异化使购买者对价格差异的存在不甚敏感，因此，在异质产品市场上企业有较大的自由度决定其价格。(　　)

6. 在产品组合定价策略中，利用互补效应，制造商经常为基础产品制定较低的价格，而对辅助产品制定较高的利润。(　　)

7. 采用运费免收定价法使产品成本增加，不但给企业市场渗透带来困难，甚至难以在激烈的市场竞争中站住脚。(　　)

8. 销售中的折扣无一例外地遵循单位价格随数量的上升而下降这一规律。(　　)

9. 面对激烈的竞争，企业为求发展，在任何时候都应坚持只降价不提价的原则。(　　)

10. 赠送礼品、赠送优惠券、实行有奖销售都属于间接降价方式。(　　)

五、简答题

1. 简述企业的主要定价目标。

2. 简述需求差异定价法的主要形式。

3. 简述撇脂定价的含义及其适用条件。

4. 简述折扣定价策略的主要形式。

5. 简述市场领导者面对竞争者降价的反应。

六、论述题

1. 试述产品组合定价策略的主要内容。

2. 试论企业采用降价与提价策略的原因。

七、案例分析题

案例分析

雅马哈摩托车的定价策略

当日本第二大摩托车制造商的决策者们决定制造出世界上最快、最令人激动的摩托车时，他们清楚地知道，影响他们决策的是以后的销售和盈利状况。雅马哈公司在1982年到1984年的摩托车市场衰退当中遭受了数十亿美元的损失，另外高额关税也使雅马哈的产品竞争力减弱，如果新的决策是错误的话，将有使公司破产的危险。新产品暂定名V-MAX，市场反馈表明，V-MAX的设计看起来很有气势，能给人们留下深刻的印象。使其具有气势是雅马哈的设计者们所一直追求的。V-MAX有135~140马力的发动机，是市场上马力最大的发动机——新摩托马力足，外观好，名字也动人，现在到了定价的时候了。

最初，雅马哈的助理生产经理约翰·包特认为，他们所面对的消费者，希望得到速度最快的摩托，并且也准备为此付高价——他们愿意为此付出4000美元、5000美元和5500美元。如果性能确实卓越，5500美元的价格也是合理的。

"通常情况下，消费者有他们自己的意愿价格，而这种意愿价格，通常比实际成本低25%。"雅马哈美国生产经理丹尼斯·斯德凡尼说："一般情况下，我们一方面寻找降低成本的途径，另一方面使产品具有特点，令其更加吸引人，这样就有人愿意为这支付额外的钱。"

雅马哈的营销者们考虑了许多影响定价的因素。除了消费者的预期心理外，他们还不得不考虑竞争产品的价格。如科达、卡瓦萨基、铃木（Suzuki）、BMW和哈雷·达维顿（Harley Qavidon）公司的产品。产品的制造成本加上从日本运到美国的运输费用，构成了最低价。在美国的经营费用、经销广告费用也是一个影响定价的因素。此外，树立产品权威形象的目的，也是影响定价的一个因素。

综合上述所有因素，雅马哈的营销者们决定把价格定为5299美元。这在当时虽不是最高，但已接近了市场的最高价，到1987年雅马哈的零售价涨到5899美元，1988年则达到6000美元。

精心设计的促销活动，主要是放在强调V-MAX和其他摩托车的不同之处上，正如广告部经理所说："V-MAX有两个主要的特点，第一是该产品外观是独一无二的，第二是它具有高超的性能。"

促销活动很成功，市场调研表明，消费者喜欢V-MAX，认为它是非凡的外观和高性能的完美结合。大多数购买者认为产品定价是合理的，一家杂志写道："雅马哈值这个价。"

尽管V-MAX第一年的销售额就超过了预期目标，但是来自哈雷·达维顿（Harley Davidon）的竞争仍然是强烈的。助理生产经理约翰·包特说："因为开初的销售势头很高，有5000辆的订单，所以我们在第二天就扩大了生产。"到1988年，该公司决定以更高的价格向市场提供总数有限的新款式V-MAX摩托车1500辆。这种把有限供给和高价相结合的办法，意在进一步提高V-MAX的形象。正如包特所说："V-MAX在市场上赢得了巨大的声誉，骑手们承认它确实是一种独特的创新产品。"

资料来源：中华管理学习网，《市场营销》练习题。

讨论分析题：

1. 雅马哈摩托车在定价时着重考虑了哪些因素？

2. 你对雅马哈摩托车定价策略有何评价？

【参考答案】

一、单项选择题

1. C　2. D　3. A　4. B　5. A　6. B　7. C　8. B　9. D
10. A　11. C　12. B　13. A　14. B　15. B　16. D　17. B　18. C
19. C　20. B　21. A　22. A

二、多项选择题

1. ACDE　2. ABCD　3. ABD　4. BE　5. ABDE　6.CDE
7. ABCDE　8. ABD　9. ABCDE　10.ABCD

三、填空题

1. 生产　流通　2. 市场需求　3. 成本导向定价法　需求导向定价法　竞争导向定价法　4. 利润　5. 边际成本　6. 认知价值　7. 撇脂定价　渗透定价　满意定价　8. 累积数量　非累积数量　9. 地理位置　10. 直接降价　间接降价

四、判断题

1. √　2. ×　3. ×　4. ×　5. √　6. √　7. ×　8. ×　9. ×　10. √

五、简答题

1. 简述企业的主要定价目标。

答：企业的定价目标主要有以下五种：

(1) 维持生存目标。如果企业产量过剩，或面临激烈竞争导致销售下滑，企业的定价目标将主要是维持生存、确保企业持续经营。

(2) 当期利润最大化目标。当期利润最大化，是指企业期望通过制定较高价格，迅速获得最高利润额的一种定价目标。

(3) 市场占有率最大化目标。这一目标着眼于追求企业的长远利益，因为从长期来看，企业的利润状况是同其市场占有率正向相关的，较高的市场占有率必然带来较高的企业利润。

(4) 产品质量最优化目标。产品的质量和售价是直接相关的，获得市场认可的高质量产品可以以较高的价格为消费者所接受。

(5) 保持价格稳定目标。企业保持价格稳定，可以避免不必要的价格竞争，从而牢固地占有市场，在产品的市场竞争和供求关系比较正常的情况下，在稳定的价格中取得合理的利润。

2. 简述需求差异定价法的主要形式。

答：需求差异定价法主要包括以下四种形式：

(1) 以顾客为基础的差异定价。即企业按照不同的价格把同一种产品卖给不同的顾客。

(2) 以产品形式为基础的差异定价。即企业对同一产品的不同形式分别制定不同的价格，但是价格上的差别并不和成本上的差别成比例。

(3) 以地域为基础的差异定价。即企业对相同的产品在不同的地区销售，其价格可以不同，但定价的差别并不和运费成比例。

(4) 以时间为基础的差异定价。即企业对于相同的产品在不同的销售时间制定不同的价格。

3. 简述撇脂定价的含义及其适用条件。

答：撇脂定价是指企业在新产品上市之初，将产品的价格定得相对较高，以便在短期内获取较大的利润，尽快收回投资成本。犹如从鲜奶中撇取奶油一样，故称为撇脂定价。

从市场营销实践看，在以下条件下企业可以采取撇脂定价策略：第一，市场有足够的购买者，他们的需求缺乏弹性，即使把价格定得很高，市场需求也不会大量减少。第二，高价使需求减少一些，单位成本增加一些，但这不至于抵消高价所带来的利益。第三，存在较高的行业进入壁垒，在高价情况下，企业在一定时间内仍能独家经营，其他竞争者难以进入，如受专利保护的产品即是如此。第四，企业希望通过把产品的价格定高，从而树立高档产品的形象。

4. 简述折扣定价策略的主要形式。

答：折扣定价策略主要有以下五种具体形式：

(1) 现金折扣。现金折扣是指对在规定的时间内提前付款或用现金付款者所给予的一种价格折扣。

(2) 数量折扣。数量折扣是指企业给那些大量购买产品的顾客的一种减价，以鼓励顾客购买更多的货物。

(3) 功能折扣。功能折扣是企业根据各类中间商在市场营销中所担负的不同业务职能和风险的大小，给予不同的价格折扣。

(4) 季节折扣。季节折扣是企业给那些购买季节性强的商品或服务的顾客的一种减价，鼓励消费者反季节消费，使企业的生产和销售在一年四季保持相对稳定。

(5) 换新折扣。换新折扣是企业为促进购买者对原来购买的产品升级换代的一种折扣优惠。

5. 简述市场领导者面对竞争者降价的反应。

答：在实际的市场竞争中，竞争者往往通过进攻性的降价来争夺市场份额。在这种情况下，市场领导者有如下反应：

(1) 维持价格不变，不作回应。因为市场领导者认为：如果降价就会减少利润收入；保持价格不变，依靠顾客对产品的偏爱和忠诚度，市场占有率不会下降太多；以后能夺回市场份额。

(2) 价格不变，加强非价格竞争。企业在保持价格不变的情况下，通过改进产品质量、加强广告攻势、强化售后服务等非价格竞争手段来反击竞争者。

(3) 降价。市场领导者之所以采取这种策略，是因为降价可以使销售量和产量增加，从而使成本费用下降；市场对价格很敏感，不降价就会使市场占有率有较大幅度的下降；市场份额一旦下降，以后就难以恢复。

(4) 提价。提价的同时，推出某些新品牌，以便对竞争对手的品牌进行夹击。

六、论述题

1. 试述产品组合定价策略的主要内容。

答：产品组合定价策略是指企业对不同产品之间的关系和市场表现进行灵活定价，使整个产品组合的利润实现最大化的定价策略。当企业生产的产品不是单一的，而是相关的一组产品时，企业必须对定价方法进行调整，处理好本企业各种产品之间的价格关系。

常用的产品组合定价策略有以下五种形式：

(1) 产品线定价。企业通常开发出来的是产品线，而不是单一产品。当企业生产的系列产品存在需求和成本的内在关联性时，为了充分发挥这种内在关联性的积极效应，需要采取产品线定价策略。在对产品线定价时，首先，确定某种产品价格为最低价格，它在产品线中充当低端价格，以吸引消费者购买产品线中的其他产品；其次，确定产品线中某种产品为最高价格，它在产品线中充当高端价格，对需求起指导、刺激作用；最后，对产品线中介于两端价格之间的产品也分别依据其在产品线中的角色不同而制定不同的价格。

(2) 任选产品定价。很多企业在提供主要产品的同时，还提供某些与主要产品密切关联的任选产品与之搭配。企业为任选产品定价有两种策略可供选择：一种是为任选产品定高价，以此来盈利；另一种是为任选产品定低价，以此招徕顾客。

(3) 互补产品定价。互补产品是在功能上互相补充，需要配套使用的产品。我们把互补产品中发挥主要功效、耐用性强的产品称为基础产品或互补产品中的主件，而发挥辅助功效、易耗的产品称为辅助产品或互补产品中的次件。互补产品的价格相关性表现在它们之间需求的同向变动上。企业利用这种互补效应及主次件的关系，通常的做法是：以较低价销售主件来吸引顾客，以较高价销售次件来增加利润。

(4) 副产品定价。在许多行业中，在生产主产品的过程中，常常有副产品。例如，在生产石油产品和其他化工产品的过程中会产生大量的副产品。如果副产品对某些顾客群具有价值，就应该按其价值定价。副产品带来的收入多，将使公司更易于为其主产品制定较低价格，以便在市场上增加竞争力。

(5) 捆绑定价。捆绑定价是企业将数种产品组合在一起，以低于分别销售时支付总额的价格进行销售。因为顾客可能并没有打算购买这一组产品中的所有产品，所以这一组产品的价格较大幅度地低于单独购买其中每一产品的费用总和，以此来推动顾客的购买。

2. 试论企业采用降价与提价策略的原因。

答：企业处在一个不断变化的市场环境当中，在为产品制定出价格以后，为了生存和发展，还需要对现行价格予以适当的调整。调整价格，可采用降价及提价策略。

促使企业降价的原因很多，主要包括以下五种情况：

(1) 企业生产能力过剩，产品供过于求，但是企业又无法通过产品改进和加强促销等手段来扩大销售。在这种情况下，企业就需考虑降价。

(2) 市场上出现强大的竞争者，企业的市场占有率有所下降，为保持其市场占有率，企业被迫采取降价策略。

(3) 企业资金周转困难，急需回笼大量现金。企业在经营过程中可能会因各种原因引起资金链紧张，如银行收缩信贷、企业投资失败、新产品开发等。此时，企业可以通过降低产品价格增加销售额，获取现金。

(4) 企业希望通过降价来开拓新市场，获得更大的生产规模。一种产品的潜在顾客往往由于其消费水平的限制而阻碍了其转向现实顾客的可行性。降价可以大幅度增进产品销售，从而在价格和生产规模之间形成良性循环，让企业获得更大的市场份额。

(5) 企业的成本费用比竞争者低，企业一般会考虑通过降低价格来控制市场或提高市场占有率，排挤竞争者。

企业提价的主要原因是：

(1) 生产成本上涨。企业开展生产活动所需要的能源、原材料、零部件、人力等各种要素价格上涨时，为了保持生产的持续进行，企业被迫采取提价策略。

(2) 通货膨胀。在通货膨胀条件下，货币贬值，使企业产品的市场价格低于商品价值，为减少货币贬值而造成的损失，企业只好提高产品价格，将通货膨胀的压力转嫁给中间商和消费者。

(3) 产品供不应求，不能满足其所有顾客的需要。在市场需求旺盛而生产规模又不能及时扩大的情况下，企业可以通过提价来限制部分需求，同时又可以取得高额利润。

七、案例分析题

案例解读

雅马哈摩托车的定价策略

1. 雅马哈摩托车在定价时着重考虑了哪些因素?

答：企业定价受到诸多因素的影响，其主要影响因素包括：定价目标、产品成本、市场需求和竞争状况。在影响价格决策的因素中，成本决定了价格的底线，消费者对产品价值的看法决定了最高价。雅马哈摩托车在定价时着重考虑了消费者的可接受程度和产品的成本。

2. 你对雅马哈摩托车定价策略有何评价?

答：该公司的定价策略是撇脂定价策略。撇脂定价是指企业在新产品上市之初，将产品的价格定得相对较高，以便在短期内获取较大的利润，尽快收回投资成本。撇脂定价策略的优点：一是便于快速收回投资。新产品上市，顾客对其无理性的认识，竞争的产品种类少，利用较高价格可以提高产品身价，适应顾客求新、求异的心理，创造高价优质的名牌形象，企业能够较快地收回投资费用。二是便于价格调整。在新产品推出阶段制定较高的价格，企业拥有较大的调价空间，一般发现价格制定不当，可随时主动调整价格，顾客总是乐于接受由高价向低价的调整。三是便于控制需求。新产品开发之初，由于资金、技术、资源、人力等条件的限制，企业可能难以以现有的规模满足所有的需求，利用撇脂定价，有助于企业把需求保持在企业生产能力的限度内。撇脂定价策略的缺点也十分明显，即由于定价过高，有时渠道成员不支持或产品得不到消费者认可；同时高价厚利会吸引众多的生产者和经营者转向此产品的生产和经营，加剧市场竞争。

第十二章　分销渠道

> 在现代经济社会里，中间商绝对不是可有可无的，它的存在将意味着营销方式的多样化和深层次。
>
> ——菲利普·科特勒

本章重点：了解分销渠道的概念、流程、功能与类型；掌握分销渠道设计；了解中间商与零售商；掌握物流管理的内容。

本章难点：分销渠道设计。

本章新知识点：垂直渠道系统、水平渠道系统、多渠道营销系统、现代物流。

【学习目标】

通过本章的学习，理解分销渠道的概念、功能与类型，掌握分销渠道选择与设计，了解中间商与零售商，掌握物流管理的内容。

【核心概念】

分销渠道；直接渠道；间接渠道；分销渠道宽度；密集型分销；选择性分销；独家分销；垂直渠道系统；水平渠道系统；多渠道营销系统；渠道冲突；批发；批发商；零售；零售商；物流；物流管理；现代物流。

1. 分销渠道

分销渠道是指某种货物或劳务从生产者向消费者移动时，取得这种货物或劳务的所有权或帮助转移其所有权的所有企业和个人。

2. 直接渠道

直接渠道是指生产企业不通过中间商环节，直接将产品销售给消费者。直接渠道是工业品分销的主要类型。

3. 间接渠道

间接渠道是指生产者通过中间商把产品转移到最终消费者手中。

4. 分销渠道宽度

分销渠道的宽度是指分销渠道的每个层次中使用同种类型中间商的数目，如批发商数量、零售商数量、代理商数量。

5. 密集性分销

密集性分销是指生产商通过尽可能多的批发商、零售商推销其产品。

6. 选择性分销

选择性分销是指生产商在某一地区仅通过几个精心挑选的、最合适的中间商推销其产品。

7. 独家分销

独家分销是指生产商在某一地区仅通过一家中间商推销其产品。

8. 垂直渠道系统

垂直渠道系统是指由生产企业、批发商和零售商组成的统一系统。垂直分销渠道的特点是专业化管理、集中计划，销售系统中的各成员为共同的利益目标，都采用不同程度的一体化经营或联合经营。

9. 水平渠道系统

水平渠道系统是指由两家以上的公司联合起来的渠道系统，它们可实行暂时或永久的合作。这种系统可发挥群体作用，共同承担风险，获得最佳效益。

10. 多渠道营销系统

多渠道营销系统是指对同一或不同的分市场采用多条渠道营销系统。这种系统一般分为两种形式：一种是生产企业通过多种渠道销售同一商标的产品，这种形式易引起不同渠道间激烈的竞争；另一种是生产企业通过多渠道销售不同商标的产品。

11. 渠道冲突

渠道冲突是指渠道成员发现其他渠道成员从事的活动阻碍或者不利于本组织实现自身的目标。

12. 批发

批发是指一切将产品和服务售给为了转卖或商业用途而购买的组织或个人的活动。

13. 批发商

批发商是指大批量购进、并批量售出商品，通过商品购销获取商业利润的中间商。

14. 零售

零售是指所有向最终消费者直接销售产品和服务，用于个人及非商品性用品的活动。

15. 零售商

零售商是指以零售活动为其经营主业的机构或个人。

16. 物流

物流是指物品从供应地向接收地的实体流动过程。根据实际需要，将运输、储存、装卸、搬运、流通加工、配送、信息处理等基本功能实施有机结合。

17. 物流管理

物流管理是指在社会再生产过程中，根据物质资料实体流动的规律，应用管理的基本原理和科学方法，对物流活动进行计划、组织、指挥、协调和监督，使各项物流活动实现最佳的协调与配合，以降低物流成本，提高物流效率和经济效益。现代物流管理是建立在系统论、信息论和控制论的基础上的。

18. 现代物流

现代物流是指将信息、运输、仓储、库存、装卸搬运以及包装等物流活动综合起来的一种新型的集成式管理，其任务是尽可能降低物流的总成本，为顾客提供最好的服务。

【新知识点】

垂直渠道系统；水平渠道系统；多渠道营销系统；现代物流。

1. 垂直渠道系统

这是由生产企业、批发商和零售商组成的统一系统。垂直分销渠道的特点是专业化管理、集中计划，销售系统中的各成员为共同的利益目标，都采用不同程度的一体化经营或联合经营。它主要有以下三种形式。

（1）公司式垂直系统。是指一家公司拥有和统一管理若干工厂、批发机构和零售机构，控制分销渠道的若干层次甚至整个分销渠道，综合经营生产、批发、零售业务。这种渠道系统又分为两类：工商一体化和商工一体化经营。工商一体化是指大工业企业拥有、统一管理若干生产单位、商业机构，如美国火石轮胎橡胶公司拥有橡胶种植园，拥有轮胎制造厂，还拥有轮胎系列的批发机构和零售机构，其销售门市部（网点）遍布全国。商工一体化是指由大零售公司拥有和管理若干生产单位。

（2）管理式垂直系统。是指生产商和零售商共同协商销售管理业务，其业务涉及销售促进、库存管理、定价、商品陈列、购销活动等，如宝洁公司与其零售商共定商品陈列、货架位置、促销、定价。

（3）契约式垂直系统。是指不同层次的独立生产商和经销商为了获得单独经营达不到的经济利益，而以契约为基础实行的联合体。如美国福特汽车公司、麦当劳公司、肯德基等素享盛名的大生产商和一些独立零售商签订合同，授予经营其流行商标的产品或服务项目的特许权。

2. 水平渠道系统

水平渠道系统是指由两家以上的公司联合起来的渠道系统，它们可实行暂时或永久的合作。这种系统可发挥群体作用，共同承担风险，获得最佳效益。

3. 多渠道营销系统

多渠道营销系统是指对同一或不同的分市场采用多条渠道营销系统。这种系统一般分为两种形式：一种是生产企业通过多种渠道销售同一商标的产品，这种形式易引起不同渠道间激烈的竞争；另一种是生产企业通过多渠道销售不同商标的产品。

4. 现代物流

现代物流是指将信息、运输、仓储、库存、装卸搬运以及包装等物流活动综合起来的一种新型的集成式管理，其任务是尽可能降低物流的总成本，为顾客提供最好的服务。其特征具体体现在信息化、网络化、自动化、智能化和柔性化五个方面。

（1）信息化。物流信息化是电子商务时代的必然要求。物流信息化表现为物流信息的商品化，物流信息收集的数据库化和代码化，物流信息处理的电子化和计算机化，物流信息传递的标准化和实时化，物流信息存储的数字化等。因此，条码技术、数据库技术、电子订货系统、电子数据交换、快速反应及有效的客户反映、企业资源计划等技术将会在我国的物流系统中得到普遍的应用。

（2）网络化。物流领域网络化的基础也是信息化。这里网络化有两层含义：一是物流配送系统的计算机通信网络，包括物流配送中心与供应商或制造商的联系要通过计算机网络，另外与下游顾客之间的联系也要通过计算机网络通信；二是组织的网络化即企业内部网。主要用于企业内部各部门之间的信息传输。物流网络化是物流信息化的必然。

（3）自动化。自动化的基础是信息化。物流系统的自动化可以提高劳动生产率，减少物流作业的差错；还可以方便物流信息的实时采集与追踪，提高整个物流系统的管理和监控水平等。

（4）智能化。这是物流自动化、信息化的一种高层次的应用。物流作业过程大，而量的运筹和决策，如库存水平的确定、运输路径的选择、自动导向车的运行轨迹和作业控制、自动分拣机的运行、物流配送中心经营管理的决策支持等问题都需要借助于大量的信息才能解决。

（5）柔性化。柔性化本来是为实现“以顾客为中心”的理念而在生产领域提出的，但要真正做到柔性化，及真正的能根据消费者需求的变化来灵活调节生产工艺，没有配套的柔性化的物流信息系统是不可能达到目的的。

【学习重点】

分销渠道的程序；分销渠道的功能；分销渠道的设计；分销渠道的管理；引发渠道冲突的原因；渠道冲突的类型；渠道冲突的管理；批发商的类型；零售商的类型；物流管理系统的构成；物流系统管理。

1. 分销渠道的程序

在商品从生产企业转移到消费者的过程中，分销渠道的各种环节由五种类型的流程联结起来的，即实体流程、所有权流程、付款流程、信息流程和促销流程。

（1）实体流程。实体流程，即商品的实体通过所有权的转移而发生变动，伴随着所有权的转移，商品实体的空间位置也发生变更，实现这一过程依靠销售渠道的运输和存储功能。有时所有权和实体共同转移，而有些特殊的商品，因为实体本身无法移动，所以只有所有权的转移，典型的例子就是房地产商品。

（2）所有权流程。所有权流程，即商品的所有权从生产企业转移到消费者手中，完成这一过程主要是通过交换来实现买卖，即分销渠道的交易功能。商品在分销渠道中至少发生一次所有权的转移，如果通过中间商，则会发生多次所有权转移。

（3）付款流程。伴随着商品所有权和实体的流动，企业最终收回资金，实现利润，即付款的流程。分销渠道完成这一过程依靠其收付货款的功能，有时通过现金形式，有时则通过银行转账。货款的流程方向与所有权流程方向相反，是从消费者转移到企业。

（4）信息流程。企业为了实现最终销售，从而获得利润，必须充分了解消费者的需求，以便生产适当的产品，并把产品的信息传达给消费者，最终实现买卖。

（5）促销流程。为了争取更多的消费者和中间商，生产企业要制定相应的促销策略。对消费者，通过人员推销、打折、抽奖竞赛等形式调动其积极性，激发其购买欲望。对于中间商，则通过销售回扣、推广津贴等方式鼓励其购买和销售更多的产品。

2. 分销渠道的功能

从现代营销的观点看，分销渠道在克服产品及服务与使用者之间在时间、地点和使用权方面的关键性差距上，具有如下主要功能。

（1）完成产品的使用权和实物向消费领域转移的功能。营销机构按市场需求向生产厂商订货，在订货的过程中双方就产品的价格和其他条件达成最终协议，完成付款后，物质产品的使用权转移到营销机构，然后通过分销渠道将产品转移到消费领域中去。

（2）促进销售功能。营销机构通过广告、展示、商标、现场演示等促销手段，刺激消费者的需求，引起其购买欲望，并利用自己良好的信誉来劝说顾客购买。

（3）为生产厂商筹集资金的功能。生产厂家的产品如果不经过分销渠道，由厂家直接卖给消费者，则产品实现其价值转移所经历的时间较长，生产厂商往往不能得到足够的资金而难以维持正常生产。借助分销渠道，由营销机构预付资金以购入产品，然后再分销，可以使生产厂商及时获得资金，使生产过程得以正常进行。

（4）承担风险的功能。流通部门由于对生产者的产品收购，而承担了由于商品缺乏、损耗及其他原因而造成的损失，从而为消费者提供风险保证。

（5）信息渠道功能。分销渠道能帮助企业搜集、传递顾客对产品性能、样式、质量等方面的意见和要求；也可以搜集和传递潜在的顾客的需求，以便企业开发新产品和改进老产品；同时也可以帮助企业收集竞争对手的信息，使企业做到知己知彼，在竞争中获胜。

（6）为消费者提供商品的功能。通过分销渠道，可以为目标顾客提供花色、品种齐全的商品，以便消费者在较短时间内、以较少的精力满足不同的需求。

3. 分销渠道的设计

从决策的角度来看，设计一个有效的渠道系统，必须包括确定设计分销渠道原则、建立渠道目标、明确主要的渠道选择方案、评估主要方案等步骤。

（1）确定设计分销渠道的原则。

1）重视市场导向即顾客导向，满足消费者的需要。

2）系统合理地确定分销渠道中各个环节之间的利益关系，从而达到分销运作的协调统一。

3）降低分销成本，提高分销效率。

4）协调整个营销环节，确保企业整体优势。

5）综合考虑各种因素的限制，权衡利弊。

（2）建立渠道目标。追求利润是企业营销的目标，也是分销设计的目标。围绕利润目标，企业必须权衡分销成本和销售额。分销成本是指产品出厂价和产品最终价格之间的差额，可以分为渠道的开发成本和维持渠道的连续成本。分销成本中最核心的是中间商成本，包括运输、仓储、广告、谈判费用等。

渠道的利润目标可以具体界定为目标服务产出水平，即在竞争情况下，渠道机构在安排其任务时，把某些期望达到的服务产出水平的整个费用最小化。在进行分销渠道设计时，营销人员必须了解顾客需要的服务产出水平，渠道可以为消费者提供五种服务产出：批量大小、等候时间、空间便利、产品品种、服务支持。

（3）识别主要的渠道选择方案。一个完整的渠道选择方案包括三个方面的要素：中间商的类型、中间商的层次与数目、渠道成员的条件与责任。

1）中间商的类型。中间商的类型是指企业是选择零售商还是选择批发商，是选择商人中间商还是选择代理中间商。

2）中间商的层次与数目

中间商的层次即渠道的长短，一般应该综合考虑市场销售量、中间商的销售能力、产品类型、消费者的选购要求等因素来决定。

中间商的数目即渠道的宽度和分销强度，取决于产品的类型（特殊产品、选购产品、简便产品）和消费者的选择水平。

3）渠道成员的条件与责任。企业必须为中间商确定一定的条件和责任，从而形成一定的交易关系组合（贸易关系组合）。具体包括价格政策、销售条件、分销商的地区划分权和相互的服务与责任。

4）评估主要的渠道方案。企业在对各个备选渠道方案进行评估并比较后，需要确定一条最佳的渠道设计方案。评估的标准有三个，即经济性、控制性和适应性。

4. 分销渠道的管理

企业为了使产品顺利地转移到消费者或用户手中、实现自己的预期目标，在进行渠道设计之后，还必须通过对中间商的选择、激励与定期评估，实现对分销渠道的有效管理，以确保分销渠道的效率与效益。

(1) 选择渠道成员。生产者在招募中间商时，经常处于两种极端情况之间。一是生产者毫不费力地找到特定的商店并使之加入渠道系统。二是生产者必须费尽心思才能找到期望数量的中间商。不论生产者遇到哪种情况，它都须明确中间商的优劣特性。

(2) 确定生产者与中间商的关系。企业与中间商的关系不是一种简单的委托和买卖关系，而是一种合作关系。"利益分享、风险共担"为双方合作的原则。为保持两者之间稳定和持久的合作关系，减少不必要的冲突，企业与中间商在职责、权利和义务方面要有明确的规定，并以合同形式加以确定。

(3) 检查和激励中间商。检查中间商以掌握中间商的表现，是分销渠道管理的一项重要内容，也是企业应有的权利。企业应以合同为依据，经常不断地检查中间商履行合同的情况，检查的重点要放在销售指标的完成方面。

企业还应针对中间商的不同表现，分别采取适度的激励措施。如对履行合同情况较好的中间商要增大利润分配的比例；对超额完成销售合同数量的中间商给予价格上的折扣；对提前付清货款和按时付清货款的中间商，根据情况也给予价格上的折扣等。但激励措施的采用必须适度，既不要造成激励费用过高，使企业自身的赢利水平大幅度下降，也不要造成中间商盲目购进，进而影响生产。

(4) 调整分销渠道。由于市场诸方面因素的不断变化，现有的分销渠道可能会产生与企业的经营目标不相适应的问题。为此，企业应根据本身的要求，对分销渠道进行适当的调整。调整分销渠道通常有以下三种主要方式，即增减个别中间商、增减个别渠道和变更整个分销渠道。

5. 引发渠道冲突的原因

科特勒指出渠道冲突主要有四个方面的原因：目标不一致、不明确的任务和权利、认识差异和互相依赖的程度。

(1) 目标不一致。渠道成员在各自的经营过程中所设定的目标不一致，是引起渠道冲突的一大原因。例如，制造商的目标是为了增加市场份额，力求在短时间内占领市场，而分销商则是为了短期的销售利润，要求制造商给予最优惠的价格。如果分销商在短期内无法盈利，他们就会去寻找新的制造商合作。又如，分销商希望通过更高的毛利率、更快的存货周转率、更低的支出及更高的销售提成来谋求利润的最大化，而制造商的想法却正好相反。

(2) 不明确的任务和权利。例如，某大型生产企业把一定地理区域的产品经销权授予特许经销商，但是生产企业的销售人员也在这一区域内销售产品，地理区域划分不明确而引起利益冲突。

(3) 认识差异。生产者和中间商由于对问题的感知不同而发生分歧。例如，生产企业派出销售人员到销售现场促销并培训经销商的营业员，经销商却认为生产者想监督和控制自己，从而不予配合。

(4) 互相依赖的程度。渠道成员互相依赖的程度越大，发生冲突的可能性就越大。例如，独家经销商对厂家的依赖程度大。双方在利益分配等方面引起的矛盾和冲突就多。

6. 渠道冲突的类型

简单地说，当渠道成员之间关于分销渠道事件有不同意见或理解时，冲突就很容易发生。冲突的类型可分为横向冲突、纵向冲突和多渠道冲突。

(1) 横向冲突。横向冲突是指同一渠道层次上各企业之间的相互冲突。

(2) 纵向冲突。纵向冲突是指同一渠道不同层次之间的企业冲突，这种冲突更普遍。

(3) 多渠道冲突。多渠道冲突是指两条或两条以上的渠道之间的成员发生的冲突。

7. 渠道冲突的管理

尽管有些渠道冲突对企业的发展有一定的好处，如可以导致企业对环境的适应，这种冲突属于良性冲突，但更多的冲突是恶性的，它会导致市场份额下滑，经销商利益受损。在这种情况下，最好的办法是更好地管理冲突而不是设法消除这种冲突。有如下七种管理冲突的机制：

（1）建立共同的目标。渠道成员签订一个可作为他们共同目标的协议，从而在市场份额、品质和顾客满意方面实现协调。他们联合起来排除威胁。紧密的合作也是一个途径，它可以教育各部门为追求共同目标的长远价值而工作。

（2）人员互换。人员互换是解决纵向冲突的最好方法。通过在几个渠道层次之间互换人员的办法，使得各方的人员能接触到其他方面的观点，有利于促进彼此间的理解，比如，让制造商的一些销售主管去部分经销商处工作一段时间，有些经销商负责人可以在制造商制定有关经销商政策的领域内工作。

（3）有效沟通。通过在各个层次上的接触、交流，使企业之间增强信任、相互理解，并能获得支持，导致减少冲突。就某种程度而言，所有渠道沟通都是为了避免或减少冲突。

（4）调解。通过调解来解决冲突其实就是由中立一方根据双方利益调停。从本质上说，调解是为存在冲突的渠道成员提供沟通机会，强调通过调解来影响其行为而非信息共享，也是为了减少有关职能分工引起的冲突。既然大家已通过建立共同目标结成利益共同体，调解可以使各成员重新履行自己的承诺。

（5）协商。协商的目标和调解一样致力于停止成员间的冲突。妥协也许会避免冲突爆发，但不能解决导致冲突的根本原因。只要压力继续存在，终究会导致冲突产生。其实，协商是渠道成员讨价还价的一个方法。在协商过程中，每个成员会放弃一些东西，从而避免冲突发生。

（6）仲裁。利用仲裁解决问题意味着双方同意并接受由第三方作出仲裁决定。也许仲裁方会提出一个建议，矛盾双方不一定都能接受。这时，冲突双方可以诉讼法律。

（7）建立长期合作关系。企业与分销商建立长期合作关系，这是管理渠道冲突的一种方法。这类企业会详细了解它能从分销商那里得到什么，以及分销商想从企业那里获得什么。所有这些都可从市场覆盖面、产品可获性、市场开发、寻找顾客、技术方法与服务以及市场信息来测量。同时，企业都希望分销商能支持其发展战略，并按照分销商遵守企业有关政策的情形来建立报酬制度。

8. 批发商的类型

批发商主要有三种类型，即商人批发商、经纪人和代理商、制造商的分销机构以及零售商的采购办事处。

（1）商人批发商（也称为独立批发商）。商人批发商是指自己进货，取得商品所有权后再批发出售的商业企业，商人批发商是批发商最主要的类型。商人批发商按职能和提供的服务是否完全可以分为两种类型：

1）完全服务批发商。完全服务批发商执行批发商的全部职能，他们提供的服务主要有保持存货、提供信贷、运送货物以及协助管理等。完全服务批发商又分为批发商人和工业分销商，批发商人主要是向零售商销售商品，工业分销商主要是向制造商销售商品。

2）有限服务批发商。有限服务批发商为了减少成本费用，降低批发价格，因此只执行批发商的部分职能。有限服务批发商主要有以下五种类型：①现购自运批发商。②承销批发商。承销批发商拿到客户（包括其他批发商、零售商、用户等）订货单后，就向制造商等生产者求购，并通知生产者将货物直接运送给客户。③专用品批发商。专用品批发商是指从生产者处把货物装车后运送给零售商店、饭店等。如专用品批发商的冷冻食品，服装行业中的布料批发商。④托售批发商。托售批发商在超级市场和其他食品杂货店设置货架，展销其经营的商品，商品卖出后零售商才付给其货款。⑤邮购批发商。邮购批发商是指那些全部批发业务均采取邮购的批发商，主要经营食品杂货、小五金等商品，其客户主要是边远地区的小零售商等。

（2）经纪人和代理商。经纪人（Broker）和代理商是从事购买、销售或二者兼有的洽商工作，但不取得商品所有权的商业单位。与商人批发商不同的是，他们对其经营的商品没有所有权，所提供的服务比有限服务商人批发商还少，其主要职能在于促成商品的交易，借此赚取佣金作为报酬。与商人批发商相似的是，他们通常专注于某些产品种类或某些顾客群。经纪人和代理商主要有以下几种：

1）商品经纪人。商品经纪人的主要作用是为买卖双方牵线搭桥，协助双方进行谈判，成交后向雇用方收取一定的费用。商品经纪人不备有存货，不参与融资，也不承担货主风险。

2）制造商代理商。制造商代理商代表两个或若干个产品线种类互补的制造商，分别和每个制造者签订有关定价政策、销售区域、定单处理程序、送货服务、各种保证以及佣金比例等方面的正式合同。

3）销售代理商。销售代理商是在签订合同的基础上，为委托人销售某些特定产品或全部产品，对价格条款及其他交易条件可全权处理的代理商。

4）采购代理商。采购代理商一般与委托人有长期关系，代委托人采购、收货、验货、储运。由于采购代理商消息灵通，因此可以向委托人提供有价值的市场消息，而且能以最低价格买到最好的货物。

5）佣金商。佣金商是指对委托销售的商品实体具有控制力并参与商品销售谈判的代理商。大多数佣金商从事农产品的委托代销业务，佣金商和委托人的业务一般包括一个收获季节或一个销售季节。佣金商通常备有仓库，可以替委托人储存、保管货物；佣金商还执行替委托人发现潜在买主、获得最好价格、分等、打包、送货、给委托人和购买者以商业信用（即预付货款和赊销）、提供市场信息等职能。佣金商对委托人代销的货物通常有较大的经营权力，佣金商收到农场主运来的货物以后，有权不经过委托人同意而以自己的名义按照当时可能获得的最好价格出售货物，以免经营的易腐品变质造成损失。佣金商卖出货物后扣除佣金和其他费用即将余款汇给委托人。

（3）制造商的分销机构以及零售商的采购办事处。

制造商的分销机构以及零售商的采购办事处属于卖方或买方自营批发业务的内部组织。

1）制造商的分销机构和销售办事处。制造商的分销机构执行产品储存、销售、送货以及销售服务等职能。制造商的销售办事处主要从事产品销售业务，没有仓储设施和产品库存。制造商设置分销机构和销售办事处，目的在于改进存货控制、销售和促销业务。

2）零售商的采购办事处。许多零售商在大城市设立采购办事处，这些办事处的作用与经纪人或代理商相似。

9. 零售商的类型

零售商的形式经过长期发展，如今表现为极其多样化，并且新的形式还在不断被创造出来。这里按照商店零售商、无商店零售商和网上销售平台的分类方法分别作一个探讨。

（1）商店零售商。商店零售商也称门市部零售，其特点是设有摆放商品和顾客购物的店面，顾客的购买活动在商店内完成。根据其经营的产品线、规模、价格和服务方式的差异，又可以进一步将零售店分为：

1）专业商店。专门经营某一类商品的商店。如书店、眼镜店、服装店、家具店等，或按服务对象分为儿童商店、妇女用品商店、友谊商店、旅游用品商店、体育用品商店等。

2）百货商店。经营多条产品线的零售店。大多包括服装、食品、日用品、家用电器等产品线。商品种类较齐全，花色品种不如专营店多。营业面积多在10000平方米以上，大型百货店通常价格较高，服务较周到。

3）超级市场。实行全部商品开架销售，顾客自选，一般服务员不导购，只负责摆货和计价收款。主要经营食品、家庭日用品、化妆品等。多采用低成本、低毛利、大量销售的经营方式。规模从几十平方米到几万平方米不等，提供的服务较少，价格较低，适合家庭大量购买。

4）便利商店。靠近居民区的小型商店，主要为方便消费者作"补充"式采购。营业时间长，商品范围有限，商品周转率高，满足消费者即时需要，多以连锁店形式出现。规模一般均较小，营业面积几十平方米。价格偏高，不还价，服务水平一般，与顾客关系较密切。

5）超级商店。将超市和百货店结合起来，经营商品品种较多，规模较大，实行开架售货，除销售商品外还兼营服务，如洗衣服、修鞋、快餐供应等。一般产品线都在三种以上，不但有产品线，还有服务线。超级商店规模较大，一般大于3000平方米；价格偏高，明码标出；服务质量较高，有导购员导购。

6）联合商店。一种带专卖性质的超级商店，品种较集中，但花色较多，规模较大。产品线1~3种，也有服务线，特别是修理与咨询。营业面积通常大于4000平方米。产品、服务价格较高，服务质量较高，有导购、送货中心和维修点。

7）折扣商店。商店中按正常价格折扣（3~5折不等）出售。靠低租金、仓库式设施降低成本，广告范围大。折扣店的产品线可多可少，但其深度较低。

（2）无商店零售商。无商店零售商是指不设店面的零售方式，又称无门市部零售。这类零售可分为直复零售、直接零售、自动售货和网络销售等几种类型。

1）直复零售。是指利用现代通信工具、多种广告媒体传递销售信息的零售方式。通过消费者作出直接反应，实现销售。按所借助的通信工具不同，又可分为：①邮购。消费者通过各种广告获取信息后，向邮购部汇款并说明需要购买的商品，邮购部收到汇款后即按时向消费者汇出商品。②电话购物。消费者不是用信函而是用电话向供货部求购商品，而供货部除邮寄商品外，还可通知求购者所在地分部送货上门。③电视购物。邮购信息通过电视发布，交易办法包括邮寄和送货上门。④网络营销。商品的信息、订购及付款等均可以互联网为媒介进行。这是很有发展前途的一种零售方式，后面将专题介绍。

2）直接零售。是指制造商生产的商品不经过任何媒介，只靠人与人之间的联系及其网络直接销售给消费者。目前比较普遍的有：①上门推销，是指由业务员登门拜访，介绍商品并成交。拜访者对产品十分熟悉，当场演示商品功能，使消费者具体感受。②家庭销售会，是指利用朋友邻居之间互相邀请举办家庭聚会的机会，把产品带到聚会上去推销。③传销，是指消费者又是分销商，在分销中将自己的销售对象发展成下线分销商，并获取可观的利润，这样形成一个网络。

3）自动售货。采用自动销售设备进行的零售服务。这种方式又可分为：①自动售货机售货。已被用在如饮料、香烟、糖果、食品以及报纸、杂志、地图、化妆品等商品的销售上。一般放在商店、居民区、交通要道等公共场所。②自动柜员机。主要是供银行用于自动存取款、查询服务等。③自动服务机。它可以向顾客提供游戏、点歌、问询、博彩等服务。

（3）网上销售平台。互联网销售又称网络购物，即利用互联网来开展零售活动。该方式认为是互联网最有发展前途的一个领域。现在美国几乎所有的大公司都通过 WWW（World Wide Web，万维网）这种新型传播媒体提供网络购物服务，同时还出现了一些更全面的在线交易的新型公司。作为一种全新的购物方式，网络购物已开始为美国大众所接受，并逐步走向成熟。通过互联网，人们可以购买到在一般商店中可能买到的所有商品。

利用网络，顾客很容易通过线上查询系统找到需要的商品及相应的价格、功能、厂家、品种、生产日期和使用说明等有关信息，从而使顾客详细了解和比较商品；利用网上的虚拟环境可以使顾客产生身临其境、类似实际逛商店的感觉，还可配上优美的音乐让顾客在更轻松的环境中实现购物与娱乐的结合。

10. 物流管理系统的构成

物流管理系统主要由六个方面的要素组成，即包装、运输、仓储、装卸搬运、库存控制和订单处理。

（1）包装。包装分为商品包装和工业包装。物流管理中的包装指工业包装。物流管理中包装形式的确定，包装材料的采用和包装方法的选择都要与物流管理的其他要素相适应。如不同的装卸方式对包装提出不同的要求，仓库堆码的高度、商品性能、运输工具的选择及运送距离的远近等也对包装提出了不同的要求。

（2）运输。运输是借助于各种运力，实现商品空间位置上的转移。运输决策的内容，首先根据运输品对于运输时间与运输条件的具体要求选择适宜的运输方式，如铁路、水路、公路、航空、管道、联运等；其次，企业还要决定发运的批量、送货的时间以及行走的路线等。

（3）仓储。仓储是利用一定的仓库设施和设备收储、保管商品的活动。对于决定入库储存的商品，企业需要选择是自建仓库，还是租赁仓库。如果决定自建仓库，还应决定仓库的规模、结构和形式，并选择适当的仓库位置。

（4）装卸搬运。运输和仓储都离不开装卸、搬运。装卸搬运的基本内容，包括商品的装上卸下、移动、分类、堆码等。在商品的实体运动中装卸质量的好坏，对于物流管理成本有很大影响。所以，装卸搬运的合理化是物流管理系统合理化的一个重要方面。

（5）库存控制。库存是在流通过程中为保证不间断的销售而产生的一种必然形式。库存控制包括决定和记录商品的存放地点，实际储存数量，进货周期及进货的数量等。企业的库存无论是过多过少都会造成不利的影响，因此企业要在充分考虑对顾客的服务水平并兼顾其经济因素的基础上，研究制订出适当的库存量和库存量的补充。

（6）订单处理。订单处理包括接受、记录、整理、汇集订单和准备发运商品等工作。企业收到订单后，首先检查订单是否正确，然后按订单要求的商品品种、数量、式样、规格、型号，把商品发运给顾客。订单处理每一程序所用的时间及工作质量，直接影响着物流管理的效率和企业服务水平。

11. 物流系统管理

企业在确定了物流服务目标以后，就要对物流系统进行规划与设计，并开展具体的物流作业活动。物流管理涉及的主要内容有：

（1）仓库地址的选择。仓库地址的选择在物流管理中是较难处理的问题，因为有许多变动因素影响仓库地址的选择。选择仓库地址的主要标准为是否有利于增加企业的利润。

（2）仓库数量。企业拥有仓库数量越多，就越能提供较好的服务，就可以使总运输费用降低，因为总运输费用比只有一个仓库的运输里程要少，但是仓库越多，支付的租赁费和仓库设施的投资也越大。近几年，企业倾向于逐渐减少仓库的数量，但前提条件是不影响服务水平和降低销售量。

（3）仓库结构。在考虑仓库结构时，应从以下两方面考虑：

1）单层仓库还是多层仓库，单层仓库可以降低物资搬运费用。多层仓库重点考虑的是商品的储存，而非降低商品搬运费，尤其是在地价很高的地区更宜采用。

2）自建仓库还是租赁仓库。自建仓库通常适合本企业的业务特点，仓库的平面和物资搬运机构可以按本企业产品的要求设计，所以自建仓库较租赁仓库费用标准要低，另外企业可以完全控制仓库的经营业务。但是租赁仓库和企业自建仓库相比，亦有它的独特之处：企业不需要进行投资；可以利用租赁仓库所具有的最先进的技术设备和搬运机具；租赁仓库合同中一般规定租期较短，如不适用可改租其他仓库；在存储高峰，可以增加租赁面积。

（4）运输方式。企业可以选择的主要运输方式有五种：管道、水运、铁路、公路和空运。各种运输方式的优缺点取决于运输方式的评价标准，主要根据运输费用和提供给发货人和收货人的服务内容。

（5）运输路线。在选定运输方式后，发货人还应决定运输路线。选择运输路线的标准如下：

1）所选定的运输路线应保证把货物运输给客户的时间最短，这样就可以做到准时向客户交货，缩短订货周期，减少库存短缺情况的发生，达到较高的服务质量。

2）选定的路线应能减少总的运输里程，这意味着不仅可以减少总的运输里程，还可以减少发货人的运输费用。

（6）选定的运输路线应保证大的用户得到较好的服务。选择适当的发货批量是企业决策的一项重要内容。用户是欢迎分批少量发货的，而发货人则愿意成批大量发货，因为这样做可以取得运价上的折让，铁路运输整车运货的运价较低，公路运输也是满载运价较低，同时成批大量发货还可节省仓库储存面积，节约储存费用，但许多企业感到最难处理的问题是“小额订货单”问题，所以有的企业采取延期发货的办法，待某地区的小额订单凑足一辆车或一节车厢的数量时才组织发运，有些企业采用电话订货办法，以设法减少小额订单处理费用，还有的企业对小额订单采用增收费用的办法，对同一地区的小额订货问题可以采用联合运输办法，由两三家企业共同凑足一车运载量一起发货，这有利于提高车辆装载量，降低费用和增加收益。

（7）存货水平。存货水平高，能提供高效率的服务，能及时向用户发运商品，能解决紧急发货问题，但需要较大的仓储面积和较多的搬运机具，要增加有关的仓储费用。因此在决定存货水平方案时，应对各种不同存货水平的销售量和存货费用进行对比和分析，求出利润最高的存货水平。

【知识链接】

选择经销商的原则

许多成功企业的经验说明了这样一个道理。明确选择经销商的目标和原则，并且做好深入细致的调查研究工作，全面了解每一个将被选择的经销商的情况，是选择经销商的起点和前提条件。明确目标是选择经销商的前提之一。这里有两个层次的目标要加以区分：第一层次为基本目标，即选择中间商，建立分销渠道要达到什么分销效果；第二个层次为手段目标，即要建立怎样的分销渠道，它在实现第一层次目标的过程中应当发挥什么作用。建立分销渠道的目标明确之后，这些目标就被转换成选择经销商的原则，成为指导经销商选择工作的纲领。一般来说，应遵循的原则包括以下四个方面：

(1) 把分销渠道延伸至目标市场原则。这是建立分销渠道的基本目标，也是选择经销商的基本原则。企业选择经销商，建立分销渠道，就是要把自己的产品打入目标市场，让那些需要企业产品的最终用户或消费者能够就近、方便地购买，随意消费。根据这个原则，分销管理人员应当注意所选择的经销商是否在目标拥有其分销通路（如是否有分店、子公司、会员单位或忠诚的二级经销商），是否在那里拥有销售场所（如店铺、营业结构）。

(2) 分工合作原则。即所选择的中间商应当在经营方向和专业能力方面符合所建立的分销渠道功能的要求。尤其在建立短分销渠道时，需要对中间商的经营特点及其能够承担的分销功能严格掌握。一般来说，专业性的连锁销售公司对于那些价值高、技术性强、品牌吸引力大、售后服务较多的商品，具有较强的分销能力。各种中小百货商店、杂货商店在经营便利品、中低档次的选购品方面力量很强。只有那些在经营方向和专业能力方面符合所建分销渠道要求的经销商，才能承担相应的分销功能，组成一条完整的分销通路。

(3) 树立形象的原则。在一个具体的局部市场上，显然应当选择那些目标消费者或二级经销商愿意光顾甚至愿意在那里出较高价格购买商品的经销商。这样的经销商在消费者的心目中具有较好的形象，能够烘托并帮助建立品牌形象。

(4) 共同愿望和共同抱负原则。联合经销商进行商品分销，不单是对生产厂商、对消费者有利，对经销商也有利。分销渠道作为一个整体，每个成员的利益来自于成员之间的彼此合作和共同的利益创造活动。从这个角度上讲，联合分销进行商品分销就是把彼此之间的利益“捆绑”在一起。只有所有成员具有共同愿望、共同抱负，具有合作精神，才有可能真正建立一个有效运转的分销渠道。在选择经销商时，要注意分析有关经销商分析合作的意愿、与其他渠道成员的合作关系，以便选择到良好的合作者。

资料来源：《企业营销训练教材总集》，亚太管理训练网。

【同步练习】

一、单项选择题（在下列每小题中，选择一个最适合的答案）

1. 商品从生产者转移到最终消费者或用户所经过的通道即（　　）。

A. 商品销售程序　B. 商品流通过程　C. 市场营销渠道　D. 市场调剂系统

2. 实体原料及成品从制造商转移到最终顾客的过程是（　　）。

A. 商品所有权流程　B. 商品实体流程　C. 商品信息流程　D. 商品促销流程

3. 河北某蔬菜生产基地，运送蔬菜上千里到西安大雁塔批发市场自行销售，这种渠道类型是（　　）。

A. 长渠道　B. 短渠道　C. 宽渠道　D. 窄渠道

4. 分销渠道的宽窄取决于（　　）。

A. 商品流通过程中经过中间层次的多少　B. 每一个层次中使用中间商的数目的多少

C. 买卖环节的多少　D. 市场覆盖面的多少

5. 直接市场营销渠道主要用于分销（　　）。

A. 工业用品　B. 农业用品　C. 生活消费品　D. 食品

6. 销售量大的生活日用品和工业品中的通用设备企业通常采用（　　）。

A. 密集型分销　B. 独家分销　C. 选择性分销　D. 广泛性分销

7. 生产者在某一地区仅通过少数几个精心挑选的中间商来分销产品，这是（　　）分销策略。

A. 广泛　　B. 密集型　　C. 强力　　D. 选择性

8. 美国火石轮胎橡胶公司拥有橡胶种植园，拥有轮胎制造厂，还拥有轮胎系列的批发机构和零售商，其销售门市部遍布全国，这属于（　　）。

A. 垂直渠道系统　　B. 水平渠道系统　　C. 多渠道营销系统　　D. 普遍渠道系统

9. 美国福特汽车公司、麦当劳公司、肯德基等素享盛名的大生产商和一些独立零售商签订合同，授予经营其流行商标的产品或服务项目的特许权。这属于（　　）。

A. 管理式垂直系统　　B. 公司式垂直系统

C. 契约式垂直系统　　D. 水平渠道营销系统

10. 在评估渠道方案时，最重要的标准是（　　）。

A. 控制性　　B. 经济性　　C. 适应性　　D. 可行性

11. 美国芝加哥的一些福特经销商抱怨该市的同行靠野蛮定价与广告，以及城外销售的手段抢走了他们的生意。这是（　　）。

A. 横向冲突　　B. 纵向冲突　　C. 多渠道冲突　　D. 直销冲突

12. 制造商与批发商之间就服务、物流、价格等方面发生的冲突属于（　　）。

A. 横向渠道成员之间的冲突　　B. 横向渠道成员之间的竞争

C. 纵向渠道成员之间的冲突　　D. 纵向渠道成员之间的竞争

13. 自己进货，取得商品所有权后再批发出售的商业企业，属于（　　）。

A. 代理商　　B. 商人批发商　　C. 经纪人　　D. 商业企业办事处

14. 经纪人与代理商具有的共同特点是他们都不拥有（　　）。

A. 商品所有权　　B. 独立经营权　　C. 法人地位　　D. 经营场地

15. 对商品实体具有控制力并参与商品销售谈判的代理商是（　　）。

A. 商品经纪人　　B. 制造商代表　　C. 采购代理商　　D. 佣金商

16. 实行全部商品开架销售，顾客自选，一般服务员不导购，只负责摆货和计价收款，属于（　　）。

A. 专业商店　　B. 百货商店　　C. 便利商店　　D. 超级市场

17. 物流的主要职能是将产品由生产地转移到消费地，从而创造（　　）。

A. 时间效用　　B. 取得效用　　C. 地点效用　　D. 形式效用

18.一些容易腐坏变质的商品，多采用（　　）。

A. 公路运输　　B. 航空运输　　C. 铁路运输　　D. 水路运输

19. 在制定运输决策时，首先要选择的是（　　）。

A. 运输路线　　B. 运输方式　　C. 发货批量　　D. 库存控制

20. 在选定运输方式后，发货人还应决定（　　）。

A. 运输路线　　B. 发货批量　　C. 存货水平　　D. 库存数量

二、多项选择题（在下列每小题中，正确的答案不少于两项，请准确选出全部正确答案）

1. 分销渠道的流程有（　　）。

A. 实体流程　　B. 所有权流程　　C. 付款流程　　D. 信息流程　　E. 促销流程

2.下 列属于促销流程的有（　　）。

A. 对消费者，通过人员推销、打折、抽奖竞赛等形式，激发其购买欲望

B. 对于中间商，则通过销售回扣、推广津贴等方式鼓励其购买和销售更多的产品

C. 信息流程

D. 实体流程

E. 商品流程

3. 销售渠道按生产企业在其渠道的每个层次中使用同种类型中间商的数目分为（　　）。

A. 直接渠道　B. 间接渠道　C. 宽渠道　D. 窄渠道　E. 长渠道

4. 销售渠道按照通过流通环节的多少分为（　　）。

A. 直接渠道　B. 短渠道　C. 宽渠道　D. 窄渠道　E. 长渠道

5. 分销渠道成员包括（　　）。

A. 制造商　B. 批发商　C. 代理商　D. 零售商　E. 消费者

6. 一般来说，渠道宽度主要类型有（　　）。

A. 密集型分销　B. 选择性分销　C. 独家分销　D. 直接性分销　E. 传销

7. 分销渠道新类型主要包括（　　）。

A. 垂直渠道系统　B. 水平渠道系统　C. 多渠道营销系统

D. 销售点管理系统　E. 电子收款机系统

8. 影响分销渠道设计的因素有（　　）。

A. 产品因素　B. 市场因素　C. 企业自身因素

D. 经济形势与有关法规　E. 商人中间商

9. 下列影响分销渠道选择的因素中属于产品因素的是（　　）。

A. 产品的物理与化学性能　B. 产品单价　C. 产品式样

D. 产品技术的复杂程度　E. 产品的新旧程度

10. 下列影响分销渠道选择的因素中属于市场因素的是（　　）。

A. 目标市场范围　B. 顾客的集中程度　C. 消费者购买习惯

D. 销售的季节　E. 竞争状况

11. 一个完整的渠道选择方案包括（　　）方面的要素。

A. 中间商的类型　B. 中间商的层次与数目

C. 渠道成员的条件与责任　D. 供应商的类型

E. 经纪人

12. 在评估渠道方案时，评估的标准是（　　）。

A. 经济性　B. 控制性　C. 适应性　D. 可行性　E. 科学性

13. 实现分销渠道的有效管理，需要做好（　　）。

A. 选择渠道成员　B. 确定生产者与中间商的关系

C. 检查和激励中间商　D. 调整分销渠道

E. 控制分销渠道

14. 引发渠道冲突的原因是（　　）。

A. 目标不一致　B. 不明确的任务与权利

C. 认识差异　D. 互相依赖的程度

E. 道德水平低

15. 渠道冲突的类型分为（　　）。

A. 横向冲突　B. 纵向冲突　C. 多渠道冲突　D. 利益冲突

E. 支付条件冲突

16. 批发商的类型主要有（　　）。

A. 商人批发商　B. 经纪人　C. 代理人批发商　D. 制造商销售机构

E. 仓储商店

17. 零售商一般分为有门市的销售形式和无门市的销售形式，属于有门市的销售形式有（　　）。

A. 百货商店　　B. 邮寄　　C. 连锁店　　D. 访问销售

E. 超级市场

18. 运输决策主要涉及（　　）两个方面的问题。

A. 运输里程　　B. 运输方式　　C. 运输安全　　D. 运输路线

E. 运输费用

19. 运输方式一般有（　　）。

A. 公路运输　　B. 铁路运输　　C. 航空运输　　D. 水路运输

E. 管道运输

20. 现代物流的主要特征包括（　　）。

A. 信息化　　B. 网络化　　C. 自动化　　D. 智能化

E.柔性化

三、填空题（在下列每小题中，填上适当的内容）

1. 某种商品生产者通过中间商把产品转移到最终消费者手中，属于________渠道类型。

2. 渠道长短度是指产品从生产领域到消费领域过程中所经过的________数量。

3. 分销渠道的宽度是指分销渠道的每个层次中________的数目。

4. 由生产者企业、批发商和零售商组成的统一系统，属于________渠道系统。

5. 生产者与中间商的合作，应遵守“________、________”的原则。

6. 渠道成员发现其他渠道成员从事的活动阻碍或者不利于本组织实现自身的目标，属于________。

7. 大批量购进，并批量售出商品，通过商品购销获取商业利润的中间商，是指________。

8. 批发商按是否拥有产品所有权称为________和________。

9. 无门市的销售形式主要有________、________、________和________。

10. 物流的概念最早出现在________。

11. 在任何情况下，订货企业的订货批量都会遇到两个相矛盾的因素，即________和________。

12. 选择仓库地址的主要标准为是否有利于增加企业的________。

13. 第三方物流日益成为物流服务的________方式。

四、判断题（判断下列各题是否正确，正确的在题后的括号内打“√”，错误的打“×”）

1. 分销渠道的长短度是指产品在流通过程中所经过的中间环节的多少。（　　）

2. 经纪人是从事购买或销售或二者兼备的洽商工作，并取得产品所有权的商业企业单位。（　　）

3. 自己进货，并取得产品所有权后再批发出售的商业企业肯定不是经纪人或代理商。（　　）

4. 在确定中间商数目的三种可供选择的形式中，对所有各类产品都适用的形式是密集型分销。（　　）

5. 生产商在特定的市场里，选择几家批发商或零售商销售特定的产品，这属于选择性分销。（　　）

6. 代理商对生产者委托销售的物品没有所有权，但有定价权。(　　)

7. 代理商是指从事商品交易业务，在商品买卖过程中拥有产品所有权的中间商。(　　)

8. 判断是否从事零售活动的标准，是看其售卖对象是否为产品或服务的最终消费者。(　　)

9. 空调制造商格力与家电连锁经销商国美之间的冲突属于横向冲突。(　　)

10. 企业与中间商的关系是一种简单的委托和买卖关系，而不是一种合作关系。(　　)

11. 在物流过程中搞好运输工作，开展好合理运输，物流被认为是企业"第三利润源"。(　　)

12. 企业应以合同为依据，经常不断地检查中间商履行合同的情况，检查的重点要放在销售指标的完成方面。(　　)

五、简答题

1. 市场营销渠道与分销渠道有什么差别？
2. 企业有哪些分销渠道宽度选择策略？
3. 经纪人或代理商与商人批发商有何异同？
4. 分销渠道管理的主要内容有哪些？
5. 现代物流的主要特征和趋势是什么？

六、案例分析题

案例分析 1

爱普生公司如何选择中间商

日本的爱普生公司（Epson）是生产电脑打印机的一家大型企业。在公司准备扩大其产品线时，公司总经理杰克·沃伦对现有的中间商有些不满意，也对他们向零售商店销售其新型产品的能力有一些怀疑，他准备秘密招聘新的中间商以取得现有的中间商。为了找到更合适的中间商，沃伦雇用了一家招募公司，并给他们这样的指示：

（1）寻找在经营褐色商品（如电视机等）和白色商品（如冰箱等）方面有两层次（从工厂到分销商，再到零售商）分销经验的申请者。

（2）申请者必须具有领袖风格，他们愿意并有能力建立自己的分销系统。

（3）他们每年的薪水是 8 万美元底薪加奖金，公司提供 375 万美元帮助其拓展业务，他们每人再出资 25 万美元，并获得相应的股份。

（4）他们将只经营爱普生公司的产品，但是可以经销其他公司的软件。

（5）同时，每个中间商都配备一名培训经理并经营一个维修中心。

招募公司在寻找候选人时遇到了很大的困难。虽然他们在《华尔街日报》上刊登广告（没有提及爱普生公司）后，收到了近 1700 封申请书，但大多数不符合爱普生公司的要求。于是，招募公司通过黄页，得到了一份中间商的名单，再通过电话联系，安排与有关人员见面。在做了大量的工作之后，招募公司列出了一份最具有资格的人员名单。沃伦与这些人员一一见面，并为其 12 个配销区域选择了 12 名最合格的候选者，替换了现有的中间商，并支付了招募公司 25 万美元的酬金。

由于招募是暗中进行的，因此原有中间商对此事一无所知。当杰克·沃伦通知他们须在 90 天内完成交接工作时，中间商感到非常震惊。他们与爱普生公司共事多年，只是没有订立合同。但是，沃伦必须更换中间商，因为他认为现在的中间商虽然干了很多年，但是缺少经营爱普生新产品和拓展新渠道的能力。

资料来源：张传忠：《分销渠道管理》，广州：广东高等教育出版社，2004。

讨论分析题：

1. 爱普生公司选择中间商的标准是什么？你认为对其标准是否可以进行补充与完善？
2. 你认为招募公司在操作程序和方法方面，有哪些成功经验值得借鉴？

案例分析2

三星OA的确定变革

"我从大年初四就开始上班了，实在太忙！"三星电子OA（办公自动化）产品中国区总经理陆靖在记者采访时开场就说了这句话。陆靖的忙是有原因的，1月9日，在三星数码打印产品2004年新确定战略发布的那天，陆靖被正式任命为三星电子OA产品中国区总经理。在此之前，陆的身份是三星打印机总经理——万海科技的总经理。陆靖身份的转变，蕴涵着三星电子全新的渠道战略。

在中国，三星电子一直扮演着幕后英雄的角色，通过和OEM伙伴合作，在渠道上采取"经销商俱乐部"模式，三星激光打印机至今已经占到35%的市场份额。三星取得如此大的成绩只用了短短两年时间。而在三星打印机进入中国市场时，惠普已经在中国市场经营了18年，佳能6年，爱普生5年。

2004年伊始，正当三星在打印机市场春风得意之时，却主动掀起了一场渠道变革的风暴，第一步是对原有的渠道体制进行大刀阔斧的改革。三星这一策略的推出引起业界广泛关注并引发众多猜测：三星将抛弃总代万海自行发展吗？三星决策层否定了这种说法，称万海公司目前仍是三星数码打印产品事业部中国区进口产品线的独家总代理。

此次三星关于渠道策略的重大调整是出于进一步扩大市场份额的需要而推出的，首先，通过两年的运作，三星的数码打印系列产品已经进入了成熟阶段，成熟产品的运作与不成熟产品的运作是不同的。其次，随着市场形势的不断变化以及所运作产品线的深入，过去那种封闭的渠道模式已经跟不上三星产品快速增长的步伐，影响了三星三星产品市场份额的进一步拓展。再次，以往的渠道粗放式管理的弊端也开始显现出来：渠道布局不尽合理，对行业市场的覆盖能力不够全面，终端渠道建设较为混乱并难于控制等。最后，由于三星产品线的不断丰富，使新的渠道策略实施成为可能。

此次三星的渠道变革通过对原有资源的整合，在中国10个省市分设打印机和传真机各10家区域总经理，并以此为基础形成全新的渠道销售模式。三星采取"渠道扁平化"原则，将渠道细化为大批发商、零售联盟、区域联盟、行业大客户部、连锁大卖场五大类，并针对不同类型的渠道提供点到点的支持。细化后的新渠道体系横向设立行业大客户部，以政府、学校、银行作为行业突破口，加大政府集团的销售量。此外，针对五大细化的渠道下游，三星将建立适合各自特点的行业俱乐部。

此次三星渠道变革中最大的改变就是推动原有渠道商进行角色转变，把原来的渠道代理商转变为渠道战略联盟伙伴，在保证渠道商最大利益的前提下，实现渠道商与市场的共同发展。陆靖说"通常渠道变革是一个痛苦的过程，渠道商往往难免'受伤'，我们这次的渠道变革是一个三方资源的高效整合，而在这次整合中我们做到了兵不血刃。”

在产品层面上，三星一改以往“单点突破”的销售手法，开始整合其全线 OA 产品系列，使打印机、传真机、多功能一体机产品实现了市场的全面覆盖。据了解，2004 年三星根据每年产品的不同特点，对终端市场的渠道商按照销售产品的种类进行属性细分，使不同的渠道商掌控一至两款最适合自己渠道销售的产品，以求利润和市场覆盖的最大化。

在渠道支持方面，三星也将对下游经销商的支持由以前机械的资金或返利支持转向产品、市场以及技术支持等全方位的支持。尤其针对各渠道的特点，对经销商提供专门、对口的扶持，为实现三星 OA 产品的全线突破构架出了行之有效的立体框架。

三星表示，新渠道模式的建立，是三星“适时而动，适势而动”渠道策略的一个集中体现，不仅是三星应对未来 IT 市场发展的一种准备，同时也是三星数码打印产品在中国市场全面进入新的发展阶段的一种准备。新的渠道模式的核心是结合三星数码打印产品的特色，不断进行产品细分和市场细分，针对不同的区域市场制定不同的产品策略，在充分发挥区域代理商主观能动性的基础上，实现三方优势资源的全面整合，谋求在中国市场更大的发展。

资料来源：庄贵军等：《营销渠道管理》，北京：北京大学出版社，2004。

讨论分析题：

1. 三星对渠道进行调整改进的原因是什么？它从哪些方面对其渠道进行调整改进？
2. 三星的渠道变革对企业的渠道管理有何启示？

【参考答案】

一、单项选择题

1. C　2. B　3. D　4. B　5. A　6. A　7. D　8. A　9. C　10. B　11. A　12. C　13. B　14. A　15. D　16. D　17. C　18. B　19. B　20. A

二、多项选择题

1. ABCDE　2. AB　3. CD　4. BE　5. ABCDE　6. ABC　7. ABC　8. ABCD　9. ABCD　10. ABCDE　11. ABC　12. ABC　13. ABCD　14. ABCD　15. ABC　16. ABCD　17. ACE　18. BD　19. ABCDE　20. ABCDE

三、填空题

1. 间接　2. 中间商　3. 同种类型中间商　4. 垂直　5. 利益分享、风险共担　6. 渠道冲突　7. 批发商　8. 商人批发商　代理人批发商　9. 直复零售、直接零售、自动售货、网络销售　10. 美国　11. 订货费用、存货费用　12. 利润　13. 主导

四、判断题

1. √　2. ×　3. √　4. ×　5. √　6. ×　7. ×　8. √　9. ×　10. ×　11. √　12. √

五、简答题

1. 市场营销渠道与分销渠道有什么差别？

答：著名市场营销学家菲利普·科特勒认为，市场营销渠道（Marketing Channel）和分销

渠道（Distribution Channel）是两个不同的概念。市场营销渠道是指那些配合起来生产、分销和消费某一生产者的某些货物或劳务的一整套所有企业和个人。一条市场营销渠道包括某种产品的供产销过程中所有企业和个人，如资源供应商、生产者、商人中间商、代理中间商、辅助商以及最后的消费者或用户等。

分销渠道是指某种货物或劳务从生产者向消费者转移时取得这种货物或劳务的所有权或帮助转移其所有权的所有企业或个人。一条分销渠道主要包括商人中间商和代理中间商。此外，它还包括作为分销渠道的起点和终点的生产者和消费者，但是，它不包括资源供应商、辅助商。

2. 企业有哪些分销渠道宽度选择策略？

答：分销渠道的宽度选择策略有：①密集性分销。密集性分销是指生产商通过尽可能多的批发商、零售商推销其产品。②选择性分销。选择性分销是指生产商在某一地区仅通过几个精心挑选的、最合适的中间商推销其产品。③独家分销。独家分销是指生产商在某一地区仅通过一家中间商推销其产品。

3. 经纪人或代理商与商人批发商有何异同？

答：经纪人或代理商与商人批发商都属于批发商，经纪人或代理商是从事购买或销售或二者兼备的洽谈工作，他们对其经营的产品没有所有权，只是在促成产品交易后，以赚取佣金作为报酬。而商人批发商是指自己进货，取得商品所有权后再批发出售的商业企业。两者相似之处是他们都专注于某些产品种类或某些顾客群。

4. 分销渠道管理的主要内容有哪些？

答：分销渠道管理的主要内容有：①选择渠道成员。②确定生产者与中间商的关系。③检查和激励中间商。④调整分销渠道。

5. 现代物流的主要特征和趋势是什么？

答：现代物流是指将信息、运输、仓储、库存、装卸搬运以及包装等物流活动综合起来的一种新型的集成式管理，其任务是尽可能降低物流的总成本，为顾客提供最好的服务。具体体现在信息化、网络化、自动化、智能化和柔性化等五个方面。现代物流的发展趋势：第三方物流日益成为物流服务的主导方式；物流全球化。

六、案例分析题

案例解读 1

爱普生公司如何选择中间商

1. 爱普生公司选择中间商的标准是什么？你认为对其标准是否可以进行补充与完善？

答：本案例涉及的知识点主要是：企业选择中间商的标准、途径与方法。爱普生公司选择中间商的标准主要是：

（1）中间商的实力，即经营能力，即考察它有没有经营爱普生公司产品的最基本的能力。主要考察中间商的销售队伍、销售业绩和市场覆盖面状况等情况。

（2）中间商的管理效率，主要考察中间商的战略发展、领导能力等方面情况，具体可从中间商对下游管理能力，对自己企业的物流、人流、资金流、信息、促销等的管理水平等方面进行考察。

（3）中间商的产品组合，包括所经营的产品类别、档次和品牌等。

爱普生公司选择中间商的标准还可以进行补充和完善，主要包括如下几个方面：

一是企业文化，包括理念和信誉。中间商的理念主要包括：

(1) 是否具有共同愿望、共同抱负和共同利益。分销渠道作为一个整体，每个渠道的利益来自成员之间的彼此合作和共同的利益创造活动。只有所有成员具有共同愿望、共同抱负，具有合作精神，才有可能真正建立一个高效运转的分销渠道。共同利益是合作之源，共同愿望、共同抱负是合作的根本，所谓"道不同，不相与谋也"。

(2) 中间商是否有现代营销思路。有了现代营销思路，才能跟得上市场营销环境的变化。安于现状、贪图安逸、不愿意主动适应市场、不思改进的成员会成为企业发展的最大障碍，只有营销模式先进，具有现代营销思路的成员才能为企业带来长远的利益。

(3) 销售信心。考察渠道成员对企业产品的销售前景是否有信心，以及有多大程度的信心。

(4) 是否富于开拓精神。中间商要有强烈的开拓意识，积极地开拓市场，进行渠道建设，重视走出去对下线客户加强服务，不断地进行渠道精耕，扩大其覆盖范围和深化渠道渗透力。

中间商的信誉，它不仅直接影响回款情况，还直接关系到市场的网络支持。一旦中间商中途有变，往往会给企业造成很大的冲击，甚至使企业陷于欲进无力，欲退不能，不得不放弃已经开发出来的市场境地。如果因此而被迫重新选择中间商，再构建新渠道，则往往需要付出巨大的代价。信誉可以从同业口碑、履约率、资信情况、客户对它的评价等方面得到反映。

二是实力。实力即具有能力，即考察中间商有没有经营本企业产品的最基本的能力，包括财务和销售方面的实力。财务实力主要包括财务状况和信用状况；销售能力主要包括经营规模。销售队伍、销售业绩和市场覆盖面状况，以及是否有地理区位优势等。

三是管理效率。中间商的管理效率具体可从如几个下方面考虑：

(1) 中间商对下游的管理能力。

(2) 对自己企业物流、人流、资金流、信息、促销等的管理水平，其管理是否规范、高效。

(3) 它的团队精神如何，对生产商的政策能否及时正确地贯彻。

(4) 其分销网络有无恶意冲突。

四是产品组合。分销渠道不仅是企业产品的销售出口，也是建立企业形象、商品形象，让消费者产生购买欲望的信息载体。因此，企业应选择那些目标消费者愿意光顾的、能烘托并帮助建立企业和产品形象的中间商。具体可以从中间商所经营的产品类别、档次和品牌，以及有多少不同的产品供应来源等方面来分析考虑。

五是经销企业的产品时，中间商能提供什么优惠条件。

2. 你认为招募公司在操作程序和方法方面，有哪些成功经验值得借鉴？

答：在本案例中，招募公司在操作程序方面是先采用广告招聘，进行大范围的搜寻、海选；初步筛选后再面试、再精选的步骤。这种做法值得借鉴。因为在寻找渠道成员时，搜寻的范围越大，找到合适的渠道成员的机会就越大，因此一般来说，寻找渠道成员时，搜寻的范围越大越好。而广告，进行广而告之，让有意经营的中间商都来参与，则便于其进行甄选。当然，企业还可以通过贸易组织、出版物、电话本、商业展览会等商业途径，以及向顾客和中间商咨询、网上查询等途径来寻找渠道成员。招募公司所采用的方法主要是定性确定法。即依据委托企业所制定的选择标准或要求，对有意经营的中间商进行甄别，初选出符合条件的中间商。企业选择中间商，还可以采取定量确定法。即对“准经销商”进行评估，然后经过排序而选出。其量化指标通常是销售量、销售增长率、销售成本等。

案例解读2

三星OA的确定变革

1. 三星对渠道进行调整改进的原因是什么？它从哪些方面对其渠道进行调整改进？

答：本案例涉及的知识点主要是：促使企业对渠道进行调整改进的原因和企业对渠道进行调整改进的方式、策略，以及分销渠道在企业营销中的重要作用。

一般来说，在以下情况下，企业会考虑进行渠道的调整改进：一是企业的产品和市场发生了变化。如企业开发出新产品，而新产品与现有产品有较大的差异，现有渠道不适合新产品的分销时，就需要进行渠道的调整改进。再如，市场环境的变化，使得整个商业格局发生了变化，使有些渠道成员不能继续在渠道中服务或该产品分销渠道在该市场效益差或成本太高时，都使企业要对原有渠道进行调整和修改。二是产品生命周期的变化。产品在其生命周期的不同阶段，目标市场可能会发生相应的变化，因此也需要考虑何种渠道更适合其目标市场的问题。三是企业的营销目标、政策发生了重大变化。一般地说，新的营销目标需要新的渠道政策，因此带来了渠道的调整改进问题。企业营销政策的重大变化也会带来对渠道进行调整改进的需要。四是渠道出现了严重危机。企业的分销渠道以及渠道成员关系是在不断发展变化的，当企业面临严重的渠道危机，如企业成员间出现了严重冲突而不得不更换渠道成员时，就产生了渠道调整改进的需要。五是竞争的需要。如当竞争者的渠道明显优于本企业时，往往会促使企业进行渠道的调整改进。

三星公司对渠道作了以下方面的调整改进：

（1）对渠道模式、渠道运作方式进行了调整改进。由原来的“经销商俱乐部”的渠道模式改为区域总代理的新模式；由粗放式、封闭式的运作变为精细化的运作，对终端市场精耕细作，以使企业更加贴近消费者，及时、准确地把握消费者的需求动向，更好地为消费者服务，提高消费者的满意度，取得更好的效益。

（2）精简了渠道结构。由原来较长的渠道向扁平化方向发展。原来的渠道结构通路长、层次较多。这种长渠道存在着许多弊端，无法有效满足消费者需求，因此随着市场竞争的加剧，三星将其改为扁平化、短宽型的结构：采取生产商——批发商或零售商店的消费者的模式，使销售渠道越来越短，销售网点越来越多。

（3）对渠道成员关系的调整改进。由松散型、交易型向紧密型、伙伴型发展。松散型关系渠道成员是“我”和“你”的交易关系，每一成员都只关注自身利益，整个渠道具有极大的不稳定性。渠道战略伙伴关系将“我”和“你”的交易型转变为“我们”的关系，即转变为在互惠基础上的共赢的合作伙伴关系，使双方在发展中保持密切的、固定的合作关系，共同发展，在合作中求效率，在联合中出效益。

2. 三星的渠道变革对企业的渠道管理有何启示?

答:(1) 分销渠道在企业经营管理中发挥着重要作用,已成为建立和发展企业核心能力的重要资源。建立和管理良好的分销渠道,是确立企业竞争优势的重要手段之一。核心竞争力是能够使企业在激烈的市场竞争中始终保持有效生存与发展的能力,是企业在国际竞争中获取持续优势的源泉。在市场环境迅速变化和竞争日趋激烈的今天,越来越多的企业认识到,市场竞争在某种意义上说,已经逐渐演变为渠道之间的竞争。一个企业的生存与发展,很大程度上依赖于其所在的分销系统的协调与效率,以及该系统能否最好地满足最终消费者的需求。因此选择、构建、管理和创新分销渠道,是当今管理者所面临的重大挑战之一,特别是在产品、价格广告等同质化,市场竞争日趋激烈的情况下,以分销渠道来创造差异化的竞争优势日益显得重要。对企业来说,能够拥有一个有效覆盖和控制整个目标市场的分销网络,以及保证这个分销网络有效运转的管理体制,已成为企业最宝贵、最重要的"资本"。

(2) 以满足消费者需求为中心的营销观念来指导企业的渠道构建工作。企业应以消费者为起点依据消费者的渠道偏好来设计渠道,然后根据渠道特点对生产者、经销商的活动进行整合,使渠道能以最低的成本、最快的速度、最好的服务满足消费者的需求,使其更具吸引力和竞争价值。

(3) 企业的渠道策略与其市场的发展是互为因果、相互促进的。正确地适应市场的渠道策略促进了产品的销售,进而推动了市场的扩大、市场份额的提高,使企业能在市场中快速发展;而企业的快速发展又促使企业进行渠道变革,发展与完善其渠道策略,使之更适应市场环境的变化。

(4) 应依据企业内外部条件的变化适时地进行渠道变革。企业的渠道建设与管理要"适时而动,适势而动",才能使渠道的建设与管理有助于实现企业的营销目标。同时,企业对市场的研究、对渠道的研究要有前瞻性。若其渠道的设计与变革能走在别人的前面,能预测到市场环境的趋势,率先引导潮流,就能赢得先机。

第十三章　促销策略

我们的目的是销售，否则便不是做广告。

——罗斯·乐夫（宝洁公司广告部副总裁）

本章重点：企业的促销策略；如何选择广告媒体、做好广告设计；人员推销的策略；销售促进的特点以及销售促进工作的实际运作；公共关系的实施进程。

本章难点：企业的促销组合决策；销售促进工作的实际运作。

本章新知识点：竞技促销策略；网络促销。

【学习目标】

通过本章学习，了解促销的含义与作用，促销组合的基本内容以及各种促销方式的主要特点，掌握广告的设计原则和人员推销的基本策略，公共关系和营业推广的主要活动方式，应用促销组合理论，分析中国企业促销实践中存在的问题。

【核心概念】

促销组合；广告；人员推销；营业推广；公共关系。

1. 促销组合

促销组合，是一种组织促销活动的策略思路，主张企业运用广告、人员推销、公关宣传、营业推广四种促销方式组合成一个策略系统，使企业的全部促销活动互相配合，协调一致，最大限度地发挥整体效果，从而顺利实现企业目标。

2. 广告

广告是广告主以促进销售为目的，付出一定的费用，通过特定的媒体传播商品或劳务等有关经济信息的大众传播活动。

3. 人员推销

人员推销是指由企业派出销售人员或委派专职推销机构直接向目标市场的顾客介绍和销售商品的活动。

4. 营业推广

营业推广又称销售促进，是指企业在短期内，为了刺激需求而进行的各种促销活动。

5. 公共关系

公共关系是指企业在从事市场营销活动中正确处理企业与社会公众的关系，以便树立企业的良好形象，从而促进产品销售的一种活动。

【新知识点】

竞技促销策略；网络促销。

1. 竞技促销策略

竞技促销策略是指利用消费者之间的竞争，通过消费者切身参与，展示其才华、技能以达到扩大产品影响力，最终达到促进产品销售的目的。竞技促销活动的方式主要有群众性的竞技活动、智力竞技、一定天赋的竞技和产品消费的竞技活动等。如百威啤酒开展的喝百威啤酒比赛，康师傅开展的吃面条比赛等活动，均是厂家精心策划的以产品促销为目的的群众性竞技活动。

竞技促销策略是企业进行营销创新的工具和模式，它是企业通过选定有代表性的消费者（现实消费者或潜在消费者）参与与某种产品或服务的属性相关的竞争、竞赛活动，从而大大提高其他消费者对本产品或服务的突出属性的关注程度和参与程度，促使消费者从参与竞技活动中体验快乐，从而达到企业定位清晰化和营销有效化的目的，以一种全新的可复制的盈利方式满足消费者需求。

在竞技促销策略的过程中，在产品设计、生产、定价、销售和广告策划等方面都要从产品属性的可用于竞技的方面去考量，全过程地加以竞技化贯彻，不断反馈和改进成为可重复和复制的营销模式。竞技促销策略的独特之处在于，消费者高度参与竞技活动，可与产品的突出属性产生强烈共鸣，而且参与过程要消费者有智慧和技能的投入和提高。

2. 网络促销

网络促销，是利用互联网来进行的促销活动，也就是利用现代化的网络技术向虚拟市场传递有关产品的服务信息，以引发需求，引起消费者购买欲望和购买行为的各种活动。

与传统促销方式相比，网络促销在时间和空间观念上、在信息传播模式上以及在顾客参与程度上都发生了较大的变化。网络使时空得到了大大的拓展，订货和购买可能在任何时间、任何地点进行。独有的、双向的、快捷的、互不见面的信息传播模式，为网络促销提供了更加丰富多彩的表现形式。网络中消费者的概念和客户的消费行为都发生了很大的变化，他们在网上进行大范围的选择和理性的购买。因此，营销人员应深刻理解网络促销的特性，制订行之有效的网络促销策略。

网络促销形式有四种，分别是网络广告、站点推广、销售促进和关系营销。其中网络广告和站点推广是主要的网络营销促销形式。

（1）网络广告。网络广告已经形成了一个很有影响力的产业市场，因此，企业的首选促销形式就是网络。网络广告类型很多，根据形式不同可以分为旗帜广告、电子邮件广告、电子杂志广告、新闻组广告、公告栏广告等。网络广告主要是借助网上知名站点（如新浪、搜狐等）、免费电子邮件和一些免费公开的交互站点（如新闻组、公告栏）发布企业的产品信息，对企业和产品进行宣传推广。网络广告作为有效而可控制的促销手段，被许多企业用于在网上进行新产品的推广、扩大企业知名度等。

（2）站点推广。利用网络营销策略扩大站点的知名度，吸引上网者访问网站，起到宣传和推广企业以及企业产品的效果。站点推广主要有两大类方法：一类是通过改进网站内容和服务，吸引用户访问，起到推广效果；另一类是通过网络广告宣传推广站点。前一类方法费用较低，而且容易稳定顾客访问流量，但推广速度比较慢；后一类方法可以在短时间内扩大站点知名度，但与前一类相比费用较高。电脑游戏与硬件的生产商美国世嘉公司利用网站进行各种不同的促销宣传，如向公众推出新的游戏角色并为上网者提供下载游戏的机会。因此世嘉主页的访问率平均每天达 25 万人次。

(3) 销售促进。销售促进就是企业利用可以直接销售的网络营销站点，采用一些销售促进方法宣传和推广产品。具体方法有：

网上折价促销。折价亦称打折、折扣，是目前网上最常用的一种促销方式。因为目前网民在网上购物的热情远低于商场超市等传统购物场所，所以网上商品的价格一般都要比传统方式销售时要低，以吸引人们购买。

网上变相折价促销。变相折价促销是指在不提高或稍微增加价格的前提下，提高产品的数量及服务的品质，较大幅度地增加产品或服务的附加值，让消费者感到物有所值。

网上赠品促销。一般情况下，在新产品推出试用、产品更新、对抗竞争品牌、开辟新市场情况下利用赠品促销可以达到比较好的促销效果。

网上抽奖促销。抽奖促销是网上应用较广泛的促销形式之一，是大部分网站乐意采用的促销方式。抽奖促销是以一个人或数人获得超出参加活动成本的奖品为手段进行商品或服务的促销，网上抽奖活动主要附加在调查、产品销售、扩大用户群、庆典、推广某项等活动中。消费者或访问者通过填写问卷、注册、购买产品或参加网上活动等方式获得抽奖机会。

积分促销。积分促销一般设置价值较高的奖品，消费者通过多次购买或多次参加某项活动来增加积分以获得奖品。积分促销可以增加上网者访问网站和参加某项活动的次数；可以增加上网者对网站的忠诚度；可以提商业活动的知名度等。

网上联合促销。由不同商家联合进行的促销活动称为联合促销，联合促销的产品或服务可以起到一定的优势互补、互相提升自身价值等效应。

优惠券促销。在网友购买时，每消费一定数额或次数，给用户给优惠券，会促使用户下一次来你这里消费，当然也达到了网络促销的目的。

限时限量促销。商家规定在一定的时间段内限量出售。现阶段最常见的就是“秒杀”。秒杀是从抢拍过渡而来的词汇，如淘宝联系店家举办的大型活动或某些店铺自己搞的，规定在几时几分开始抢购，抢购价通常为 1 元、9 元、29 元等，这是极大的让利，但被抢购的物品数量很少，基本在上架 5 秒以内会被抢空。秒杀带给消费者的是强烈的购物快感以及强化着消费者购物过程中对产品的认知。

团购促销。团购就是团体购物，把认识的或者不认识的消费者联合起来，来加大与商家的谈判能力，以求得最优价格的一种购物方式。根据薄利多销、量大价优的原理。商家可以给出低于零售价格的团购折扣和单独购买得不到的优质服务。团购作为一种新兴的模式，通过消费者自行组团、专业团购网站、商家组织团购等形式，提升用户与商家的议价能力，并极大程度地获得商品让利，引起消费者及业内厂商甚至是资本市场关注。

(4) 关系营销。关系营销是通过借助互联网的交互功能吸引用户与企业保持密切关系，培养顾客忠诚度，提高企业收益率。例如，一个鲜花礼品递送公司，会在适当的时候通过电子邮件提醒顾客，应该为他母亲的生日送一束鲜花了。

【学习重点】

促销策略；广告媒体的选择；人员推销的基本策略；营业推广方式；公共关系的活动方式。

1. 促销策略

促销组合是促销策略的前提，在促销组合的基础上，才能制定相应的促销策略。因此，促销策略也称促销组合策略。促销策略从总的指导思想上可分为“推动式策略”和“拉动式策略”两种。

（1）推动式策略（Push）。推动式策略是以人员推销为主，辅之以对中间商销售促进、兼顾消费者的销售促进，把产品推向市场的促销策略，其目的是说服中间商与消费者购买企业产品，并层层渗透，最后到达消费者手中。这种方法是通过分销渠道将产品“推”给最终消费者，也就是企业直接对其渠道成员进行营销活动，以诱导他们选购产品并促销给终端消费者。推动式策略主要是运用人员推销和营业推广的手段，重点调动批发商至零售商销售产品的积极性，比较适合于生产资料的促销，即生产者市场的促销活动。

（2）拉动式策略（Pull）。拉动式策略企业通过广告或其他非人员促销手段，直接诱发消费者的购买欲望，由消费者向零售商、零售商向批发商、批发商向企业求购，由下至上，层层拉动购买，其重点则以调动广大潜在顾客强烈的购买欲望为主，由消费者的购买欲望拉动各级各类中间商主动进货。

2. 广告媒体的选择

不同的广告媒体有不同的特性，这决定了企业从事广告活动必须对广告媒体进行正确的选择，否则将影响广告效果。正确地选择广告媒体，一般要考虑以下影响因素：

（1）产品的性质。各种产品的性能特点、使用价值和流通范围都不尽相同，因此媒体选择也有所不同。如生产资料、耐用消费品等须向消费者作详细的文字说明，以便告知产品的结构、性能、使用规范等，可选用报纸、杂志等平面媒体；品种规格繁多的时装、日用品等则宜采用图文并茂、声像并举的电视、网络等媒体，向消费者直接展示产品的性能、效果和用途，以求立体、直观、形象。

（2）消费者接触媒体的习惯。有针对性地选择为消费者所易于接受并随手可得、到处可见的媒体，是增强广告促销交易的有效措施。例如，生产玩具的企业若将学龄前儿童作为目标沟通对象，一般不在杂志上做广告，而最好在电视上做广告。

（3）广告媒体的数量和质量。这里的数量和质量主要是指媒体接触面、频率和影响力。一般而言，推广新产品、扩展品牌或进入不确定的目标市场时，接触面是最重要的；当存在强大的竞争者、想要传达的信息复杂、消费者阻力较大或是购买次数频繁时，频率最重要。

（4）媒体的费用。广告是一种有偿的促销活动，并且各种及各级媒体的收费标准也有所差别。因此，广告主应该从自己的支付能力出发，从产品的可能消费量和消费范围中，比较选择费用与效果相适应的媒体，避免出现“秦池古酒”因超出自己支付能力投放广告而导致负债倒闭的悲剧结局。

总之，要根据广告目标的要求，结合各广告媒体的优缺点，综合考虑上述各影响因素，尽可能选择使用效果好、费用低的广告媒体。

3. 人员推销的基本策略

在人员推销活动中，一般采用以下三种基本策略：

（1）试探性策略。也称为“刺激—反应”策略。这种策略是在不了解顾客的情况下，推销人员运用刺激性手段引发顾客产生购买行为的策略。推销人员事先设计好能引起顾客兴趣、能刺激顾客购买欲望的推销语言，通过渗透性交谈进行刺激，在交谈中观察顾客的反应；然后根据其反应采取相应的对策，并选用得体的语言，再对顾客进行刺激，进一步观察顾客的反应，以了解顾客的真实需要，诱发购买动机，引导产生购买行为。

(2) 针对性策略。是指推销人员在基本了解顾客某些情况的前提下，有针对性地对顾客进行宣传、介绍，以引起顾客的兴趣和好感，从而达到成交的目的。

(3) 诱导性策略。是指推销人员运用能激起顾客某种需求的说服方法，诱发引导顾客产生购买行为。这种策略是一种创造性推销策略，它对推销人员要求较高，要求推销人员能因势利导，诱发、唤起顾客的需求；并能不失时机地宣传介绍和推荐所推销的产品，以满足顾客对产品的需求。

4. 营业推广方式

根据目标市场的不同，营业推广可分为面向消费者、面向中间商、面向企业内部员工的推广，方式各不相同。

(1) 面向消费者的营业推广方式。面向消费者的营业推广作用包括：鼓励老顾客继续使用，促进新顾客使用，培养竞争对手顾客对本企业的偏爱等。其方式可以采用：

1) 赠送促销。向消费者赠送样品或试用品，赠送样品是介绍新产品最有效的方法，缺点是费用高。

2) 折价券。在购买某种商品时，持券可以免付一定金额的钱。

3) 包装促销。以比较优惠的价格提供组合包装和搭配包装的产品。

4) 抽奖促销。顾客购买一定的产品之后可获得抽奖券，凭券进行抽奖获得奖品或奖金，抽奖可以有多种形式。

5) 现场演示。企业派促销员在销售现场演示本企业的产品，向消费者介绍产品的特点、用途和使用方法等。

6) 联合推广。企业与零售商联合促销，将一些能显示企业优势和特征的产品在商场集中陈列，边展销边销售。

7) 参与促销。消费者通过参与各种促销活动，如技能竞赛、知识比赛等活动，获取企业的奖励。

8) 会议促销。各类展销会、博览会、业务洽谈会期间的各种现场产品介绍、推广和销售活动。

(2) 面向中间商的营业推广方式。

1) 批发回扣。企业为争取批发商或零售商多进自己的产品，在某一时期内给经销本企业产品的批发商或零售商加大回扣比例。

2) 推广津贴。企业为促使中间商购进企业产品并帮助企业推销产品，可以支付给中间商一定的推广津贴。

3) 销售竞赛。根据各个中间商销售本企业产品的实绩，分别给优胜者以不同的奖励，如现金奖、实物奖、免费旅游、度假奖等，以起奖励的作用。

4) 扶持零售商。生产商对零售商专柜的装潢予以资助，提供 POP 广告，以强化零售网络，促使销售额增加，可派遣厂方信息员或代培销售人员。

(3) 面对内部员工的营业推广方式。主要是针对企业内部的销售人员，鼓励他们热情推销产品或处理某些老产品，或促使他们积极开拓市场。一般可采用方法有：销售竞赛，免费提供人员培训、技术指导等形式。

5. 公共关系的活动方式

公共关系的活动方式，是指以一定的公关目标和任务为核心，将若干种公关媒介与方法有机地结合起来，形成一套具有特定公关职能的工作方法系统。按照公共关系的功能不同，公共关系的活动方式可分为以下五种：

(1) 宣传性公关。是运用报纸、杂志、广播、电视等各种传播媒介，采用撰写新闻稿、演讲稿、报告等形式，向社会各界传播企业有关信息，以形成有利的社会舆论，创造良好气氛的活动。

(2) 征询性公关。这种公关方式主要是通过开办各种咨询业务、制订调查问卷、进行民意测验、设立热线电话、聘请兼职信息人员、举办信息交流会等各种形式，连续不断地努力，逐步形成效果良好的信息网络，再将获取的信息进行分析研究，为经营管理决策提供依据，为社会公众服务。

(3) 交际性公关。这种方式是通过语言、文字的沟通，为企业广结良缘，巩固传播效果。可采用宴会、座谈会、招待会、谈判、专访、慰问、电话、信函等形式。交际性公关具有直接、灵活、亲密、富有人情味等特点，能深化交往层次。

(4) 服务性公关。就是通过各种实惠性服务，以行动去获取公众的了解、信任和好评，以实现既有利于促销又有利于树立和维护企业形象与声誉的活动。

(5) 社会性公关。社会性公关是通过赞助文化、教育、体育、卫生等事业，支持社区福利事业，参与国家、社区重大社会活动等形式来塑造企业的社会形象，提高企业的社会知名度和美誉度的活动。

【知识链接】

面对“秒杀门”肯德基为何乱了阵脚

原价64元的肯德基外带全家桶，凭超级特价“特别秒杀优惠券”只需32元就可以买到；香辣/劲脆鸡腿堡套餐，凭券买一赠一……大量手持优惠券的市民在肯德基要购买外带全家桶和汉堡时，却被告知，不接收这两种秒杀优惠券，并定义它们为“假券”。日前，几乎所有南京肯德基门店都聚满了前来“讨说法”的市民（据《扬子晚报》）。

不排除有个别网站为了赚取点击率而将第二轮、第三轮“秒杀”优惠券造假的可能，当然也不排除极个别竞争对手，恶意采取手段借以打击肯德基的可能。但从这起“秒杀”优惠券的处理来看，很显然的是，肯德基方面已经“乱了阵脚”。

肯德基方面并无充分的手段和依据来检测优惠券的真伪，就仓促间以关门闭店的方式来减少损失，或者以公开宣布为假券以抵制，这种应急举措和手段是欠妥当的。无论怎样，消费者是基于对肯德基产品的喜欢和对肯德基经营者的信任，才从网上下载并打印优惠券的，况且，对于复印的优惠券也明文规定是认可的。那么，以闭店的方式来抵制假优惠券，一方面是对消费者权益的侵害，另一方面是对自身信誉、商家诚信理念的亵渎。

在针对日益复杂的商业竞争上，以及在面临着日益扩展的网络商业宣传上，肯德基方面的准备显然不足。肯德基的经营者，既未能真正懂得如何有效地利用网络提高影响力、创造利润，更不具备严格的识别和介入网络优惠宣传的能力。这是肯德基的悲哀，也是此次“秒杀”纠纷之所以产生的一个重要根源。最终“秒杀门”究竟怎样收场，尚不能准确预期，但无可置疑的是，此次“秒杀门”将为肯德基以及其他类快餐店很好地上了一课，也为类似的网络促销手段敲响了如何防范风险的警钟。

资料来源：中国质量新闻网，2010年4月。

【同步练习】

一、单项选择题（在下列每小题中，选择一个最适合的答案）

1. 促销工作的核心是（　　）。

A. 出售商品　　B. 沟通信息　　C. 建立良好关系　　D. 寻找顾客

2. 促销的目的是引发刺激消费者产生（　　）。

A. 购买行为　　B. 购买兴趣　　C. 购买决定　　D. 购买倾向

3. 下列各因素中，不属于人员推销基本要素的是（　　）。

A. 推销员　　B. 推销品　　C. 推销条件　　D. 推销对象

4. 对于单位价值高、性能复杂、需要做示范的产品，通常采用（　　）策略。

A. 广告　　B. 公共关系　　C. 推式　　D. 拉式

5. 产业市场专业性强，数量少且集中，通常应以（　　）为主。

A. 广告　　B. 营业推广　　C. 人员推销　　D. 公共关系

6. 生产商同意降低对零售商的供应价，零售商则为生产商的产品做大力推销，这种推广方式是（　　）。

A. 折扣　　B. 津贴　　C. 实物奖品　　D. 现金返还

7. 一般日常生活用品，适合于选择（　　）媒介做广告。

A. 报纸　　B. 专业杂志　　C. 电视　　D. 广播

8. 公共关系是一项（　　）的促销方式。

A. 一次性　　B. 偶然　　C. 短期　　D. 长期

9. 人员推销的缺点主要表现为（　　）。

A. 成本低，顾客量大　　B. 成本高，顾客量大

C. 成本低，顾客有限　　D. 成本高，顾客有限

10. 在产品生命周期的投入期，消费品的促销目标主要是宣传介绍产品，刺激购买欲望的产生，因而主要应采用（　　）促销方式。

A. 广告　　B. 人员推销　　C. 价格折扣　　D. 营业推广

11. 处在产品生命周期中成长期的产品的广告，常以（　　）为目的。

A. 提高知名度　　B. 稳定市场　　C. 促销　　D. 增强其竞争力

12. 人员推销活动的主体是（　　）。

A. 推销市场　　B. 推销品　　C. 推销人员　　D. 推销条件

13. 如果一个广告客户的主要目标是鼓励消费者转换品牌，他们有可能使用（　　）来达到这个目标。

A. 告知性广告　　B. 劝说性广告　　C. 提示性广告　　D. 地区性广告

14. 开展公共关系工作的基础和起点是（　　）。

A. 公共关系调查　　B. 公共关系计划

C. 公共关系实施　　D. 公共关系策略选择

15. 如果企业在一定时期促销目标是建立消费者对产品的了解和信任，树立企业良好形象，由此促销组合中应重点选择（　　）。

A. 广告和公共关系　　B. 营业推广和人员推销

C. 公共关系和人员推销　　D. 营业推广和广告

16.（　　）方式对使用技术比较复杂或直观性比较强的产品开拓新市场比较有效。

A. 有奖销售　B. 赠送样品　C. 现场示范　D. 发放优惠券

17. 有奖销售属于（　）促销方式。

A. 广告　B. 人员推销　C. 营业推广　D. 公共关系

18. 制定广告预算时应首先考虑的是（　）。

A. 竞争对手的强弱　B. 企业自身的实力　C. 产品竞争能力　D. 目标市场的大小

19. 揭示一种产品的新用途、更正错误的印象、减少购买者的顾虑，这些都能通过（　）实现。

A. 地区性广告　B. 劝说性广告　C. 提示性广告　D. 告知性广告

20. 公共关系将（　）作为其核心。

A. 树立企业形象　B. 促进销售　C. 提高市场竞争　D. 重视公众关系力

21. 企业确定在广告活动上应花费多少资金，这是企业的（　）。

A. 广告目标　B. 广告预算　C. 广告着眼点　D. 广告立足点

22. 举办记者招待会是促销决策中的（　）策略。

A. 广告　B. 人员推销　C. 营业推广　D. 公共关系

二、多项选择题（在下列每小题中，正确的答案不少于两项，请准确选出全部正确答案）

1. 促销的具体方式包括（　）。

A. 市场细分　B. 人员推销　C. 广告　D. 公共关系

E. 营业推广

2. 促销策略从总的指导思想上可分为（　）。

A. 组合策略　B. 单一策略　C. 推式策略　D. 拉式策略

E. 综合策略

3. 促销组合和促销策略的制定其影响因素较多，主要应考虑的因素有（　）。

A. 消费者状况　B. 促销目标　C. 产品因素　D. 目标市场特点

E. 促销预算

4. 推动策略通常以中间商为主要促销对象，采用的促销手段主要是（　）。

A. 广告　B. 营业推广　C. 人员推销　D. 公共关系

5. 以推动策略对产品进行促销，通常适用于（　）。

A. 企业规模小，产品知名度低　B. 产品市场大，属于便利品

C. 产品销售地域相对集中　D. 产品技术复杂，购买频率低

6. 以拉动策略对产品进行促销，通常适用于（　）。

A. 企业规模大，资金充足　B. 产品市场大，属于便利品

C. 产品销售地域相对集中　D. 产品具有隐藏性质，需告知消费者

7. 在人员推销活动中的三个基本要素为（　）。

A. 需求　B. 购买力　C. 推销人员　D. 推销对象

E. 推销品

8. 下列属于对消费者的营业推广方式的有（　）。

A. 发放优惠券　B. 印刷广告　C. 现场示范　D. 有奖销售

9. 公共关系的活动方式可分为（　）。

A. 宣传性公关　B. 征询性公关　C. 交际性公关　D. 服务性公关

E. 社会性公关

10. 人员推销的基本形式包括（　）。

A. 上门推销　　B. 柜台推销　　C. 会议推销　　D. 洽谈推销
E. 约见推销

11. 人员推销的主要对象有（　　）。

A. 消费者　　B. 生产用户　　C. 朋友　　D. 中间商

12. 常用的推销人员绩效考核指标有（　　）。

A. 销售量与毛利　　B. 访问率和访问成功率
C. 销售费用及费用率　　D. 订单数目
E. 新客户数目

13. 企业在选择广告媒体时，应考虑的因素有（　　）。

A. 广告内容　　B. 目标市场媒体习惯
C. 媒体传播范围　　D. 媒体收费标准

14. 广播媒体的优越性是（　　）。

A. 传播迅速、及时　　B. 制作简单、费用较低
C. 较高的灵活性　　D. 听众广泛
E. 针对性强，有的放矢

15. 广告的设计原则包括（　　）。

A. 真实性　　B. 社会性　　C. 简明性　　D. 艺术性
E. 广泛性

16. 企业在制定广告预算时，通常要考虑（　　）。

A. 目标市场的大小　　B. 企业自身的实力
C. 产品的新颖程度　　D. 竞争对手的强弱
E. 广告频率

17. 下列属于对中间商的营业推广方式的有（　　）。

A. 赠品销售　　B. 特价包装　　C. 推广津贴　　D. 销售竞赛

三、填空题（在下列每小题中，填上适当的内容）

1. 促销使用的方式有人员促销和_______两种。

2. 当产品进入_______时，广告主要用来介绍产品用途、特点或使用方法以及生产企业的情况和所能提供的服务。

3. 推销人员运用能激起顾客某种需求的说服方法，诱发引导顾客产生购买行为，这是人员推销的_______策略。

4. 促销中的推动策略通常以_______为主要促销对象，采用的促销手段主要是_______和_______。

5. 促销的核心是_______。

6. 促销中的拉引策略以_______为促销对象，采用的促销手段主要是_______和_______。

7. 市场地理范围大小不同，企业所采用的促销方式也会不同。一般来讲，目标市场范围小，顾客相对集中，适合采用_______和_______方式；相反，如果目标市场范围大，顾客分散，则以_______和_______方式为主。

8. 按照广告目标的不同，商品广告可分为三种类型：_______、_______、_______。

9. 批发折扣、资助和经销奖励是促销活动中向_______推广的方式。

10. 广告效果测定分为_______、_______和_______测定。

四、判断题（判断下列各题是否正确，正确的在题后的括号内打“√”，错误的打“×”）

1. 促销的实质就是传播和沟通信息。(　　)

2. 促销的目的是与顾客建立良好的关系。(　　)

3. 企业在其促销活动中，在方式的选用上只能在人员促销和非人员促销中选择其中一种加以应用。(　　)

4. 促销组合是促销策略的前提，在促销组合的基础上，才能制定相应的促销策略，因此促销策略也称促销组合策略。(　　)

5. 因为促销是有自身统一规律性的，所以不同企业的促销组合和促销策略也应该是相同的。(　　)

6. 人员促销亦称直接促销，它主要适合于消费者数量多、比较分散情况下进行促销。(　　)

7. 一般来说，消费品的技术、结构比较简单，标准化程度较高，购买者人多面广，购买频率较高，则通常采用以人员推销为主的促销组合。(　　)

8. 对单位价值较低、流通环节较多、流通渠道较长、市场需求较大的产品常采用拉式策略。(　　)

9. 拉式策略一般适合于单位价值较高、性能复杂、需要做示范的产品。(　　)

10. 处在产品生命周期中成熟期的产品，其市场地位已相对稳定，但有必要通过间歇性的提示广告来稳定产品市场。(　　)

11. 赠送样品适合处于市场生命周期引入期的新产品的推广和介绍。(　　)

12. 对营销企业来讲，参加大型交易会是一种针对消费者的有效的促销方式。(　　)

13. 人员推销的缺点在于支出较大、成本较高，同时对推销人员的要求较高，培养较困难。(　　)

14. 推销员除了要负责为企业推销产品外，还应该成为顾客的顾问。(　　)

15. 公益广告是用来宣传公益事业或公共道德的广告，所以它与企业的商业目标无关。(　　)

16. 广告媒体是传递广告信息的载体，是广告主和广告对象之间信息传播的桥梁。(　　)

17. “刺激—反应”策略是在不了解顾客的情况下推销者运用刺激手段引发顾客产生购买行为的策略。(　　)

18. 对营销企业来讲，广告效果主要表现为广告的销售效果。(　　)

19. 营业推广是企业为刺激早期需求而采取的能够迅速扩大商品销售的促销措施。(　　)

20. 一般来说，人员推销、公共关系、广告等促销方式都带有持续性和常规性，而营业推广则常常是上述促销方式的一种辅助手段，用于特定时期、特定商品的短期特别推销。(　　)

五、简答题

1. 简述企业增加促销预算的主要原因。

2. 根据广告目标的不同可将广告分为几类？

3. 简述报纸、杂志、广播、电视四大媒体的优缺点。

4. 人员推销的基本类型有哪些？

5. 营业推广的特点有哪些？

6. 公共关系的活动方式可分为几种？

六、论述题

1. 在产品生命周期的不同阶段，应该采取什么不同的促销策略？
2. 试论述如何进行营业推广控制。

七、案例分析题

案例分析 1

《变形金刚 3》：植入广告的狂欢

“对于大多数中国电影来说，植入广告好比是救命稻草，能抓多少就抓多少，中国电影除了票房收入，就只有植入广告这一块蛋糕可以抢了”。

植入广告的效果有好有坏，有些甚至对品牌和产品产生副作用，广告植入植得巧妙，关键在于技巧和水准，是否和剧情、人物身份和谐统一。

“整场电影看下来，不记得女主角，不记得故事情节，甚至记不起任何打斗场面，但你绝对记得联想、TCL 和伊利舒化奶。”网友一句看似调侃的话，却将“植入式广告”这个敏感的词汇再次推上风口浪尖。6 月 28 日，《变形金刚 3》在北美、欧洲和中国香港等地区同步上映，眼尖的观众一下发现了电影“傍广告”的行为，观众也几乎是一边倒地批评。甚至有人欷歔：《变形金刚 3》数不清、反复出现的广告好比一台热闹的春晚。

国产广告串串烧

记者注意到，在《变形金刚 3》中，包括吃的喝的和用的，中国有 4 个品牌植入其中：美特斯·邦威的 MTEE 系列 T 恤、TCL 的 3D 电视、伊利舒化奶、联想电脑，每个品牌的植入都经过了精心设计，而且镜头中不止出现一次。

不过，事实上，2009 年上映的《变形金刚 2》中，“美特斯·邦威不走寻常路”的车身广告货车在公路上飞驰而过，巨大的路牌广告出现在镜头里的时间至少两三秒。也就是说，中国品牌植入好莱坞电影早已不是第一次，只不过这次《变形金刚 3》植入得太过明显。此外，在 2010 年上映的《钢铁侠 2》中，女影星斯嘉丽·约翰逊穿的几件裙装，也是来自一个叫“森马”的中国品牌，该公司也是这部热卖大片的正式赞助商。

某专业调查机构的调查显示，美特斯·邦威在《变形金刚 2》中的认知率排名第十，落后于诺基亚、百事可乐等国际品牌，但观众在看过影片后，对美特斯·邦威的品牌和故事情节记忆度却在所有品牌中排名第一，好感度也从影片上映前的 4.00%上升到 6.89%，难怪尝到甜头的美特斯·邦威会继续出现在《变形金刚 3》里。此外，《变形金刚 2》在国内上映后，好莱坞最大的植入广告和道具代理商 NMA 很快在北京开了分公司。

在 7 月 14 日举行的中国首映式上，面对铺天盖地的质疑，导演迈克尔·贝多少还是有点慌。他直言伊利的植入是给影片增加喜剧效果，“那个时候，如果演员说可口可乐就不太好玩，说舒化奶却能达到一种欢乐的效果。在美国放映时，美国人看到那一段都大笑不止。这只是一个制造喜剧的工具。我不是在给牛奶做广告，我是在拍一部叫《变形金刚》的电影。”他这样强调。

不过，伊利方面自有解释，该集团执行总裁张剑秋对媒体表示，从量化评估上来看，《变形金刚 3》的国内票房预计将达到 6 亿元，观影人数达到千万级，同时利用话题性，可引起消费者主动进行二次传播，能够达到事半功倍的效果。

双赢的交易

除了好莱坞电影，《杜拉拉升职记》、《唐山大地震》、《我知女人心》、《非诚勿扰》……近几年在国内上映的电影中，植入式广告也愈来愈疯狂，晃得人眼睛疼。质疑归质疑，广告商与影片商之间的合作却乐此不疲，原因何在？答案是互惠互利。

一名在好莱坞大片厂和中国电影行业有多年从业经验的业内人士对媒体表示，一般来说，企业和片方之间的合约会包括植入广告和后续的营销活动。此次伊利的整体花费应该在 500 万~1000 万美元。

要想傍着《变形金刚 3》露脸，广告费着实不少。一位业内人士表示，在美国大片中出现一个品牌的植入广告，每秒钟的收费接近 2000 万元。据该业内人士估算，此次四大国产品牌投在《变形金刚 3》上的广告费总额恐怕要超过 6000 万元。

“虽然植入广告费用不低，但绝对划算。”美国电影研究专家蒋勇分析，此次《变形金刚 3》的全球票房至少超过 10 亿美元，中国内地的票房至少达到 10 亿元，对国内品牌来说，植入广告绝对是傍上“大款”了，加上影片在全球百来个国家“走”上一遭之后，对于想要走出国门的国产品牌来说，宣传效应绝对让人惊喜。回过头看，在大家纷纷感叹国内品牌企业“威猛”的同时，不得不承认，植入式广告已经成了电影的生存方式之一。拿冯小刚的《非诚勿扰》来看，20 多个植入式广告让影片商在电影上映前就收回了一半的成本。而徐静蕾的《杜拉拉升职记》，有了植入式广告，还没上映就收回 80% 的投资。

对于大多数中国电影来说，植入广告好比是救命稻草，能抓多少就抓多少，用冯小刚的话说，中国电影除了票房收入，就只有植入广告这一块蛋糕可以抢了。

有数据显示，在好莱坞电影中，广告收入占票房收入的平均比例为 13%。甚至有影评家直言，“变形金刚”如果没有广告，三大影视系列也不复存在了。虽然有些夸大其词，但也不无道理。

有影评人士表示，企业在大片中植入广告，这在美国市场已经很成熟了。不过，美国大片中植入广告的效果有好有坏，有些甚至对品牌和产品产生副作用，在美国商业电影历史上，这样的案例也比比皆是。植入广告并没有那么可恶，拿风靡世界的 007 系列电影来说，名表、名车植入好几十年了，影片至今好评如潮。广告植入植得巧妙，关键在于技巧和水准，是否和剧情、人物身份和谐统一。

资料来源：http：//www.hq.xinhuanet.com，2011-07-25。

讨论分析题：

谈谈你对植入广告的理解和看法。

案例分析 2

再来一瓶　促销绝唱

从来没有哪一种促销形式，像“再来一瓶”这样，被全行业长时间地同时运用；从来没有哪一种促销形式，像“再来一瓶”这样，使所有其他方式，在其面前黯然失色。据 YQCB（远强传播）的跟踪调查，“再来一瓶”发源于饮料巨擘可口可乐，后被康师傅发扬光大达到登峰造极之境界，现在几乎被所有大众饮料品牌模仿运用，甚至延伸至其他行业的销售促进中。“再来一瓶”属“破坏包装后的促销方式”，即“开盖有奖”一类，高概率以奖促销（15%~20%），主要针对终端大众消费者的促销类型。从“再来一瓶”第一次亮相到现在，事实上其在中国零售终端存在已有十年。

“再来一瓶”有几个关键因素使得市场推广人员对其青睐有加：一是活动告知：用外包装告知活动信息，这基本上不增加成本；二是中奖环节：打开瓶盖在瓶盖内壁告知是否中奖，这个环节同时实现必要包装不可修复式破坏，以及中奖信息告知，促进消费；三是现场兑奖：消费者理论上在任何地方购买了饮料中奖后都可以当场兑奖，大大提高了兑奖便利性，同时也就提高了促销的可信度和参与度；四是可反复中奖：在活动初期，发生过三连中不稀奇、四连中也常见、五连中也可能的现象，消费者参与热情被极大调动；五是狠狠地打击对手：据 YQCB 研究，每个成年人消费者的每天购买量主要在一至两瓶瓶装饮料，这样的习惯占了所有购买者的 90%以上，“再来一瓶”事实上大大阻止了消费者购买别的饮料特别是小品牌饮料的概率；六是本品促销：用本品促销最大的好处是大大节省了现金的支出、节省了物流成本和人员麻烦，让此形式在更大范围内推进成为可能。正是这些因素叠加在一起，让“再来一瓶”成了市场部人员喜欢、消费者欢喜，得以在全渠道推动的超级促销活动。

对“再来一瓶”不太热情的只有一个环节，那就是销售渠道，经销商、超市、小卖部。事实证明这也是为什么“再来一瓶”展开以来屡遭诟病的地方，兑奖难，难兑奖。原因说起来有点复杂，简单地说，就是销售渠道是希望他进的每一瓶饮料都是可以赚钱的，这是很好理解的，但“再来一瓶”活动下的进货就不是这样了，渠道进一批饮料，厂家按中奖比例搭赠相同概率的产品，组成这一批货的总发货量，表面上看经销商用相同的钱进了更多的货，而事实上这些多的货最后都是要以兑奖的形式给消费者的。经销商和零售终端事实在这中间充当了一个义务搬运工的角色，没有利润，也没有空子可钻。除了这种形式，也有饮料品牌是用人员去终端收集兑奖瓶盖，然后附上对应数量的饮料，工作海量，相当麻烦。所以对这种“利国利民”的促销活动，经销商和超市都没有本能的兴趣。如果加上厂家自身部署、执行、督促、服务不到位，最后就会反映出来不好兑奖了，就会被媒体和消费者骂得一塌糊涂。

但从总体上来看，所有这些都不是障碍。从现在的情况来看康师傅 2011 年继续推 20 亿瓶赠饮，而且全线产品线推广此活动，其他所有大品牌都有类似活动，而且很多小品牌也跟风“再来一瓶”，这一方面说明此活动效果很好；另一方面也说明市场人员才思枯竭，没有突破。特别是一些小品牌也用“再来一瓶”，东施效颦，其实效果相当有限，YQCB 现在看不出来现在市场上有什么更好的促销形式可以替代“再来一瓶”。

案例来源：胡远强：《再来一瓶　促销绝唱》，博锐管理在线，2011 年 7 月 29 日。

讨论分析题：

1.“再来一瓶”促销形式对厂商的吸引力是什么？

2.“再来一瓶”促销形式容易出现什么问题？

【参考答案】

一、单项选择题

1. B　2. A　3. A　4. C　5. C　6. A　7. C　8. D　9. D

10. A　11. D　12. C　13. B　14. A　15. A　16. C　17. C　18. B
19. D　20. A　21. B　22. D

二、多项选择题

1. BCDE　2. CD　3. BCDE　4. BC　5. ACD　6. ABD
7. CDE　8. ACD　9. ABCDE　10. ABC　11. ABD　12. ABCDE
13. ABCD　14. ABCD　15. ABCD　16. ABDE　17. CD

三、填空题

1. 非人员促销　2. 导入期　3. 诱导性　4. 中间商　人员推销　营业推广　5. 沟通　6. 顾客　广告　公共关系　7. 人员推销　营业推广　广告　公共关系　8. 告知性广告　说服性广告　提示性广告　9. 中间商　10. 销售效果　心理效果　社会效果

四、判断题

1. √　2. ×　3. ×　4. √　5. ×　6. ×　7. ×　8. √　9.×
10. √　11. √　12. ×　13. √　14. √　15. ×　16. √　17. √　18. √
19. √　20. √

五、简答题

1. 简述企业增加促销预算的主要原因。

答：(1) 当竞争产品相似，市场领导者有意在顾客心理上造成差异印象时，应大规模地进行促销活动，多投资，以强化这种差异现象。

(2) 在产品生命周期的介绍期应多采取措施，因为在这一阶段，需要用大规模的活动把产品介绍给顾客并引起他们的购买兴趣。此外，在产品生命周期的成熟期，也要多采取促销措施，以维护已有的市场占有率。

(3) 以邮购方式销售的产品应大力开展促销活动，因为购买者在采取购买行动前不能看到货物，急需人力宣传介绍产品。

(4) 用自助售货机销售的商品应多采取促销措施、有人在现场说明或提供服务。

2. 根据广告目标的不同可将广告分为几类？

答：根据广告目标的不同，具体可分为三类：①告知性广告，主要用于介绍产品用途、特点或使用方法以及生产企业的情况和所能提供的服务。这类广告常用于产品的导入期，希望能引起消费者的注意。②说服性广告，它旨在培养消费者的品牌偏好、鼓励消费者试用本企业产品、改变消费者对产品特性的认识、说服顾客购买本企业产品，在产品的成长期，这类广告特别适用。③提示性广告，用来提醒顾客注意企业的产品，加深记忆，提高重复购买率，在产品成熟期经常被使用。

3. 简述报纸、杂志、广播、电视四大媒体的优缺点。

答：(1) 报纸。报纸这种广告媒体，其优越性表现在：①影响广泛，报纸是传播新闻的重要工具，与人民群众有密切联系，发行量大；②可随时阅读，不受时间限制，不会如电视或电台节目般错过指定时间报道的信息；③互相传阅，读者人数可以是印刷数的几倍；④传播信息详尽，即使阅读或理解能力较低的人，亦可相应多耗时间，吸收报章的讯息；⑤制作简单，费用相对较低。报纸媒体的不足是：广告时效短，重复性差，只能维持当期的效果；印刷不够精致，吸引力低；因报纸登载内容庞杂，易分散对广告的注意力，阅读注意力低。

(2) 杂志。杂志以登载各种专门知识为主，是各类专门产品的良好的广告媒体。它作为广告媒体的优点有：①广告宣传对象明确，针对性强，有的放矢；②广告会同杂志有较长的保存期，读者可以反复查看；③印刷精美，能较好地反映产品的外观形象，易引起读者注意；④因杂志发行面广，可以扩大广告的宣传区域；⑤由于杂志读者一般有较高的文化水平和生活水平，比较容易接受新事物，故利于刊登开拓性广告；⑥杂志可利用的篇幅多，没有限制，可供广告主选择，并施展广告设计技巧。杂志媒体的缺点表现在：发行周期长，灵活性较差，传播不及时；读者较少，传播不广泛。

(3) 广播。广播媒体的优越性有：①传播迅速、及时；②制作简单，费用较低；③具有较高的灵活性；④听众广泛，不论男女老幼、是否识字，均能受其影响。使用广播做广告的局限性在于：时间短促，转瞬即逝，不便记忆；有声无形，印象不深；不便存查。

(4) 电视。电视作为广告媒体虽然在20世纪40年代才出现，但因其有图文并茂之优势，发展很快，并艳压群芳，成为最重要的广告媒体。具体说来，电视广告媒体的优点有：①因电视有形、有色，听视结合，使广告形象、生动、逼真、感染力强。②由于电视已成为人们文化生活的重要组成部分，收视率较高，使电视广告的宣传范围广，影响面大。③宣传手法灵活多样，艺术性强。电视作为广告媒体的缺点是：时间性强，不易存查；制作复杂，费用较高；因播放节目繁多，易分散对广告的注意力。

4. 人员推销的基本类型有哪些？

答：人员推销属于直接促销，销售人员不通过任何中间环节同购买者面对面洽谈，直接介绍和宣传产品或服务，充分展示产品或服务的魅力，解答顾客的询问，说服顾客采取购买行动。人员推销主要有包括以下几种形式：

(1) 上门推销。上门推销是最常见的人员推销形式。它是由推销人员携带产品样品、说明书和订单等走访顾客，推销产品。这种推销形式可以针对顾客的需要提供有效的服务，方便顾客，故为顾客广泛认可和接受。

(2) 柜台推销。又称门市推销，是指企业在适当地点设置固定门市，由营业员接待进入门市的顾客，推销产品。门市的营业员是广义的推销员。柜台推销与上门推销正好相反，它是等客上门式的推销方式。由于门市里的产品种类齐全，能满足顾客多方面的购买要求，为顾客提供较多的购买方便，并且可以保证产品完好无损，故顾客比较乐于接受这种方式。

(3) 会议推销。会议推销是指利用各种会议向与会人员宣传和介绍产品，开展推销活动。譬如，在订货会、交易会、展览会、物资交流会等会议上推销产品。这种推销形式接触面广、推销集中，可以同时向多个推销对象推销产品，成交额较大，推销效果较好。

5. 营业推广的特点有哪些？

答：营业推广是人员推销、广告和公共关系以外的能刺激需求、扩大销售的各种促销活动。概括说来，营业推广有如下特点：

(1) 促销效果显著。在开展营业推广活动中，可选用的方式多种多样。一般说来，只要能选择合理的营业推广方式，就会很快收到明显的增销效果，而不像广告和公共关系那样需要一个较长的时期才能见效。因此，营业推广适合于在一定时期、一定任务的短期性促销活动中使用。

(2) 是一种辅助性促销方式。人员推销、广告和公关都是常规性的促销方式，而多数营业推广方式则是非正规性和非经常性的，只能是它们的补充方式。即使用营业推广方式开展促销活动，虽能在短期内取得明显的效果，但它一般不能单独使用，常常配合其他促销方式使用。营业推广方式的运用能使与其配合的促销方式更好地发挥作用。

(3) 有一定的局限性和副作用。有些营业推广方式显现出卖者急于出售的意图，容易造成顾客的逆反心理。如果使用太多或者使用不当，往往会引起顾客对产品品质、价格产生怀疑，给人以“推销的是水货”的错误感觉。因此，企业在开展营业推广活动时，要注意选择恰当的方式和时机。

6. 公共关系的活动方式可分为几种?

答：按照公共关系的功能不同，公共关系的活动方式可分为五种：

(1) 宣传性公关。是运用报纸、杂志、广播、电视等各种传播媒介，采用撰写新闻稿、演讲稿、报告等形式，向社会各界传播企业有关信息，以形成有利的社会舆论，创造良好气氛的活动。这种方式传播面广，推广企业形象效果较好。如企业遇到较重大事件或纪念日，就要策划组织新闻发布会、新产品发布会、成立若干周年纪念日、各种庆祝会等，并邀请新闻记者来采访，把企业的重大信息传播到社会各界。这实际上也是一种广告宣传，但这种宣传因为是媒介主动宣传，而非企业的“王婆卖瓜”，因而更具有说服力，而且这种宣传还不需花费或花费很少。因此，企业应该努力制造新闻点，争取新闻媒介的主动报道，吸引公众注意，达到促销目的。

(2) 征询性公关。这种公关方式主要是通过开办各种咨询业务、制订调查问卷、进行民意测验、设立热线电话、聘请兼职信息人员、举办信息交流会等各种形式，连续不断地努力，逐步形成效果良好的信息网络，再将获取的信息进行分析研究，为经营管理决策提供依据，为社会公众服务。如企业通过设立资讯台、咨询热线电话以及公共场所的免费咨询服务等咨询调查来了解公众对企业生产、经营、产品质量、价格、销售等方面的建议和意见，并及时把改进的情况告诉公众，保持企业与公众之间的良好沟通。

(3) 交际性公关。这种方式是通过语言、文字的沟通，为企业广结良缘，巩固传播效果。可采用宴会、座谈会、招待会、谈判、专访、慰问、电话、信函等形式。交际性公关具有直接、灵活、亲密、富有人情味等特点，能深化交往层次。

(4) 服务性公关。就是通过各种实惠性服务，以行动去获取公众的了解、信任和好评，以实现既有利于促销又有利于树立和维护企业形象与声誉的活动。企业可以以各种方式为公众提供服务，如消费指导、消费培训、免费修理等。事实上，只有把服务提到公关这一层面上来，才能真正做好服务工作，也才能真正把公关转化为企业全员行为。

(5) 社会性公关。社会性公关是通过赞助文化、教育、体育、卫生等事业，支持社区福利事业，参与国家、社区重大社会活动等形式来塑造企业的社会形象，提高企业的社会知名度和美誉度的活动。这种公关方式，公益性强，影响力大，但成本较高。例如，企业赞助体育运动让球队的名称与企业名称一致，这样就能通过球队的南征北战而让企业名扬四方。又如，企业对过度吸烟、饮酒危害健康、勤俭节约、遵守交通秩序、尊老爱幼以及保护生态环境等社会风尚的宣传。公关广告在客观效果上，能够有效地扩大企业的知名度和美誉度，在公众面前树立起关心社会公益事业的良好形象。可以说公关广告宣传，也是间接的企业形象宣传。但在实践中企业应该注意自己的能力限度，以及活动的互惠性和可行性。

六、论述题

1. 在产品生命周期的不同阶段，应该采取什么不同的促销策略?

答：(1) 导入期。企业的促销目标是提高产品知名度，促销方式应采用广告和公共关系为主，同时辅以营业推广和人员推销，鼓励顾客试用。

(2) 成长期。企业的促销目标侧重于宣传产品特色，树立品牌形象，广告和公共关系仍是企业最佳促销方式，营业推广则可相对减少。

(3) 成熟期。企业的促销目标是加强竞争能力，巩固市场地位，广告仍是主要促销手段，但其形式和内容需要有所变化。同时，营业推广方式要加强，配合使用人员推销与公共关系，使各种手段充分发挥作用。

（4）衰退期。市场上已出现优于本产品的竞争产品，产品即将退出原有市场，广告在原有市场已无必要，营业推广成为企业重要的促销方式。通过营业推广，可使偏爱本产品的老顾客继续购买，巩固原有市场。另外，在经营策略上可以改变为开辟新的地区市场，在新的市场仍需充分利用广告促销。

另外，在产品生命周期各阶段，都要十分注意消除顾客购买产品后的不满意感。针对顾客的疑虑，采用广告和公共关系等方式，回答顾客疑问，同时加强售后服务工作，解除顾客不满。只有这样，才能保持企业和产品在市场上的信誉，实现企业的长期目标。

2. 试论述如何进行营业推广控制。

答：营业推广是一种促销效果较显著的促销方式，但若使用不当，不仅达不到促销的目的，反而会影响到产品销售，甚至损害企业的形象。因此，企业在使用营业推广促销方式时，必须予以控制，具体应从以下四个方面来实施：

（1）营业推广方式很多，各种方式方法都有各自的适应性，选择恰当的营业推广方式是促销获得成功的关键。

（2）控制好营业推广时间的长短也是取得预期促销效果的重要一环，确定合理的营业推广期限，防止过长或过短，否则都不可能收到最佳的促销效果。

（3）企业在营业推广全过程中一定要杜绝弄虚作假、欺骗顾客的错误观念和行为。不通过各种控制手段坚决杜绝营私舞弊的短视行为，将会失去商誉，失去竞争的胜利。

（4）营业推广容易出现虎头蛇尾的状况，必须通过控制手段，加强中后期宣传，保证营业推广的圆满完成，取得消费者的信任。此外，营业推广控制也体现在推广预算上，力争用最少的投入获取最大的产出。

七、案例分析题

案例解读 1

《变形金刚 3》：植入广告的狂欢

谈谈你对植入广告的理解和看法。

答：植入广告，就是通过一些在大众中播放或者被大众阅读的电影、电视、手机、网络游戏、报纸杂志、文学作品甚至是活动平台等载体中，以节目或作品的某个内容涉及被传播的对象，所形成的广告效果，为植入广告。

广告植入可分为三类：

（1）浅层次植入：将产品或产品包装作为剧中人物使用的道具，或将含有企业品牌信息的广告牌等安排到场景中并聚焦体现。品牌与情节、人物性格、剧情发展关联性不大，品牌到达率低于一般硬性的广告形式。

（2）中层次植入：为剧中人物设计情节，演示产品的用途，或在人物对白中提及品牌、产品、服务的名称，通过台词、行动暗示与烘托产品特点。产品与情节、人物性格、剧情发展有一定的关联性，品牌到达率已不亚于一般硬性广告。

（3）深层次植入：产品与剧情及主角特征（性格、身份、日常事务）巧妙结合，为产品或品牌设计的剧情桥段成为故事发展的重要环节，或者产品是影片发展中的重要道具或线索，让受众深刻感知到产品的使用特点以及品牌的精神内涵。其品牌到达率将较多地超过一般硬性的广告形式。

植入广告对于广告商而言，有着巨大的吸引力，原因在于：首先，植入广告本身具有隐性传播的效果；植入广告往往通过情节的貌似不经意哪怕刻意的出现，可以使得受众在不知不觉中，对出品的物品及品牌加深印象，甚至因此对功能有很好的了解。因此是一种极好的广告传播模式。其次，植入广告具有庞大的发布平台，广告的受众数量庞大。中国有那么多的电视台，每天都要播放大量的节目。有那么多的剧组，年头到年尾都需要拍摄电影。还有游戏，还有活动。可以说，这些电影、电视、游戏和活动，所对受众产生的接受时间，远远超过现在硬性广告播放的时间。最后，从消费行为的角度考察，植入式广告对受众消费行为产生一种光晕式影响，特别在电视电影这样声像俱全的媒介中，强烈的现场感，对消费者形成一种行为示范；在深化品牌影响力的基础上，获得丰富的品牌联想，最终赢得广泛的认同与品牌价值的提升。这种潜移默化的影响力正是赞助商梦寐以求的。

当然，植入式广告也存在着不容忽视的弱点：①品牌的适用性范围较小，多数情况下只适用于知名品牌，这是因为受众需要在相当短暂的时间内准确识别出商品包装、品牌或产品外型。因此，品牌有较高的知名度和认知度是投入植入式广告第一道门槛。相对而言，综艺类节目更有可能利用植入式广告提高某些导入期产品或新进入品牌的知名度。②植入式广告不适于深度说服，特别不适合做直接的理性诉求或功能诉求。③同时，一些前卫产品的功能性诉求甚至可能被受众当作影片的虚构。因此，品牌诉求一般停留在简单告知与提高特性认知度方面。④在影视剧或节目中，可供植入广告的容量有限，过度使用会引起受众反感。⑤商业效益的过分追求，必然导致植入广告的泛滥。

对广告商而言，在采用植入广告时，应该注意：

第一，植入广告不能破坏了原有的艺术性。如电影作为一种文化产品，它承载了提高人们审美和娱乐享受的责任，同时它有着自身的商业性，是技术、商业娱乐、艺术等的统一体。如果因为过多植入广告而影响了整体效果，电影就会大打折扣。植入广告应注重广告信息与电影场景的关联性，这种关联性应是两者的高度契合，要做到植入得自然，让观众在不反感甚至是愉悦的情况下接收商品信息。

第二，从广告主角度讲，植入广告应在同载体合理结合的前提下尽量突出。由于时间限制，每个植入广告持续的时间可能只有几秒，甚至是一闪而过。而人的生理和心理特征决定了他们的注意力会有选择的聚焦在自己感兴趣的东西上。因此植入广告面临着被忽略的危险。企业不能为了植入广告而植入广告，更要注重效果。最好选关键环节点或是情节。

第三，广告主应懂得保障自己的利益。由于许多不确定性因素的存在，很多影视娱乐节目在制作完成后，还不能立即播出，甚至有些最后根本就不能播出。可能等到播出时，企业的广告策略或产品都已经发生变化。因此企业在进行植入广告时，要注意通过合同保证自己的利益，可以分期付款，每达到一个阶段付一定的费用，这样可以有效地控制植入广告的投入，减少风险。

案例解读 2

再来一瓶　促销绝唱

1."再来一瓶"促销形式对厂商的吸引力是什么?

答:任何企业行为的背后必然隐藏着利益。

我们以康师傅茶饮料为例进行估算,会发现这样一个被掩盖的事实:康师傅宣称茶饮料中奖率为20%,相当于全部产品8折销售,康师傅15瓶装32元,每瓶2.13元,8折就是1.7元,其中,PET瓶成本接近1元。问题就是,难道内容物、运营成本、人力、物流、损耗等开支加在一起不到0.7元——如此一来,康师傅怎么可能盈利呢?另外,康师傅控股年报显示2009年康师傅饮料营业额增幅达到32.11%,股东应占利润增幅更是高达47.16%——"再来一瓶"实际上却是既得势又得果。

这种自相矛盾现象的核心原因,就在于"兑奖率"这个神奇的概念。一位不愿具名的业内人士表示,根据经验数据,饮料行业内的"再来一瓶",实际兑奖率普遍不超过50%,部分厂商甚至不足10%,"如果果真100%兑换,没有厂商能够盈利。"

从这个角度来看,再来一瓶属于名副其实的"概念营销"。"'再来一瓶'的核心激发点,就在于博消费者一乐,即使中不了奖,很多消费者也会抱着搏一搏的心态去买一瓶,至于最终能否中奖反而是其次,这种激发点使再来一瓶符合一种优秀营销手段的基本条件,成本低、易操作、效果好。"

此外,饮料产品单价较低,打折销售或降价销售所带来的"促销绝对值"偏低,对消费者的吸引力弱势于再来一瓶。而且,降价销售是会反映在上市饮料企业的财报之中的,势必造成投资者的负面反应,而"再来一瓶"则不会有明显反应。也就是说,"再来一瓶"不过是众多饮料企业花了点产品成本打了一次变相的广告,真正的费用远远低于之前的估算。

在康师傅推出天量"再来一瓶"战略之后,大多数跟进企业可能并不是心甘情愿的。如今麦郎,在茶饮料"再来一瓶"的基础上增加"奖水一瓶",仅此举就要多花费上千万元促销费用,但是和渠道优势明显的康师傅对抗,无异于以卵击石。不过,对于今麦郎之类的"先行者"而言,显然醉翁之意不在酒。关键是全行业对康师傅的跟随,同时在行业内形成了一种无形的门槛效应。

2."再来一瓶"促销形式容易出现什么问题?

答:出于对销售产品的实际促销好处,"再来一瓶"战略的最终推出少不了渠道商的意见与推动。但几乎在全国所有主要市场,实行"再来一瓶"促销的厂商都面临着"兑奖难"的问题。消费者发现,很多销售终端根本不愿意兑奖,尤其是便利店、小卖部性质的临街终端,不是要求购饮留盖,就是要求出具小票。

一时间,"再来一瓶"成为了全国都市媒体的"打击重点"。2009年7月,2010年7月,几乎所有"再来一瓶"厂商都经历了一轮又一轮的舆论鞭笞:"再来一瓶"一年又一年地"忽悠"人?兑奖难被指责为"欺诈"与"不诚信",甚至有人断言,"再来一瓶"将比"水源门"更为致命,成为所有跟进企业的"营销毒药"。

对于大多数临街终端,也是最底层的销售终端,"再来一瓶"的"促销好处"已经微乎其微。一般情况下,厂商对经销商采取15箱送1箱,经销商对销售终端采取1箱送1瓶。如果是15瓶一箱,销售终端返回经销商15个有奖瓶盖,可得16瓶饮料,多出的一瓶即为利润，分摊到 15 瓶上毛利在 0.1~0.2 元，净利可以忽略不计。但卖掉一瓶饮料毛利基本在 30%以上，在 0.6~1 元左右，孰轻孰重一算便知，这就是临街终端推诿兑奖的主要原因。

康师傅饮料在西南地区的一位分销商表示，公司每个月都能积压上万个兑奖瓶盖，需要向康师傅相关主管申请后方可兑换，半个月或一个月一次。这意味着会有数万元货款被“再来一瓶”冻结。

2010 年，网络上出现了“再来一瓶秘籍”，教唆消费者如何百发百中，尽管被官方证实“秘籍非真”，但大批“山寨瓶盖”流入市场却是不争的事实。市场上有专门的瓶盖收购商，可以自行印刷再来一瓶字样，一般的零售终端很难区分，而厂商基本不接受假瓶盖。

基于以上的原因可以发现，从渠道引发的“兑奖难”问题对促销本身带来了极大的破坏，促销厂商可能会因此而陷入两难境地。

第十四章　工业品市场营销

销售员当老板成功的概率要大得多。

—— 石立平

本章重点： 工业品营销策略，重点是消费品营销策略与工业品营销策略之间的差异，掌握销售人员队伍的建设。

本章难点： 工业品营销管理。

【学习目标】

通过本章学习，将使读者理解工业品、工业品市场、工业品营销、工业品营销管理的概念及其理论原理；掌握工业品营销策略，重点是消费品营销策略与工业品营销策略之间的差异和掌握销售人员队伍的建设；理解工业品营销管理。

【核心概念】

工业品；工业品市场；工业品营销；工业品营销管理。

1. 工业品

从市场营销的角度，根据购买者的身份或购买的目的不同，将各种产品分为消费品和工业品。消费品是指活着的人为了生活而购买的各种产品和服务；工业品是指生产厂家以生产为目的而购买的各种产品和服务。

2. 工业品市场

可以将生产厂家以生产为目的而购买的各种产品和服务称为工业品。在市场营销学的意义下，可以把工业品的所有购买者称为工业品市场。

3. 工业品营销

按照菲利普·科特勒的市场营销学基本原理，商品的营销模式至少涉及产品、价格、渠道、促销等基本要素的组合决策，即 4Ps 决策。由于工业品与消费品在产品性质、购买者购买行为特征等方面存在着非常大的差异，4Ps 决策也存在较大差异，工业品营销具有显著的特征和自身的规律性。

4. 工业品营销管理

要顺利地实现工业品生产厂家的营销目标，完美地完成销售任务，必须对其营销活动进行系统的有效管理，即对工业品营销活动的计划，对工业品营销活动的组织，对工业品营销活动的控制。

【学习重点】

工业品市场购买行为特征；工业品营销的一般规律；工业品营销策略；工业品营销管理。

1. 工业品市场购买行为特征

我们可以将生产厂家以生产为目的而购买的各种产品和服务称为工业品。在市场营销学的意义下，可以把工业品的所有购买者称为工业品市场。在教材的第六章第二节中，我们将购买目的为“生产”的购买者子集合体定义为“生产者市场”。因此，工业品市场和生产者市场之间，只有文字之别，两个概念的内涵和本质特征是一致的。对这种现象，我们可以欣慰地感叹人类社会的文字丰富多彩。

鉴于上述观点，对于生产者市场购买行为特征的研究，自然就等价于对工业品市场购买行为特征的研究。在此就省略笔墨，请参阅第六章第二节的相关内容。

2. 工业品营销的一般规律

工业品与消费品在产品性质、购买者购买行为特征等方面存在着非常大的差异，4Ps 决策也存在较大差异，工业品营销具有显著的特征和自身的规律性。

（1）工业品的产品策略（Product）。所谓产品策略，就是生产厂家在向顾客提供什么样的产品方面，做出明确的决策。对于消费品来说，消费品是最终产品，消费者就是最终顾客，其需求具有很大程度上的原发性和可诱导性，生产厂家在产品策略上具有较大的自由空间，可以根据消费者的原发需求及被诱导需求来自主开发新产品和改进老产品。对于工业品来说，工业品一般是中间产品，其顾客就是在产业链上的另一家生产厂家，顾客的需求不是原发的，往往受到顾客的生产技术条件等因素的制约。

（2）工业品的价格策略（Price）。工业品购买行为最显著的特征是理性购买，具体表现在由受过专门训练的专业人员购买、集体决策、直接购买、互惠购买；多头购买等，且价格需求弹性一般较低。因此，工业品的价格策略与消费品的价格策略有很大的差异，一般是采用理性定价策略，很少采用降价促销策略。通常根据具体情况可以采用以下具体的方式。

1）免费试用。工业品生产厂家在开发新客户时，为了努力降低客户改变供应商的转换成本，可以在一定的时间周期内，实行免费试用的策略。

2）直接商议定价。这是最常用的定价方式，工业品买卖双方通过商业谈判达成一致。

3）竞标定价。工业品客户通过公开或定向发出采购标书，引入竞争机制，实行竞标定价。

4）保证金定价。工业品买卖双方在签订合同时，一方通过向对方缴纳保证金的方式，强化对价格的约束，增加其违约成本。

5）预付款定价。当工业品市场处于卖方市场格局时，买方往往会采用缴纳预付款的方式优先获得货源。在供求关系平衡时，卖方可以通过向买方收取预付款方式，向买方提供价格优惠。

6）现货交易定价。也就是现实中常说的按“一手交钱一手交货”的交易方式来定价。这也是工业品其他定价策略的基准。

7）按期结算付款定价。当工业品市场处于买方市场格局时，卖方往往会采用按期结算付款的方式（如月结、季结、半年结等）来提高销售业绩。按期结算付款的实质就是卖方向买方提供周转资金，因此，这种方式的价格要比现货交易定价高，至少，卖方要把资金成本收回来。

(3) 渠道（Place）。由于工业品市场上的购买批量大、购买者数量相对较少、用户的规模和集中程度差异很大等因素，工业品营销的渠道策略一般采用短渠道建设，特别是那些通用性不高，专用性强的产品，多数都是采用直销的方式，或者是自建渠道，没有经销商。根据不同的具体情况，工业品的渠道策略可以有以下三种模式。

1）厂内直销。当工业品市场处于卖方市场格局时，买方会直接到工业品的卖方（工业品生产厂家）求购，其买卖交易行为是在工业品生产厂家厂内完成的，这就是所谓的厂内直销。

2）厂外直销。当工业品市场格局发生变化，出现供求平衡或买方市场情形时，工业品生产厂家就会走出去，通过组建销售队伍或直属销售机构或者设立销售公司（独资子公司）等方式实现厂外直销。这是工业品生产厂家最为普遍的渠道策略选择。

3）建立销售渠道。对于一些标准化程度较高、通用性较强的大宗物资工业品，工业品生产厂家可以采用建立销售渠道的方式，通过经销商批量出售产品，通常情况，这种渠道不会很长。

(4) 促销（Promotion）。总体来看，相对消费品来说，工业品具有专业性强、技术含量高、一次购买批量大等特点。因此，工业品的购买通常是理性购买，购买行为的可诱导性极差，促销策略应该特别强调“理性”。根据不同的具体情况，工业品的促销策略可以有以下五种选择。

1）建立一支高素质的专业化销售（直销）队伍。这是比较传统的策略，也是十分有效的方法。必须强化对销售人员的系统性培养和严格的训练，让他们熟练掌握企业的情况、产品的技术特性和优缺点、竞争对手的情况等，成为能说会算的职业化销售人员。

2）在专业性强的杂志刊物上刊登适量广告。切忌在公众媒体上刊登广告，那是违背工业品促销的“理性”原则的行为。事实上，在现实社会中也很少在公众媒体上看到工业品的广告，即便是有，也都着重宣称企业的整体形象而不是产品本身。在专业性强的杂志刊物上刊登适量广告的根本目的，是体现企业在行业中的地位。

3）积极创造条件，举办行业的专题研讨会等活动。这都是强调一个“理性”，扩大企业在行业内的影响力，使客户产生更大的信任度。

4）邀请客户有关人员，特别是高层管理人员，来企业参观考察，以增进双方的沟通。

5）积极创造条件，与客户建立互惠互利的战略合作关系。

3. 工业品营销策略

一般情况下，消费品市场的需求主体是个人和家庭。其市场及购买行为具有多样性，购买一般是少量多次购买，购买行为具有较大程度的可诱导性。因此，消费品市场的主要营销策略，一是积极引导和刺激消费者的购买欲望（广告、促销等各种策略）；二是建立完善的由经销商、零售商构成的渠道系统，使产品通过这个渠道系统，最终到达消费者手中。也就是说，消费品市场的主要营销策略走的是 Marketing（市场）路线。其营销精英的具体体现是：策划大师。

与消费品市场相反，工业品市场的需求主体是企业。其购买者数量相对较少，购买量大（特别是单次购买量大），直接购买，理性购买，集体决策，购买行为的可诱导性极低。因此，工业品市场的主要营销策略，是建设一支专业化的销售队伍，向客户提供产品性能规格介绍、包装承运、安装调试、操作培训甚至维修等技术方面的服务，实现直销。换句话说，工业品市场的主要营销策略，走的是 Selling（销售）路线。其营销精英的具体体现是：销售能手。

建设一支专业化的销售队伍，是实现工业品营销策略的核心工作，也是本章的重点内容。

(1) 合格销售人员的条件。联系我国的实际情况，我们认为，作为一名合格的销售人员，应具备思想品德、心理素质、业务素质、能力素质等几个方面的基本素质。

1) 销售人员的思想品德。思想品德实质上就是指一个人的人品。不同的职业对从事该职业的专业人员有着不同的行为准则和道德规范。销售人员的工作特点，一是经济性（与钱打交道），二是独立性（经常是单独行动），三是代表性（经常以企业的名义从事活动），四是个人利益的诱惑性，这就意味着，销售人员的思想品德往往会经受严峻的挑战。由于职业的特点和社会的需要，销售人员也有自己的言行风格，体现出销售人员的思想品德。

①实事求是。销售工作的实质，在于通过买卖双方的信息交流来达到销售产品、树立形象和信誉的目的。使销售活动获得圆满成功的基本前提，在于所传播的信息必须真实准确。因而，销售人员最起码的职业准则就是实事求是。

②讲究信用。销售产品，讲信誉守信用是至关重要的，如果一个销售人员连起码的信誉和信用都不讲，那么他所做的销售活动是注定搞不好的。在与客户交往的过程中，销售一方只有极端重视自己的形象和信誉，才能在强手如林的市场竞争中保持优势。讲究信用要以尽心尽责为出发点，衡量一个销售人员是否具有职业道德，一条重要的标准是看他对销售工作是否尽责。

③遵纪守法。销售人员作为社会一分子，他的一切活动都置于一定的法律规范之内。这就要求销售人员具有强烈的法制观念，自觉遵纪守法，一切依法办事，真正做到知法、懂法、守法。销售人员法制观念的强弱，主要表现在遵纪守法和依法办事上。

④廉洁奉公。销售人员每天与各类公众打交道，最有机会获取信息、技术和商品，因此销售人员必须具备遵守廉洁奉公、不谋私利的道德规范。销售人员的形象代表一家企业或一类产品的形象，他的一言一行直接关系到顾客的评价，如果他利用这种工作上的便利与机会，见利忘义，以公谋私，浑身沾满铜臭，最终会受到别人的唾弃和鄙视。

2) 销售人员的心理素质。心理障碍往往是直接影响销售人员能否完成任务的重要因素，提高心理素质，克服心理障碍尤为重要。合格销售人员至少应该具备以下心理素质。

①豁达大度。销售人员同顾客打交道，必须活泼开朗、豁达大度、平易近人、热诚相待。由于销售工作要接触各种各样与自己性格、风格不同的人，要善于相处，并使顾客产生好感和信任感，愿意与你结交来往，这样才能扩大销售成果，提高销售效益。相反，一个心胸狭窄、眼光短浅、沉默寡言、计较小事的人，就会影响与顾客的沟通，从而不利于销售工作的开展。

②自信。销售人员要使销售成功，必须对自己有信心，对企业有信心，对产品有信心。一个人有了自信心才会产生自信力，坚信事业能成功，并进而激发出极大的勇气和毅力，敢于面对挑战，敢于开拓进取，锲而不舍，最终创造出优秀业绩。如果没有自信心，在危机面前就会缺乏应变能力，显得手足无措，一片慌乱，一蹶不振，失去成功的机会。自信往往来自于充分的准备。

③坚韧顽强。销售人员会经常遇到许多挫折和失败，甚至是遭遇人格侮辱，这就需要销售人员对所担负工作的忍耐精神和坚持不懈的毅力。忍耐精神不但能使销售人员吃苦耐劳，而且可以产生百折不回的毅力，以及在与人交往中的控制情绪的能力。销售的成功常常在于遭到拒绝的坚持不懈之中。常记一句话："拜访客户前，先把脸放进公文包里。我不丢脸，

这是我的职业!”就能有效应对不测事件的发生。

3）销售人员的业务素质。销售人员要把多种专业知识内化为自己头脑中的知识体系或知识结构。这种知识体系或结构一般由以下几个方面构成：

①销售理论知识。首先，销售人员应该掌握销售领域的基础理论，主要包括市场营销学、消费者行为学、广告学、传播学、顾客管理等方面的内容；其次，销售人员还必须了解和掌握销售的专业知识，如销售的基本原则、基本程序、基本职能等；最后，还要学会具体的管理知识，如信息的搜集与使用，市场调查、市场预测、营销决策的技术与方法等。

②销售环境知识。专业内，可以把销售环境分为一般环境和作业环境。销售人员必须了解他所面临的一般环境与作业环境。一般环境包括政治、经济、法律、社会文化、社会心理等，它对购买行为能产生较大的影响。如销售人员必须了解销售区域内的风土人情、宗教信仰、交通运输、语言习惯等。而作业环境中特别要分析竞争对手，目标市场的变化等等，以利于克服工作中的困难，减少工作中的麻烦，促进销售工作的顺利完成。

③销售实务知识。销售工作不是专门的理论研究，而是一种实践性、操作性很强的工作。除需要精通基本理论外，还需要掌握具体实务性知识。销售实务知识主要包括：企业知识、产品知识、市场知识、合同知识、结算知识、销售技巧等。

4）销售人员的能力素质。销售人员仅仅掌握知识是不够的，还必须学会运用知识。它是一个人取得成就的基础。因此，要在工作中取得好的成绩，还必须具有销售的基本能力。

①观察能力。由于不同的人在天资、能力、个性、生活阅历、社会经验等方面存在着不同的差异，因而对一件事情就可能产生不同的看法。仁者见仁，智者见智。又由于各人所处的地位、担负的工作及生活习惯不同，从不同的角度去观察问题时，也会得出不同的结论。不存在对与错，重要的是，对事物要有独自的、敏锐的感觉。

②应变能力。所谓应变能力，就是人要学会随机应变，销售人员更应如此。一般情况，销售工作不会总是一帆风顺的，它既有顺利发展的时候，也有遭到风险的低谷时期。销售人员不但要有身处逆境的精神力量，还需要有具体的方法和技巧。

③控制情绪的能力。一个人控制情绪的能力的大小，也可以说成是他的“情商”的高低。销售人员在工作中要与各种矛盾、冲突打交道，要处理各种突发事件和纠纷，并常常受到诸如冷淡、批评、拒绝，甚至挨骂的待遇，这就需要销售人员具有善于控制情绪的能力。要遇乱不慌，遇危不惊，有理有节，沉着应付。决不能使性子，凭情绪办事。应充分发挥灵活机动的应变能力，做到在不失原则的前提下，调动对手，控制对手，消除疑虑，转危为安。从销售来说，就要化复杂为简单，化干戈为玉帛，取得销售的成功。

④语言表达能力。能言善辩是做好一个销售人员的重要条件之一。语言交流是一种近距离的直接交流，语言表达能力的高低，直接影响其交流效果。因此，销售人员必须具有良好的语言表达能力。

⑤社会交际能力。一个从事销售工作的人必须具备较强的社会交往能力，在任何场合都能应付自如，相机行事。社交能力是衡量一个销售人员能否适应现代开放社会和做好本职工作的一条重要标准，销售人员要善于与各界人士建立亲密的交往关系，而且还必须懂得各种社交礼仪如日常生活礼节、外事活动礼节、各种宴会聚会礼仪、公共场合礼节。在与顾客洽谈的过程中，往往有些问题在正式谈判场合不能得到解决，而在社交场合却能得到圆满的解决。

⑥动手能力与技术维修能力。销售人员在工作中，不能只夸夸其谈，只说不做。特别是销售高科技产品以及需要维修服务的产品时，仅有语言说服是不能促使顾客购买的，还必须

能够教会顾客使用方法，并掌握维修技术，以便随时为顾客维修。当有的顾客不会使用产品，或出了故障需要有人修理时，销售人员应及时给予解决。这些都会提高企业的形象与服务质量，从而使顾客感到满意，赢得顾客的信任，同用户建立起密切关系，取得销售的成功。

⑦组织能力。销售工作，有时候不是靠单枪匹马地独立进行，而是需要组织开展各种大型活动，如各种纪念活动、重大的庆典活动、新闻发布会、记者招待会、用户联谊会、商品展览会和日常的接待、整理资料、编写宣传材料等。每一项销售工作都需要周密地计划、认真地组织，销售人员必须在每一项活动中都参与筹划安排。因此，强有力的组织能力对一个销售人员来说，是十分必要的。

⑧创新能力。销售工作的实践性很强，需要具体问题具体分析，没有万能的理论，大到一个总体计划的制定，小到一份请柬、一张名片的印制，都需要创新。销售人员要有一股"别出心裁"的创新精神，善于采用新方法，走新路子，这样他们的销售活动才能引起广大顾客的注意。

5）销售人员的仪表与礼节。销售人员的仪表和礼节，既是内在素质的外在表现，也是自己日常修养与训练的结果，是文明风范的体现，同时也体现了对客户的尊重。

（2）销售人员的招聘与录用。销售人员的招聘途径或渠道主要有公开招聘、内部招聘、委托招聘、院校招聘四种。

1）公开招聘。所谓公开招聘就是面向社会，向公司以外的一切合适人选开放，按照公平竞争的原则公开招聘销售人员。

①通过人才交流会招聘。各地每年都组织几次大型的人才交流洽谈会。用人单位为此花一定的费用在交流会上摆摊设点，以便应征者前来咨询应聘。如北京在首都体育馆、工人体育馆、北京展览馆、国际展览中心、海淀体育馆等地几乎每年都举办春、秋季人才交流洽谈会，还举办特殊人才交流会和外资企业人才招聘会。

这种招聘方法的主要优点是无私人纠葛，可公事公办，按标准招聘，从交流会上可直接获取应聘人员有关资料，如学历、经历、意愿等。这种招聘会可以节省时间和精力，见效快。但是，在这种人才交流会上，小型企业很难招聘到优秀人才。

②用媒体广告招聘。最普遍的招聘广告大都利用报纸媒体。目前国内一般中小型公司或刚成立的部门，大都依赖于报纸的招聘广告。在国外或大型公司的人力来源约有 20%~40% 是通过报纸广告招聘来的。

这种途径信息扩散面大，又有可保存性，可吸引较多的求职者，备选比率大，并可使应聘者事先对本企业情况有所了解，减少盲目应聘。但通过这一途径招聘人员存在以下几个问题：

A. 招聘来源、数量不稳定，质量差别较大。

B. 广告费用花费较大，并有不断上涨的趋势。

C. 广告篇幅拥挤狭小，内容单调千篇一律。

D. 广告位置不醒目，各类广告夹杂在一起，使广告效果不佳。

③网上招聘。由于信息技术和互联网的发展，越来越多的企业开始通过互联网招聘人才。国内比较有名的招聘网有深圳南方招聘网、上海人才招聘网、北京人才招聘网、无忧招聘网（51Job）、研究生就业网（91student），等等。企业可以通过上述网站招聘销售人才，也可以通过自己的网站实现招聘。

公开招聘，对于企业来说是一项社会活动，要特别注意维护企业的社会形象，特别是在文字描述招聘条件时，切忌产生一些诸如"恕不接收××××人"、"25 岁以下，相貌端庄，未婚”等有嫌招惹官司的言语。

2）内部招聘。内部招聘就是由公司内部职员自行申请适当位置，或由他们推荐其他候选人应聘。许多规模较大、员工众多的公司有时采用这种方式，特别是技术含量较高的行业，企业从生产技术一线选拔招聘技术行家从事销售工作，对企业和员工都有好处。这种招聘方式主要是挖掘内部人才潜力，让人才各得其所，或者本着内举不避亲、外举不避仇的原则，让内部职员动员自己的亲属、朋友、同学、熟人，经过介绍加入公司的销售行列。

3）委托招聘。委托招聘就是委托一些专门机构推荐人才，主要有以下五类。

①职业介绍所。许多企业利用职业介绍所来获得所需要的销售人员。一般认为这类介绍所的求职者，大多数是能力较差而不易找到工作的人。不过如果有详细的工作说明，让介绍所的专业顾问帮助筛选，既能使招聘工作简单化，又可以找到不错的人选。

②人才交流中心。它是政府劳动人事部门或企业设置的常年人才市场。它们掌握人才储备、人才的介绍与推荐，乃至人才招聘以及社会人才的管理。我国的人才交流中心是“改革开放”的产物，其体制与机制还有待完善，关键在于政企要分离，使人才交流中心真正成为人才交流的常年市场。北京、上海、广州、深圳、武汉等大城市的人才交流中心均为在全国有影响的交流中心。

③行业协会。行业组织对行业内的情况比较了解，他们经常访问厂商、经销商、销售经理和销售员，如中国市场协会、高校市场营销研究会，企业可请它们代为联系或介绍销售人员。

④业务接触。公司在开展业务过程中，会接触到顾客、供应商、非竞争同行及其他各类人员，这些人员都是销售人员的可能来源。

⑤“猎头”公司。“猎头”公司是一个文化概念，不是一个法律概念。通过“猎头”获得人才，是一个不太光明正大的做法，往往受到社会伦理道德的谴责。在现实中，一般很少有自称是“猎头”公司的，但有不少人力资源中介服务机构都声称可以提供“猎头”服务。具体服务方式一般有两种，一是为客户主动推荐人才，二是将客户看中的人才（一般都是竞争对手中的销售精英）挖过来。

4）院校招聘。院校招聘是指企业到大专院校或职业学校挑选销售人员的方式。这种渠道招聘销售人员有以下四个优点：

①能够比较集中地挑选销售人员。

②大学生由于受过良好的高等教育，并系统地学习了营销方面的理论知识，为今后的培训奠定了基础。

③大学生往往因为刚刚参加工作，对销售工作充满了热情，一般较为积极。

④人力成本相对较低。

但这种方式也有较大的缺陷，主要是大学生缺乏销售经验，加之大学生“先就业后择业”的思想，队伍的稳定性面临挑战。

5）销售人员的录用过程。

①招聘的程序。“招”是为了发现人才并鼓励应聘者的一种程序，而“聘”则是从应聘者中选拔最适合者的一种程序。招聘程序的详细程度因企业而异。大型企业的程序通常会较为复杂，一般可分为申请、测验、面试、调查、体格检查、安置等步骤。在较小的企业中，应聘者只由销售经理核准便可。

②测验。也可以叫笔试。这种方式最大的好处，就是采用标准化的试卷，对应聘者进行“海选”，运作成本较低。通常，试卷涉及智商、能力、兴趣、性格、业务等测试内容。

③面试。面试就是应聘者与考官面对面的交流有关信息，是选择员工的重要手段。通常是在笔试测验筛选的基础上，对入围者进行进一步的考核的方法，有时企业也可以直接采用面试。面试也是整个选聘工作的核心部分，几乎任何一种人事招聘都少不了这个环节。

在面试实际工作中，有一个较为普遍的问题值得注意。主考官往往会情不自禁出现“越位”现象，将自己“考官”的身份变为“培训师”或者“教授”。

④录用。经过测验和面试，按招聘计划数量，对考察合格者决定录用。一次招聘能满足计划数量当然很好，但要坚持宁缺毋滥，达不到要求，守可少招，等条件成熟时再行招聘。如果遇到市场行情很好，急需扩大销售市场之时，也可适当多招收，并经过岗前、岗中培训、考察，然后再使用。录用的关键在于用人的轻重缓急，把人才用活，有进有出，不搞一次录用定终身。对未录用者也应致函表示感谢，并可将其存于企业后备人才库中。

正式录用时，一般要经过体检，采取聘用制、劳动合同制。企业与应聘者正式签订合同方才有效。录用时的控制管理条件不能太苛刻，主要用来限制频繁“跳槽”者和“反叛”者。对人才主要采取优惠的吸引政策，对关键的岗位，一定要与应聘者签订责、权、利相统一、奖罚并重的任职合同，从而保证企业销售工作的连续性与稳定性。

（3）销售人员的培训。培训是对现有人力资源的集约式开发，对于销售人员来说更是如此。不能只把销售人员当“资源”来用，更应该在使用的各个阶段，对他们进行系统的培训，以促进他们的不断成长。

1）销售人员培训的原则。企业在培训销售人员时应当注意，务必使培训从形式到内容都与销售工作有关。因此，培训应当遵循一定的原则。

①因材施教原则。由于学历水平和身份背景不同，销售人员的业务水平与学识有高有低，参差不齐，培训者必须根据受训者的智力或接受能力的不同来安排、调整他们的学习内容与学习进程。如果培训速度太快或太慢，就连最有兴趣参加培训的受训者也不可能取得良好的效果。同样，培训内容太难或太容易，也将使他们学而无果，劳而无功。因此，培训者一定要记住：受训者的接受能力决定着他们能学什么，需要多长时间来学习，以及将取得何种程度上的效果。这也进一步体现了“因材施教”原则。

②分级培训原则。分级培训原则有两方面含义：一是指不同层次的销售人员应分开培训，因为不同层次销售人员要求的能力不一样，如地区销售经理与销售代表的要求就不一样，因此要针对不同层次销售人员进行不同内容的培训；二是指人们的年龄、背景决定了其对学习内容掌握的快慢程度。因此，新、老销售员、优秀销售员和一般销售人员应分开培训。

③讲求实效原则。实效体现了培训的内在价值。讲求实效原则是指培训的内容应与销售实际相符，要能达到培训的效果。实践表明，所学的内容与现实越贴近，效果将越好，因为人们会把它当作真实的事情从感情上予以接受。销售人员所学的东西与现实工作联系紧密，那么销售人员就会认真、积极地去学，并把它应用到自己的实际工作中去。这样学习对销售工作就会有帮助，也易于产生积极的效果。

④实践第一原则。销售工作的实践性很强，销售培训应该不同于大学基础教育，应强调以实践为主，理论为辅。因此，在进行销售培训时，要注意让培训对象动手。我们都有这样一种体会，即一件事情，如果我们能够亲自动手去做，那么将轻而易举地学会做这件事，并且记得牢，不易忘记。如果不动手，只是机械地记住几句条条框框，不久以后便会忘记该怎样去做。

一般地看，培训是培养和训练的组合概念。培养注重素质和修养的提高，强调知道是什么事，并且知道这件事该怎么去做；而训练则注重技能的提高，强调把事情做得好了又好，这是一种功夫的体现。阅兵式中的方阵队列，大家都知道“一二一”的步法该怎么走，但必须经过艰苦的训练，才能够做到步调一致。从这个意义上讲，销售培训应该做到培养和训练并重。

⑤教学互动原则。销售培训是一种成人教育。成人教育与在校学生的教育是不同的，在校学生的教育主要是在学校课堂上完成的，学生习惯于单向型传播的授课方式。成人教育则不以课堂为主，成人在学习中喜欢双向型的教学模式，希望在学习过程中扮演较为主动的角色，希望能与教师交流。销售管理者和培训者应充分认识成人教育与在校生教育的这种不同点，用适合成人教育特点的方式做好销售员的培训工作。

⑥持续培训的原则。销售培训必须持续进行。这是因为公司的产品、技术、市场和顾客都在变化，且销售人员的成长本身也是一个过程，一次培训并不能满足要求，只有制订持续不断的培训计划并实施，才能保证销售人员不断地成长，使销售人员在面对各种情况时更有信心。

2）销售人员培训的主要内容。在企业销售培训实际工作中，培训的内容是根据工作的需要和受训人员的素质而定。但不管怎样培训，销售培训的具体内容一般涉及以下几个方面。

①企业知识的培训：

A. 本企业过去的历史及成就（创始人的传奇故事）。

B. 本企业在社会及国家经济结构中的重要性。

C. 行业与市场的发展特点。

D. 本企业在所属行业中的现有地位。

E. 本企业的各种政策，特别是市场、人员及公共关系等方面的政策。

F. 销售工作对企业的重要性，企业对销售人员的制度安排。

G. 企业文化等特征。

②产品知识的培训。产品知识的培训内容包括：产品的类型与组成、产品的品质与特性、产品的优点与利益点、产品的制造方法、产品的包装情况、产品的用途及其限制、产品的售后服务（如维护、修理等）、生产技术的发展趋势、相关品与替代品的发展等。

③销售技巧的培训。销售技巧的培训内容包括：如何作市场分析与调查，如何制定销售计划，如何注意仪表和态度，如何争取顾客好感，如何进行产品说明，如何应付反对意见，如何克服推销困难，如何坚定推销信心，如何更新推销知识，如何获得推销经验等。

④客户管理知识的培训。客户管理知识培训的具体内容涉及：

A. 如何寻觅、选择及评价未来的顾客。

B. 如何获得约定、确定接洽日程，如何做准备及注意时效。

C. 如何明了有关经销商的职能、问题、成本及利益。

D. 如何与客户建立持久的业务关系。

⑤销售态度的培训。销售态度培训包括：对公司的战略、制度、文化及经营者的态度，对上司、前辈的态度，对同事的态度，对客户的态度，对工作的态度等。

⑥销售行政工作的培训。销售行政工作培训内容主要包括：

A. 如何撰写销售报告和处理文书档案。具体包括：编制预算的方法，订货、交货的方法，申请书、收据的做法，访问预订表的做法，日、月报表的做法，其他记录或报告的做法等。

B. 如何答复顾客查询。

C. 如何控制销售费用。

D. 如何实施自我管理。具体包括：制定目标的方法、工作计划的拟定方法、时间的管理方法、健康管理法、地域管理法、自我训练法。

E. 经济法律知识。

F. 如何制定和完善销售日常管理制度。

(4) 销售人员的薪酬。建立科学合理的薪酬制度是吸引和激励销售人员努力工作的重要因素。薪酬水平应该符合销售人员的市场价格。一般来说，推销人员薪酬水平的确定应以其销售业绩为主，同时考虑其他部门的薪酬水平。销售人员的薪酬制度有工资制度、佣金制度、薪金加佣金制度、薪金加奖金制度、薪金加佣金再加奖金制度五种具体模式。

1) 工资制度。工资制度是指无论销售人员的销售额高低，均可于一定的工作时间内获得一种定额的报酬，俗称“固定月薪”。工资制度的优点在于：易于了解且计算简单；销售人员的收入有保障，使其有安全感；培养高忠诚度；保证非销售活动得以实施；可减轻企业行政管理负担，有利于提高推销人员在企业内部的流动性；适用于若干需要集体努力的销售工作。这种制度也有缺点：缺少激励作用，不利于鼓励推销人员做开拓性工作；缺乏灵活性，即当企业业务下降时，推销费用可能会成为企业的沉重负担，而当企业业务好转时，也不能够激发推销人员去充分挖掘市场潜力。

2) 佣金制度。此项薪酬制度与一定期间的销售工作成果或数量直接有关，即按一定比例给予佣金，俗称“提成”。确定佣金比例也应考虑产品性质、顾客、地区特性、订单额、毛利率、业务状况的变动等。佣金制度的优点是：工资直接与绩效和获得的成果相关联；富有激励作用；体系易于理解和估算；销售人员可获较高的报酬；控制销售成本较容易。这种制度的缺点是：销售人员的收入可能很不稳定；推销人员具有短期行为，不愿意承担那些不能立刻获得收益的工作，如推销前准备工作、撰写报告、提供服务等；推销人员可能会采取一些不道德的手段进行推销，从而影响企业声誉；销售精英不愿意转到监督或管理岗位；当经济形势恶化时，销售人员高流失率就会发生。

3) 薪金加佣金制度。薪金加佣金制度是指推销人员得到的报酬包括固定薪金、佣金等，俗称“底薪加提成”。这种报酬形式既保留了工资制和佣金制各自的优点，同时又避免了它们各自的缺点，因而是当前大多数企业采用的销售人员报酬支付方式。

4) 薪金加奖金制度。运用此项制度，销售人员除了可以按时得到一定薪金，还可获得较多的奖金。奖金的支付是为了酬劳销售人员完成的对企业有贡献的工作，如宣传工作、销售新产品、增加新客户、减少销售费用等。该项制度可鼓励销售人员兼做若干涉及销售管理的工作，但不重视销售额的多少。

5) 薪金加佣金再加奖金制度。此项报酬制度兼顾了上述方法，利用佣金及奖金促进工作成效的提高。该项制度使销售人员每月可获得稳定的收入及另发的佣金与奖金，而在管理方面也能有效地控制销售人员。由于实行此制度需要较多的有关记录及报告，因此增加了管理费用。

(5) 销售人员业绩评估。为了对销售人员进行有效管理，必须对推销人员的工作业绩建立科学的评估和考核制度，并以此作为分配报酬的依据。一般来说，企业对于推销人员的业绩评估可以分为以下三个步骤：

1) 建立考评标准。确定绩效考评标准既要遵循基本标准的一致性，又要考虑工作环境、区域市场拓展潜力等方面的差异性。公平而富有激励作用的绩效考评标准，需要销售管理人员根据过去的经验，结合推销人员的个人行为来综合制定，并在实践中不断调整和完善。企业常用的考核推销人员绩效的指标主要有：①销售量；②平均订单数量；③毛利；④访问率（每天的访问次数）；⑤访问成功率；⑥销售费用及费用率；⑦新客户数量。

2）收集考评资料。全面、准确地收集考评所需资料是做好考评工作的客观要求。考评资料主要从推销人员销售工作报告、企业销售记录、顾客和社会公众评价以及企业内部员工意见四个途径获得。

①推销人员销售工作报告。销售工作报告包括销售活动计划和销售绩效报告两部分：销售活动计划可以展示推销人员的区域年度推销计划和日常工作计划的科学性、合理性；销售绩效报告反映了推销人员的工作实绩，据此可以了解销售、费用开支、业务流失、新业务拓展等众多推销绩效。

②企业销售记录。企业销售记录包括顾客记录、区域销售记录、销售费用支出的时间和数额等信息，因此成为考评推销业绩的重要基础性资料。

③顾客和社会公众的评价。评估推销人员应听取顾客和社会公众的意见。通过对顾客投诉和定期顾客调查结果的分析，可以透视出不同的推销人员在完成推销商品工作任务的同时，其言行对企业形象的影响。

④企业内部员工意见。企业内部员工意见主要是指销售经理或其他非销售部门有关人员的意见。此外，销售人员之间的意见也可以作为考评的参考。

3）正式评估。销售人员定期报告及其他信息为正式评估提供了资料。

正式评估的具体方法有以下三种：

①横向比较，即将各推销人员的工作绩效进行比较。

②纵向比较，即将同一个推销人员现在和过去的工作绩效进行比较。这种比较有利于衡量推销人员工作的改善状况。

③素质评估，即对推销人员的知识、人格、气质、言谈、风度、仪表、工作热情、自信心等进行评估。

建立一支专业化的销售队伍，主要涉及要明确销售工作需要什么样的人；如何得到所需要的人；在使用这些人的同时如何使他们进一步成长。

4. 工业品营销管理

要顺利地实现工业品生产厂家的营销目标，完美地完成销售任务，必须对其营销活动进行系统的有效管理，即对工业品营销活动的计划，对工业品营销活动的组织，对工业品营销活动的控制。

（1）工业品营销计划。不同厂家的营销计划详略程度不同，不过多数营销计划应包含以下八方面的内容。

1）计划概要。营销计划要形成正式的文字。在计划书的开头要对本计划的主要营销目标和措施作一简要的概括，这就是计划概要。如某企业年度营销计划的概要可能是这样表述的：本年度要使某产品系列的销售额和利润额比去年有较大幅度的增长，其中销售额实现8000万元，增幅20%；利润实现700万元，增幅15%。这个增幅可通过增加人力资源成本预算10%，以开发新的地区市场投入50万元来达到……计划概要的目的是让高层管理者很快掌握计划的核心内容，类似内容提要。

2）营销现状分析。这部分提供与市场、竞争、产品、渠道和宏观环境因素有关的背景材料。如市场情况，应说明市场的规模，过去几年的增长情况，顾客需求和购买的趋势；产品情况，应说明近年来各主要产品品种的销量、价格、获利水平等；竞争形势，应说明谁是主要的竞争对手，每个竞争对手在产品品质、定价、促销、分销等方面都采取了哪些策略，它们各自的市场占有率及变化趋势；分销情况，应说明各主要经销商近年在销售额、经营能力和地位方面的变化。

3）进行SWOT组合分析。S（优势），指企业相对竞争对手的优势资源和实力；W（劣势），是指企业的薄弱环节；O（机会），指营销环境中对企业有利的因素；T（威胁），指营销环境中对企业不利的因素。找出这些因素，并分出轻重缓急，以便在资源有限的情况下，有效地解决问题。

4）拟定营销目标。营销目标是营销计划的核心部分，它们将指导随后的策略和行动方案的拟定。计划目标分为两类：财务目标和市场营销目标。财务目标主要由即期利润指标和长期投资收益率目标组成。财务目标必须转换成营销目标，如销售额、市场占有率、分销网覆盖面、价格水平等。

5）营销策略组合。每一目标都可通过多种途径去实现，营销管理者必须从各种途径中作出选择，并在计划书中加以陈述，包括目标市场、产品定位、市场营销组合策略及新产品开发和有效调查方面的计划。

6）行动方案。有了营销策略，还要转化为具体的行动方案，例如，如何具体着手做？何时开始，何时完成？由谁做？预算多少？这些都要按时间顺序列形成一个实施的行动方案。

7）预算。根据行动方案编制预算方案，收入方列出预计销售量及单价，支出方列出生产、实体分销及市场营销费用，收支差即为预计的利润。预算获得批准后，即成为购买原料、安排生产、支出营销费用的依据。当然，预算的范围也可以局限在某一营销活动之内。

8）控制。规定如何对计划实施过程进行控制。基本做法是将计划规定的目标和预算按季度、月份或更小的时间单位进行分解，以便于主管部门能对计划执行情况随时监督检查。

（2）工业品营销组织。工业品营销计划要靠相应的组织去实施，没有一个有效且符合市场导向观念要求的组织，再好的计划也只能是纸上谈兵。根据工业品营销的自身规律及其运行实践经验，一般情况下，工业品营销组织可以采用以下几种类型。

1）区域结构型组织。按地区划分销售区域是最常见的工业品营销组织模式之一。相邻区域的销售人员由同一名销售经理来领导，而销售经理向更高一级的销售主管负责，见图14–1。

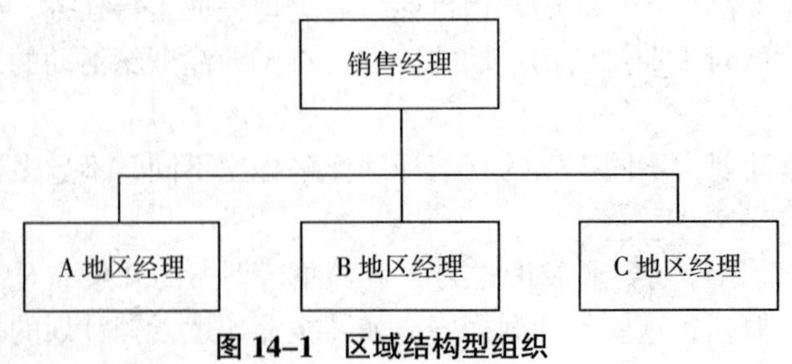

图14–1　区域结构型组织

这种模式的特点可以归纳为：

优点：

①地区经理权力相对集中，决策速度快。

②地域集中，费用低。

③人员集中，容易管理。

④区域内有利于迎接销售竞争者的挑战。

缺点：

①销售人员从事所有的销售活动，技术上不够专业。

②不太适应种类较多、技术含量较高的产品。

2）职能结构型组织。职能结构型的销售组织就是按照不同职能组建的销售组织，如销售业务科、销售计划科、宣传推销科、售后服务、客户管理等。销售人员不可能擅长所有的销售活动，但有可能是某一类销售活动的专家，基于这种思路有些公司采用职能型组织模式，见图 14–2。

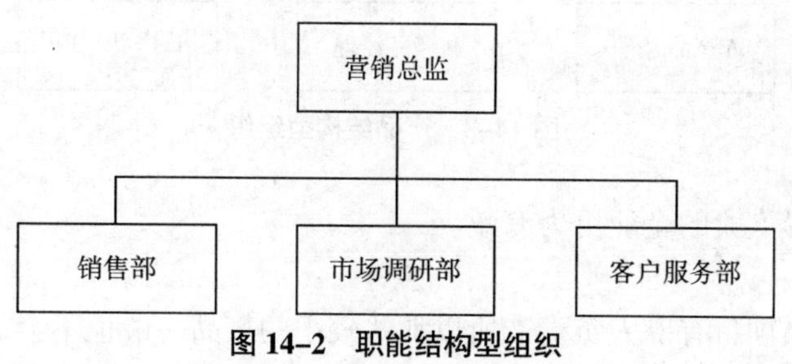

图 14–2　职能结构型组织

适用条件：

职能结构型组织的条件有以下五种：

①企业规模比较大，需要将销售所需的各种职能专门化并需要辅助经营者和管理者。

②销售分公司、经销处、办事处广泛分散在各地区，并且销售点较多。

③生产的商品品种繁多，需要突出个性、体现差别。

④销售人员的素质高，可以根据各种销售职能指示完成指标。

⑤根据各种销售职能所建立的推销制度已成为其他竞争公司的竞争焦点。

优点：

①销售职能可以得到较好地发挥。

②可进行专门而合理的销售活动。

③销售活动分工明确，有利于培养销售专家。

缺点：

①指示命令系统复杂，如果各职能间失调，就会发生混乱。

②责任划分难以明确和清晰。

③销售活动缺乏灵活性。

④运行效率相对较低。

3）产品结构型组织。所谓产品结构型的销售组织是指按照不同产品或不同的产品群组建的销售组织，比如 A 产品销售部、B 产品销售部、C 产品销售部，见图 14–3。

适用条件：

产品结构型组织的条件有以下四种：

①公司产品的种类之间性质明显不同，如钢材和水泥。

②各产品的销售方法和销售渠道不同，如原材料和机器装备的销售渠道和方法就不相同。

③各产品的推销技巧不同，或是必须具备特殊的推销主体条件（推销工程师）。

④产品打入市场较晚或是在市场的处境不佳。

产品结构型销售组织适用于拥有多种品牌或生产多种产品的企业，尤其是对于产品品种

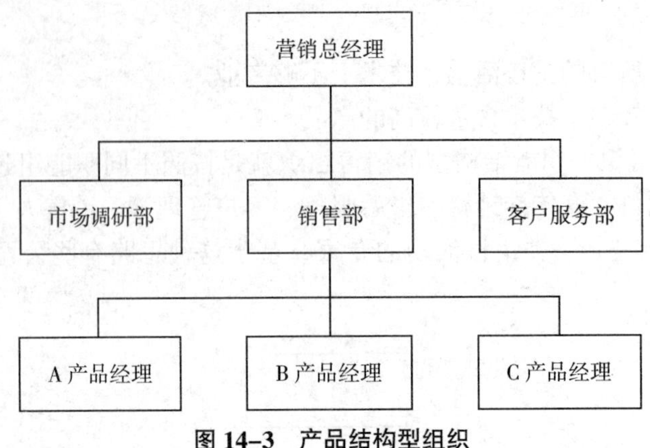

图 14-3　产品结构型组织

太多或产品品种差异太大的企业更为有效。

优点：

①由于各个产品项目有专人负责，所以那些较小的产品一般也不会被忽视。

②专人负责某项产品，所以可以使得该产品营销组合的各个要素更加协调。

③容易实现销售计划，便于进行着眼于追求利润的商品管理，而且还易于进行生产与销售之间的调整。

缺点：

①成本支出费用较高。

②产品经理对其他营销职能部门的依赖性较强。

③许多销售人员要应付同一位顾客，浪费人力，并且会使顾客感到麻烦。

④销售人员的视野会逐渐狭窄，他们在销售活动中会缺乏灵活应用的能力。

4）顾客结构型组织。顾客结构型的销售组织是根据不同顾客对象（根据客户、销售活动对象或途径）组建的销售组织。对不同的顾客销售相同的产品，但由于顾客的需求不同，销售人员所需要掌握的知识也不同，企业按顾客类型规划销售组织模式，便于销售人员集中精力服务各种类型的顾客，从而成为服务于某类顾客的专家，见图 14-4。

适用条件：

一般情况下，顾客结构型组织适用于以下三种情况：

①针对各销售活动的对象要求的销售技巧不同。

②产品与顾客的关联性强，或是在产品的处理和采用方面有较强的关联性，能够进行关联性销售。

③产品在市场上处于强有力的地位。

优点：

①更好地满足顾客需要，有利于改善交易关系。

②可以减少销售渠道的摩擦。

③易于展开信息活动，为新产品开发提供思路。

④易于加强销售的深度。

缺点：

①产品政策和市场政策由于受销售对象的牵制而缺乏连贯性。

②由于负责众多的产品，销售人员的负担加重。销售人员要熟悉所有产品，因而培训费用高。

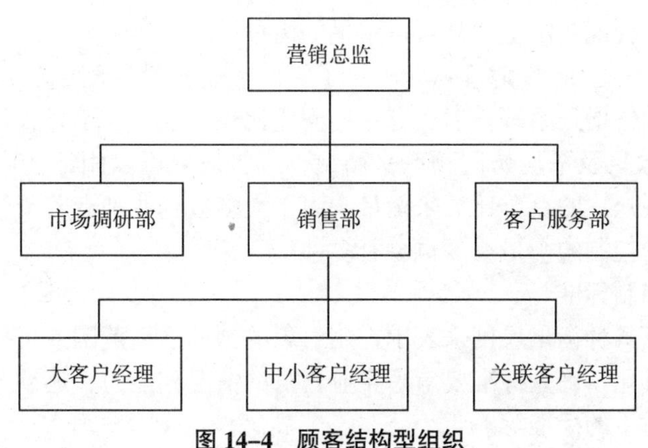

图 14–4　顾客结构型组织

③销售的宽度有所降低。

④销售区域重叠，造成工作重复，销售费用高。

在组建工业品销售组织时，还应该考虑影响销售组织设置的因素和建立销售组织的步骤等问题。

影响销售组织设置的因素主要有：

①产品特征。

②销售策略。

③销售区域。

④销售渠道。

⑤外部环境。

建立销售组织，大致有以下几个步骤：

①明确目标和职能（销售任务、市场开发、售后服务）。

②确定实现目标的工作内容。

③确定合适的人员（上岗）。

④制定协调与控制的管理制度和方法。

⑤不断改善销售部门的组织工作。

（3）工业品营销的控制。控制是管理的主要职能之一。如果将工业品营销管理看做计划、组织、实施、控制这样一个周而复始的过程，那么，控制既是前一次循环的结束，又是下一个循环的开始。可以说，控制是一个系统的过程，比较强调完整的程序和步骤；否则，难以获得预期的效果。

有效的工业品营销控制应该遵循以下步骤：

第一步，确定应对哪些活动进行控制。

固然，控制的内容多、范围广，可获得较多信息，但任何控制活动本身都会引起费用支出，因此，在确定控制内容、范围、额度时，管理者应当注意使控制成本小于控制内容所能带来的效益或可避免的损失。最常见的控制内容是销售收入、销售成本和销售利润，但对市场调查、推销人员工作、顾客服务、新产品开发、广告等营销活动，也应通过控制加以评价。

第二步，设置控制目标。

这是将控制与计划联结起来的主要环节。如果在计划中已经认真地设立了目标，那么，这里只要借用过来就可以了。

第三步，建立一套能测定工业品营销结果的衡量尺度。

在很多情况下，企业的营销目标就决定了它的控制衡量尺度，如目标销售收入、利润率、市场占有率、销售增长率等。但还有一些问题比较复杂，如销售人员的工作效率可用一年内新增加的客户数目及平均访问频率来衡量，广告效果可以用记住广告内容的读者（观众）占全部读者（观众）的百分比数来衡量。由于大多数企业都有若干管理目标，所以，在大多数情况下，营销控制的衡量尺度也会有多种。

第四步，确立控制标准。

控制标准是指以某种衡量尺度来表示控制对象的预期活动范围或可接受的活动范围，即对衡量尺度加以定量化。确立标准要考虑企业自身的情况和能力，还须考虑外部因素，如参考行业标准、竞争对手的标准等。

第五步，比较实绩与标准。

在将控制标准与实际执行结果进行比较时，需要决定比较的频率，即多长时间进行一次比较，这取决于控制对象是否经常变动。

如果比较的结果是实绩与控制标准一致，则控制过程到此结束；如果不一致，则需进行下一步骤。

第六步，分析偏差原因。

产生偏差可能有两种情况：一是实施过程中的问题，这种偏差比较容易分析；二是计划本身的问题，确认这种偏差比较困难。况且两种情况往往交织在一起，使分析偏差的工作成为控制过程中的一大难题。特别要避免因缺乏对背景情况的了解，或未加适当分析，而犯“把孩子连同洗澡水一起倒掉”的错误。如某部门的业绩不佳，可能只是因一种产品的亏损影响了整个部门的盈利水平；某推销人员完不成访问次数的标准，可能是由于在旅途中花费时间过多，需要改进访问路线，但也可能是由于定额过高，这时则应降低定额以保证每次访问的质量。

第七步，采取改进措施。

根据对偏差的分析情况，如果执行环节出现了偏差（这是通常的情况），积极组织和调配资源，加强对活动的指挥与协调。如果是计划本身或者标准出了问题（这是不常见的），那就直接调整计划和修改标准。

【知识链接】

工业产品的市场营销发展讨论

一、价格战的危害

1996 年 3 月，长虹彩电大幅度降价，最高降幅达到 18%。彩电同行纷纷跟进，爆发了彩电行业的价格战，并迅速蔓延到其他行业，像微波炉、VCD、汽车、羊绒制品、商场等。值得注意的是，历来采用高价切入中国市场的外商也开始降格以求，如 1997 年，POS商业销售系统、收款机 IBM“小银龙”、NCB 的 7445 等产品的价格大幅度降低；1996 年下半年，美国、加拿大、韩国新闻纸商低价向我国倾销新闻纸。围绕着价格战，有许多值得深入研究的问题。

2003 年左右，本土手机的价格战，使制造商可谓是春风得意，鼎盛时期曾占据国内市场 60%的份额，排名前五名中本土品牌就占了三个。然而高市场占有率并未能帮助他们建立长久的竞争优势，随着国际厂商的绝地反攻，本土制造商市场迅速下滑，到如今已丢失一半领地，目前只有可数的几家还能勉强维持盈利，而其中相当部分还是来自于海外市场。另外，关于如果不能尽快在市场上立足以后将永无翻身之机的论点也是站不住脚的。还是以手机为例，作为市场后入者三星、LG 最初的表现并不起眼，然而凭借持之以恒的投入和技术积累，这两家韩国制造商在短时间内迅速崛起，如今已将原来在前面跑的部分日本及欧美厂商远远甩在后面，现在甚至已开始和摩托罗拉、诺基亚等手机巨头平起平坐，分庭抗礼。

价格战是最低级的竞争。恶性的价格战不仅会损伤到企业甚至是整个行业的利益，同时对消费者来说也未必是好事。因为价格降了，企业的利润自然也就降了，于是只好在产品质量和服务上打主意，降低产品原有的质量标准和服务水平，以低劣商品和低下服务来充斥市场，以此来降低企业成本，获取短期利益。因此，国内企业急需树立正确的现代经营理念，在创造经济价值的同时更要创造行业价值和社会价值，以促进行业发展来达到企业发展，实现共赢，而不是大家争个你死我活、鱼死网破。

价格往往是最能挑动消费者神经的利器，特别是对于竞争已到白热化的市场，厂商利用降价以达到促进销量的目的更是屡试不爽的法宝。然而这种较量往往最终演变成厂商间的"贴身肉搏"，一味的降价带给消费者的往往是一时的利益，但损害的却是厂家长远的利益，毕竟厂家需要维持一个合理的价格来保证。因此，目前从价格竞争向服务价值解决方案转变刻不容缓。

目前，国内市场已基本由卖方市场转变化为买方市场。竞争性领域短缺经济已基本结束，一些行业出现了不同程度的生产力过剩。而居民消费结构"升级"又面临较大的实现障碍，为争得市场一席之地，各企业间的营销竞争愈演愈烈，市场竞争呈现出白热化状态。企业要在众多的市场竞争者中脱颖而出，赢得顾客的信任和喜爱，必须在市场上树立良好的形象，建立独特的产品和服务特色以及强有力和具有吸引力的销售策略，最根本的依然是如何满足顾客不断增长和变化的需要，而这一挑战我们在过去从来没有遇到过，这需要企业研究者用新的思路，大胆创建全新的企业市场模式。西方发达国家早在 20 世纪中叶就实现了从卖方市场到买方市场、从传统市场营销到现代市场营销的历史性转变。即从生产者为中心转变为以消费者为中心，从价格竞争转变为服务竞争、品牌竞争，从单纯追求企业利润转变为兼顾造福于环境。与此相适应，整体营销、服务营销、形象营销、绿色营销、网络营销等现代营销工作的整体性、系统性、创新性，营销与生产脱节和市场脱节，与企业形象脱节，与服务脱节，且手段单一，能动性差。对如何开发新产品，适应市场，开拓市场，进行营销组合，提高企业综合竞争能力研究重视不够，营销管理落后。主要体现在营销组织机构不健全，营销网络不完善，营销队伍素质不高，营销机制缺乏创新，营销手段不能适应市场需求变化和信息时代发展的要求，营销策划不科学，市场定位不准，营销运作进程中控制不严，经营风险大等方面。市场创新是企业赖以生存和发展的动力源泉，市场创新的成功与否关系到企业的生死存亡，企业要实现持续稳定的发展，抓好市场创新工作是关键，鉴于企业固有的弱点，在进行市场创新活动中，应扬长避短，制定自己独特的市场创新战略。

二、价格竞争不是最有效的市场竞争形式

现在有一种观点，认为价格竞争是最有效的市场竞争形式，甚至说成是百战不殆的商战利器，抱持这种观点是很危险的。适度的价格竞争是市场兴奋剂，而非理性的价格竞争乃至价格战则是抑制剂。目前一些行业的价格战正走火入魔，演变成一场无序混战。过低的价格不但企业不堪承受，消费者的长远利益也会受到损失，过低的利润也不利于行业技术进步和市场繁荣，以至于政府都开始干预，牵头搞什么"行业自律价"。

(1) 根据"大营销"的概念，企业应该做好 12 个 P 的营销组合：战术性 4P——产品、

价格、渠道、促销；战略性4P——探查（营销调研）、分割（市场细分）、优先（目标市场选择）、定位；营销技巧2P——权力或政治、公众舆论或公共关系；再加上人员、包装2P。显然，将营销重点过多地集中在价格上，可能会忽视其他更重要的层面。

（2）价格竞争可换来市场份额，但换不来品牌忠诚。“谁升起，谁就是太阳”这句话很有哲理。名牌应该有稳定的价格形象，过低的价格只会损害名牌的形象。从国外品牌进入中国市场的情况来看，它们基本上都是采用高价切入的，即使近年来一些品牌降价销售，也不至于像国内企业那样赔本赚吆喝，最多少一点暴利而已。单纯用价格战手段换来的市场份额就像是吸入了不含氧的空气一样于身体无补，同时，这种市场份额也是一种极不稳定的市场份额。

（3）今天的消费时代已进入个性化消费、服务消费、品牌偏好、感性消费时代，人们对价格的敏感性逐步减退，企业营销武器库中应更多地储备这方面的武器。像目前国人对家电产品的选择更多地集中在品牌、性能、质量、规格、款式和服务上而非价格上。有的行业价格竞争甚至是完全无效的。比如说传统的大型百货商场，实行再低的公开毛利率销售也在价格上竞争不过批发市场和仓储式商店、会员商店等新的商业业态。这里的问题不在于价格而在于业态的调整。

（4）创新，也只有创新，才是竞争取胜的关键。美国人是以创新取胜的，如果他还是在家电、汽车、电子产品上与日本展开价格战，我想是很难打破“日本第一”神话的，好在他选择创新，在信息高速公路这个无竞争领域发展，因而将其他国家远远地抛在了后边。日本人则是模仿加小创新，短期抄捷径颇有所得，但缺乏后劲。中国企业则善于模仿、跟风。正像有人说的是采用“流行性经营”。这种流行性经营最容易形成“双输”竞局。我国企业创新能力不足，这是一大通病。即使一些优秀企业也缺乏持续创新的能力。目前在技术创新、产品创新、服务创新、营销网络创新、经营观念创新、组织创新等方面可做的事情很多。像彩电行业越来越多的生产者和经营者已经开始认识到技术发展和技术创新是企业争夺明日饭碗的前提。根据迈克尔·波特的观点，企业只有两大持久优势，一是低成本，二是差异化。差异化来自于创新，也是较低成本更有竞争力的优势。日本的崛起是靠低成本与欧美竞争，虽然短期内获得成功，但东南亚“四小龙”、“四小虎”比日本企业成本更低，日本获得的优势开始转移到东南亚。中国较之东南亚更容易获得成本优势，东南亚低成本优势开始转向中国，而美国虽然没有低成本优势，但保持了强盛的创新能力，在差异化上形成了无与伦比的优势。以上链条关系值得我国企业界警觉。

三、发现新价值是探索的必然之路

营销并不是以精明的方式兜售自己的产品或服务，而是一门创造真正客户价值的艺术。

——**菲利普·科特勒**

在顾客价值链全过程的市场竞争中赢得主动权，其增值服务是核心竞争力之一。核心和前提：营销观念创新。需要从满足顾客需求的传统营销观念转变为不仅满足顾客需求，还要创造顾客价值需求的新营销理念。

工业品市场差异化营销策略创新应用是以增值服务为导向，在实践中探讨研究，对市场营销学理论发展的拓展，是知识经济时代经济发展的需要。

以工业品市场顾客需求分析：顾客购买产品的价值取向。不仅是产品自身价值，更重要是使用价值，确保顾客设备资产运行正常。降低设备资产运营综合成本。提高生产运营效率。这正是许多竞争对手没有意识到工业产品市场的卖点，与竞争者差异点在何处？传统销售服务模式是滞待的售后服务，有问题再进行服务，产品质量问题在保修期间，包修、包换、包退。即所谓工业品市场产品最高星级的“三包服务”。但此售后服务往往顾客看不到服务价值所在，因此不能完全理解目标顾客购买意愿。造成当今工业产品市场常出现以价格竞争倾销的局面。

不以价格竞争而以增值服务赢得市场的差异化创新策略主要有以下三个方面：以技术服务为先导策略，以优化资产管理增值服务策略，以顾客实况解决方案服务策略，从而促进价格到价值的转型。

资料来源：中国工业信息网站，http：//www. china-imsc. com/zcb/zckh. asp。

【同步练习】

一、单项选择题（在下列每小题中，选择一个最适合的答案）

1. 市场营销学意义下的工业品是指（　　）。
A. 手工业品
B. 为了生活而购买的各种产品和服务
C. 以生产为目的而购买的各种产品和服务
D. 工业化批量生产的产品

2. 在市场营销学的意义下，可以把（　　）称为工业品市场。
A. 工业品的所有购买者　　B. 工业品的买卖双方
C. 工业品的所有卖方　　D. 工业品的批发商

3. 消费品是（　　）。
A. 最终产品　　B. 派生产品　　C. 中间产品　　D. 衍生产品

4. 下面不是工业品购买的特征的是（　　）。
A. 集体决策　　B. 直接购买　　C. 互惠购买　　D. 感性购买

5.（　　）是消费品市场常用的促销手段。
A. 建立一支高素质的专业化销售队伍
B. 在大众媒体做广告
C. 举办行业的专题研讨会等活动
D. 在专业性强的杂志刊物上刊登适量广告

6.（　　）是工业品市场常用的营销策略。
A. 直销　　B. 广告　　C. 建立分销渠道体系　　D. 创建品牌

7.（　　）是消费品市场的特征。
A. 单次购买量大　　B. 直接购买　　C. 单次购买量小　　D. 理性购买

8. 工业品市场的需求主体是（　　）。
A. 政府　　B. 消费者　　C. 非营利性组织　　D. 工业企业

9.（　　）不是工业品营销管理的范畴。
A. 对工业品营销活动的计划　　B. 实施工业品营销计划
C. 对工业品营销活动的组织　　D. 对工业品营销活动的控制

10. 在SWOT分析法中，下面不正确的说法是（　　）。
A. S是指企业相对竞争对手的优势资源和实力
B. W是指企业的薄弱环节

C. O 是指营销环境中对企业不利的因素
D. T 是指营销环境中对企业不利的因素
11. 下面指标中，不是市场营销目标的是（　　）。
A. 长期投资收益率　　B. 市场占有率　　C. 销售额　　D. 价格水平
12. 下面（　　）情形符合产品结构型组织适用条件。
A. 销售分公司、经销处、办事处广泛分散在各地区
B. 销售人员的素质高，可以根据各种销售职能指示完成指标
C. 各产品的销售方法和销售渠道不同
D. 根据各种销售职能所建立的推销制度已成为其他竞争公司的竞争焦点
13. 区域结构型组织的优点是（　　）。
A. 地区经理权力相对集中，决策速度快
B. 销售职能可以得到较好地发挥
C. 销售活动分工明确，有利于培养销售专家
D. 由于各个产品项目有专人负责，所以那些较小的产品一般也不会被忽视
14. 产品结构型组织的缺点是（　　）。
A. 由于负责多种产品，销售人员的负担加重市场渗透
B. 成本支出费用较高
C. 运行效率相对较低
D. 责任划分难以明确和清晰
15. 顾客结构型组织的适用条件是（　　）。
A. 针对各销售活动对象要求的销售技巧不同
B. 各产品的销售方法和销售渠道不同
C. 各产品的推销技巧不同
D. 公司产品的种类之间性质明显不同

二、多项选择题（在下列每小题中，选择多个最适合的答案）

1. 销售人员的心理素质包括（　　）。
A. 豁达大度　　B. 自尊心　　C. 坚韧顽强　　D. 自信
2. 销售人员的业务素质包括（　　）。
A. 销售理论知识　　B. 销售环境知识　　C. 文化知识　　D. 销售实务知识
3. 工业品的渠道策略包括（　　）几种模式。
A. 厂内直销　　B. 传销　　C. 厂外直销　　D. 建立销售渠道
4. SWOT 分析方法是关于企业（　　）的分析工具。
A. 机会　　B. 威胁　　C. 技术　　D. 优势
E. 劣势
5. 财务目标主要由（　　）指标组成。
A. 即期利润　　B. 市场占有率　　C. 长期投资收益率　　D. 分销网覆盖面
6. 销售人员的工作具有（　　）特点。
A. 经济性（与钱打交道）　　B. 独立性（经常是单独行动）
C. 代表性（经常以企业的名义从事活动）　　D. 个人利益的诱惑性

三、填空题（在下列每小题中，填上适当的内容）

1. 一般情况下，消费品市场的需求主体是________和________，与消费品市场相反，工

业品市场的需求主体是________。

2. 消费品市场的主要营销策略，走的是________路线。其营销精英的具体体现是________。

3. 工业品市场的主要营销策略，走的是________路线。其营销精英的具体体现是________。

4. 总体来看，相对消费品来说，工业品具有________性强、________含量高、________量大等特点。

5. 建设一支专业化的________，是实现工业品营销策略的核心工作，也是本章的重点内容。

6.________就是按照不同职能组建的销售组织。

7. 控制是管理的主要职能之一。如果将工业品营销管理看作是________、________、实施、________这样一个周而复始的过程，那么，控制既是前一次循环的________，又是下一个循环的________。

8. 我们可以将生产厂家以________为目的，而购买的各种产品和服务称之为________。

9. 在市场营销学的意义下，可以把工业品的所有购买者称之为________。

10. 工业品购买行为最显著的特征是________，具体表现在由受过专门训练的________购买；________；________；________；________等，且________一般较低。

四、判断题（判断下列各题是否正确，正确的在题后的括号内打"√"，错误的打"×"）

1. 对于工业品来说，工业品一般是中间产品，其顾客就是在产业链上的另一家生产厂家。(　　)

2. 工业品购买行为最显著的特征是感性购买。(　　)

3. 工业品市场的价格需求弹性一般较高。(　　)

4. 对于工业品市场来说，竞标定价是指工业品客户通过公开或定向发出采购标书，引入竞争机制来定价。(　　)

5. 工业品市场的主要营销策略，走的是 Marketing（市场）路线。其营销精英的具体体现是：策划大师。(　　)

6. 消费品市场的主要营销策略，走的是 Selling（销售）路线。其营销精英的具体体现是：销售能手。(　　)

7. 建设一支专业化的销售队伍，是实现工业品营销策略的核心工作。(　　)

8. 由于工业品市场上的购买批量大、购买者数量相对较少、用户的规模和集中程度差异很大等因素，工业品营销的渠道策略一般采用短渠道建设，特别是那些通用性不高、专用性强的产品，多数都是采用直销的方式。(　　)

9. 工业品营销计划要靠相应的组织去实施，没有一个有效且符合市场导向观念要求的组织，再好的计划也只能是纸上谈兵。(　　)

10. 对于消费品来说，消费品是最终产品，消费者就是最终顾客，其需求具有很大程度上的原发性和可诱导性，生产厂家在产品策略上具有较大的自由空间。(　　)

五、简答题

1. 简述工业品营销管理。

2. 简述合格销售人员的条件。

3. 简述工业品的产品策略。

4. 简述工业品的渠道策略。

六、论述题

试述工业品营销策略。

七、案例分析题

案例分析

工业品销售过程的四大困惑

目前，工业品销售过程中，因为项目周期长，关系营销比较明显，基层销售人员掌握大量的客户信息，导致销售过程相对不透明，所以，相对销售过程比较粗放，在实际销售过程就不容易把握销售过程。因此，产生了四大困惑。

困惑之一：20%销售精英带走大客户，怎么办?

不少企业在销售过程中都曾经遇到过这样的困惑：一个非常重要的营销人员尤其是营销骨干离开公司，跳槽把他所接触的客户和营销网络全部带走。它给企业带来的巨大“阵痛”和“虚空”，让很多企业从此一蹶不振，这种“切肤之痛”，甚至使有些企业从此走上了衰亡的不归路。

几个月前，我遇到一位民营企业家张总。从 2002 年开始，经过四年把销售额从 200 万元发展到 2500 万元，但是老板张总向我透露了他所遇到的一件非常烦心的事：属下一位颇有开拓及沟通能力的销售功臣李华突然离职投奔了另一家竞争对手公司，不但让销售工作大受影响，而且还使以前的客户纷纷“倒戈”，不再购买他的产品，为这件事情，张总大伤脑筋。

在实际的市场操作中，类似张总这样的困惑，即营销人员离职带走客户的现象，可以说是比比皆是，屡见不鲜，一个人的出走对一个企业的打击不会太大，但一个团队的出走就会沉重打击企业的经营和商誉。

困惑之二：销售靠艺术还是科学?

目前，许多营销精英都认为销售是一门艺术，特别是在工业品营销中，很多人都认为，销售成功归结吃喝营销，就是关系营销，就是拉拢与腐蚀客户的“采购人员”，进行灰色交易，满足他们的吃、拿、卡、要，甚至销售人员应该主动挖掘，进行投怀送抱，产品技术与品牌不是最重要，最关键就是搞定关键人，建立良好的客户关系才是最关键的，这已经成为工业品企业营销过程中的“潜规则”。所以，怎样送、怎样建立关系关键就靠自己的悟性了，悟性好，就有发展，能搞定项目。

所以，长期以来，我们更多地把营销当做一种艺术，经验、悟性、灵感和个人的随机应变占有更重要的地位，甚至有些精英人才不无自豪地说：“营销的奥秘是无法培训传授的。”一些企业也期望靠这些优秀的精英人才打出一片天下。所以项目营销部经理们总是千方百计从各种渠道挖掘精英人才。遗憾的是，“营销精英”们的跳槽频率极高(他们总是竞争对手挖墙脚的对象)，管理起来难度也最大。他们既能为企业开发市场，又最容易毁掉企业的市场，甚至将客户带往竞争对手处。

5 年前，我在一家大型工业机械企业做培训时，老总自豪地向我推荐 2 名“销售状元”：他们年销售额分别是 0. 4 亿元、0. 2 亿元，公司 73%的销售额都是他们创造出来的。

我马上问了两句话：“公司业务近 75%掌握在 2 个销售精英手中，你没有感觉有风险吗?”“34 个销售人员创造的业绩不好，你该怎么办呢?”那个老总，顿时无语。

在营销工作中，销售人员非常需要艺术性的灵感和创意，同时，营销更需要科学，艺术的灵感加上科学的分析和决策这双翅膀，才能飞得高远。所以，著名营销专家凯文·克兰斯说：“营销越来越多地成为一门科学而不是艺术。它不再是依靠直觉、预感、激情和经验，分析技术在提高营销活动的绩效中所起的作用中已经越来越显著”。

困惑之三：销售团队该如何有效分工合作呢?

我曾经在一家管理软件企业咨询时，也遇到这样的问题。我问：“在座的销售团队成员都有 2~5 年的软件销售经验，且做过软件销售培训，请问贵公司的销售流程是什么?”对于“销售流程”，竟然没有任何一位员工，上至分公司总经理、销售总监，下至售前顾问、业务员、电话销售员，没有人清楚地说明软件企业的销售流程。听到的回答大多是：“寻找客户、确认商机、接触客户、产品演示、讲解与示范、提供方案、排除异议、达成协议等流程”，部分人将参观案例、提供演示版、试用，与请客吃饭或办展会也列为销售流程的一部分。

有销售人员反问：“所有这些流程，我们都知道，且天天都在做，只是无法表述出来。”

我的回答是：“如果您不晓得软件销售流程，那么相信您也无法引导潜在客户，进行正确的软件选型，从正式立项、需求确认开始，到开始实施、正式上线的流程!”

在工业品体系中，软件行业的销售模式，就是围绕销售流程，制定行动计划，从取得潜在客户名单，初访，推进交流（与项目小组交流，并确认需求），再进行有针对性的系统演示后，提供方案，促进正式书面报价，以及商务谈判，实现“签约”销售目的。此销售流程并不是一成不变的，不同的客户可能有不同的情况，会从不同的阶段开始，但这个流程是普遍适用的流程，基本反映了软件销售时的客观规律。如果这个行业不能按照销售流程来建立体系，那么给行业内的用户又该如何提供明确的、标准化的流程与工具呢?

困惑之四：销售管理与预测是最难的吗?

我们将通过下面的情境假设来了解一下销售经理所面临的管理状况。清早，某公司销售人员大李兴冲冲地跨入办公室，心里正打算着在晨会时间向销售经理汇报与某客户销售项目的飞跃性进展，却猛然发现静悄悄躺在自己办公桌上的辞退通知。大李浑身冰凉。要知道，为了拿下这张订单，大李花费了多少的时间和精力啊。大李想找经理问个明白，却遭到经理“毫无进展”、“不敬业”、“吃干饭”等数落。大李遭到经理的无端谴责，一气之下，不加辩解便离开公司。后来，大李非常成功地应聘成为同行业中另一家公司的销售人员，便将这一张争取了好久的销售订单带给了新东家。

资料来源：根据百度文库资料改编。

讨论分析题：

请为上述四大困惑的排忧解难提出良策。

【参考答案】

一、单项选择题

1. C　2. A　3. A　4. D　5. B　6. A　7. C　8. D　9. B
10. C　11. A　12. C　13. A　14. B　15. A

二、多项选择题

1. ABD　2. ABD　3. ACD　4. ABDE　5. AC　6. ABCD

三、填空题

1. 个人　家庭　企业　2. Marketing（市场）　策划大师　3. Selling 销售　销售能手　4. 专业　技术　一次购买批　5. 销售队伍　6. 职能结构型销售组织　7. 计划　组织　控制　结束　开始　8. 生产　工业品　9. 工业品市场　10. 理性购买　专业人员　集体决策　直接购买　互惠购买　多头购买　价格需求弹性

四、判断题

1. √　2. ×　3. ×　4. √　5. ×　6. ×　7. √　8. √　9. √　10. √

五、简答题

1. 简述工业品营销管理。

答：要顺利地实现工业品生产厂家的营销目标，完美地完成销售任务，必须对其营销活动进行系统的有效管理，即对工业品营销活动的计划，对工业品营销活动的组织，对工业品营销活动的控制。

2. 简述合格销售人员的条件。

答：联系我国的实际情况，我们认为，作为一名合格的销售人员，应具备思想品德、心理素业务素质、能力素质等几个方面的基本素质。

思想品德实质上就是指一个人的人品。不同的职业对从事该职业的专业人员有着不同的行为准则和道德规范；心理障碍往往是直接影响销售人员能否完成任务的重要因素，提高心理素质，克服心理障碍尤为重要；销售人员要把多种专业知识内化为自己头脑中的知识体系或知识结构；销售人员仅仅掌握知识是不够的，还必须学会运用知识。它是一个人取得成就的基础；销售人员的仪表和礼节，既是内在素质的外在表现，又是自己日常修养与训练的结果，是文明风范的体现，同时也体现了对客户的尊重。

3. 简述工业品的产品策略。

答：所谓产品策略，就是生产厂家在向顾客提供什么样的产品方面，做出明确的决策。对于消费品来说，消费品是最终产品，消费者就是最终顾客，其需求具有很大程度上的原发性和可诱导性，生产厂家在产品策略上具有较大的自由空间，可以根据消费者的原发需求及被诱导需求来自主开发新产品和改进老产品。对于工业品来说，工业品一般是中间产品，其顾客就是在产业链上的另一家生产厂家，顾客的需求不是原发的，往往受到顾客的生产技术条件等因素的制约。

4. 简述工业品的渠道策略。

答：由于工业品市场上的购买批量大、购买者数量相对较少、用户的规模和集中程度差异很大等因素，工业品营销的渠道策略一般采用短渠道建设，特别是那些通用性不高，专用性强的产品，多数都是采用直销的方式，或者是自建渠道，没有经销商。根据不同的具体情况，工业品的渠道策略可以有以下几种模式。

（1）厂内直销。当工业品市场处于卖方市场格局时，买方会直接到工业品的卖方（工业品生产厂家）求购，其买卖交易行为是在工业品生产厂家厂内完成的，这就是所谓的厂内直销。

（2）厂外直销。当工业品市场格局发生变化，出现供求平衡或买方市场情形时，工业品生产厂家就会走出去，通过组建销售队伍或直属销售机构或者设立销售公司（独资子公司）等方式实现厂外直销。这是工业品生产厂家最为普遍的渠道策略选择。

（3）建立销售渠道。对于一些标准化程度较高、通用性较强的大宗物资工业品，工业品生产厂家可以采用建立销售渠道的方式，通过经销商批量出售产品，通常情况，这种渠道不会很长。

六、论述题

试述工业品营销策略。

答：一般情况下，消费品市场的需求主体是个人和家庭。其市场及购买行为具有多样性，购买一般是少量多次购买，购买行为具有较大程度的可诱导性。因此，消费品市场的主要营销策略，一是积极引导和刺激消费者的购买欲望（广告、促销等各种策略）；二是建立完善的由经销商、零售商构成的渠道系统，使产品通过这个渠道系统，最终到达消费者手中。也就是说，消费品市场的主要营销策略，走的是Marketing（市场）路线。其营销精英的具体体现是：策划大师。

与消费品市场相反，工业品市场的需求主体是企业。其购买者数量相对较少，购买量大（特别是单次购买量大），直接购买，理性购买，集体决策，购买行为的可诱导性极低。因此，工业品市场的主要营销策略，是建设一支专业化的销售队伍，向客户提供产品性能规格介绍、包装承运、安装调试、操作培训甚至维修等技术方面的服务，实现直销。换句话说，工业品市场的主要营销策略，走的是Selling（销售）路线。其营销精英的具体体现是：销售能手。

建设一支专业化的销售队伍，是实现工业品营销策略的核心工作。

七、案例分析题

略

第十五章　消费品市场营销

消费品市场营销像一场无止境的战争，胜利源于不断战胜挑战。

——本书作者

本章重点：理解广告促销在快速消费品中的重要地位；掌握几种常见的快速消费品渠道形式；了解消费品市场概念、类型，特征以及不同类型。

本章难点：不同形态消费品生命周期特点；消费品市场营销渠道特点与应用。

本章新知识点：UPS 理论，品牌形象理论，定位理论，整合营销传播理论。

【学习目标】

通过本章的学习，区分开耐用消费品和快速消费品以及它们之间不同生命周期的特点。理解快速消费品营销管理中的广告促销和渠道管理。

【核心概念】

消费品市场；组织市场；差异消费；理性消费；感性消费；快速消费品；消费者促销。

1. 消费品市场

消费品市场（Consumer Markets）又称最终消费者市场、消费者市场或生活资料市场，是指为满足生活消费需要而购买货物和劳务的所有个人和家庭。

2. 组织市场

组织市场是指一切为了自身生产、转售或转租或者用于组织消费而采购的一切组织构成的市场。主要包括生产者市场、中间商市场和政府市场。

3. 差异消费

当今消费文化的主旋律。买方市场的形成，标志着大的无差别的消费时代已彻底结束，新的细分变数（如生活方式、追求的利益、职业、气质、阶层、品牌、忠诚度等）的出现，已使大的消费者群分化成各具特色的“消费一族”，市场细分已向纵深发展，以体现差异为主的消费文化已初步形成。消费已成为消费者展示自我、体现个性差异的大众媒体。

4. 理性消费

通过“顾客价值”的比较，寻求自身利益的最大化。买方市场条件下，消费者的消费行为趋于复杂化和理性化。一方面，由于商品供应充裕，客观上要求消费者在购物时对不同厂家、不同品牌，不同价格的商品进行选择；另一方面，由于消费者的消费心理已基本成熟，且已具备了良好的文化素质，消费者有能力在购物时做出理智的分析和选择。一般而言，在买方市场条件下，消费者是根据其所获价值——顾客价值的大小做出理智选择的。需要指出的是，这里所说的价值既不是指政治经济学中的价值，也不是指价格，它是指所获得的利益与所支付的成本之间的差额或比率。根据菲利普·科特勒的观点，顾客价值是指整体顾客利益与整体顾客成本之间的差额部分。整体顾客利益包括产品利益、服务利益、人员利益和形象利益；整体顾客成本包括货币价格、时间成本、体力成本和精神成本。科特勒的观点虽然过于理性，但他是以说明在买方市场条件下，消费者是根据自身的投入与产出、成本与绩效的比较来进行理性消费的。

5. 感性消费

理性消费的延伸和矫正。在买方市场条件下，消费者的消费行为带有很强的感性色彩。这种感性消费既有别于理性消费，但也绝非非理性消费，它主要取决于消费者的用后感受和亲友的经验介绍，是理性消费的延伸、验证和矫正的过程。因此，用后满意水平的高低将直接影响消费者的感性消费，而满意水平的高低主要取决于绩效与期望的差异，差异越小，满意水平越高。一项研究表明，75%的丰田产品购买者表示十分满意，而且这75%的顾客声称他们愿意再次购买丰田公司的产品。这一事实说明，高度的满意和喜悦能培养一种对品牌的情感上的吸引力，是消费者产生重复购买、形成消费偏好的主要动机。

6. 快速消费品

快速消费品，首先是日常用品，它们依靠消费者高频次和重复的使用与消耗通过规模的市场量来获得利润和价值的实现。

7. 消费者促销

消费者促销（Consumer Promotions）包括从样品、折扣券、现金返还、实物奖品和销售点陈列到竞赛、抽奖和事件赞助等各种工具。

【新知识点】

USP 理论；品牌形象理论；定位理论；整合营销传播理论。

1. USP 理论

20 世纪 50 年代，广告大师罗瑟·瑞夫斯（Rosser Reeves）在继承了科学的广告理论的基础上，结合达彼思公司多年的广告实践，于 1961 年在《实效的广告——达彼思广告公司经营哲学：USP》一书中系统地提出了 USP 理论，即 Unique Selling Proposition——独特销售主张。USP 理论风行营销界，强调品牌传播要做到“独一无二”，与众不同。该理论的核心是，每一种产品都应该发展一个自己独特的销售主张或主题，并通过足量的重复传递给受众。罗瑟·瑞夫斯认为，在发展和运用 USP 理论的过程中需要遵循以下三个原则：①每则广告必须向消费者陈述一个主张，它不是一些文字，也不是针对商品的夸大广告，还不是一般展示橱窗式的广告，而是每一则广告都必须对受众说明：“买这样的商品，你将得到特殊的利益。”②这一项主张必须是竞争对手无法提出的，它必须具有独特性。③这一主张必须是强有力的，足以影响成千上万的社会大众，也就是能够吸引新的顾客来买你的商品。

2. 品牌形象理论

20 世纪 60 年代，伴随着产品时代的终结，独特销售主张开始变得越来越困难，广告大师大卫·奥格威（David Ogilvy）提出了著名的品牌形象论（Brand Image），强调品牌传播要塑造品牌形象，要进行长远投资。品牌形象论的基本观点是：

（1）塑造品牌是广告最主要的目标，广告就是要力图使品牌具有并且维持一个高知名度的品牌形象。

（2）任何一个广告都是对品牌形象的长期投资。广告应该尽力去维护一个长远的品牌形象，必要时还要不惜牺牲短期效益。

(3) 随着同类产品的差异性减小，同质性增大，决定竞争胜负的关键集中在消费者对于商标乃至企业本身特殊性质的印象之上，因此描绘品牌的形象要比强调产品的具体功能特性更为重要。

(4) 消费者购买行为追求的是“实质利益 + 精神和心理利益”，人们不仅注重产品给消费者带来的具体效用，更注重产品后面的企业形象和产品声誉。因此，广告应重视运用形象来满足消费者的心理需求。

3. 定位理论

20 世纪 70 年代，定位的时代来临。1972 年，美国营销专家艾·里斯与杰克·特劳特在美国《广告时代》中发表了《定位时代》系列文章，首先提出定位的观点。他们宣称“定位是一种观念，它改变了广告的性质”。1981 年，他们在定位论的奠基作《定位》(POSITIONING：The Battle for Your Mind) 中指出：“定位要从一个产品开始。那产品可能是一种商品、一项服务、一个机构甚至是一个人，也许就是你自己。但是，定位不是你对产品要做的事。定位是你对预期客户要做的事。换句话说，你要在预期客户的头脑里给产品定位。”1996 年，特劳特与瑞维金在“定位”理论的刷新制作《新定位》(New Positioning) 中，提出并强调“消费者请注意”的视角，深入挖掘了站在消费者角度的定位，并建构了基于环境应变的重新定位理论。菲利普·科特勒认为：“定位，是指公司设计出自己的产品和形象，从而在目标顾客心中确定与众不同的有价值的地位，定位要求公司能确定向目标顾客推销的差别数目及具体差别。”定位理论的提出，将品牌传播理论带入了一个新的阶段。定位理论与 USP 理论一脉相承，并吸收了大量品牌形象理论的观点，是继 20 世纪 50 年代强调产品具体的功能利益的 USP 理论，以及 60 年代，大卫·奥格威提出的品牌形象论之后，20 世纪最为重要的品牌传播理论之一。

4. 整合营销传播理论

1993 年，美国西北大学唐·E.舒尔茨教授于《整合营销传播》一书中首次提出整合营销传播 (Integrated Marketing Communications，IMC) 的概念。唐·E. 舒尔茨对整合营销传播的定义是“整合营销传播是一个业务战略过程，它是制定、优化、执行并评价协调的、可测度的、有说服力的品牌传播计划，这些活动的受众包括消费者、顾客、潜在顾客、内部和外部受众及其他目标”。整合营销传播，是企业在经营过程中，以由外而内的战略观点为基础，为了与利害关系进行有效的沟通，而以营销传播管理者为主体所展开的传播活动。营销传播管理者应该了解利害关系者的需求，通过计划、调整、控制等管理手段，有效地、阶段性地展开的企业传播活动。同时，整合营销传播强调“一个声音”，让受众从不同的信息渠道获得品牌的一致信息，以增强品牌信息的一致性和完整性。通过对信息资源实行统一配置、统一使用，使传播活动有了更加广阔的空间，传播手段也更为丰富。

【学习重点】

组织市场与消费品市场的区别；品牌的构建对消费品市场的影响；不同消费形态的消费品在不同生命周期的表现区别；几种常见的消费品促销手段；几种常见的快速消费品市场的渠道类型；消费通道构建与消费品市场营销的联系。

1. 组织市场与消费品市场的区别

(1) 消费者市场是指为满足自身需要而购买的一切个人和家庭构成的市场。

（2）组织市场是指一切为了自身生产、转售或转租或者用于组织消费而采购的一切组织构成的市场。主要包括生产者市场、中间商市场和政府市场。

（3）消费品市场特点。

1）分散性。全社会的每一个人，无论是否直接从事购买，一定都是生活资料的消费者，因为每个人都需要各种各样的消费品。我国人口众多，地域辽阔，因此，消费品市场也非常广阔，具有分散性的特点。

2）差异性。人类的需求涉及衣、食、住、行等方面，而这些消费需求又是受一定客观条件影响和制约的，如年龄、性别、民族、文化程度、经济收入等，所以说，人们的消费需求是各不相同的，因此也决定了消费品市场具有差异性的特点。

3）伸缩性。消费者购买商品，在数量、品种、等级等方面往往会随购买力的变化和商品价格的高低而转移，一般在收入增加、购买力提高时，或在商品价格降低时，人们对消费品特别是需求弹性大的消费品的需求就会明显增加，相反，在收入减少或产品价格提高时，对需求弹性大的商品的购买会大大减少，这种需求的伸缩性决定了消费品市场的伸缩性。

4）层次性。人们的需求是有层次的。根据马斯洛的"人类需求层次论"，人们的需求可以依次分为：生存的需要、安全的需要、感情和归属的需要、地位和受人尊敬的需要、自我实现的需要。由于生产力的发展水平不同，或由于消费水平以及其他原因的不同，人们的消费需求分别处于不同的层次，由此便决定了消费品市场的层次性。

5）发展性。随着社会生产力的提高和人们生活水平的提高，人们的消费一般是由基层到高层、由低级到高级、由物质到精神、由简单到复杂、从数量上的满足向质量上的追求不断发展。消费需求的这种发展性决定了消费品市场的发展性。

6）可诱导性。从购买行为上看，消费品市场的购买者大多属于非专业购买，缺乏专门的商品知识和市场知识，对商品的性能及使用、维修、保管的方法不够了解，购买行为和决策容易受各种外界因素和广告宣传的影响，容易引起冲动性或感情性购买。所以，消费品市场具有可诱导性。

7）频繁性。一般说来，消费者市场的需求多是为了满足个人和家庭的生活需要，而这种需要在每个特定时期内是有一定限度的，而且，许多消费品的储存时间不宜过长，还有的消费品有效使用时间短暂，所以，从交易的规模与方式来看，在消费品市场上交易次数极为频繁，但每次交易的数量零星。这就是消费品市场的频繁性。

8）替代性。因为消费品市场中交易的商品属于社会的最终产品，其花色、品种、规格极其复杂多变。有许多消费品的生命周期较短，商品的专用性不强，可以相互替代。所以说，消费品市场具有替代性的特点。

（4）与生产者市场相比，消费者市场具有以下特征：

从交易的商品看，由于它是供人们最终消费的产品，而购买者是个人或家庭，因而它更多地受到消费者个人人为因素诸如文化修养、欣赏习惯、收入水平等方面的影响；产品的花色多样、品种复杂，产品的生命周期短；商品的专业技术性不强，替代品较多，因而商品的价格需求弹性较大，即价格变动对需求量的影响较大。

从交易的规模和方式看，消费品市场购买者众多，市场分散，成交次数频繁，但交易数量零星。因此绝大部分商品都是通过中间商销售产品，以方便消费者购买。

从购买行为看，消费者的购买行为具有很大程度的可诱导性。一是因为消费者在决定采取购买行为时，不像生产者市场的购买决策那样，常常受到生产特征的限制及国家政策和计划的影响，而是具有自发性、感情冲动性；二是消费品市场的购买者大多缺乏相应的商品知识和市场知识，其购买行为属非专业性购买，他们对产品的选择受广告、宣传的影响较大。由于消费者购买行为的可诱导性，生产和经营部门应注意做好商品的宣传广告，指导消费，一方面当好消费者的参谋，另一方面也能有效地引导消费者的购买行为。

掌握不同生命周期阶段耐用消费品与快速消费品的消费形态。

2. 品牌的构建对消费品市场的影响

（1）品牌个性的含义。品牌（Brand）一词来源于古挪威语（Brandr），意思是"打上烙印"。通俗的理解：品：商品；牌：牌子，组合起来就是商品的牌子。还有就是品：品质、品位；牌：牌子、信誉、形象、标志，结合起来就是有品质、有个性的显著性标志。

（2）品牌个性对消费者购买决策的影响。

1）品牌个性对消费者购买偏好的影响。自我概念和品牌个性（品牌形象）一致性理论认为，消费者趋向于购买品牌个性与其自我概念具有一致性的产品。以轿车市场为例，有关研究表明，汽车的品牌个性与消费者的真实自我概念，其一致性越高时，消费者的购买意愿也越高。此外，若是汽车的品牌个性与消费者的理想自我概念一致性越高，消费者的购买意愿也会越高。但若将品牌个性与消费者真实自我概念的一致性程度与品牌个性与消费者理想自我概念的一致性程度相比，当品牌个性与消费者的真实自我概念一致时，受测者的购买意愿程度高于品牌个性与消费者的理想自我概念一致时的程度。

香烟在中国属于社交型产品，具有强大的象征功能。香烟品牌的实证研究同样支持我国消费者自我概念与品牌个性的一致性程度对消费者的品牌偏好具有积极影响的观点。也就是说，如果一个香烟品牌所具有的个性与消费者真实自我概念或者社会自我概念相似或者相近时，那么消费者更喜欢或者更趋向于购买该品牌；反之，如果一个香烟品牌所具有的个性与消费者真实自我概念或者社会自我概念相差较大的话，则消费者就可能不喜欢该品牌，也就不可能激发消费者的购买意愿。

汽车和香烟品牌个性对消费者购买偏好的影响同样适用于其他产品，如手机、运动鞋、衣服、相机、饮料等。所以日后各企业在拟定品牌相关战略时，除了要知道该品牌的目标对象是谁外，更需要了解该目标对象的自我概念类型，以便能针对这些目标对象的自我概念，塑造出符合他们自我概念的品牌个性，借以提升这些目标对象的购买意愿以及企业的获利机会。

2）品牌个性对消费者考虑集的影响。消费者购买决策本质上是一个两阶段过程，第一个阶段是形成考虑集，第二个阶段是对考虑集中的品牌进行评估并形成最终选择（Gensch，1987）。因此，考虑集阶段是消费者最终选择阶段的前提和基础。考虑集出现在20世纪60年代，Howard和Sheth（1969）最先明确了其内涵，认为考虑集是在顾客购买决策中能够成为可选项的少数品牌。一个品牌只有成为消费者考虑集的一个构成要素，才可能最终被消费者购买。消费者考虑集受什么因素影响呢？西方学者研究表明，除了功能、价格、广告、商品陈列等因素外，品牌个性与消费者考虑集也存在明显的正相关关系。

3）品牌个性对消费者品牌忠诚度的影响。Copeland于1923年首先提出"品牌持续论"的概念，认为消费者对不同品牌购买模式，存在着明显的持续性。20世纪60年代，品牌忠诚成为消费者行为领域研究的热点，延续至今。但直到今天，对品牌忠诚也没有一个统一的定义。Oliver（1997）提出了一个品牌忠诚的概念框架，包括认知、情感、意识和行为（重复购买）四个维度，并于1999年给这个多维度模型下了一个定义：不管环境变化和其他有可能促使品牌转换的市场营销努力的影响，强烈坚持将来始终如一地优先重复购买某一产品或服务，从而导致对同一品牌或同一品牌系列的重复购买。

Plummer（1984）研究指出，一旦品牌具有品牌个性，消费者就很容易联想起品牌如同人的一些特征，这样企业可以通过品牌策略的运用，创造出具有高品牌忠诚度的消费者群体。Chung K. Kim（2001）的研究发现，品牌个性的自我价值表达与独特性越大，品牌个性的吸引力就越大；品牌个性认同对口头传播有积极的影响，但对品牌忠诚的直接影响并不显著，但是，由于口碑传播对品牌忠诚具有显著的影响，因此可以说品牌个性认同通过积极口碑传播对品牌忠诚具有间接影响；同样，品牌个性的吸引力也直接影响了积极口碑传播，间接地影响了品牌忠诚。

因此，构建品牌能够增加消费者的忠诚度。品牌忠诚能够维护消费品市场，令消费品市场竞争力加强。

3. 不同消费形态的消费品在不同生命周期的表现区别

耐用消费品消费形态

产品生命周期	消费形态
导入期	产品刚刚入市，处于对产品的初步认知阶段，了解其效能和功能，由于是面对新产品，消费者的购买行为表现为非常谨慎，少数感性消费者尝试购买使用，多数则观望。
成长期	随着产品和市场的成长，产品的质量为消费者所肯定，购买人数和购买频率增加，但并不局限于某一厂家生产的产品，品牌忠诚度低。
成熟期	产品被消费者逐渐接受，同时由于品牌观念的成熟，消费者的购买行为表现为很活跃并产生对某一或某些品牌的忠诚感。

快速消费品消费形态

产品生命周期	消费形态
导入期	产品入市，消费者处于对产品的认知阶段，由于快速流转品的购买周期短，频率高，许多消费者会发生冲动购买。
成长期	消费需求增多，购买人数和购买频率迅速增加。
成熟期	消费者凭质量、品牌、口碑等原因，进行品牌选择和界定，一部分消费者的购买频次较固定;另一部分消费者也会转向购买其他产品，或同时使用多种品牌。

4. 几种常见的消费品促销手段

消费者促销（Consumer Promotions）包括从样品、折扣券、现金返还、实物奖品和销售点陈列到竞赛、抽奖和事件赞助等各种工具。

（1）样品（Samples）是指某产品一定量的试用品。

（2）折扣券（Coupons）是一种凭证，在消费者购买特定产品时，可以享受一定的优惠。

（3）现金返还（Cash Refunds）（或者回扣（Rebates））与折扣券相同，所不同的是在购买后才发生价格削减，而不是在零售店内。

（4）特价品（Price Packs）（又叫减价交易（Cents-off-deals））以产品的常规价格为基础给消费者提供优惠。

（5）实物奖品（Premium）是为激励消费者购买产品，以免费或很低的价格提供某些商品，从儿童玩具到电话卡和DVD光盘。实物奖品可以附在产品的包装内（外）随货赠送或者通过邮寄。

（6）广告特制品（Advertising Specialties），也叫做推广产品（Promotional Products），是指作为礼物送给消费者的印有广告主名称、标志或信息的有用物品。

（7）销售点促销（Point-of-purchase（POP）Promotions）包括在销售点的陈列与展示。

（8）竞赛（Contests）、抽奖（Sweepstake）、游戏（Games）为消费者提供赢得一些奖项的机会，如现金、旅游或商品，获得这种机会可能全凭运气或需要付出额外的努力。

（9）事件营销（Event Marketing）或事件赞助（Event sponsorships）推广自己的品牌。他们可以制造自己的品牌营销事件，或作为他人所举办活动的唯一或指定赞助商。事件营销往往规模和影响很大，并且可能是增长最快的推广领域。

5. 几种常见的快速消费品市场的渠道类型

我国快速消费品行业营销渠道可以分为以下几种：

1）经销批发商。经销批发商是分销主要渠道，企业可以是一级经销商，也可以是二级经销商，经销商不仅仅是商品的流转的中介，对于一级经销商来说还需要负责市场的开拓、现代通路的开发以及一个异地仓库。

2）现代通路。现代通路是指现代商超通路，根据经营特点可以分为：卖场通路（指家乐福、麦德龙等大型卖场）、超市通路（指华联、农工商等中等超市）、便利通路（指好德、可的等便利店）。

3）传统商场通路。是指传统的烟草糖酒系统以及百货商店附属的超市等，其特点是门店少，经营特点明显。

4）特殊渠道通路。是指针对企业产品特别的销售渠道，如航空航班、火车、娱乐场所等。

5）零售小店。是指个体经营的零售小店，在以前是数量最多的渠道，现在虽然减少很多，但还是不可忽视的渠道，其特点是离居民点最近，大多在居民小区内。

6. 消费通道构建与消费品市场营销的联系

（1）消费品企业的产品只有通过流通领域才能到达消费者或用户手中，才能实现其价值和使用价值，同时实现企业获利的目的。产品从生产企业流通到一级代理商，从一级代理商流通到二级代理商，直至流通到零售店通过买卖到达消费者手中，才能完成从产品到商品的过程。产品在流通领域的流动是由许多不同的中间机构和不同的通路完成和实现的。然而，消费品及其市场的特点决定了其不同于工业品的流通形态，即使同一种消费品，在生命周期的不同阶段，它们的通路和长短、宽窄也大不相同。

（2）不同的通路构成是为不同目的服务的，而销售管理主要是服务于这些目的，是达成这些目的的手段。因此消费品的通路构成应根据目前市场发展状况及市场竞争的需要而设定，而且不同竞争时间区域内的通路构成也有所不同。

（3）消费品的通路一般有以下四种类型：

1）消费品企业⇨消费者

2）消费品企业⇨批发或零售⇨消费者

3）消费品企业⇨批发⇨零售⇨消费者

4）消费品企业⇨批发⇨批发⇨零售⇨消费者

（4）通路的长度。通路的长度是指为完成企业的销售目标而需要的通路层次的数目。

长通路需要企业有限的资源，但企业对通路控制程度很低。相反，短通路虽然需要企业更多的人力和物力资源，但却实现了对通路的高度控制。

对于易腐烂的鲜活产品，应采用短通路；对于单位价值高、技术复杂的产品，更宜采用长通路；而对于价值较低的快速流转品，如日用小商品应采用短通路。

通路的长度、宽度虽然取决于产品的需求形态，同时也和企业为满足这些形态所需要考虑的相关因素，如产品特征因素、资金流转因素、市场控制因素等有关。

此外，在产品的不同生命周期，其通路的长短也不尽相同。

(5) 通路的宽度是指在通路的每一层次上所需中间商的数目。根据中间商的多寡就形成了宽通路、窄通路和介于二者之间的通路。

宽通路：在每一个通路层次上有许多通路成员参与其产品的销售，便利消费品最适宜这种通路。

窄通路：在每一个给定的地区的每一通路层次上只有一个通路成员销售企业的产品或服务。专业性较强的耐用消费品多采用窄通路。

介于二者之间的通路：介于宽通路和窄通路之间的宽度适中的一种通路，选购类消费品最适宜这种通路。

产品不同生命周期的通路特点：产品不同，其生命周期不同，决定了其通路的长度和宽度不同。即使同一种产品，在生命周期的不同阶段，通路的长度和宽度也不尽相同。

(6) 耐用消费品不同阶段通路特点。

生命周期	通路特点
导入期	此时产品的市场接受程度较低，企业对通路的依赖性较强，因此，企业要加强产品的市场和通路告知，刺激产品的潜在需求，同时，充分利用通路的丰富资源开拓市场。
成长期	产品已被市场逐渐接受，竞争者纷纷加入，企业应协助通路迅速扩张，同时加强对通路的管理与控制。
成熟期	产品已为人知，产品在市场上也基本饱和，竞争愈加激烈，企业应健全各区域的通道管理系统，同时寻找新的通路形式。

(7) 快速消费品不同阶段通路的特点。

生命周期	通路特点
导入期	产品的市场接受程度低，企业对通路的依赖性强，企业要加强产品通路告知，刺激产品的潜在需求，同时，充分借助通路的丰富资源开拓市场。
成长期	产品已被市场接受，销量迅速增加，企业应加强对通路的控制与管理。
成熟期	产品已广为人知，但竞争愈加激烈，企业应完善通路管理系统，同时开辟新的通路。

【知识链接】

家居营销十大创新案例

走过10多年发展历程的中国家居行业在推广营销上再也不是为人诟病的“土气十足”，尤其是在经历了经济危机洗礼后，各家居企业开始挖空心思使用新奇营销招数，不仅为企业赢得了大量订单，而且为企业品牌建设锦上添花，更给行业发展带来了新的景象。我们总结出家居行业的十大案例，期望为行业再添一抹亮色。

一、营销事件：立邦建设绿色世博

创新主角：立邦漆

绿色世博的概念不断推动行业迈向一个新纪元。绿色、低碳、高性能成为今后涂料行业发展的新契机。面对世博所带来的巨大商机，立邦三大事业部：重防腐事业部、工程事业部和装饰涂料事业部参与了世博重要项目的建设，创新研发为世博提供全套的专属定制服务，在体现绿色的同时，更满足世博建筑的特殊需求。

考虑到每天超过万人的参观人流会加速建筑本身的耗损率，以及基于众多其他安全因素的考虑，例如，防火等的考虑，立邦凭借其在涂料行业创新技术上的优势，为上海世博演艺中心和重要的世博场馆的钢筋结构外墙，制定了专项专案最优化的解决方案，在提升钢体自身防腐能力的同时，亦增加了防火的安全系数；而在备受瞩目的中国馆内，立邦的内墙环保漆更是大放光彩，采用最新研发的立邦净味系列，在满足世博快速施工需求的同时，24 小时的空气净化，和超越 80%以上的甲醛净化率，更给参观者提供一个绿色安全的参观环境，完全契合绿色世博的环保概念。

二、营销事件：元洲装饰，盖家装微博史上第一高楼

创新主角：元洲装饰

2010 年 9 月 28 日，国内知名装饰公司元洲装饰在新浪微博上发表了一篇名为“元洲找国庆，网友抢沙发，盖微博第一高楼”的微博，截至 10 月 7 日，该微博已经被转发 10119 次、共有 10211 人对此发表了评论，从而创造了中国微博史上企业类微博营销推广的神话。

据新浪家居微博官方监测，9 月底元洲装饰新浪微博的粉丝只有区区 1000 余人，而截至 10 月 10 日，该微博粉丝已经突破 17000 余人，短短十天左右粉丝数量增长了 16 倍。据元洲装饰北京公司营销中心总监刘爱华女士介绍，发表这篇微博的初衷是为了配合元洲装饰北京公司在国庆长假前后推出“感动十一 7 日传奇”系列营销活动。国庆假日 7 天，元洲装饰北京公司设计店面为庆祝祖国 61 岁华诞，寻找 61 位名叫“国庆”的人享受特惠家装；同时为了吸引广大网友参加，元洲装饰在新浪微博开展了“元洲找国庆，网友抢沙发，盖微博第一高楼”的营销活动。清华大学总裁班网络营销专家刘东明老师指出，元洲装饰的微博营销操作充分挖掘了微博营销 4I 原则，Interesting 趣味原则、Interests 利益原则、Interaction 互动原则、Inpiduality 个性原则，达成了与客户情感快速交流的目的。Interests 利益原则，元洲微博为客户提供充分的利益方面的刺激，沙发的奖品让很多消费者按捺不住。Interesting 趣味原则，抢网络沙发，送真实沙发，这样的趣味点让网友会心一笑；Interaction 互动原则，关注、转发、评论一系列的操作让用户不再是元洲微博的旁观者，而成为参与者。Inpiduality 个性原则，元洲装饰在设计微博内容时，将微博拟化为人的口吻，不刻板严肃，只求个性化的沟通，“我喜欢在你身上爬来爬去，喜欢抚摩你的每寸肌肤，喜欢躺在你的怀抱，我一刻也离不开你，我爱你——SOFA，沙发！呵呵，#元洲找国庆#专职抢沙发机不可失啊!”诸如此类的语言风格让网友们如沐春风。

三、营销事件：全国首推包机采购家具

创新主角：红星美凯龙

红星美凯龙在全国首推“包机采购家具”举措，属国内首次由家具综合性卖场提出。据红星美凯龙京沪地区、西南地区区域总经理王伟称，本次活动将在北京、上海、重庆同时启动“包机采购”，重庆首批 200 名消费者将于 10 月中下旬飞赴广东的生产基地参观采购，产地的价格将会比重庆的价格低二到四成。王伟还表示，接下来的 12 个月，红星美凯龙每月将组织 200 名消费者赴品牌家具建材产地参观采购。

王伟称，传统的“包机团购”是单个建材品牌的单一行为。此次“包机采购”不是单纯团购，将是红星美凯龙“鲁班会”成立后的首个大规模行动，将有 7 个建材家具品牌工厂的产品专家团队为消费者服务。消费者通过参观工厂，观看产品流程，了解产品质量，区别家具建材好坏，减少消费误区，提升家具建材消费的健康、品位、时尚的消费理念。“鲁班会”产品专家将在工厂现场为消费者介绍产品的功能、环保、设计理念、品牌代表的消费理念等。

四、营销事件：金牌指数，指数营销再添新军

创新主角：金牌卫浴

9月以来，在家装与卫浴、财经界广泛流传起“金牌指数”的提法，多家主流网络媒体上曝出了多期跟踪报道。据了解，“金牌指数”是以金牌卫浴明星产品线为研究对象，选取全国具备一定代表性的20个城市，对各大城市金牌卫浴产品数据进行分析、整合，进而得出的一个反映现代城市居民家居生活品位的数据排行榜。“金牌指数”共分为牌浴缸指数、坐便器指数、面盆指数、淋浴房指数、浴室柜指数、挂件指数等组成部分。该指数发布后，在行业里引发了密切关注，已陆续有新的企业表达新类别指数合作意向。

通过《金牌指数报告》反映的信息，北京、重庆、成都位列前三甲，成为全国城市家居品位最高的三座城市。无独有偶，在零点研究集团发布的《中国城市系列调查》中，北京、重庆在中国性感城市排行上也榜上有名。“金牌指数”的提出，更是引起了全国消费者的讨论与思考，品位城市、性感城市等名词被相继提出，人们对城市家居生活开始有了新的理解。而金牌指数的出炉，更是引发了指数营销的新思考，有资深营销专家评价认为，自招商银行的金葵花指数、苹果的IPODNano指数、麦当劳汉堡指数、福田指数、必胜客指数之后，已经很难发现有价值的企业指数，金牌指数的出现，再次刷新了指数营销的新标准，指数营销再添新军。

指数是一种以数值方式显示特定领域问题意义的测量工具，它可以使一些复杂、模糊、通常不宜测试的现象，能够以可度量的数字形式表现出来。典型的指数往往由指标体系与权数体系构成，前者解决测量某类问题所需要考虑的因素的范围与数量；后者解决不同因素对于整体结果的不同贡献度。指数与营销的结合，屡见于国内外企业界和公共机构，一些营销专家称之为“指数营销”，这种办法运用得当，可以不同程度地帮助提升企业在公共决策界、行业及公众中的社会形象。

金牌指数由知名智业品牌赢道顾问策划并发布，其核心策划人邓超明认为，在品牌推广或产品推广中，指数营销有不小的用武之地，如通过发布环保指数树立领先环保品牌的形象、通过舒适度指数表达企业关怀客户的诚意等，在未来的企业营销工作中，预计会有越来越多的企业采取指数营销策略。而企业指数借助互联网渠道进行推广，则在传统的指数营销基础上进行了新的提升。

五、营销事件：家居易学与《风声》“水乳交融”

创新主角：东易日盛

2009年新中国成立60周年的献礼电影中，圈内一致推崇的《建国大业》和《风声》两部电影都找到了授权的婆家：《建国大业》与阿娇同学代言的手机达成合作，《风声》与高档家装品牌东易日盛达成合作。但是对比两者的海报，高下立现。《建国大业》的海报中，电影和手机是被硬生生地放在了一起，画面中两者左右分立，各自为政，就像杯中将油水混合，但边界明晰。作为受众，浏览海报很难记住手机的品牌。东易日盛正在推广的年度高潮活动叫做“风生水起”：是针对高档家居的目标人群，推出的易学大师讲家居易学的线下活动。《风声》电影与东易日盛风生水起活动有重叠，对于电影授权元素的使用就如“水乳交融”，非常巧妙地融合在了一起。关于电影向企业授权方式也分为两种方式，一种是付费，一种是异业合作资源置换。华谊《风声》与东易日盛的合作就是资源置换，东易日盛没有向华谊支付费用，而是向华谊提供了来几十个城市近百家店面、500余块户外、各城市主流报纸、网络、小区活动多渠道的资源。华谊省却了一笔不菲的推广费用，而东易日盛免费赢得明星归，可谓双赢。而随后的网络推广环节则更加精彩，DM网络整合营销机构为东易日盛、《风声》策划嫁

接了最红娱乐事件——明星车震的病毒式营销。DM 网络整合营销机构用别出心裁的文言文写就了《风声》第一影评，《史上最牛文言文真八卦影评》，恶搞《风声》中各大明星黄晓明、王志文、李冰冰、苏有朋等车震用车，大胆出位宣传，非常巧妙地宣传了《风声》与东易日盛的联姻。如此无厘头的《史上最牛文言文真八卦影评》被各大论坛爆转，达到 10000 多条，累计浏览量高达 650 万以上，甚至《城市画报》等多家知名平面媒体，也对该篇疯狂的影评转载报道。《史上最牛文言文真八卦影评》像病毒一样飞速蔓延，做到了运用互联网媒体的低成本，大营销。

六、营销事件：全国最新楼盘家装设计案例库

创新主角：新浪乐居、业之峰装饰

当 80 后，90 后成为主流消费群体之后，家居行业将面临更多未来新客户，谁能抓住这些年轻群体的需求，谁就将抢占先机。新浪乐居的家居频道与业之峰装饰联手推出的“全国最新楼盘家装设计案例库”，面向所有消费者提供免费的户型装修设计方案以供参考。

案例库中包含的是销售期住宅楼盘主力户型家装方案，囊括多种风格，涵盖全国 70 多个城市，每一款户型都有设计师为该户型量身定做的平面图以及上传的经典案例效果图，可以为消费者装修提供有效的借鉴。“全国最新楼盘家装设计案例库”在网上免费开放，从年轻网友的需求出发为网友着想；案例库中所有上传的案例都是业之峰的专业设计师精心设计的；案例的设计具体到全国某个楼盘的某个主力户型，绝大多数的消费者都能在案例库中找到自己户型的专属设计方案。

七、营销事件：家居企业抱团出击　冠军联盟重现冠军神话

创新主角：雷士照明、欧派橱柜、东鹏陶瓷、大自然地板、安华洁具和美的中央空调

作为房地产行业的下游产业，家居行业目前依然略显沉寂，压力不小，在这样的市场环境下，欧派橱柜、大自然地板、东鹏陶瓷、美的中央空调、雷士照明、安华洁具六大品牌，决定主动出击、跨行业联盟，迈出具有历史性意义的一步。

组建“冠军联盟”，联合起来应对寒冬，这也是企业“抱团取暖”自救的突破性尝试，将带动六大产业的发展。据悉，欧派橱柜是“冠军联盟”的主要发起人、也是全国“冠军联盟”的首任轮值会长单位，欧派橱柜武汉分公司总经理赵永发先生向记者介绍，“冠军联盟”，顾名思义是具有冠军品质的大品牌联盟，入选的企业，都是行业领军品牌，销量大、拥有强势的渠道资源和优良的客户口碑，联盟通过深度合作的方式，将各大企业的力量，联合在一起，制定一系列的优惠政策，以刺激消费、拉动市场，并以联盟的名义组织、参与公益环保事业，共同推动行业健康发展，势必为社会、消费者、企业带来巨大价值，达到多赢的局面。

据了解，“冠军联盟”目的在于刺激消费、拉动内需，而最实际的目的是各品牌在为消费者提供优质产品的同时，尽量压低自身利润，为消费者带来切切实实的利益。业内人士分析，这次联盟不是单向的营销联盟，各成员更注重价值，因此可以称为“价值联盟”。联盟旨在通过六大品牌在全国共近万家终端的联动与资源的共享，给消费者更实在的优惠，而这种联合促销递进式优惠的确吸引了不少有整体家装需求的客户的关注。而值得一提的是，冠军联盟还共同推进绿色环保品质生活，免费派发《绿色家装白皮书》。向消费者宣传绿色家居生活方式，普及家装知识，让消费者能够更清晰地规划自己的家居生活，找到满足彰显自身风格所需的解决方案，实现合理消费、绿色消费。

八、营销事件：光环境体验馆开启体验营销

创新主角：雷士照明

雷士照明北京光环境体验馆位于北京市朝阳区北五环，占地面积2000平方米，为两层钢结构展厅，采用极简LOFT的建筑风格，首创“光环境体验”的主题，与国内很多照明品牌仅数百平方米空间的所谓“光体验中心、照明体验馆、照明实验室”相比，雷士照明北京光环境体验馆是国内照明行业第一家名副其实的“光环境体验馆”。

雷士北京运营中心总经理吴传炎介绍，体验馆开业后，在经营模式方面，以照明设计、咨询服务，带动零售业务、工程业务。其中产品的品类规划与定位核心是针对专业客户提供完整齐全的照明产品，根据产品功能分区域进行展示。而在服务方面，提供照明设计支持和服务，配合最终用户、设计师做好照明设计和照明规划，提升照明品位，将光环境理念：高效、绿色、环保、健康等上升到高尚、健康的生活品质保障的高度。雷士照明这种体验式的营销模式完全从客户需求出发，以人为本，能够全面提升整体照明产品销售与服务的高端品质。

“光环境体验馆”的体验式营销模式将为雷士照明的快速发展提供强大的动力，必将对行业营销模式的革新与升级带来强大的推动作用。

九、营销事件：京探网首届白领装修一站式体验之旅

创新主角：京探网、科宝

京探网与中国领先装饰企业科宝入住家装再次剑走偏锋：“京探网首届白领装修一站式体验之旅”抢购门票成功。抢购成功参加白领装修一站式体验之旅的网友纷纷按时到场，在体验之旅第一站李辉设计讲座时就已经使活动气氛达到高潮。“身处九朝会十八美景，品尝美味餐点，在轻松快乐的气氛中，不知不觉间将装修之前的种种困扰化解于无形，还认识了同样遭遇装修困惑的新朋友。”到场网友如是说。活动当天即有网友缴纳装修定金，表示对活动的满意。据悉，此后科宝入住家装还会联合京探网不定期地组织类似的一站式体验装修活动，创新地满足消费者需求，并以互联网全新的信息传播特质呈现业界。

十、营销事件：大篷车拉来百万笑脸，迎世博到来

创新主角：圣象地板

2009年6月5日，上海世博局、团市委、上海青年公益门户网站等机构联合启动了“向世博SAYYES，共享城市优生活——上海市青少年迎世博百万笑脸征集活动”。而圣象则利用全国的销售网络“将上海的笑脸带到全国各地，然后再把全国各地的笑脸带回来”。

2009年8月25日，被装扮一新的六辆“大篷车”颇具仪式感地驶出了位于上海科技馆1号门广场的活动现场。人们再次被车身上贴的图案传递了笑容：图案中的一只大象面带笑容，憨态可掬，大象身上铺满了两个月以来采集到的上海市民的“笑脸”。这六辆“大篷车”只是六个车队的代表，按照计划，它们将从活动当日——2009年8月25日起，分别沿着华东、华南、华北、华中、西南和东北六条线路奔赴全国，深入社区、学校，展开为期半年、辐射全国960万平方公里的百万笑脸征集之旅。与此同时，圣象集团遍及全国的2300家销售网络同时启动，采集当地人民的笑脸和对世博寄予的梦想，最后将它们统一汇总，带回上海，最终奉献给世博。

世博会作为中国继奥运会之后又一盛事，吸引了全世界的目光，能借势关乎集体荣誉感的世博会，圣象再一次聚集了全国人们的目光。当人们还为圣象目的争论的时候，郭辉果断地说：你要想在未来取得成功，不在于你赢过多少人，而在于你影响过多少人。人如此，品牌也如此。营销活动的点睛之处也就在于事件的影响力，显示大品牌的大手笔和大智慧。不

过在这个快节奏的时代，那些正是圣象客户群或者潜在客户群的人们步履匆匆，也许只能远远地看一看这个颇具意义的活动。

资料来源：中国营销网。

【同步练习】

一、单项选择题（在下列每小题中，选择一个最适合的答案）

1. 消费者中的耐用消费品、高档消费品等一般选择的分销策略是（　　）。

A．选择性分销　B．独家分销　C. 大量分销　D. 密集性分销

2. 以下属于针对消费者的销售促销方式是（　　）。

A. 赠送样品　B. 合作广告津贴　C. 批发折扣　D. 示范表演

3. 零售商渠道定价策略有（　　）。

A. 低价策略　B. 高价策略　C. 每日低价策略　D. 高低定价策略

4. 在消费品市场分销渠道模式中一层渠道模式包括了（　　）。

A. 批发商　B. 代理商　C. 零售商　D. 专业批发商

E. 制造商销售机构

5. 你在购买牙膏、牙刷等生活必需品时的购买决策主要依据已往的经验和习惯，较少受广告宣传和时尚的影响，在购买过程中也很少受周围气氛、他人意见的影响，你的购买类型属于（　　）。

A. 习惯型　B. 冲动型　C. 疑虑型　D. 理智型

E. 模仿型　F. 经济型　G. 情感型

6. 下列情况下的（　　）类产品宜采用最短的分销渠道。

A. 单价低、体积小的日常用品　B. 处在成熟期的产品

C. 技术性强、价格昂贵的产品　D. 生产集中、消费分散的产品

7. 人员推销的策略有（　　）和“启发—配方”策略、“需要—满足”策略。

A.“推”式策略　B.“拉”式策略

C.“刺激—反应”策略　D. 广告策略

8. 某产品的 ΔY/ΔX 之值大于 10%时，该产品处于生命周期的（　　）阶段。

A. 试销　B. 畅销　C. 饱和　D. 滞销

9. 当某化妆品公司调研人员提出为妇女化妆品领域开发一系列新产品的想法并经公司经理层进行分析决定采纳某一观念或想法时，他们下一步的工作应该是（　　）。

A. 营业分析　B. 评核与筛选　C. 试销　D. 正式进入市场

10. 在以下几种类型的零售商店中，产品线最深最长的是（　　）。

A. 百货商店　B. 超级市场　C. 专业商店　D. 便利商店

11. 与消费品的其他类别相比，选购品是（　　）。

A. 可以大量获得，很少需要促销

B. 在消费者意识到自己需要时立即购买

C. 一般比便利品贵，消费者购买时要反复挑选和比较

D. 消费者经常和随时需用，不用计划购买

12. 在以下几种主要的广告媒体中，最具有针对性的媒体是（　　）。

A. 报纸　B. 杂志　C. 电视　D. 广播

13.组织市场需求的波动幅度（　　）消费者市场需求的波动幅度。

A. 小于　　B. 大于　　C. 等于　　D. 都不是

14. 在现代市场经济中，品牌最基本的作用是（　　）。

A. 作为广告和陈列的基础　　B. 开拓市场

C. 控制产量，防止同业竞争　　D. 区别产品

二、多项选择题（在下列每小题中，选择多个最适合的答案）

1. 以下哪些是消费品市场的特点？（　　）

A. 小型购买　　B. 专家购买　　C. 市场分散　　D. 专用性不强

2. 按消费者的购买特点，消费品可分为（　　）。

A.便利品　　B.耐用消费品　　C.选购品　　D.特殊品

3. 产品可以根据其耐用性和是否有形进行分类，大致可分为（　　）。

A.高档消费品　　B.低档消费品　　C.耐用品

D.非耐用品　　E.劳务

4. 下列促销方式中，属于拉式策略的促销方式有（　　）。

A.广告　　B. 推销　　C. 公共关系　　D. 产品试用

E. 营业推广　　F. 打折销售

5. 下列零售销售方式中，属于无门市销售方式的是（　　）。

A. 百货商店　　B. 流动售货车　　C. 仓储商店　　D. 自动售货机

E. 购货服务公司　　F. 直接销售

三、填空题（在下列每小题中，填上适当的内容）

1. 生产厂家对皮革的需求，取决于消费品市场上人们对皮鞋、皮包、皮箱等皮革制品的需求，有人把这种特征称为________或________。

2. 消费品市场（Consumer Markets）又称最终消费者市场、消费者市场或生活资料市场，是指为满足生活________而购买货物和劳务的所有________。

3. 如果按消费者的购买习惯为标准，消费者的购买对象一般分为三类，即________、________、________。

4. 理性消费通过"顾客价值"的比较，寻求________的最大化。

5. 创造差异的基本途径有四种：产品差异、________、________和形象差异。

四、判断题（判断下列各题是否正确，正确的在题后的括号内打"√"，错误的打"×"）

1. 消费市场包括两个方面，一是生产市场，二是消费品市场。（　　）

2. 消费品需求受人口的数量和构成的影响，也受消费品的数量、质量及花色品种的影响，但最主要的因素却是人们的购买力。它与人们的收入水平直接相关，也受收入分配结果的制约。（　　）

3. 消费品市场是古典市场营销理论研究的主要对象。（　　）

4. 买方市场条件下消费者行为的主要特征：理性消费、感性消费。（　　）

5. 批发市场这种终端出售的产品主要是靠质量取胜。（　　）

6. 如按商品的耐用程度和使用频率分类，消费者的购买对象可分为耐用品和非耐用品。（　　）

7. 运用"拉"式战略时，制造商将其营销努力（主要是广告和消费者促销）集中在最终消费者身上，引导他们购买产品。（　　）

8. 产品直供终端，属于FMCG独家销售，市场环节较少，减少行销投入，便于掌握消费者动向，且对树立产品形象有利。(　　)

9. 消费品市场的购买者大多属于专业购买。(　　)

10. 特殊品。指消费者对其有特殊偏好并不需花较多时间去购买的商品。(　　)

五、简答题

1. 简述消费者市场的特点。

2. 根据买方市场条件下消费者行为的主要特征，企业应重点采取哪些营销策略?

3. 快速消费品的营销特点。

六、论述题

1. 试述间接渠道和直接渠道模式的优势和劣势。

2. 结合实际论述产品生命周期各阶段的特点及营销策略。

七、案例分析题

案例分析1

天坛牌电线在中国香港市场上的崛起

北京电线厂生产的天坛牌电线，由于产品的质量优良，在国内市场享有一定声誉。但是在走向国际市场时却遭到挫折，北电的产品无论是结构、性能还是价格、成本等都无法与英国、日本、新加坡等国家的电线相比。原因何在? 北电专门组织了调查组，到中国香港进行广泛深入的市场调查，分析香港市场畅销产品的特点，得出结论：北电的电线在中国香港市场滞销的原因，不是产品质量低劣，而是从生产到销售，都缺乏“以顾客为中心”的观念。具体表现在以下几个方面：电线表面过分光亮、塑料护套太“结实”、绝缘层与保护层粘连、提供服务差。根据上述调查，北电对自己的产品和营销策略进行了全面整改。改进后的天坛牌电线很快地从小批量生产发展为大批量生产，源源不断地运销中国香港市场。

讨论分析题:

1. 天坛牌电线在中国香港市场上的崛起的原因是什么?

2. 可供选择的市场调研方法有哪几种? 案例中该工厂采用的是哪一种? 这种方法有何优缺点?

案例分析2

TTK公司的市场细分

TTK公司是英国一家著名的化妆品公司，该公司近期开发出了一种适合东方女性需求特点的具有抗衰老功效的系列化妆品，并在多个国家获得了专利保护。营销部经理初步分析了亚洲各国和地区的情况，首选中国作为目标市场。为迅速掌握中国市场的情况，公司派人员来中国进行实地调研。调查显示，中国市场需求量大，购买力强，且没有同类产品竞争。在调查基础上又按年龄层次将中国女性化妆品市场划分为15~18岁、18~25岁（婚前）、25~35岁及35岁以上四个子市场，并选择了其中最大的一个子市场进行重点开发。

讨论分析题：

1. 该公司进行市场细分的细分变量主要是什么？其他可供选择的变量还有哪些？

2. 根据中国市场的特点，公司选择最大的子市场应该是哪个？为什么？

【参考答案】

一、单项选择题

1. B　2. A　3. B　4. C　5. D　6. C　7. C　8. B　9. A
10. C　11. C　12. B　13. B　14. D

二、多项选择题

1. ACD　2. ACD　3. CDE　4. ACEF　5. BDEF

三、填空题

1. 派生性需求　引申需求　2. 消费需要　个人和家庭　3. 便利品　选购品　特殊品　4. 自身利益　5. 服务差异　人员差异

四、判断题

1. ×　2. √　3. ×　4. ×　5. ×　6. √　7. √　8. √　9. ×　10. ×

五、简答题

1. 简述消费者市场的特点。

答：消费者市场的特点是：广泛性、分散性、复杂性、易变性、发展性、情感性、伸缩性、替代性、地区性和季节性。

2. 根据买方市场条件下消费者行为的主要特征，企业应重点采取哪些营销策略？

答：①旨在躲避与防御竞争的差异化营销策略。②旨在给消费者带来最大价值的系统营销策略。③旨在培养顾客忠诚的服务营销策略。

3. 快速消费品的营销特点。

答：① 产品生命周期短，更新换代较快，厂商必须不断推陈出新。② 通路特征特别强调分销的深度和广度，对渠道的依存度较高，分销渠道一般是短而宽，对渠道的管理和控制有较高的要求：产品在进入市场时，长而宽的渠道有利于市场覆盖和快速占领市场，而且可以加强广告效果，刺激消费。③ 促销现场化。④ 与消费者互动要力求程序简单。⑤ 生产型企业的销售组织一般采取分公司制。⑥ 物流系统要求高。⑦ 售后服务着重点主要体现在对客户投诉的迅速反馈和有效处理。⑧ 要对客户进行分级管理。

六、论述题

1. 试述间接渠道和直接渠道模式的优势和劣势。

答：间接分销渠道模式具有以下优势：

(1) 简化交易。在间接分销渠道模式中，由于有了中间商，生产商不用花大量的人力物力和财力去和众多的消费者直接打交道。尤其是在潜在顾客数量多、分布面广的情况下，采用间接分销渠道模式的生产商不必直接面对最终潜在顾客，他们只要与若干个中间商进行交易，这样就简化了交易过程，并且可借助中间商的力量扩大市场占有率，取得更好的分销效率。

(2) 优质服务。多数中间商拥有丰富的营销经验和较完备的服务设施，可以更好地为商品提供展示、介绍、打理包装、送货上门以及其他辅助加工服务。中间商直接与潜在顾客交往，比较了解市场，能有效地将信息传达给消费者和反馈给企业。间接分销模式也有利于发挥各渠道成员集配、存储、扩散产品、融通资金的职能，有效调节产销关系。解决商品供求间数量、品种、时间间隔等方面的矛盾，加速商品的合理分流。

(3) 分担风险。间接分销渠道模式在生产商和有关中间商之间建立起一种共享的利益关系，即生产商与中间商要么共享将商品变为货币后的利润，要么共同承担商品未能变成货币的风险。

间接分销渠道模式的劣势是：

(1) 中间商的出现，增加了销售环节，首先增加了谈判以及交易费用；其次增加了信息沟通渠道的长度，有时会造成沟通不及时或信息传递速度较慢的问题。

(2) 对于那些技术性强、要求较高专业服务的产品（如机械设备类产品），中间商由于缺乏专业技术而会造成服务不到位的问题。

(3) 由于中间商要追逐自身利益，可能不顾企业的分销政策而各行其是。因此造成间接分销渠道的运行效率低下，且生产商无法施加有效控制。

为了借用间接分销渠道模式的优势，同时又要避开其劣势，一些企业将销售与服务分开，分别交由两类专业中间商去完成；或者将销售交给中间商去做，而企业组建专业的销售服务队伍，为顾客提供专业服务。

直接渠道的优势正好弥补间接分销渠道的劣势，其劣势正是间接分销渠道的优势。

2. 结合实际论述产品生命周期各阶段的特点及营销策略。

答：导入期的市场营销特点：①消费者对该产品不了解。②尚未建立理想的营销渠道和高效率的分配模式。③价格政策难以确定。④产品技术、性能还不够完善。⑤广告等促销费用开支大。⑥利润较少，企业承担的风险较大。

根据上述特点可以采取以下四种策略：①快速掠取策略，即以高价和高促销推出新产品。②缓慢掠取策略，即以高价格低促销费用将新产品推出市场。③快速渗透策略，即以低价格和高促销费用推出新产品。④缓慢渗透策略，即企业以低价格和低促销费用推出新产品。

成长期的市场特点：①消费者对新产品已经熟悉，销售量增长较快。②大批竞争者加入，市场竞争加剧。③产品已定型，技术工艺比较成熟。④建立了比较理想的营销渠道。⑤市场价格开始下降。⑥促销费用较稳定或有所提高，但占销售总额的比例下降。⑦企业盈利迅速上升。

成长期的市场营销策略：①不断提高产品质量，努力发展产品的新款式、新型号，增加产品的新用途。②促销的重点应从建立产品的知名转到品牌偏好。③进一步调整营销渠道，争取新的顾客。④适时调整价格，争取更多的顾客。

成熟期的市场特点：成熟期可以分为三个阶段：①成长成熟期。此时期的市场呈饱和状态，还有少数新的购买者进入市场。②稳定成长期。市场饱和，销售量逐步下降。③衰退成长期。销售水平显著下降，竞争加剧。原有顾客的兴趣已开始转向其他的产品或替代品。策略：进行市场、产品、营销组合的改革。

衰退期的市场特点：①产品销售量由缓慢下降变为迅速下降，消费者的兴趣已完全转移。②价格已下降到最低水平。③多数企业无利可图，被迫退出市场。④留驻市场的企业逐渐减少产品附带服务，以维持最低水平的经营策略：①集中策略。即把资源集中使用在最有利的细分市场上，尽可能取得多的利润。②维持策略。即保持原有的细分市场和营销组合策

略，把销售维持在一个低水平上。③榨取策略。即大大降低销售费用以争取眼前的利益。(举例略)

七、案例分析题

案例解读 1

天坛牌电线在中国香港市场上的崛起

1. 天坛牌电线在中国香港市场上的崛起的原因是什么？

答：天坛牌电线崛起的原因是能够及时了解目标市场动向及时调整自己的产品和营销策略，树立了“以顾客为中心”观念，从而符合市场需求，获得了成功。

2. 可供选择的市场调研方法有哪几种？案例中该工厂采用的是哪一种？这种方法有何优缺点？

答：市场调研的方法有以下四种：①文献调查法。②询问调查法。包括个别询问法、集体询问法、深度询问法、常规询问法、当面询问法、通讯询问法、街头询问法、公众场合询问法、跟踪询问法等。③观察调查法。包括（非）参与调查法、（非）结构性观察法、自然环境下的观察、社会环境下的观察、公开观察、隐蔽观察、全面观察、事后痕迹观察、定期观察、追踪观察等。④试验调查法。它是指调查人员有目的、有意识地改变一个或几个影响因素，来观察市场现象在这些因素影响下的变动情况，以确定市场中各种因素的因果关系而使用的信息收集方法。

本书用的是观察调查法，该方法具有直观性、客观性、易操作等优点，但是受人员、经费的限制，花费成本较大。

案例解读 2

TTK 公司的市场细分

1. 该公司进行市场细分的细分变量主要是什么？其他可供选择的变量还有哪些？

答：市场细分的变量主要是年龄，其他可供选择的变量有男女，地区，风俗习惯，气候，受教育程度，审美观念，生活情趣，消费方式等。

2. 根据中国市场的特点，公司选择最大的子市场应该是哪个？为什么？

答：根据中国市场的特点，公司的最大子市场是 25~35 岁市场，她们是年轻的女白领，在社会上她们处于中上层，她们更加注重生活品位与审美情趣，她们注重自身的形象，更为重要的是她们拥有稳定的工作，有足够的经济实力来购买化妆品。

第十六章　服务营销

> 在服务经济时代，有形产品与服务已经融为一体。
>
> —— **克里斯托弗·格罗卢斯（Christopher Gronroos）**

本章重点：理解服务的定义、特征和分类；掌握服务营销的 7P 策略组合；了解服务营销管理的内容。

本章难点：服务的特征，服务营销的 7P 策略。

本章新知识点：服务营销的 7Ps 策略。

【学习目标】

通过本章学习，将使读者对于服务的定义、特征和分类；服务营销的 7P 策略组合；服务营销管理的内容有比较全面的把握。读者在学习过程中，要特别注意服务的特征，在此基础上理解并掌握服务营销的 7P 策略组合。

【核心概念】

服务；服务营销；有形展示；过程管理；服务质量。

1. 服务

服务是一方能够向另一方提供的任何一项活动或利益，它本质上是无形的，并且不产生对任何东西的所有权问题，它的产生可能与有形产品有关，也可能无关。

服务具有无形性、差异性、不可分离性、不可储存性、公共性等特征。服务还可根据不同的分类方法进行划分，帮助认清不同服务的共同特征，有效指导制定服务营销策略。

2. 服务营销

市场营销是个人或群体通过创造、提供并与他人交换有价值的产品，以满足各自的需要和欲望的一种社会活动和管理过程。

服务营销就是对服务品的市场营销以及特别强调在提供有形产品时以服务创造附加价值的营销观念。

3. 有形展示

服务的无形性决定了顾客无法在见到或者试用服务之前来认识它、理解它。如何使服务变得有形化，帮助客户提前感知并获得一个初步的印象，从而促使客户做出深入了解和购买服务品的决定。为此，我们需要把无形的服务变得有形化，才有了服务营销的最具特色的一项营销策略：服务的有形展示。

有形展示是指服务过程中能被客户直接感知和提示服务信息的有形物。顾客虽然看不见服务，但能看见服务环境、服务设施、环境气氛、服务人员、服务工具、服务信息资料、服务价目表、服务中的其他客户等有形物，这些有形物就是客户了解无形服务的有形线索。通过这种事前的感受，顾客可以判断出消费服务的质量，即有形证据提供了无形服务质量的线索，相当于顾客在试用服务。

4. 过程管理

对于服务品的消费体验来说，客户所获得的利益和满足，不但来自服务本身，还来自服务的递送过程。研究表明，较好的服务递送系统可以促使服务企业在管理方面获得较大的营销杠杆作用和促销优势。

服务的过程管理就是指通过管理好所有服务制造并交付给顾客的程序、机制和惯例，从而改进客户的消费体验，获得竞争优势。

5. 服务质量

服务质量从有形产品的质量概念衍生而来，但又和有形产品的质量概念有很大区别。首先，由于服务品的无形性，服务质量相比有形产品的质量，更难以被顾客所评价；其次，顾客对服务质量的认识主要基于预期的与感受到的服务质量的对比；最后，顾客对服务质量的评价不仅要考虑服务的结果，而且还涉及服务的过程。

1990 年，国际标准化组织组合产品和服务的特点，将质量定义为“一种产品或服务满足明确和隐含需要的能力的特性的总和”。这一定义表明，服务质量也是由能满足人们需要的不同特性所组成的，不同类别的服务品所提供的特性不同。如电影给人足不出户而身临其境的体验的特性，而旅游景区则给人亲身体验的特性。

服务质量又可根据服务品生产和传递的过程，而分为结果质量、过程质量和形象质量三种。

结果质量，就是顾客从服务过程中得到的东西的质量评价，如饭店提供的菜肴味道，宾馆提供的床舒适程度等。对于结果质量，顾客容易感知，也易于评价。

过程质量，就是顾客在服务过程中感受到的服务人员的态度、行为、流程等方面的差异。对于过程质量，顾客主要基于主观感受，难以做出客观的评价。

形象质量，就是服务企业在社会公众心目中的总体感知印象，顾客可从企业的市场宣传、行为方式、外在视觉等侧面形成对企业的形象认识。形象质量，往往是顾客感知服务质量的过滤器，如果企业拥有良好的形象质量，少许的失误也能获得客户的原谅；而若企业形象质量不佳，则企业任何细小的失误都会加深顾客对企业的不良印象。

服务质量还可分为预期服务质量与感知服务质量，预期服务质量即顾客对服务企业所提供服务预期的质量水平，而感知服务质量就是顾客对服务企业所提供服务实际感知的质量水平。如果顾客对服务的实际感知水平符合或高于预期水平，则顾客就会获得较高的满意度，认为企业具有较高的服务质量；反之，则认为服务质量较低。从顾客的反应模式来看，服务质量就是顾客预期服务质量与其感知服务质量的比较。

鉴于服务品的特殊性质，服务质量是由顾客客观和主观的感受组成，服务质量的内涵包括以下内容：

（1）服务质量是顾客感知的对象。

（2）服务质量可以依靠客观方法加以衡量，但更多依靠顾客主观的感受加以衡量。

（3）服务质量发生在服务生产和交易过程中。

（4）服务质量是在服务企业与顾客交易的真实瞬间实现的。

（5）服务质量的提高需要内部形成有效管理和支持系统。

【学习重点】

服务和产品的关系；服务的五大特征；服务的分类方法；服务营销的7P组合策略；服务营销的战略管理步骤；提高服务质量的方法。

1. 服务和产品的关系

（1）一切产品都有服务的问题：实体产品实际上是向顾客传送服务的工具，顾客需要产品并不是产品本身，而是需要产品所包括的利益或所提供的服务。如顾客购买自行车、摩托车、汽车，是因为它们可以提供交通便捷的服务。可见，一切产品都有服务的问题。

（2）服务与产品难以分离：在现实经济活动中，企业向市场提供的产品可能是有形产品，可能是无形服务，也可能是二者的融合，即服务伴随着有形产品或有形产品伴随着服务一同进入市场。在市场交换的过程中，买方和卖方都难以把服务与有形产品加以分离，如餐饮与食物、教育培训与教材、医疗与药品等。

（3）服务已成为增加产品价值的核心竞争力：服务和产品已经演进到高度相关的阶段，目前许多行业在产品高度同质化的情况下，通过增加服务和改善服务质量而取得竞争优势，服务增加其产品价值，服务成为其核心竞争力。

2. 服务的五大特征

与产品相比，服务具有如下五个基本特征：

（1）无形性：产品往往是有形的，一定是由某一种或几种材料制成的实物构成；而服务往往是无形的、不是实物，这是服务最重要也是最基本的区别于有形产品的特征，也是其他基本特征的基础。

（2）差异性：同一种产品在构成、包装、质量上的差异很小；而同一种服务的构成、质量、效果可能会由于服务的提供者（水平）、顾客（心理、习惯）、服务时空（情绪、环境、品牌）的不同，而差距甚大，而且服务的构成、质量、效果很难采用统一的标准加以评定、规范与检验。

（3）不可分离性：有形产品的生产、流通和消费过程，一般是分开进行的，生产在先、消费在后；而服务产品则与之不同，往往没有流通过程，服务的生产过程与消费过程同时进行、不可分离。

（4）不可储存性：产品“可以”事先完成生产（维持稳定的生产，而不论市场情况如何），并可在一定时间内储存；而服务产品却不能在还没有顾客时，就像生产有形产品那样将服务储存起来，以备将来顾客需要时再出售。而且服务的利益或价值在可以利用的时候如果不被购买和利用，它就会消失，这就是服务的不可储存性。

（5）公共性：有形产品存在着“使用权”和“所有权”的问题，某产品一经出售，产品的使用权和所有权往往随之转移给顾客；而一种服务品可为一人，也可以为多人同时“使用”（享有、消费），往往不必转移服务品的所有权。

3. 服务的分类方法

出于研究、理解与类比的目的，以及为下面制定服务营销的策略提供依据的考虑，市场营销学家们从不同的角度对服务进行了分类，其中具有代表性的分类方法有：

（1）Chase 分类法。美国亚利桑那大学教授戚斯（Richard Chase）根据顾客对服务的参与程度将服务分为三大类，即高接触性服务、中接触性服务和低接触性服务。

（2）Kotler 分类法。美国西北大学教授菲利普·科特勒从以下四个方面对服务进行分类：服务的工具、顾客在服务现场出现的必要性、顾客的类型、服务的组织。

(3) Lovelock 分类法。2004 年，著名的瑞士洛桑（Lausanne）国际管理发展学院教授洛夫劳克（Christopher Lovelock）认为对服务进行简单的分类是远远不够的，通过对服务的分类可以概括出在不同行业中服务的共同特征，以便将服务分类同服务营销的管理过程结合起来，并为营销管理过程提供决策依据，这是最为重要的，所以，Lovelock 从以下五个角度对服务进行分类：

1）服务活动的本质。

2）服务提供者与顾客之间的关系。

3）服务提供者选择服务方式的自由度及顾客需求的满意度。

4）服务供应与需求的关系。

5）服务推广的方法。

4. 服务营销的 7P 组合策略

由于服务品的无形性等独特的特征，使得传统的市场营销 4P 策略组合已经不够用，必须开发更多的适合服务品的营销策略。为此，在前人研究的基础上，美国服务营销学家布姆斯（Booms）和毕纳（Bitner）通过深入研究，对传统的 4P 市场营销组合根据服务营销的特点，扩展为服务营销的 7P 策略组合，即：

(1) 产品策略。

(2) 定价策略。

(3) 渠道策略。

(4) 促销策略。

(5) 以人为本策略。

(6) 有形展示策略。

(7) 过程管理策略。

其中后三者是服务营销独有的营销策略。

5. 服务营销的战略管理步骤

服务营销的战略管理是要确定并确保服务企业营销的总体努力方向，具体来说需要经历的过程包括：总体规划、细分和选择市场、确定市场定位，然后才可选择战略，之后要执行战略。在战略的指导下，综合运用服务营销的七大营销策略组合，开展营销活动。

下面按顺序分别介绍服务营销的战略管理步骤。

(1) 服务营销的战略规划。是服务企业有目的、有计划地应用营销资源以实现营销目标的系统化方法，它是服务营销者最重要的管理工作，具体包括以下内容：

1）确定企业目标和市场目标。

2）态势考察：态势考察是对企业所处的外部环境、企业自身的内部条件、行业竞争态势等做出整体考察分析。

3）战略选择。

4）组织设计：为了实现营销目标，执行营销战略，服务企业必须对其组织结构进行相应的优化设计，甚至是组织再造。

5）方案实施：营销规划确定后，最终要落实到实施方案，包括制定具体行动具体计划，分解目标，细化事项，责任到部门和人等进行分步实施。

(2) 服务市场的细分、选择与进入。与传统营销战略相似，服务企业在进入市场时也需要先进行服务市场的细分，再根据竞争状况和自身特点选择合适的细分市场进行服务产品定位，从而确立自己在市场中的竞争地位。

1）服务市场的细分：服务市场的细分可以分成两个步骤，首先，需要界定相关市场，也就是服务企业所能服务的总的顾客群体，包括已有顾客群体和潜在顾客群体；其次，考虑各种细分市场的因素，来甄别细分市场。

2）服务市场的选择。在细分服务市场后要选择企业所感兴趣的细分市场，首先，需要明确选择细分市场的最佳依据。而要找出最佳依据的第一步是要把各种潜在的、有用的标准都罗列出来。其次，对其重要性作一一评估，选出那些相对重要的标准。对这些重要的标准可能还需再作进一步的详细细分。

3）服务市场的进入。在评估若干个细分市场之后，服务企业可能发现一个或若干个值得进入的细分市场，下一步就是要决定如何进入。通常服务企业可以选择五种进入方式。

（3）服务营销的战略选择。从总体而言，服务企业在选定细分市场的进入方式后，有三种营销战略，可供选择。

1）无差异营销战略。即以整个市场中的共性部分作为目标，不考虑细分的差异性，只考虑满足最大多数顾客的共同需要。采取这一战略的前提是消费者需求具有同质性，即认为所面对的是同质的市场，忽略消费者需求的多样性，把重点放在消费者的共同需要上，这种需要可能是服务品所能满足的功能性需要，也可说是基本需要，而所附加的其他个性化需要则是从属的、不重要的或者其需求量是规模不经济的。

2）差异化营销战略。即企业选择多个子细分市场作为目标，针对每个目标市场，分别设计不同的服务品和营销策略。

这一战略重点着眼于消费者需求的差异性，在细分市场的基础上，针对各个不同细分市场的需求差异，制定适销对路的营销方案来满足消费者的需求。现在越来越多的企业施行此战略，如华润集团的商超业态，除有超大型家乐福式的“华润万家”超市外，又推出了便利社区居民就近购买的“华润便利”超市，以满足不同细分市场的需要。

3）集中化营销战略。即企业选择一个或几个细分子市场作为目标市场，制定一套营销方案，集中力量争取在这些子市场上获取较大的市场份额，而不是在整个大市场上占有小量份额。

采用集中化营销战略的企业，将企业的资源和精力集中于一个或几个子市场，精耕细作，筑高细分市场的进入壁垒，从而取得局部市场的竞争优势。

6. 提高服务质量的方法

提高服务质量最常用的两种方法是标准跟进法和蓝图技巧法。

（1）标准跟进法。就是将本企业的服务产品、市场营销组合同最具竞争优势的竞争对手进行比较，在对比中找出差距，进行学习改进，从而逐步提高本企业的服务标准和服务质量。

标准跟进法源自于有形产品生产企业，在运用于服务行业时可从三个方面入手：

1）策略：即将自身的市场营销策略与竞争对手的成功营销策略进行比对，找出它们成功的关键因素。如是否集中在某些细分市场、其服务品突出了哪些核心价值、其施行的是低成本还是高附加值策略等，通过一系列的比对，企业可以发现以往未被留意到的成功关键因素，从而制定出更为有效的营销策略。但要注意不要照搬模仿，而要在对方基础上，青出于蓝而胜于蓝，差异化营销，避免出现因打价格战等而两败俱伤的恶性竞争局面。

2）经营：即从降低经营成本和提高竞争水平的角度了解竞争对手的具体经营手法，从而制定自己的经营策略。

3）管理：即在管理方面着手，参照竞争对手的做法，重新审视企业的管理机制和组织结构，作出适当的调整，更好地适应营销竞争需要。

（2）蓝图技巧法。就是通过分解企业的组织架构和流程图，系统性地甄别顾客同企业人员进行接触的环节，然后从这些接触点出发来改进提高服务质量。服务企业要提高服务质量，就要一切围绕顾客出发，在企业和顾客的每一个接触点上，顾客都会对企业的服务质量产生一个感知，所以企业要在各个接触点去进行改进。通过这种全面的审视，企业往往会发现以前忽视的与顾客的接触点，可能就是这一小小的接触点造成的不良印象，成为营销中的“短板”，影响了顾客感知的服务质量。

蓝图技巧法需要将服务的各项内容纳入到服务作业流程图中，使得服务过程一目了然；再找出容易失误的接触点，建立相应的服务质量标准和规范防微杜渐。

【同步练习】

一、单项选择题（在下列每小题中，选择一个最适合的答案）

1. 商品包括产品与（　　）。

A. 消费品　　B. 服务品　　C. 工业品　　D. 价格

2. 与产品相比，大多数服务具有（　　）的特征。

A. 无形性　　B. 可分离性　　C. 可储存性　　D. 同质性

3. 以下属于纯粹服务的无形产品是（　　）。

A. 餐饮　　B. 教育　　C. 律师　　D. 运输

4. 以下属于纯粹有形产品的是（　　）。

A. 汽车　　B. 空调　　C. 手机　　D. 牙膏

5. 服务最基本地区别于产品的特征是（　　）。

A. 缺乏所有权转移　　B. 生产与消费过程不可分离

C. 无法库存以应对需求波动　　D. 无形的不是实物

6. 菲利普·科特勒对服务进行的分类不包括（　　）。

A. 服务的工具　　B. 顾客在服务现场出现的必要性

C. 服务的本质　　D. 服务的组织

7. 按照 Chase 分类法，以下属于高接触性服务的是（　　）。

A. 理发店理发　　B. 医院体检　　C. 图书馆借书　　D. 修车行修车

8. 根据 Lovelock 分类法，按照服务是有形还是无形，对象是人还是物来分，以下属于作用于人的有形服务是（　　）。

A. 旅游　　B. 保险　　C. 养老院　　D. 客运

9. 服务营销学缘起于美国（　　）教授 1966 年首次提出要对无形服务和有形实体产品进行区分研究营销问题。

A. Philip Kotler　　B. Richard Chase

C. Christopher Lovelock　　D. John Rathmall

10. 以下哪一项是服务营销独有的策略（　　）。

A. 定价　　B. 有形展示　　C. 渠道　　D. 促销

11. 以下不是服务营销独有的策略是（　　）。

A. 过程　　B. 以人为本　　C. 有形展示　　D. 定价

12. 宾馆所提供的核心服务是（　　）。

A. 餐饮服务　B. 订票服务　C. 睡眠服务　D. 打扫服务

13. 以下不是服务品的基本服务组合的是（　）。

A. 辅助服务　B. 售后服务　C. 体验服务　D. 便利服务

14. 由于服务的不可分离性，服务企业普遍采用的销售模式是（　）。

A. 连锁加盟制　B. 直销模式

C. 独家代理制　D. 批发商零售商模式

15. 服务品更需要销售促进，以下不是原因的是（　）。

A. 服务品较无形　B. 客户更注重精神体验

C. 服务由人员提供　D. 淡季资源闲置

16. 服务品更注重以人为本，是因为（　）。

A. 服务业从业人员素质低　B. 客户对服务期望值不同

C. 人员是服务差异化的内容　D. 服务是由人员来提供的

17. 以下体现了服务业以人为本内部营销的做法是（　）。

A. 海底捞服务员住高级公寓　B. 顾客可指定理发师服务

C. 租车可异地还车　D. 机场提供贵宾登机快速通道

18. 服务的有形展示，可借助各种有形物，但不包括（　）。

A. 服务价格表　B. 服务人员　C. 服务环境　D. 服务范围

19. 按构成要素分，以下不属于服务的有形展示类型的是（　）。

A. 实体环境　B. 人员　C. 价格　D. 信息沟通

20. 房产销售人员常着正装，从服务有形展示角度看，是因为（　）。

A. 体现对客户的尊重　B. 显得人员比较精神

C. 体现人员比较专业　D. 服装容易统一

21. 服务重视过程管理，主要是因为（　）。

A. 服务是一个过程　B. 服务的无形性

C. 服务由人员提供　D. 服务是过程体验

22. 服务市场的进入，小型企业优先选择的进入方式是（　）。

A. 服务专业化　B. 服务/市场专一化　C. 市场专业化　D. 选择性专业化

23. 中国移动分别推出了全球通、动感地带、神州行等，体现了以下哪种营销战略（　）。

A. 集中化营销战略　B. 差异化营销战略

C. 成本最优战略　D. 无差异营销战略

24. 服务质量根据服务品生产传递过程分的类型不包括（　）。

A. 预期质量　B. 过程质量　C. 结果质量　D. 形象质量

25. 由客户参与的服务质量差距是（　）。

A. 服务质量感知差距　B. 服务交易差距

C. 质量标准差距　D. 管理者认识差距

二、多项选择题（在下列每小题中，正确的答案不少于两项，请准确选出全部正确答案）

1. 与有形产品相比，大多数服务具有如下特征（　）。

A. 公共性　B. 同质性　C. 不可分离性

D. 不可储存性　E. 无形性

2. 按 Kotler 分类法，服务可被分为以下类型（　）。

A. 服务的工具　B. 服务的组织　C. 顾客的类型

D. 顾客在现场出现的必要性　E. 顾客的购买习惯

3. 按 Lovelock 分类法，服务可被分为以下类型（　　）。

A. 服务活动的本质　B. 服务提供者与顾客间的关系

C. 服务供应与需求的关系　D. 服务推广的方法

E. 服务提供者选择服务方式的自由度及顾客需求的满意度

4. 服务营销的意义在于（　　）。

A. 无形性增加了顾客对利益的疑虑

B. 不可分离性决定了顾客满意度的难度

C. 差异性导致了顾客对于服务质量的疑虑

D. 不可储存性使得需求弹性增大

E. 分销渠道的差异

5. 服务品营销所独有的营销组合策略是（　　）。

A. 产品策略　B. 有形展示策略　C. 人本策略

D. 过程管理策略　E. 渠道策略

6. 服务品的基本服务组合包括（　　）。

A. 核心服务　B. 便利服务　C. 辅助服务

D. 售后服务　E. 体验服务

7. 服务业的中介结构形态常见的有（　　）。

A. 代理　B. 代销　C. 经纪人

D. 批发商　E. 零售商

8. 服务的促销策略组合包括（　　）。

A. 广告　B. 人员推广　C. 公共关系

D. 营业推广　E. 让利促销

9. 服务的有形展示实体因素包括（　　）。

A. 周围因素　B. 设计因素　C. 社会因素

D. 价格因素　E. 沟通因素

10. 服务企业可选择的服务市场进入方式有（　　）。

A. 服务/市场专一化　B. 服务专业化　C. 市场专业化

D. 选择性专业化　E. 整体市场

11. 服务营销的战略选择类型包括（　　）。

A. 无差异营销战略　B. 差异化营销战略　C. 成本最优营销战略

D. 一体化营销战略　E. 集中化营销战略

12. 服务质量的评价因素包括（　　）。

A. 有形因素　B. 可靠因素　C. 反应因素

D. 保证因素　E. 移情因素

三、填空题（在下列每小题中，填上适当的内容）

1. 菲利普·科特勒指出："实体产品实际上是向顾客传递________的工具"，表明顾客需要的并不是产品本身，而是需要产品所包括的利益和________。

2. 服务的不可分离性也称同时性（生产过程和消费过程同时存在）、________（顾客参与服务的生产过程）。

3. 美国服务营销学家 Booms 和 Bitner 提出了服务营销 7P 组合策略，其中在原 4P 基础上加入了以人为本、有形展示和________。

4. 服务定价必须有较大的灵活性，其中之一是因为________，如饭店不愿让床位空着，航空公司不愿让座位空着。

5. 服务营销最具特色的一项营销策略是________。

6. 企业进入服务市场可选择不同的进入方式，企业有选择地进入某几个不同的细分市场是________。

7. 服务企业有三种营销战略，选择多个细分子市场作为目标的是差异化营销战略，选择一个细分子市场作为目标的是________营销战略。

8. 服务质量可根据服务品生产和传递的过程，而分为________、过程质量和形象质量。

9. 服务质量差距分析模型，用来分析服务质量问题，根据此模型，服务质量主要存在________种差距。

10. 提高服务质量的策略，最常用的两种方法分别是________和蓝图技巧法。

四、判断题（判断下列各题是否正确，正确的在题后的括号内打"√"，错误的打"×"）

1. 一切产品都有服务的问题。（　）
2. 公共性是服务最基本的区别于有形产品的特征。（　）
3. 服务的生产过程与消费过程同时存在、不可分离。（　）
4. 理发是一种高接触性的服务品。（　）
5. 留学中介是一种作用于人的有形服务。（　）
6. 以人为本是服务品营销独有的营销策略。（　）
7. 服务的有形展示是为了方便客户获得初步印象。（　）
8. 客户对服务品的满意程度往往取决于服务的递送过程。（　）
9. 市场专业化是企业向各类顾客群体提供同一种服务。（　）
10. 差异化营销战略适合大规模标准化提供服务品。（　）

五、简答题

1. 简述服务的基本特征。
2. 简述服务营销的营销策略组合。
3. 简述服务与产品之间的关系。
4. 简述服务品的基本服务组合。
5. 简述服务营销的有形展示策略的含义。
6. 简述服务营销的过程管理策略的含义。

六、论述题

1. 试述服务品的特征与服务营销独特营销策略的关系。
2. 试述将服务市场的营销独立出来成为一门学科的意义。

七、案例分析题

案例分析 1

海底捞的服务

海底捞是一家全国连锁的火锅店，以服务好出名，生意好到常常等位要等到两小时。海底捞出名的服务有：等位时有棋牌，美甲，擦皮鞋，上网区域，提供瓜子、水果等零食；用餐期间提供眼镜布、手机套、围裙、感冒送姜汤、勤换毛巾、孕妇获得泡菜等。

但是如何维持服务好的持续一致性，如何评判服务质量，是制约海底捞能否快速扩张的瓶颈。随着海底捞开店步伐的加快，已出现不同店的服务质量良莠不齐，而且也不是所有的客户都认同服务好。

大众网一位网友说："都说海底捞服务好，但不是所有人都这样认为。我们上次去，那个服务员就有点太热情了，问这、问那，搞得我们很不舒服。我们用不搭腔这样很明显的方式表示不想听他说了，可他依然高谈阔论，这样的服务有点过了，让人感到别扭。"

服务员为什么这样做？因为海底捞要求服务员跟客人主动聊天，有的店为检查这项工作做得好坏，以是否能把客人的名字和电话留下来作为考核指标。

有服务员说："按照服务程序，我们要给客人捞菜，可是有时情侣来吃饭，男方想献殷勤，我们恰恰应该让他自己做这些事。还有带老年人和小孩来吃饭的，家庭成员更知道他们喜欢吃什么和怎么吃，要知道火锅毕竟是半自助的吃法，我们不应该把固定的服务程序强加给客人。"

还有服务员说："领导按流程和制度来检查时，毕竟只看到客人用餐的一个瞬间，而我们服务员是从头到尾跟着客人的，因此我们更知道客人需要什么样的服务。可是如果不按领导的要求去做，我们的评估打分就要低。"

这就是流程和制度的弊端，一是把每个客人的需求都假设成一样的，二是把每个员工都假设为偷懒和没有头脑的。

在全球有3万多家连锁店的麦当劳，虽然没有海底捞的服务热情，但它们店与店之间的服务质量差别没有海底捞这样大。麦当劳主要靠流程与制度管理，所有工作都有详细的程序和标准；打暑期工的初中生，经过几小时的培训，当天就可上岗。

资料来源：根据黄海鹰著《海底捞你学不会》一书部分内容编辑。

讨论分析题：

1. 能否借本案例说明产品与服务的关系？
2. 能否借本案例说明服务有哪些基本特征？
3. 海底捞是否应该推行一套像麦当劳那样严格的流程和制度？

案例分析2

"50+"超市的服务

在奥地利首都维也纳有专门为50岁以上老人服务的购物场所，其标志为"50+"超市。

"50+"超市创意很简单，但又很独到。超市货架之间的距离比普通超市大得多，老人可以慢慢地在货架间选货而不会显得拥挤或憋气；货架间设有靠背座椅；购物推车装有刹车装置，后半截还设置了一个座位，老人如果累了还可以随时坐在上面歇息；货物名称和价格标签比别的超市也要大，而且更加醒目；货架上还放着放大镜，以方便老人看清物品上的产地、标准和有效期等。如果老人忘了带老花镜，可以到入口处的服务台去临时借一副老花镜戴上。最重要的是，超市只雇用50岁以上的员工。对此，一家"50+"超市经理布丽吉特·伊布尔说："这受到顾客的欢迎，增加了他们的信任感。"从中获益的不仅仅是顾客，雇用的12名员工又重新获得了工作，他们十分珍惜这份工作，积极性特别高。

"50+"超市由于替老人想得特别周到，深受老人欢迎。同时被其他年龄层（如带孩子的年轻母亲）所接受。"50+"超市商品的价格与其他没有特殊老年人服务的所有超市一样，营业额却比同等规模的普通超市多了20%。

我国也正在向老年化社会过渡，银发市场商机多多。

资料来源：根据《营销小故事大全》一篇故事改编。

讨论分析题：

1. 能否借此案例说明服务品的基本服务组合？
2. "50+"超市为何只雇用50岁以上的员工？
3. "50+"超市还吸引了其他年龄层的人群，"50+"超市是否名不副实？

【参考答案】

一、单项选择题

1. B　2. A　3. C　4. D　5. D　6. C　7. A　8. C　9. D
10. B　11. D　12. C　13. B　14. B　15. C　16. A　17. A　18. D
19. B　20. C　21. D　22. B　23. B　24. A　25. A

二、多项选择题

1. ACDE　2. ABCD　3. ABCDE　4. ABCDE　5. BCD　6. ABCE
7. ABCDE　8. ABCD　9. ABC　10. ABCDE　11. ABE　12. ABCDE

三、填空题

1. 服务　服务　2. 参与性　3. 过程管理　4. 不可储存性　5. 有形展示　6. 选择性专业化　7. 集中化　8. 结果质量　9. 五　10. 标准跟进法

四、判断题

1. √　2. ×　3. √　4. √　5. ×　6. √　7. √　8. √　9. ×　10. ×

五、简答题

1. 简述服务的基本特征。

答：与产品相比，服务具有如下五个基本特征：

（1）无形性：产品往往是有形的，一定是由某一种或几种材料制成的实物构成；而服务往往是无形的、不是实物，这是服务最重要也是最基本的区别于有形产品的特征，也是其他基本特征的基础。

（2）差异性：同一种产品在构成、包装、质量上的差异很小；而同一种服务的构成、质量、效果可能会由于服务的提供者（水平）、顾客（心理、习惯）、服务时空（情绪、环境、品牌）的不同，而差距甚大，而且服务的构成、质量、效果很难采用统一的标准加以评定、规范与检验。

（3）不可分离性：有形产品的生产、流通和消费过程，一般是分开进行的，生产在先、消费在后；而服务产品则与之不同，往往没有流通过程，服务的生产过程与消费过程同时进行、不可分离。

（4）不可储存性：产品“可以”事先完成生产（维持稳定的生产，而不论市场情况如何），并可在一定时间内储存；而服务产品却不能在还没有顾客时，就像生产有形产品那样将服务储存起来，以备将来顾客需要时再出售。而且服务的利益或价值在可以利用的时候如果不被购买和利用，它就会消失，这就是服务的不可储存性。

（5）公共性：有形产品存在着“使用权”和“所有权”的问题，某产品一经出售，产品的使用权和所有权往往随之转移给顾客；而一种服务品可为一人，也可以为多人同时“使用”（享有、消费），往往不必转移服务品的所有权。

2. 简述服务营销的营销策略组合。

答：由于服务品的无形性等独特的特征，使得传统的市场营销 4P 策略组合已经不够用，必须开发更多的适合服务品的营销策略。为此，在前人研究的基础上，美国服务营销学家布姆斯（Booms）和毕纳（Bitner）通过深入研究，对传统的 4P 市场营销组合根据服务营销的特点，扩展为服务营销的 7P 策略组合，即：

（1）产品策略。

（2）定价策略。

（3）渠道策略。

（4）促销策略。

（5）以人为本策略。

（6）有形展示策略。

（7）过程管理策略。

其中后三者是服务营销独有的营销策略。

3. 简述服务与产品之间的关系。

答：（1）一切产品都有服务的问题：实体产品实际上是向顾客传送服务的工具，顾客需要产品并不是产品本身，而是需要产品所包括的利益或所提供的服务。如顾客购买自行车、摩托车、汽车，是因为它们可以提供交通便捷的服务。可见，一切产品都有服务的问题。

（2）服务与产品难以分离：在现实经济活动中，企业向市场提供的产品可能是有形产品，可能是无形服务，也可能是二者的融合，即服务伴随着有形产品或有形产品伴随着服务一同进入市场。在市场交换的过程中，买方和卖方都难以把服务与有形产品加以分离，如餐饮与食物、教育培训与教材、医疗与药品等。

（3）服务已成为增加产品价值的核心竞争力：服务和产品已经演进到高度相关的阶段，目前许多行业在产品高度同质化的情况下，通过增加服务和改善服务质量而取得竞争优势，服务增加其产品价值，服务成为其核心竞争力。

4. 简述服务品的基本服务组合。

答：服务品作为一个产品整体包括四个方面的内容：核心服务、便利服务、辅助服务和体验服务。

核心服务是指企业为顾客提供的服务品的最基本效用，如宾馆提供的睡眠服务，餐馆提供的充饥服务；便利服务是为配合方便核心服务的使用而提供的服务，如宾馆提供的房间打扫服务，餐馆的洗碗服务；辅助服务是增加服务的价值或使企业的服务同其他竞争者的服务区分开来，如宾馆提供早餐服务、洗衣服务、订票服务等；体验服务就是增加顾客体验可感知的精神层次的服务价值。

5. 简述服务营销的有形展示策略的含义。

答：服务的无形性决定了顾客无法在见到或者试用服务之前来认识它、理解它。如何使服务变得有形化，帮助客户提前感知并获得一个初步的印象，从而促使客户作出深入了解和购买服务品的决定。为此，我们需要把无形的服务变得有形化，才有了服务营销的最具特色的一项营销策略：服务的有形展示。

有形展示是指服务过程中能被客户直接感知和提示服务信息的有形物。顾客虽然看不见服务，但能看见服务环境、服务设施、环境气氛、服务人员、服务工具、服务信息资料、服务价目表、服务中的其他客户等有形物，这些有形物就是客户了解无形服务的有形线索。通过这种事前的感受，顾客可以判断出消费服务的质量，即有形证据提供了无形服务质量的线索，相当于顾客在试用服务。

6. 简述服务营销的过程管理策略的含义。

答：对于服务品的消费体验来说，客户所获得的利益和满足，不但来自服务本身，还来自服务的递送过程。研究表明，较好的服务递送系统可以促使服务企业在管理方面获得较大的营销杠杆作用和促销优势。

服务的过程管理就是指通过管理好所有服务制造并交付给顾客的程序、机制和惯例，从而改进客户的消费体验，获得竞争优势。

六、论述题

1. 试述服务品的特征与服务营销独特营销策略的关系。

答：服务营销独特的营销策略包括：以人为本策略、有形展示策略、过程管理策略。

这三个独特的营销策略都与服务品的特征有关。服务品有五大特征：无形性、差异性、不可分离性、不可储存性、公共性。

（1）以人为本策略与服务差异性特征的关系：人在服务过程中起了双重作用，提供服务的是人，消费服务的也是人，从本质上讲，就是要让一些人为另一些人提供服务。正因为服务具有差异性，服务的好坏往往取决于提供服务的人的素质和执行力。服务的差异性表现在：

1）同一种服务、同一个顾客，服务提供者不同时，服务的质量可能不同（如理发、美容、导游、保险、缝纫等）；

2）同一种服务、同一个服务提供者，顾客不同时，服务的质量也可能不同。如教育，同一班上的同学，考试结果与工作能力均不同。如医疗，医护人员面对不同的患者，往往提供质量不同的医疗服务。

正是由于服务的差异性是由于服务是由人来提供的，服务的质量高与低，服务营销的成功与否，在很大程度上取决于服务提供者的主观努力程度。

所以在对外营销之前，很重要的是需要开展内部营销，吸引、激励和开发员工，使其能满足企业的期望，继而满足客户的期望，从而营销成功。

（2）有形展示策略与服务无形性特征的关系：服务的无形性特征决定了顾客无法在见到或者试用服务之前来认识它、理解它。如何使服务变得有形化，帮助客户提前感知并获得一个初步的印象，从而促使客户作出深入了解和购买服务品的决定。为此，我们需要把无形的服务变得有形化，才有了服务营销的最具特色的一项营销策略：服务的有形展示。

有形展示是指服务过程中能被客户直接感知和提示服务信息的有形物。顾客虽然看不见服务，但能看见服务环境、服务设施、环境气氛、服务人员、服务工具、服务信息资料、服务价目表、服务中的其他客户等有形物，这些有形物就是客户了解无形服务的有形线索。通过这种事前的感受，顾客可以判断出消费服务的质量，即有形证据提供了无形服务质量的线索，相当于顾客在试用服务。

(3) 过程管理策略与服务不可分离性特征的关系：服务的不可分离性特征是指服务产品往往没有流通过程，服务的生产过程与消费过程同时存在、不可分离，生产开始之时，消费同时进行，生产结束之时，消费即告完成。

这表明：服务的生产和消费过程具有时空上的高度一致，两者在时间上不可分离。换言之，服务的顾客必须参与到服务的生产过程，否则不可能消费服务产品。

因此对于服务品的消费体验来说，客户所获得的利益和满足，不但来自服务本身，还来自服务的递送过程。研究表明，较好的服务递送系统可以促使服务企业在管理方面获得较大的营销杠杆作用和促销优势。

服务的过程管理策略，就是指通过管理好所有服务制造并交付给顾客的程序、机制和惯例，从而改进客户的消费体验，获得竞争优势。

2. 试述将服务市场的营销独立出来成为一门学科的意义。

答：由于服务所具有的无形性等基本特征，这就决定了营销服务与营销产品会有差异，所以独立一门学科“服务营销”就显得十分有意义。服务市场与产品市场存在着明显的差异具体表现如下几方面：

(1) 无形性增加了顾客对利益的疑虑。服务的无形性表明服务的内容并不向顾客转移某一产品的所有权，而只是向顾客提供有价值的“一项活动或利益”。顾客只能凭借可看到的服务设备、资料、人员、价格上对活动或利益进行评价。这不仅增加了服务营销的难度，而且也对营销的组织者及提供者提出了更高的要求。

(2) 不可分离性决定了顾客满意度的难度。服务的不可分离性表明服务的顾客要参与服务的生产过程，并与服务提供者密切配合。在服务的生产过程中，服务绩效的好坏不仅取决于服务提供者的素质，也与顾客的行为密切相关。服务营销者除了需要努力提高自身素质，还须注意揣摩顾客的心理、个性、嗜好、兴趣，有针对性地开展服务营销工作，就同一服务要对不同顾客的差异需求提供差异化的服务，以提高顾客对服务的满意度。

(3) 差异性导致了顾客对于服务质量的疑虑。服务的差异性使得不能采用统一的标准对服务质量进行检验，加上服务提供者和顾客同时参与服务的生产和消费过程，两者的素质(如心理、知识、爱好等) 也直接影响服务质量，对于顾客，相对而言购买风险较大。

(4) 不可储存性使得需求弹性增大。服务的不可储存性要求服务的生产与消费同时进行，这使得服务要么供给不足 (使顾客失望、厌烦)，要么供给剩余 (使服务资源浪费)。虽然服务的场所、设备、提供者以实物的形态存在，但它们只是服务供给能力而非服务本身。如何使市场的波动需求与企业的服务资源相匹配，是服务营销管理的一项重要课题，服务的推广必须提高服务效率，缩短顾客等候服务的时间，以免引起顾客的失望、厌烦，甚至对企业的形象及服务的质量产生怀疑，提高顾客对服务的满意度。

(5) 分销渠道的差异。产品的生产、流通、销售在时空上是分离的，分销渠道 (Place) 乃至于物流对于市场营销显得极为重要；而服务的生产和销售是同时发生的，服务营销的分销渠道就完全不同于市场营销的分销渠道。例如，银行、ATM、医院、幼儿园、中小学、大学、中介机构的选址。

七、案例分析题

案例解读 1

海底捞的服务

1. 能否借本案例说明产品与服务的关系？

答：(1) 一切产品都有服务的问题：实体产品实际上是向顾客传送服务的工具，顾客需要产品并不是产品本身，而是需要产品所包括的利益或所提供的服务。吃火锅的顾客需要的并不是火锅这个有形物，而是火锅所能提供的利益：解饿、现热现吃、品种多、食材新鲜度可辨、自助烹饪（自选菜料、自控熟透度、自控食量、自选口味）、气氛热烈（同一口锅里捞食，热气腾腾，气氛容易热烈些）……

在本案例中，如果是单纯吃火锅，顾客可以自己在家里吃。顾客之所以要到餐厅去吃，看重的是服务。除了获得以上火锅所能提供的利益外，还为了享受到火锅之外的服务（是在家吃火锅所享受不到的）：包括免去准备火锅和收拾残局的麻烦；良好的用餐与聚会氛围；更多的品种选择；获得他人尊重等。

海底捞就是做到了提供的不仅仅是火锅，在火锅无法做出差异化特色的条件下，将顾客去外面吃火锅所看重的服务做出了差异化特色。将火锅作为向顾客传送服务的工具。

(2) 服务与产品难以分离：在现实经济活动中，企业向市场提供的产品可能是有形产品，可能是无形服务，也可能是二者的融合，即服务伴随着有形产品或有形产品伴随着服务一同进入市场。在市场交换的过程中，买方和卖方都难以把服务与有形产品加以分离。

本案例中，海底捞火锅店向顾客提供火锅及其配套服务，火锅这一有形物是与服务人员的服务一起提供给顾客的，顾客获得的是整体体验。例如：食物本身——良好的食材原料，离不开海底捞的严格质控采购与洗切加工服务；吃火锅过程中离不开服务——上菜、捞菜、换骨碟、加汤料、倒饮料等。

(3) 服务已成为增加产品价值的核心竞争力：在有形产品高度同质化的情况下，通过增加服务和改善服务质量而取得竞争优势，服务增加其产品价值，服务成为其核心竞争力。

从火锅这一餐饮形式来看，尤其需要服务创造价值。因为和其他的餐饮方式相比，商家烹饪加工过程是几乎没有的（除了锅底），火锅不需要大厨来烹制美味，所以火锅并不能像其他餐饮方式那样因创造独特的口味（除了酱料），而获得附加在食品有形物上的加工服务价值。因此一般意义上的火锅店，无法在有形产品上差异化。

而顾客在外吃火锅更看重服务，只有在服务上做文章，充分满足顾客的服务需求，才能创造差异化，创造价值。

又如川味火锅创造的“鸳鸯火锅”吃法，就满足了顾客口味多样化的需求，因此而大行其道，究其实质，也是一种服务创新。

2. 能否借本案例说明服务有哪些基本特征？

答：与产品相比，服务具有如下五个基本特征：

(1) 无形性：服务往往是无形的、不是实物，这是服务最重要也是最基本的特征。

在本案例中，海底捞的服务员与顾客聊天，这是一种情感交流，使得部分顾客获得尊重，就是无形的。

(2) 差异性：同一种服务的构成、质量、效果可能会由于服务的提供者、顾客、服务时空的不同，而差距甚大。在本案例中，海底捞不同店之间服务质量有差异，同一店不同服务员也有差异，同一服务员提供同样的服务给顾客，不同的顾客感受不同，如聊天，有的顾客觉得好，有的顾客觉得不好，有着明显的差异。正因为服务是由人提供给人，人与人之间的差异与人在不同时空的表现及感觉不同，造成了服务的差异。

(3) 不可分离性：服务的生产过程与消费过程同时进行、不可分离。在本案例中，海底捞提供的火锅与服务是分不开的，服务在生产的同时被消费。服务员在"生产"捞菜服务的同时，也被顾客同时间消费了。

(4) 不可储存性：服务品不能在还没有顾客时，就像生产有形产品那样将服务储存起来，以备将来顾客需要时再出售。在本案例中，海底捞的服务员在顾客消费过程中提供的服务，如上菜、捞菜等，是无法储存的。不能在没顾客时多生产一些，如上好菜、捞好菜，储备着，以待顾客。一来产品有保质和保温时效，二来缺乏顾客需求信息。

(5) 公共性：服务品可为一人，也可以为多人同时"使用"，不涉及物的所有权的转移。在本案例中，如服务员的聊天服务，可以同时对一群顾客展开，也不涉及物的转移；上的菜本身是有形物，但是物往往被多人分享；所提供的用餐工具如锅、电磁炉、碗筷等也未发生所有权的转移。在用餐完离开时，顾客带走的除了撑饱的胃的感觉外，还有就是舌尖对味道的记忆、脑海中对用餐体验的记忆，无一是有形物。

3. 海底捞是否应该推行一套像麦当劳那样严格的流程和制度？

答：不应该，海底捞要推行一套像麦当劳那样严格的流程和制度，既做不到，又无须做到。海底捞需要推行一套较有弹性的流程和制度，赋予一线员工较大的自主权，才能保持海底捞的服务特色优势。

(1) 海底捞做不到一套严格的流程和制度。

首先，我们要看到：一套流程和制度，是有价值的。基于服务产品的无形性和差异化，服务产品的开发与规划要做到两点：一是尽量使服务产品有形化，麦当劳通过其门店统一的VI形象，醒目的金色拱门标志，发放大量的折扣券，赋予了麦当劳服务有形的品牌形象。二是尽量使服务产品标准化，麦当劳通过推行严格的流程和制度，缩小服务差异，更容易推广和树立企业的品牌，降低企业的服务成本。一套成熟的流程和制度，使得麦当劳可以快速地连锁扩张。

其次，由于两者的产品中服务占比的成分不同，服务存在差异性，服务质量较难采用统一的质量标准加以衡量。海底捞提供的是慢餐，麦当劳提供的是快餐。顾客因价格因素，对前者的期望值比较高，而对后者期望值比较低。火锅这种形式，从前述分析可知，服务所占比重较大。服务存在差异性，如本案例中，对待服务员聊天，有的顾客喜欢，有的顾客反感；有的服务员聊天火候把握得好，有的把握得不好。所以用统一的质量标准（以获得客户的名字和电话为准）去衡量，并不一定能确保达到统一的服务质量水平。

最后，由于服务的不可分离性与不可储存性，服务过程是顾客与服务人员互动的过程，服务质量是一种主观质量，是一种互动质量，是一种过程质量，所以服务质量较难被衡量。如本案例中，顾客消费火锅的全程中，都伴随着服务员的服务，顾客与服务员产生互动。而麦当劳的消费过程中涉及人员的互动服务较少（主要在点餐时），服务质量比较容易衡量。

(2) 海底捞无须一套严格的流程和制度。海底捞推行一套较有弹性的流程和制度，赋予一线员工较大的自主权，才能保持海底捞的服务特色优势。

本案例中，顾客之所以对海底捞趋之若鹜，排两小时以上的队还甘之如饴。就是因为顾客对海底捞的服务特色的认可，服务好是海底捞的核心竞争力。在火锅有形产品易同质化的条件下，服务创造价值。而服务是由人提供的，只有员工才最清楚顾客的需求，只有员工被充分地信任，调动其积极性与创造性，才能提供个性化的、超越期望的服务，从而赢得客户的“忠诚”。这只有赋予一线员工较大的自主权才能办到，只有推行一套较有弹性的流程和制度才能办到。

本案例中，在某些店和某些做法中，正是较僵硬的流程和制度束缚了服务员的自主判断与发挥，使得服务质量适得其反地落入较低的水平。这就是流程和制度的弊端，一是把每个客人的需求都假设成一样的，二是把每个员工都假设为偷懒和没有头脑的。

如果海底捞也推行一套严格的流程和制度，顾客在每次踏入时获得的是同样的无差异的服务，那顾客就不会有“意外惊喜”，顾客的差异化需求得不到满足，员工也得不到被信任与获得顾客“意外夸奖”的满足。海底捞也就丢失了服务的金字招牌，这就不是海底捞了。

海底捞的服务是其特色，是其核心竞争力。较高的服务水平正是由于弹性的流程和制度，一线员工有较大的自主权所造成的。所以硬要学习麦当劳的一套，是不必要的。

(3) 对海底捞的改进建议：

1) 海底捞服务特色“水涨船高”的危机：海底捞的“变态”服务，名声在外，让顾客对海底捞的服务期望值“水涨船高”。期望越大，失望越大，越难获得满足。哪怕是超越同行的服务水平，但是由于被“宠坏”（期望值高）了，也难以提高服务满意水平。

因此海底捞需要不断地创新服务，让顾客能“喜出望外”。这就始终需要一支较高素质的服务员队伍，这绝非易事。合适的“人员”因此成为了限制海底捞扩张的瓶颈。

2) 破解危机的建议：

①回归餐饮的本质：餐饮的本质是食物，在服务的基本组成中，餐饮的核心服务是食物，而其他的都是辅助服务。一家口味好的饭店，即使服务一般，也会顾客盈门，顾客会因为口味好而降低对服务的期望值；而一家口味不好，而服务很好的饭店，顾客不会再去。所以海底捞应该回归餐饮的本质，首先做好食物，满足顾客的核心利益。最近海底捞因为汤料是冲调而非鲜汤的事件，而被非议，就是一个例证。所以海底捞应该将其食物做出特色来，如更多的锅底选择，有辣的也有不辣的；更多的特色酱料；更多的特色食材等。并可打出一个广告：海底捞，不仅仅只有服务。

②基本服务标准化：将基本的服务环节标准化，保持相对一致的服务质量水平，让一线服务员容易掌握操作。也降低顾客的期望值，别让顾客觉得某些超值服务是理所当然的，如打折、送菜等。可消除由于服务操作的不一致，而导致内部的恶性竞争。如服务员滥用打折、送菜的权力。

③提供更多利益：从前述分析可知，顾客在外消费火锅，需满足的利益包括：解饿、现热现吃、品种多、食材新鲜度可辨、自助烹饪、气氛热烈等，还需享受到的服务有：免去准备火锅和收拾残局的麻烦；良好的用餐与聚会氛围；更多的品种选择；获得

他人尊重等。

因此，可以充分挖掘顾客未被满足的需求，去提供更多利益。例如，围绕食材，是否可以宣传各种食材的来源地与营养特色，以满足顾客对安全的需求，还满足顾客对食材知识的需求；围绕加工，是否可以透明厨房，将食材的加工过程展示在顾客面前，满足顾客对安全的需求以及好奇心；围绕点菜，是否可以自助，减少人的参与，既提高效率，又增加顾客的选择面。设置自助选菜区，食材已经一份份分好并标识好价格，顾客可自行选择，既满足顾客对食材多样化与眼见为实的需求，又充分满足自助的需求，还满足了省去上菜等待时间的需求。

案例解读 2

"50+"超市的服务

1. 能否借此案例说明服务品的基本服务组合？

答：服务品作为一个产品整体包括四个方面的内容：核心服务、便利服务、辅助服务和体验服务。

核心服务是指企业为顾客提供的服务品的最基本效用。如本案例中，"50+"超市提供的核心服务就是购物，有较多的品种、合适的价格。

便利服务是为配合方便核心服务的使用而提供的服务。如本案例中"50+"超市为方便老人观看货物名称和价格标签，所以做得比较大，更加醒目；而且还放着放大镜，方便老人看清物品上的产地、标准和有效期等；还提供老花镜，老人忘了带老花镜，可以到入口处的服务台去临时借一副老花镜戴上。

辅助服务是增加服务的价值或使企业的服务同其他竞争者的服务区分开来。如本案例中"50+"超市提供的宽敞的购物空间，空间不拥挤是辅助服务；如提供休息座椅，货架间设有靠背座椅。购物推车装有刹车装置，后半截还设置了一个座位，老人如果累了还可以随时坐在上面歇息，也属于辅助服务。

体验服务是增加顾客体验可感知的精神层次的服务价值。如本案例中"50+"超市只雇用50岁以上的员工。目标顾客——50岁以上中老年人，享受着同龄人的服务，感受到对中老年人的尊重，有同龄人更容易沟通，更容易有亲切感。这些都增加了顾客对"50+"超市的信任与认同，精神上的体验是愉悦的，增加了精神层次的服务价值。

2. "50+"超市为何只雇用50岁以上的员工？

答：这是根据"50+"超市的定位而特别考虑的。

（1）50岁以上员工更容易理解同年龄的目标客户，不同年龄段的人有代沟，处于同一年龄段，感同身受，更容易理解目标客户的需求，更容易沟通，更容易获得顾客的信赖，获得较高的服务满意度。

（2）中老年人对工作更加负责，工作积极性更高。50岁以上员工更加珍惜工作，因此工作更加负责，工作积极性更高。而且50岁以上员工更加追求稳定，不会轻易跳槽，员工队伍更加稳定。

3. "50+"超市还吸引了其他年龄层的人群，"50+"超市是否名不副实？

答：案例中提到："50+"超市由于替老人想得特别周到，深受老人欢迎。同时被其他年龄层（如带孩子的年轻母亲）所接受。

这并非是“50 +”超市名不副实，或许有改名。而恰恰说明其他年龄层的人群也有和“50 +”超市精准定位的目标人群——50 岁以上中老年人，有相似的需求，在其他的超市，未被满足。

如宽大的购物空间，带孩子的年轻母亲往往会买很多东西，或者带着孩子一起来购物，需要较大的购物车和较大的购物空间。又如休息的座椅，逛累了的孩子也需要休息，何况能坐在购物车上，方便年轻母亲一边购物一边照看孩子。再如 50 岁以上的员工，亲切慈善的服务态度，就像自己的父母，年轻的母亲或年轻人也能感到不一样的温暖。

所以，这是一种“服务专业化”策略，多一种服务，满足多种顾客群体的相似需求。“50 +”超市的定位是瞄准 50 岁以上的人群，目标鲜明，但也辐射吸引了其他人群的相似需求。在现实中还可看到其他类似的例子，例如，强生的婴儿护肤与洗浴产品，强调安全无刺激，定位瞄准婴儿，但也吸引了追求无刺激与婴儿般肌肤需求的成年人群。

第十七章　市场营销的新发展

> 营销并非像欧几里得几何学那样，有着对概念与定理的一套固定体系。相反，营销是经营管理学中最富能动作用的一个领域，市场上经常出现新的挑战，公司必须做出反应。因此，毫不奇怪，新市场观念应不断出现以迎接市场新挑战。
>
> ——菲利普·科特勒

本章重点：绿色营销的含义；整合营销的含义；关系营销的含义；网络营销的含义；文化营销的含义；知识营销的含义。

本章难点：绿色营销策略；整合营销的基本思路和原则；客户忠诚与客户终身价值；网络营销的特征；文化营销的原则；知识营销的实现途径。

本章新知识点：绿色营销；整合营销；关系营销；网络营销；文化营销；知识营销。

【学习目标】

通过本章学习，将使读者对于各种新发展的市场营销理念和形式有比较全面的认识。读者在学习过程中，要特别注意理解掌握各种不同新市场营销理念和形式的含义，并在此基础上理解其特点，认识其现实应用价值。

【核心概念】

绿色营销；整合营销；关系营销；网络营销；文化营销；知识营销。

1. 绿色营销

绿色营销是社会和企业在充分意识到消费者日益提高的环保意识和由此产生的对清洁型无公害产品需要的基础上，发现、创造并选择市场机会，通过一系列理性化的营销手段来满足消费者以及社会生态环境发展的需要，实现可持续发展的过程。绿色营销策略包括绿色产品、绿色定价、绿色渠道、绿色促销。

2. 整合营销

整合营销是从客户的角度来换位思考，充分理解客户的需求，让企业的行为从客户的需求出发，整合内外部资源形成系统，以统一一致的形象、信息、质量水平来面对客户，有效提高系统的效率。整合营销的基本思路包括：以整合为中心、讲求系统化管理、强调协调与统一、注重规模化与现代化。整合营销传播分为四个阶段：策略传播的协调、营销传播范围的重新定义、信息技术的应用、财务整合以及战略整合。

3. 关系营销

关系营销是指为了满足客户需要、获得客户的忠诚，企业与各个相关利益者，通过一系列的合作建立亲密的相互依赖关系，同时实现各方目标的过程。关系营销关注建立好方方面面的关系，市场模型包括六大子市场。关系营销强调的是建立和维护客户关系，培养忠诚客户，从而获得最大的客户终身价值。

4. 网络营销

网络营销是以互联网为基础，利用数字化的信息和网络媒体的交互性来辅助营销目标实现的一种新型的市场营销方式。网络营销包括两大内容：网上销售和网络整合营销传播。网络具有促进信息传播和交换的作用，使得网络营销呈现出一些不同于传统营销的八大特征。网络营销与电子商务既有区别又有密切联系。

5. 文化营销

文化营销是指通过传递特定的文化来实施营销活动的过程。简单地说，就是利用文化力进行营销。文化营销包括三个层面：产品服务层面、品牌文化层面、企业文化层面。文化营销的指导原则包括：内容与形式两者要统一、用系统的观点看待。

6. 知识营销

知识营销是指企业在营销过程中，主动教育引导客户，在企业的营销活动中注入一定的知识含量与文化底蕴，帮助客户获得更多与产品和服务相关的知识，进而赢得客户的信任，并能主动接受企业的产品和服务的营销方式。知识营销的主要内容包括：增加营销活动的知识含量、挖掘产品文化内涵、形成与消费者结构层次上的营销关系、培训顾客和针对性的销售。具体而言，知识营销有四大实现途径。

【学习重点】

绿色营销策略；整合营销的基本思路和原则；客户忠诚与客户终身价值；网络营销的特征；文化营销的原则；知识营销的实现途径。

1. 绿色营销策略

绿色营销是适应21世纪的消费需求而产生的一种新型营销理念，也就是说，绿色营销还不可能脱离原有的营销理论基础。因此，绿色营销模式的制定和方案的选择及相关资源的整合还无法也不能脱离原有的营销理论基础。所以绿色营销的阐述同样离不开营销组合的4P：

(1) 绿色产品策略。产品策略是市场营销的首要策略，企业实施绿色营销必须以绿色产品为载体，为社会和消费者提供满足绿色需求的绿色产品。所谓绿色产品，是指对社会、对环境改善有利的产品，或称无公害产品。绿色产品的开发可以节省原料和能源，减少非再生资源的消耗，容易回收、分解，低污染或者没有污染，不对使用者身心健康造成损害，产品包装符合国家有关规定。

(2) 绿色定价策略。定价是市场营销的重要策略，价格是市场的敏感因素，实施绿色营销不能不研究绿色产品价格的制定。一般来说，绿色产品在市场进入的初期，生产成本会高于同类传统产品，因为绿色产品成本中应计入产品环保的成本，主要包括以下几方面：

1) 在产品开发中，因增加或改善环保功能而支付的研制经费。

2) 在产品制造中，因研制对环境和人体无污染、无伤害而增加的工艺成本。

3) 使用新的绿色原料、辅料而可能增加的资源成本。

4) 由于实施绿色营销而可能增加的管理成本、销售费用。

(3) 绿色渠道策略。企业开展绿色营销，其绿色营销渠道的畅通是关键。企业只有充分保障绿色产品物流、商流、价值流、信息流在渠道中畅通无阻，才能最终实现绿色消费。

(4) 绿色促销策略。绿色促销是通过绿色促销媒体，传递绿色信息，指导绿色消费，启发引导消费者的绿色需求，最终促成购买行为。绿色促销的主要手段有以下三方面：

1) 绿色广告。

2) 绿色推广。

3) 绿色公关。

2. 整合营销的基本思路和原则

整合营销是以整合企业内外部所有资源为手段，重组企业的生产和市场行为，充分调动一切积极因素，以实现企业目标的全面、一致化的营销。它主张把一切企业活动，不管是企业经营策略还是具体的操作行动，都要进行整合重组，使企业在各个环节上高度协调一致，紧密配合，共同进行营销活动。其基本思路有以下几点：

(1) 以整合为中心。整合营销重在整合，打破了以往仅仅以消费者为中心或以产品为中心的营销模式，而着重企业所有资源的综合利用，实现企业高度一体化的营销。主要手段就是整合，包括企业内部整合，企业外部整合以及企业内外部的整合。具体来说，包括企业营销过程、营销方式及营销管理的整合，还包括对企业内外的商流、物流及信息流的整合。

(2) 讲求系统化管理。整合营销讲求系统化配置、管理企业所有资源，无论是企业中的各层次、各部门、各岗位，还是企业内外的总公司、子公司、供应商、经销商及相关合作伙伴都要协调行动，形成合力，系统化运作管理，形成系统化的竞争优势。

(3) 强调协调与统一。整合营销强调营销的协调与统一，思想要统一，行动要统一，不仅是企业内部各个环节的协调统一，还包括企业与外部合作伙伴和外部环境的协调统一，共同努力实现整合营销。

(4) 注重规模化与现代化。整合营销注重企业的规模和与现代化经营。规模化不仅能使企业获得规模经济效应，而且也为企业有效实施整合营销提供了客观基础。同时，整合营销需要依赖现代科学技术、现代管理手段，以保证整合营销的有效实施。

开展整合营销传播有一定的规律可循，可依据以下八项原则：

(1) 成为以客户为中心的组织：以客户为中心意味着企业会率先用心地考虑到最终的购买者或消费者。对于以客户为中心的企业来说，批发商、零售商和其他中介固然重要，但都没有最后购买者重要，中介是价值链上的中间人，虽然起到一定的作用，但从战略上来考虑，都没有最终客户重要。公司必须以最终客户为重，意味着企业的一切围绕着最终用户而设计、运作，全面整合各种职能部门，各个层次的整合成为常规做法，而非特例。

(2) 采用由外而内的规划：只有彻底改变营销规划方式，企业才能建立客户至上的系统。客户至上不仅是指服务现有客户，更表示企业已经以客户为中心成功建立了运作制度，从预算与规划、营运、传输到评估绩效等。传统的由内而外的规划方式中，营销支出和预期的销售结果之间并没有公认的联系，也因此把营销支出误认为是费用，而会考虑尽量节省。

(3) 以整体客户体验为重点：整体客户体验指的是客户不仅仅是对产品的体验，还包括对营销活动的体验，对公司整体的体验。企业必须重新审视，以检验整体客户体验为目标，判定各种对客户感受体验带来正面或负面影响的因素并加以管理。

(4) 把客户目标与公司目标结合起来：客户与公司有着各自的目标，并且目标也会不时变化，要找到双方目标的结合点，达到客户满意与企业满意，公司必须不断地作出调整，可以是投资于市场调研和产品研发，提供创新产品；可以是投资供应链，在产品的提供和分销上变得更有效率；可以是投资客户关系，加强客户对公司的认知，吸引客户与企业建立长期关系。

（5）设定客户行为目标：营销传播必须影响到客户的行为，使得他们的行为有利于企业的发展，行为包括：赢取新客户、维系并留住现有客户、维系并提高现有客户所带来的销售量或利润、通过公司的产品或服务组合迁移现有的客户。

（6）把客户当成资产：客户本就是为企业带来收入的主体，因此整合营销传播就是管理客户资产，对于客户就需要进行投资，并获得投资回报。这样营销传播部门就不仅仅是在花钱，而是在进行投资，并以提高投资回报率为己任。

（7）精简职能业务活动：传统营销下营销职能被细分，包括广告、销售和宣传等，而整合营销传播需要打破这些部门甚至岗位设置的障碍，减少内耗。大部分组织整合的主要障碍都是与外界的客户联系太少，在太多公司里，整合都是败在职业经理人手中，因为他们往往试图把功能分得更细，以保护或获得更大的权力。

而客户的思考其实只面对两种基本的营销传播活动即信息与激励，为此需要打破界限，促使经理人先从客户的角度思考问题，而不是先从传播的手段入手，可以获得更多更有效的传播创新。

（8）集中营销传播活动：营销传播活动的集中并不是说要把所有的传播活动放在同一个广告代理公司去做，而是要把各种营销传播手段充分融合，达到有机集成，而不是零散的、互相孤立的，在当前特别要强调传播营销传播活动和电子化传播活动的集成。因为客户会接触到各种传播媒介，如何实现不同媒介传播信息的一致和呼应互动将是营销传播是否有效的关键。

3. 客户忠诚与客户终身价值

关系营销强调的是建立和维护客户关系，培养忠诚客户，从而获得最大的客户终身价值。

（1）客户忠诚的含义及与客户满意的关系。

客户忠诚，是指客户在满意后进而产生的对某种产品品牌或企业的信任，希望重复购买的一种行为倾向。一般来说，客户对企业的满意程度只有达到一定的水平时，才会产生客户忠诚。

客户满意，是指客户期望价值与实际感知价值的比较，客户感知价值高于期望价值时，客户就会比较满意，高出程度越高，客户满意程度越高。而客户感知价值低于期望价值时，客户就会不满意。客户满意是一种态度，但不是一种行为。

客户满意并不一定意味着客户忠诚，只有非常满意的客户才会产生客户忠诚。所以说，客户满意只是客户忠诚的必要条件。

（2）培养忠诚客户的意义。

1）降低企业营销成本：关系营销研究发现，发展一位新客户的成本往往是维护一位老客户成本的五倍。维系一位老客户，营销活动针对性强，效率高，效果好。所以培养忠诚客户是降低营销成本的好办法。

2）发展新客户：老客户在成为忠诚客户后，往往会推荐其所喜欢的企业和产品给其他客户，而新客户往往对已购买过企业产品的老客户的亲身经历十分关心，他人的推荐对于购买决策至关重要。所以老客户的这种口碑效应，是发展新客户的重要手段。

3）获取更多市场份额：在客户成为忠诚客户后，客户不仅会比较稳定地选择购买企业的产品，不会轻易更换，增加了市场份额。客户还可能会增加购买企业的其他产品，也扩大了企业的市场份额。

4）提高企业利润：留住老客户不仅通过节省成本而获取更高利润，而且因为老客户对企业产品的信任与满意，企业的产品与品牌可以获得一定程度的溢价，从而获得比其他竞争对手更高的利润率，提高了企业的利润所得。

（3）客户终身价值。关系营销的终极目标是要最大限度地获取客户的终身价值。客户终身价值是指企业的客户在整个客户生命周期中为企业带来的总价值。客户终身价值不仅包括购买商品的直接价值，还包括其他价值。

1）客户购买价值：即客户由于直接购买企业的产品或服务而产生的销售收入，为企业贡献的价值。

2）客户口碑价值：即客户向其他客户宣传本企业品牌而带来新客户或知名度与美誉度提升的收益。

3）客户信息价值：即客户为企业提供的信息的价值，信息包括由客户在购买时提供的基本信息，还包括企业与客户进行双向沟通时所反馈的信息，包括各种对企业的意见和建议。

4）客户知识价值：即客户能给企业带来的专属知识，知识可以是关于需求的，也可以是技术的，甚至是管理方面的。

5）客户交易价值：即客户与企业建立信任关系后，企业将客户关系通过联合营销、提供市场准入等方式介绍给其他企业，通过市场合作而获取的直接或间接受益。

4. 网络营销的特征

市场营销中最重要的是信息传播和交换，如果没有信息交换，那么交易也就是无本之木。正因如此，互联网具有促进信息传播和交换的作用，使得网络营销呈现出一些不同于传统营销的特征，分别是：

（1）时域性：由于互联网能够超越时间约束和空间限制进行信息交换，使得营销脱离时空限制进行交易变成可能，企业有了更多时间和更大的空间进行营销，可随时随地地提供全球性营销服务。

（2）富媒体：互联网被设计成可以传输多种媒体的信息，如文字、声音、图像等信息，使得为达成交易进行的信息交换能以多种形式存在和交换，可以充分发挥营销人员的创造性和能动性。

（3）交互式：互联网通过展示商品图像、商品信息资料，来实现供需互动与双向沟通。还可以进行消费者需求调查等活动。互联网为产品设计、信息发布以及各项技术服务提供了获得反馈意见的最佳途径。

（4）个性化：互联网上的促销是一对一的、理性的、消费者主导的、非强迫性的、循序渐进式的，而且是一种低成本与人性化的促销，避免推销员强势推销的干扰，并通过交互式交谈，与消费者建立长期良好的关系。

（5）成长性：互联网使用者数量快速成长，使用者大多比较年轻、具有较高教育水准，由于这部分群体的购买力会有较大的增长潜力，因此这个市场极具有成长性。

（6）整合性：互联网上的营销可由商品信息至收款、售后服务一气呵成，因此是一种全程的营销渠道。另外，借助互联网将不同的传播营销活动进行整合，向消费者传达一致的信息。

（7）高效性：互联网上可提供大量的信息，可传送的信息数量与精确度，远超过其他媒体，并能应市场需求及时更新产品或调整价格，因此能及时有效了解并满足顾客的需求。

（8）经济性：通过互联网进行信息交换，代替以前的实物交换，既可以减少促销成本和渠道成本，还可以减少信息不对称的风险成本。

11. 文化营销的原则

企业在实践文化营销时应注意以下几个指导原则：

（1）处理好内容与形式的统一关系。内容决定形式，形式是内容的体现，二者需辩证统一。有的企业在文化营销时往往只重视形式而忽略了内容。如有的企业只注重产品的包装而不重视产品的质量；有的企业在文化建设中只提出一些口号实际中并不执行；有的企业只知道做广告做宣传，只重视企业视觉识别系统（VI），而不强调企业理念（MI）和企业行为（BI）建设，造成了"金玉其外，败絮其中"的结果。

（2）要用系统的观点对待文化营销。企业的文化营销是一个整体，一个有机的系统。企业文化建设是企业文化营销的前提和基础，企业没有良好的健康的全面的文化建设，文化营销就成了无源之水、无本之木。企业分析和识别不同环境的文化特点是文化营销的中间环节和纽带，在企业文化建设的基础上，只有企业对不同环境的文化进行深入分析，才能制定出科学的文化营销组合策略。制定文化营销组合策略是前两者的必然结果，企业在进行文化营销时如果忽视了做好企业文化建设和环境文化特点分析，只重视了文化营销组合策略的运用，结果往往是收效甚微的。

6. 知识营销的实现途径

知识营销的实现方法是将市场营销过程和知识管理过程有机结合，将市场营销中获取、产生、需要的各种形式的知识进行对接、整合、共享、创新、利用、发布，最终实现知识的价值转化。

（1）搭建合作开放的技术交流平台。企业的技术交流平台按开放程度可以分为内网和外网，内网只对企业内部员工开放，为员工进行知识交流、提高知识学习与共享能力提供技术支持；外网是企业向社会传播信息，获取外部信息，宣传企业形象的接口。企业内网和外网的建设与管理对于促进企业形成知识和促进知识流动具有积极的促进意义。

（2）打造高素质营销队伍。营销队伍是知识营销实现的主体，营销队伍的高素质是保证企业产品中的知识含量能被客户感知和接受的条件，是知识成功价值转换的基础。高素质营销队伍需要有良好的知识获取能力、知识整合能力、知识共享能力、知识创新能力、知识表达发布能力，通过各种能力的综合实现市场营销的全过程知识管理。

（3）建设扁平化组织结构。扁平化组织是适应剧烈变化的市场竞争、增强反应能力、提高响应速度的有效途径。知识营销需要营销组织在组织结构上做出调整，组织结构扁平化是必然的趋势，扁平化主要包括在两个方面：一是组织层级的减少，有利于组织知识的纵向传递与逆向反馈；二是组织边界的扩张，有利于组织知识的广泛获取与共享。

（4）创建共享型组织机制。企业内部的知识学习与共享是企业知识营销的基础。通过知识的学习与共享，能够高效率低成本地实现知识的扩散，使大部分营销人员掌握一些共性、必备的知识，迅速提升营销人员的素质与技能。但知识的学习与共享并不是在组织内能自动自发形成的，知识的价值性与知识共享的利益关系导致个人知识利益与组织知识利益之间存在一定冲突，知识共享很难在组织内大规模自动发生，需要组织建立合理的激励机制和营造共享型文化才能使知识共享取得较好成效。

【同步练习】

一、单项选择题（在下列每小题中，选择一个最适合的答案）

1. 绿色营销应运而生基于以下原因，但不包括（　　）。

A. 资源短缺　B. 商品供大于求
C. 环境恶化　D. 社会可持续发展

2. 绿色营销考虑多方利益的协调统一，但不包括（　）。
A. 企业利益　B. 消费者利益　C. 竞争对手利益　D. 生态环境利益

3. 下面哪种是典型的非绿色产品（　）。
A. 节能灯　B. 有机蔬菜　C. 再生纸　D. 大排量轿车

4. 绿色营销和（　）是相辅相成的。
A. 绿色生产　B. 绿色消费　C. 绿色渠道　D. 绿色促销

5. 绿色产品常采用哪种定价策略（　）。
A. 撇脂定价　B. 渗透定价　C. 折扣定价　D. 满意定价

6. 整合营销是由哪位学者最先提出的（　）。
A. 科特勒　B. 劳特伯　C. 特劳特　D. 巴菲特

7. 4C 理论中，最核心的是哪一项（　）。
A. 顾客成本　B. 便利　C. 顾客的需要和欲望　D. 沟通

8. 整合营销传播的 4C 理论和 4P 相对应，便利所对应的是（　）。
A. 产品　B. 促销　C. 渠道　D. 定价

9. 关系营销下，需处理好关系的子市场很多，最首要的是（　）。
A. 内部市场　B. 顾客市场　C. 渠道商市场　D. 供应商市场

10. 关系营销下，内部市场指的是（　）。
A. 行业内部市场　B. 企业员工自我消费
C. 一线营销和服务人员　D. 企业所有内部员工

11. 客户满意与客户忠诚的关系，表述不正确的是（　）。
A. 客户满意不一定导致客户忠诚
B. 客户满意是客户忠诚的前提条件
C. 非常满意的客户才会产生客户忠诚
D. 客户满意就会产生客户忠诚

12. 企业为培养忠诚客户而推出很多优惠政策，总利润额会（　）。
A. 降低，因为优惠太多　B. 提高，因为重复购买
C. 降低，因为成本过高　D. 提高，因为品牌溢价

13. 客户终身价值不仅包括购买商品的直接价值，还包括（　）。
A. 客户服务价值　B. 客户关系价值　C. 客户口碑价值　D. 客户满意价值

14. 以下做法与关系营销中的 80/20 法则无关的是（　）。
A. 中国移动在机场设立全球通 VIP 客户候机室
B. 银行对大客户设立贵宾通道优先办理业务
C. 地铁和公交对老年人制定特别优惠票价
D. 航空公司推出常旅客计划

15. 以下属于 C to C 商业模式的网站是（　）。
A. 百姓网　B. 卓越亚马逊　C. 淘宝商城　D. 凡客诚品

16. 凡客诚品网上卖服装是属于哪种网络营销（　）。
A. 完全通过互联网实现销售业务
B. 在互联网上定约，线下交易支付

C. 通过互联网建立联系，线下发展关系成交

D. 通过互联网开展宣传

17. 网络营销具有很多特性，但不包括（　　）。

A. 富媒体性　　B. 交互性　　C. 经济性　　D. 区域性

18. 电子商务与网络营销的关系表述正确的是（　　）。

A. 电子商务的概念比网络营销广

B. 网络营销是电子商务的前提

C. 电子商务是网络营销的研究内容之一

D. 网络营销离不开电子商务的实施

19. 文化营销分为两个阶段，先是文化的传递，再是（　　）的传递。

A. 实物　　B. 品牌　　C. 服务　　D. 价值

20. 文化营销产生和发展的原因很多，但不包括（　　）。

A. 直白庸俗的硬式推销已越来越不受欢迎

B. 人们的精神需求日益增长

C. 文化的力量建立竞争差异化优势

D. 有文化的商品更易受大众追捧

21. 文化营销分为若干层面，但不包括（　　）。

A. 产品服务层面　　B. 品牌文化层面　　C. 企业文化层面　　D. 核心理念层面

22. 下面哪个案例不符合文化营销（　　）。

A. 娃哈哈传递传统文化　　B. 星巴克传播咖啡馆文化

C. 麦当劳传播美国快餐文化　　D. 宜家倡导家居文化

23. 关于知识营销，不正确的说法是（　　）。

A. 产品和服务已成为承载知识的载体

B. 知识营销又被称为学习营销

C. 知识营销是企业向客户单向传递知识

D. 客户主动向企业学习知识

24. 知识营销最常用于哪种类型企业和产品（　　）。

A. 快消品　　B. 工业品　　C. 选购品　　D. 服务

25. 知识营销的首要内容是（　　）。

A. 增加营销活动的知识含量　　B. 增加产品的技术含量

C. 促进营销知识的传播　　D. 加强知识的价值转化

二、多项选择题（在下列每小题中，正确的答案不少于两项，请准确选出全部正确答案）

1. 绿色产品与传统产品相比，具有如下特征（　　）。

A. 满足消费者需要之外还符合环保需求

B. 产品生产过程中杜绝产生废物和污染

C. 产品包装尽量简化减少对资源的消耗

D. 引导消费者适量消费并适量生产

E. 产品使用中不产生温室气体排放

2. 绿色产品的成本较高，因为计入了环保的成本，包括（　　）。

A. 为改善环保功能而投入的研发费用

B. 在生产中为环保而增加的生产工艺投入
C. 使用绿色原料而可能增加的资源成本
D. 实施绿色营销而增加的管理成本和销售费用
E. 具有环保观念的消费者愿接受较高的价格
3. 整合营销传播的核心是4C，包括（　　）。
A. 顾客的需要和欲望　B. 顾客的成本　C. 便利　D. 服务　E. 沟通
4.整合营销的基本思路包括（　　）。
A. 以整合为中心　B. 讲求系统化管理　C. 强调协调与统一
D. 注重规模化与现代化　E. 创新发展思路
5. 关系营销的基本特征有（　　）。
A. 双向沟通　B. 联结统一　C. 实现共赢
D. 控制反馈　E. 协同合作
6. 关系营销需处理关系的子市场包括（　　）。
A. 顾客市场　B. 供应商市场　C. 分销商市场
D. 竞争者市场　E. 影响者市场
7. 网络营销的产生基于以下原因包括（　　）。
A. 网络信息技术发展　B. 消费者价值观改变
C. 激烈的商业竞争　D. 复杂多变的营销环境
E. 年轻消费者成为主流
8. 网络营销具有不同于传统营销的特征包括（　　）。
A. 超越时空性　B. 交互式　C. 个性化
D. 高效性　E. 廉价性
9. 文化营销具有的鲜明的特点是（　　）。
A. 文化营销先传递文化再传递实物
B. 文化营销的目标是传递文化而不是出售商品
C. 文化营销下营销不再仅是营销部门的职能
D. 文化营销强调信息的双向沟通
E. 文化营销下文化是产品唯一特色
10. 文化营销在实际操作中有以下几个层面（　　）。
A. 产品服务层面　B. 价值观层面　C. 企业文化层面
D. 社会形象层面　E. 品牌文化层面
11. 知识营销与传统营销相比具有以下特点（　　）。
A. 营销环境发生了质变　B. 营销产品发生了质变
C. 营销方式发生了质变　D. 营销渠道发生了质变
E. 营销理念发生了质变
12. 知识营销的主要内容包括（　　）。
A. 增加营销活动的知识含量
B. 挖掘产品文化内涵
C. 形成与消费者结构层次上的营销关系
D. 培训顾客和针对性的销售
E. 管理好客户投诉

三、填空题（在下列每小题中，填上适当的内容）

1. 绿色营销有狭义和广义之分，最窄的被称为________。

2. 绿色营销需开展绿色促销，指导________，以启发引导消费者的绿色需求。

3. 整合营销传播的4C分别是顾客的需要和欲望、顾客成本、便利和________。

4. 整合营销传播的关键是将所有的________整合在一起，并且使它产生效益。

5. 关系营销将营销的重点转移到建立和维护与客户的关系上来，把与客户的每一次________都视为维系客户关系的一个步骤。

6. 客户忠诚是客户在满意后进而产生的对某种产品品牌或企业的信任，希望重复购买的一种________。

7. 网络营销是以________为手段进行的，为达到一定营销目的的营销活动。

8. ________是企业开展网络营销的核心内容。

9. 文化营销下，产品在满足消费者物质需求的同时还需满足消费者的________。

10. 知识营销下，产品和服务已成为承载知识的________。

四、判断题（判断下列各题是否正确，正确的在题后的括号内打"√"，错误的打"×"）

1. 绿色产品是把社会环境利益放在第一位的产品。（　　）

2. 绿色渠道就是要尽量减少渠道的层级开展直销。（　　）

3. 整合营销传播的关键是将所有传播活动整合在一起。（　　）

4. 整合营销传播讲求系统化管理形成合力。（　　）

5. 关系营销重点就是维护与顾客的关系。（　　）

6. 客户满意是客户忠诚的必要条件。（　　）

7. 网络营销具有时效性、成长性、高效性等特性。（　　）

8. 文化营销把企业营销的重点放到文化的传递上来。（　　）

9. 知识营销在消费品行业推新品时也需要运用。（　　）

10. 知识共享能在组织内大规模地自动发生。（　　）

五、简答题

1. 简述绿色营销的策略组合。

2. 简述整合营销的基本思路和原则。

3. 简述客户忠诚的含义及与客户满意的关系。

4. 简述网络营销的特征。

5. 简述文化营销的原则。

6. 简述知识营销的实现途径。

六、论述题

1. 试述培养忠诚客户的意义。

2. 试述文化营销的含义以及与传统营销的区别。

七、案例分析题

案例分析 1

七喜尝试网络视频广告

传统的饮料广告通常选择巨星做代言，后期配上炫目特效，耗费巨资在央视黄金时段进行投放，这样的广告通常成本在千万元以上。而七喜首次尝试网络视频广告，拍摄的网络视频广告无任何上述元素，成本不及百分之一。没有雇用网络水军，仅靠微博红人的帮衬，三个仅有 5 分钟“穿越”剧情的系列故事中的第三则“蝴蝶效应”视频发出当天，被只有 300 多粉丝的新浪微博主“凯利金伯伦”首次转发后，获 6000 多条评论和 5 万余次转发，位居当日新浪微博“热门转发”第二位，由此成为近期病毒式营销的典型案例。

中国此次网络病毒营销的导演——百事公司，请来嬉笑怒骂的胡戈——当年《一只馒头的血案》的创作者，期望能在当今的时代，重新诠释七喜的品牌内涵。

第一则七喜“穿越”广告仅 5 分钟，但当时中国互联网话题人物小月月的担纲，瞬间触动年轻网民的兴奋点。“创作剧本不是仅凭灵感，是根据七喜品牌组的要求进行精心设计的。”胡戈告诉《环球企业家》：“他们要求有更多的转发率，要让更多的人转发就要更雷人。”

胡戈的剧本恰好具备了一则成功的网络广告的“Success Model”（成功模型）的六要素，“Story Telling”（讲故事）、“Unexpected Result”（出乎意料的结果）、“Creditable”（可信度）、“ Concrete”（实在的）、“Emotion”（有感情的）和“Simple”（简单的）。

这深得互联网世界的“恶搞”精神。七喜品牌组不想流于表面。“从品牌的角度出发，没有想象力的恶搞会让观众厌烦，同时拉低品牌形象。所以品牌组一直坚持我们的作品不能过度恶搞，必须娱乐而不流于低俗，搞笑而不恶趣味。用创意增加娱乐性，做有思想的娱乐。”负责七喜品牌的市场副总监江畅对《环球企业家》说。

尽管七喜第二则“圣诞许愿”和第三则“蝴蝶效应”广告仍不乏戏谑成分，但和第一个广告内容存在着微妙的差别——剧本的内容更加巧妙。在“圣诞许愿篇”的穿越创意过程当中有一个小故事，反串角色龚格尔最后回到现代，接入之前暑假投放的揭盖赢篇的剧情，令两条片子有一个巧妙的结合和呼应，让后面的圣诞篇反而成为暑期篇的前传。

七喜与胡戈所为，预示着品牌营销的一个必然趋势。之后，江畅找到广告制作公司天纳合作了“史上最爽的 7 件事”的短片，讲述一个宅男历经黄粱一梦，最终只有七喜和他相伴。这个广告间接反映出当下年轻人的生活困境，但是七喜倡导要以“机智、幽默”的方式来面对生活中的这些不如意。这支广告的内容少了一些笑料，却更容易引发年轻人对自身当下境遇的共鸣。

“品牌组希望在接下来的病毒视频中可以更多呼应我们的目标消费群年轻人的喜怒哀乐，和年轻人进行更深层次的情感交流，同时把品牌的理念贯穿其中。让我们的病毒视频不单单成为传播品牌促销信息的工具，更成为打造品牌的武器。”江畅说。这支广告播出后，评论的主调已经从先前圣诞篇的“好玩”，“有创意”，“搞笑”，转变为“有点感动”，“就冲这条片子也要买瓶七喜”，“今年夏天喝七喜”。

和传统的广告运用的品牌营销方式不同，病毒广告中，一味说教只会引发反感。病毒视频给消费者和年轻人带来的品牌印象需要逐步积累，其创意及衍生话题本身已经变成了品牌资产的一部分。

“七喜的消费者主要是25岁以下的年轻人，他们正越来越远离传统的以‘推’为主的电视广告，走向可以自由选择，自由分享，自由评论，自由创造的网络平台去寻找他们感兴趣的内容。”江畅说。

由于销量无法直接和某一单独的营销方式挂钩，因此七喜品牌组无法测量这一系列广告带来的收益。但在今年没有一支电视广告的情况下，七喜的销量仍然保持着健康的成长。

从早期的Fido Dido的形象，到中期的吴克群代言，到如今的网络病毒营销方式，七喜正在紧紧地跟随着消费者的习惯。“平民化是我们进行品牌定位差异化的一个尝试，我们不用大明星，大平台，而是依靠对于消费者的深刻理解，建立同他们的感情纽带。”江畅对本刊表示。

资料来源：节选自《唤醒七喜的穿越广告》，《环球企业家》2011年8月2号刊。

讨论分析题：

1. 网络营销有两大内容，本案例中七喜的网络营销属于哪一方面的内容？
2. 结合案例试分析，与传统电视广告方式相比，网络视频广告具有哪些优势？
3. 结合案例试分析，网络视频广告成功要遵循哪些原则？

案例分析2

信用卡也低碳

兴业银行于2010年初推出的低碳信用卡让人感受到了一些新意——这张外表“不好看”的信用卡以节能环保为诉求，为个人消费的低碳化提供了更为便捷的途径。

在低碳信用卡推出之前，中国的消费者没有合适的途径来实现个人生活的“碳中和”。现在，节能、环保和低碳的理念，已经为全社会越来越多的人所接受。为了保护我们的生存环境，很多城市人开始践行低碳化的生活方式，例如，出行骑自行车或坐公交车、少吃肉食等，但个人毕竟不可能将碳排放减少到零。也就是说，我们每个人在生活中多少都会因为自身的行为而产生碳排放，这是不可避免的。正因为如此，那些有着较强环保意识的人便考虑花钱来购买碳排放，从而实现“碳中和”。很多组织已经开始有这样的做法，有的国家和地区还做出规定，一些特定的机构每年必须购买一定量的碳排放指标，否则就会受到处罚。但在中国，个人消费者却没有一个通路来以这样的方式实现“碳中和”。

兴业银行低碳信用卡的推出弥补了这一空白。兴业银行与北京环交所、上海环境能源交易所合作，构建碳减排个人购买平台，为个人购买碳排放交易提供了银行交易的渠道。持卡人可以通过这张低碳信用卡主动在环交所的网站购买碳减排量，以此中和或抵消个人产生的碳排放。也就是说，一张低碳信用卡，既提供了个人购碳的通路，又提供了支付工具。与此同时，环交所还建立了“个人绿色档案”系统。该系统可以实现个人购碳交易记录的追溯和查询，便于持卡人掌握自身对低碳事业做出的贡献。

为了激励持卡人多用卡，兴业银行设立了"低碳乐活"基金，持卡人每刷卡一笔，兴业银行即捐资1分钱至"低碳乐活"基金。在每年的4月22日"世界地球日"这一天，集中向北京环交所或上海环境能源交易所购买自愿碳减排量，也就是我们常说的碳交易。另外，在持卡人第一次刷卡消费的时候，兴业银行会给用户送积分，并把这些积分转化为碳，金卡用户送2吨碳，普通卡送1吨碳。这些积累的购碳量最后将与"低碳乐活"基金一起，用来支助在环交所挂牌出售的碳减排项目。

无论是持卡人主动购买的碳，还是兴业银行"低碳乐活"基金所购的碳，最后都会用于资助在环交所公开挂牌交易的一些碳减排项目。到2010年为止，兴业银行的"低碳乐活"基金，加上对用户的积分转送碳的积累，共购买了2. 1万多吨碳，这大致相当于14. 3万人乘坐飞机1000公里的碳排放。

具备较强低碳环保意识的人，通常拥有较高的文化素质和稳定的职业，他们的消费能力也相对较强。这个群体的特征，与经常使用信用卡消费的人的群体特征恰好高度吻合。即便如此，在推出低碳信用卡之前，兴业银行对这张卡是否会受到消费者的欢迎还是有些担心。毕竟，经过多年的信用卡推销，很多消费者手上都已经有了不止一张信用卡。在这样的情况下，还会有多少人愿意再持有这样一张低碳信用卡呢?

兴业银行对困难预计得很足，在2010年1月正式推出之前，策划了一些营销宣传活动，并与环交所合作，做了一些与低碳挂钩的营销。其成功在很大程度上得益于全社会日益高涨的环保和低碳意识，"实际情况比我们预想的要好。"兴业银行信用卡业务部总经理严学旺说。最初营销效果最好的城市是石家庄，后来北京、上海这些一线城市渐渐居上。

兴业银行与北京环交所合作推出的是风车版低碳卡，后来又与上海环境能源交易所合作推出了绿叶版低碳卡。截止到2011年2月末，兴业银行的低碳信用卡共计发行13.5万张，占据兴业银行全部信用卡发行量的10%。对于一张发行才一年的信用卡来说，这个业绩让兴业银行感到满意。卡的使用情况也不错，以风车版低碳卡为例，在中国，信用卡总体的活卡率为50%，风车版低碳卡的活卡率为64%，月卡均交易金额达3500元。据说，有一位东北的持卡人，每月都会通过低碳信用卡购买10吨碳。

"信用卡的活卡率与其使用量是紧密相关的。如果一张信用卡的活卡率低，那么这张卡的使用情况肯定就不好。"严学旺说。而在毕建忠看来，消费者既然愿意持有这样一张信用卡，那就说明他有较强的环保意识。有了这样一张卡，消费者就会经常想到买碳这件事。"实际上我们也并不主张个人买的碳越多越好，我们主张每人每年购买4~6吨碳，能够实现自身的碳中和就行了。"毕建忠说。

资料来源：《信用卡也低碳》，《21世纪商业评论》2011年6月7日。

讨论分析题：

1. 本案例中兴业银行推出低碳信用卡，是属于哪种新的营销范畴？它又可分为哪些营销策略组合？

2. 请分析兴业银行低碳信用卡的活卡率为什么会较高。

3. 请结合本案例谈一谈营销与消费的关系。

【参考答案】

一、单项选择题

1. B　2. C　3. D　4. B　5. A　6. B　7. C　8. C　9. B
10. D　11. D　12. B　13. C　14. C　15. A　16. B　17. D　18. B
19. A　20. D　21. D　22. A　23. C　24. B　25. A

二、多项选择题

1. ACD　2. ABCD　3. ABCE　4. ABCD　5. ACDE　6. ABCDE
7. ABC　8. ABCD　9. ABCD　10. ACE　11. ABC　12. ABCD

三、填空题

1. 绿色产品的营销　2. 绿色消费　3. 沟通　4. 传播活动　5. 接触　6. 行为倾向　7. 互联网　8. 网上销售　9. 精神需求　10. 载体

四、判断题

1. ×　2. ×　3. √　4. √　5. ×　6. √　7. ×　8. √　9. √　10. ×

五、简答题

1. 简述绿色营销的策略组合。

答：(1) 绿色产品策略：产品策略是市场营销的首要策略，企业实施绿色营销必须以绿色产品为载体，为社会和消费者提供满足绿色需求的绿色产品。

(2) 绿色定价策略：定价是市场营销的重要策略，价格是市场的敏感因素。一般来说，绿色产品在市场进入的初期，生产成本会高于同类传统产品，因为绿色产品成本中应计入产品环保的成本。

(3) 绿色渠道策略：企业开展绿色营销，其绿色营销渠道的畅通是关键。企业只有充分保障绿色产品物流、商流、价值流、信息流在渠道中畅通无阻，才能最终实现绿色消费。

(4) 绿色促销策略：绿色促销是通过绿色促销媒体，传递绿色信息，指导绿色消费，启发引导消费者的绿色需求，最终促成购买行为。

2. 简述整合营销的基本思路和原则。

答：整合营销基本思路有以下四点：

(1) 以整合为中心。

(2) 讲求系统化管理。

(3) 强调协调与统一。

(4) 注重规模化与现代化。

开展整合营销传播所依据的原则有以下八点：

(1) 成为以客户为中心的组织。

(2) 采用由外而内的规划。

(3) 以整体客户体验为重点。

(4) 把客户目标与公司目标结合起来。

(5) 设定客户行为目标。

(6) 把客户当成资产。

(7) 精简职能业务活动。

(8) 集中营销传播活动。

3. 简述客户忠诚的含义及与客户满意的关系。

答：客户忠诚：是指客户在满意后进而产生的对某种产品品牌或企业的信任，希望重复购买的一种行为倾向。一般来说，客户对企业的满意程度只有达到一定的水平时，客户才会产生客户忠诚。

客户满意：是指客户期望价值与实际感知价值的比较，客户感知价值高于期望价值时，客户就会比较满意，高出程度越高，客户满意程度越高。而客户感知价值低于期望价值时，客户就会不满意。客户满意是一种态度，但不是一种行为。

客户满意并不一定意味着客户忠诚，只有非常满意的客户才会产生客户忠诚。所以说，客户满意只是客户忠诚的必要条件。

4. 简述网络营销的特征。

答：网络营销呈现出一些不同于传统营销的特征，分别是：

（1）时域性。

（2）富媒体。

（3）交互式。

（4）个性化。

（5）成长性。

（6）整合性。

（7）高效性。

（8）经济性。

5. 简述文化营销的原则。

答：企业在实践文化营销时应注意以下两个指导原则：

（1）处理好内容与形式的关系，两者要统一：内容决定形式，形式是内容的体现，二者需辩证统一。有的企业在文化营销时往往只重视形式而忽略了内容。如有的企业只注重产品的包装而不重视产品的质量；有的企业在文化建设中只提出一些口号实际中并不执行；有的企业只知道做广告做宣传，只重视企业视觉识别系统（VI），而不强调企业理念（MI）和企业行为（BI）建设，造成了“金玉其外，败絮其中”的结果。

（2）要用系统的观点对待文化营销：企业的文化营销是一个整体，一个有机的系统。企业文化建设是企业文化营销的前提和基础，企业没有良好的健康的全面的文化建设，文化营销就成了无源之水、无本之木。企业分析和识别不同环境的文化特点是文化营销的中间环节和纽带，在企业文化建设的基础上，只有企业对不同环境的文化进行深入分析，才能制定出科学的文化营销组合策略。制定文化营销组合策略是前两者的必然结果，企业在进行文化营销时如果忽视了做好企业文化建设和环境文化特点分析，只重视了文化营销组合策略的运用，结果往往是收效甚微的。

6. 简述知识营销的实现途径。

答：知识营销的实现方法是将市场营销过程和知识管理过程有机结合，将市场营销中获取、产生、需要的各种形式的知识进行对接、整合、共享、创新、利用、发布，最终实现知识的价值转化。具体实现途径包括以下四个方面：

（1）搭建合作开放的技术交流平台。

（2）打造高素质营销队伍。

（3）建设扁平化组织结构。

（4）创建共享型组织机制。

六、论述题

1. 试述培养忠诚客户的意义。

答：(1) 降低企业营销成本：关系营销研究发现，发展一位新客户的成本往往是维护一位老客户成本的五倍。维系一位老客户，营销活动针对性强，效率高，效果好。所以培养忠诚客户是降低营销成本的好办法。

(2) 发展新客户：老客户在成为忠诚客户后，往往会推荐其所喜欢的企业和产品给其他客户，而新客户往往对已购买过企业产品的老客户的亲身经历十分关心，他人的推荐对于购买决策至关重要。所以老客户的这种口碑效应，是发展新客户的重要手段。

(3) 获取更多市场份额：在客户成为忠诚客户后，客户不仅会比较稳定地选择购买企业的产品，不会轻易更换，增加了市场份额。客户还可能会增加购买企业的其他产品，也扩大了企业的市场份额。

(4) 提高企业利润：留住老客户不仅通过节省成本而获取更高利润，而且因为老客户对企业产品的信任与满意，企业的产品与品牌可以获得一定程度的溢价，从而获得比其他竞争对手更高的利润率，提高了企业的利润所得。

2. 试述文化营销的含义以及与传统营销的区别。

答：文化营销是指通过传递特定的文化来实施营销活动的过程。简单地说，就是利用文化力进行营销。文化营销与具体商品有着密切的联系，文化营销中把具体商品作为文化的载体，通过市场交换进入消费者的意识，它在一定程度上反映了消费者对物质和精神追求的各种文化要素。文化营销既包括浅层次的构思、设计、造型、装潢、包装、商标、广告、款式，又包含对营销活动的价值评判、审美评价和道德评价。

文化营销与传统的营销有着鲜明的区别，传统营销往往是单纯要把一件商品推销给消费者。而文化营销强调在营销的过程中，首先传播的是一种文化，通过文化的认同，与消费者达到心理默契，从而从内心去影响和引导消费者的行为，顺其自然地接受企业的产品和服务。

七、案例分析题

案例解读 1

七喜尝试网络视频广告

1. 网络营销有两大内容，本案例中七喜的网络营销属于哪一方面的内容？

答：网络营销有两大内容，分别是网上销售和网络整合营销传播。在本案例中，七喜并未在网上进行销售，而是通过网络视频广告的方式进行营销传播，所以属于网络营销的第二种内容，即网络整合营销传播。

2. 结合案例试分析，与传统电视广告方式相比，网络视频广告具有哪些优势？

答：通过案例介绍，与传统电视广告方式相比，网络视频广告方式所具有的优势，总结如下：

(1) 制作与传播费用低廉：传统电视广告制作精美，费用巨大；而网络视频广告制作简单，费用低廉。传统电视广告通过电视台播放，播放购买广告时段费用巨大；而网络视频广告通过各种视频共享平台网站发布，无须费用。如果通过网络水军进行主动传播，费用也极其低廉。

(2) 无时间和空间限制：传统电视广告的时段资源有限，有时间和空间的有限性；而通过网络传播，上传无容量限制，播放由人群自行下载，可接触到任意时间和空间上的人群，具有无限性。

(3) 容易产生口碑效应：传统电视广告没有互动的手段，也不容易在人群中产生口碑效应。而网络视频广告通过网络传播，可以通过评价和转发来形成口碑效应，获得放大的传播效果。

(4) 广告效果容易掌控：传统电视广告无法获知广告受众是否观看了广告，观看后是否有反应。而网络视频广告可以清晰地通过网络 IP 跟踪，知道是哪些地方的人在何时进行了观看；可以通过评价，清晰地看到观众对此广告的反响；可以通过转发，清晰地知道有多少观众对此广告的认同。虽然不能准确知道有多少观众最后购买，但网络广告并不以实际销售为目的，实现品牌传播效应的目的是可以清晰地观察衡量的。

3. 结合案例试分析，网络视频广告成功要遵循哪些原则？

答：结合案例内容，总结网络视频广告成功要遵循以下原则：

(1) 要减少广告说教的味道：和传统的广告运用的品牌营销方式不同，网络视频广告中，一味说教只会引发反感。视频给消费者带来的品牌印象需要逐步积累，其创意及衍生话题本身已经变成了品牌资产的一部分。

(2) 要减少直接宣传产品与公司：直接宣传产品与公司只会引起观众的反感，就像观众抵触赤裸裸的电影植入广告一样。广告植入得越真实自然，越不留痕迹，才越能被观众所接受。

(3) 要能引起目标人群的精神共鸣：要根据品牌的特质定位和目标人群相应的精神文化需求，通过网络视频广告，更多呼应目标消费群的喜怒哀乐，和其进行更深层次的情感交流，同时把品牌的理念贯穿其中。让网络视频广告不单单成为传播品牌促销信息的工具，更成为打造品牌的利器。

(4) 要能激发兴趣成为热点话题：要能激发目标消费群的兴趣，成为热点话题。案例中七喜先后的网络视频广告通过有思想的娱乐恶搞，利用热点话题导演（胡戈）、热点话题演员（小月月）和热点话题剧情（穿越、圣诞许愿、蝴蝶效应、史上最爽的 7 件事），激发了目标消费群观看、评价和转发的兴趣，成为热点话题，获得良好的品牌塑造和传播效应。

案例解读 2

信用卡也低碳

1. 本案例中兴业银行推出低碳信用卡，是属于哪种新的营销范畴？它又可分为哪些营销策略组合？

答：兴业银行推出低碳信用卡，属于绿色营销的范畴。又可分为以下的营销策略组合：

(1) 绿色产品：案例中信用卡是一种金融服务，低碳信用卡是一种在普通信用卡服务基础上增添了绿色低碳公益——碳交易功能的绿色产品。

(2) 绿色定价：案例中兴业低碳信用卡在一般定价外，为消费者的消费行为，进行低碳公益，投入“低碳乐活”基金。

(3) 绿色渠道：兴业银行的低碳信用卡通过银行发行推广，为直销，是渠道层次最短的渠道策略，是绿色渠道。

(4) 绿色促销：通过和北京环交所、上海环境能源交易所等合作，进行了以低碳为主题的促销活动，为绿色促销。

2. 请分析兴业银行低碳信用卡的活卡率为什么会较高。

答：兴业银行低碳信用卡的活卡率比较高，分析其原因如下：

(1) 低碳信用卡特色鲜明，相比传统信用卡，够差异化。

(2) 低碳信用卡增加了绿色公益功能，为顾客增加了产品价值。

(3) 低碳信用卡认真准备，开展了针对性的促销传播活动。

3. 请结合本案例谈一谈营销与消费的关系。

答：本案例中体现了绿色营销与绿色消费的相互依存、相互影响的关系。

(1) 商家的绿色营销诱导了绿色消费行为：在本案例中，购买碳排放，实现“碳中和”，本是很多组织的行为，但个人消费者却还没有一个通路可以来实现“碳中和”。兴业银行低碳信用卡的推出满足了这样一种潜在需求。具有较高环保意识的消费人群的购买碳指标的购买行为被诱导激发出来，而同时也使用了信用卡的常规功能。

(2) 绿色消费需求催生了商家的绿色营销：在本案例中，在推出低碳信用卡之前，兴业银行对这张卡是否会受到消费者的欢迎还是有些担心。毕竟，经过多年的信用卡推销，很多消费者手上都已经有了不止一张信用卡。在这样的情况下，还会有多少人愿意再持有这样一张低碳信用卡呢？但其取得了成功，很大程度上得益于全社会日益高涨的环保和低碳意识。可以说，正是目标人群的强烈的绿色消费潜在需求，催生了兴业银行低碳信用卡的诞生，生逢其时。

模拟试卷一

一、名词解释（每小题4分，共16分）

1. 市场营销

2. 参照群体

3. 市场定位

4. 促销组合

二、单项选择题（每小题2分，共30分）。在每小题列出的四个选项中只有一个选项是符合题目要求的，请将正确选项前的字母填在题后的括号内。

1. 相对于4Ps营销理论，美国营销学者劳特朋从客户的立场出发提出了4Cs理论，4Cs具体是指（　　）。

A. 产品、成本、分销、沟通　　B. 顾客、成本、便利、沟通

C. 顾客、价格、便利、促销　　D. 产品、价格、分销、促销

2. 能较好地统筹兼顾企业利润、消费者需要的满足和社会利益的营销观念是（　　）。

A. 产品观念　　B. 推销观念　　C. 市场营销观念　　D. 社会营销观念

3. 在战略分析和选择的过程中，SWOT分析法能发挥有效作用。在这一分析法中，“S”代表的是（　　）。

A. 优势　　B. 劣势　　C. 机会　　D. 威胁

4. 在企业业务的主要类型中，把面临高机会和高威胁环境情况的业务单位称为（　　）。

A. 理想型业务单位　　B. 冒险型业务单位

C. 困难型业务单位　　D. 成熟型业务单位

5. 当消费者高度介入某产品的购买，但又看不出不同品牌有何差异时，所产生的购买行为类型是（　　）。

A. 复杂的购买行为　　B. 减少失调感的购买行为

C. 习惯性的购买行为　　D. 寻求多样化的购买行为

6. 工业企业为了获取利润进行再生产而购买产品所形成的市场，是属于组织市场中的（　　）。

A. 生产者市场　　B. 中间商市场

C. 政府市场　　D. 非营利组织市场

7. 企业在进行市场预测时，通过不署名和多轮次的方式征求专家意见，从中得出预测答案的方法称为（　　）。

A. 询问调查法　　B. 集体判断法　　C. 德尔菲法　　D. 头脑风暴法

8. 如果用购买某种产品的时机、追求的利益来细分消费者市场，这种细分标准属于（　　）。

A. 地理细分　　B. 人口细分　　C. 心理细分　　D. 行为细分

9. 日本丰田汽车公司为满足不同的消费需要，开发出了多种价位、不同款式的汽车，并分别制定出不同的营销计划，可见，丰田汽车公司施行的目标市场营销策略是（　　）。

A. 无差异性营销策略　　B. 差异性营销策略

C. 集中性营销策略　　D. 分散性营销策略

10. 市场挑战者同时从多个领域发动进攻，开展的这种全方位、大规模的挑战战略是（　　）。

A. 正面进攻　　B. 侧翼进攻　　C. 包抄进攻　　D. 迂回进攻

11. 当产品处于导入期，企业以高价格但伴以低强度的促销推出新产品的这种策略称为（　　）。

A. 快速撇脂策略　　B. 缓慢撇脂策略　　C. 快速渗透策略　　D. 缓慢渗透策略

12. 海尔集团成功地推出了海尔冰箱之后，又利用这个品牌及其图样特征，成功地推出了洗衣机、电视机等新产品，这种品牌策略叫做（　　）。

A. 品牌统一　　B. 品牌更新　　C. 品牌延伸　　D. 品牌复合

13. 商家把某些商品的价格定得非常低，以此吸引顾客上门，这属于心理定价策略中的（　　）。

A. 习惯定价策略　　B. 声望定价策略　　C. 低廉定价策略　　D. 招徕定价策略

14. 某乳制品公司为了使广大消费者能随时随地买到该公司生产的乳制品，通常应采取的分销策略是（　　）。

A. 密集分销　　B. 选择分销　　C. 独家分销　　D. 方便分销

15. 某企业希望在很短的时间内就将广告信息广泛地传递出去，且要生动形象地展示产品的外观和功能，则最佳的广告媒体是（　　）。

A. 报纸　　B. 广播　　C. 电视　　D. 杂志

三、简答题（每小题 6 分，共 24 分）

1. 市场营销环境的概念是什么？构成宏观市场营销环境的因素主要包括哪些？

2. 就市场领导者而言，它通常可以采取的市场竞争战略有哪些？

3. 企业在为产品定价时，可以采用的三种基本定价方法是什么？

4. 请简述分销渠道的含义及影响分销渠道设计的主要因素。

四、论述题（本题 15 分）

试论述企业如何运用波士顿（BCG）矩阵法划分 4 种不同的产品类型及对不同的产品类型可采取的战略对策。

五、案例分析题（本大题共 15 分）

2010 年下半年，CRJ 公司在全国各大中城市推出三种新产品：口腔清洁、杀菌的“丽斯美”牌牙膏、清洗纯棉内衣的“保洁净”牌条状香皂和“舒足”牌足部洗涤香皂。这三种新产品都比原来产品档次高，属于高档产品。下表是 CRJ 公司新产品上市前产品组合及产品品牌情况：

清洁剂	牙膏	香皂	纸巾
洁爽	媚人	露凝	绝顶
佳洁雪	绝好	露肤	粉红丽人
快乐	海洋	俏佳人	
纯白	兰花草		

为了使新产品能快速地打入市场，站稳脚跟，CRJ 公司投入了足够的资源进行促销，以期在市场上达到理想销量。

请针对所给的资料进行分析，并回答下列问题：

1. CRJ 公司新产品上市后产品组合的宽度和长度分别是多少？

2. 对于 CRJ 公司的这些新产品，你认为其可以采用的销售促进方式有哪些？

3. CRJ 公司所采用的品牌策略是哪种？

4. CRJ 公司的新产品所采用的产品延伸策略是什么？你认为它选择此策略的理由可能是什么？

参考答案：

一、名词解释（本大题共 4 小题，每小题 4 分，共 16 分）

1. 市场营销：是企业在变化的市场环境中，为满足消费需要和实现企业目标，综合运用各种营销手段，把商品和服务整体地销售给消费者的一系列市场经营活动与过程。

2. 参照群体：也称为参考群体或相关群体，指一个人在认知、情感的形成过程和行为的实施过程中用来作为参照标准的某个人或某些人的集合。

3. 市场定位：就是指企业根据竞争者现有产品在细分市场上所处的地位和顾客对产品某些属性的重视程度，塑造出本企业产品与众不同的鲜明个性并传递给目标顾客，使该产品能够在目标市场上占据强有力的竞争位置。

4. 促销组合：是一种组织促销活动的策略思路，主张企业运用广告、人员推销、公关宣传、营业推广等四种促销方式组合成一个策略系统，使企业的全部促销活动互相配合，协调一致，最大限度地发挥整体效果，从而顺利实现企业目标。

二、单项选择题（本大题共 15 小题，每小题 2 分，共 30 分）

1. B　2. D　3. A　4. B　5. B　6. A　7. C　8. D　9. B
10. C　11. B　12. C　13. D　14. A　15. C

三、简答题（本大题共 4 小题，每小题 6 分，共 24 分）

1. 市场营销环境的概念是什么？构成宏观市场营销环境的因素主要包括哪些？

答：市场营销环境是存在于企业营销职能之外的不可控制的各种外部力量和相关因素的集合。

构成宏观市场营销环境的因素主要包括：人口环境、经济环境、自然环境、科技环境、政治与法律环境、社会与文化环境。

2. 就市场领导者而言，它通常可以采取的市场竞争战略有哪些？

答：市场领导者为了保持自己的领导地位，通常采取三种策略：一是扩大总需求；二是保护现有市场份额；三是扩大市场份额。

3. 企业在为产品定价时，可以采用的三种基本定价方法是什么？

答：企业的三种基本定价方法是：成本导向定价法、需求导向定价法和竞争导向定价法。

4. 请简述分销渠道的含义及影响分销渠道设计的主要因素。

答：分销渠道是指某种货物和劳务从生产者向消费者移动时取得这种货物和劳务的所有权或帮助转移其所有权的所有企业和个人。

影响分销渠道选择的主要因素：

（1）产品因素。

（2）市场因素。

（3）企业自身因素。

（4）经济形势与有关法规。

四、论述题（本题 15 分）

试论述企业如何运用波士顿（BCG）矩阵法划分 4 种不同的产品类型，及对不同的产品类型可采取的战略对策。

答：本法将企业所有产品从销售增长率和市场占有率角度进行再组合。在坐标图上，以纵轴表示企业销售增长率，横轴表示相对市场占有率，各以 10%和 20%作为区分高、低的中点，将坐标图划分为四个象限，依次为"问题类"、"明星类"、"金牛类"、"瘦狗类"。在使用中，企业可将产品按各自的销售增长率和相对市场占有率归入不同象限，使企业现有产品组合一目了然，同时便于对处于不同象限的产品作出不同的发展决策。

公司可以采取四种不同的战略对策：

（1）发展。目的是扩大战略业务单位的市场份额，甚至不惜放弃近期收入来达到这一目标。"发展"目标特别适用于问题类业务，如果它们要成为明星类业务，其市场份额必须有较大的增长。

（2）维持。目的是保持战略业务单位的市场份额。这一目标适用于强大的金牛类业务。

（3）收获。目的在于增加战略业务单位短期现金收入，而不考虑长期影响。这一战略适用于处境不佳的金牛类业务，这种业务前景暗淡而又需要从它身上获得大量现金收入，收获也适用于问题类和瘦狗类业务。

（4）放弃。目的在于出售或清理业务，以便把资源转移到更有利的领域，它适用于瘦狗类和问题类业务，这类业务常常拖公司盈利的后腿。

五、案例分析题（本大题共 15 分）

1. 宽度：4；长度：16。

2. 因为 CRJ 公司推出的这些新产品属于低值易耗的日用消费品，因此，针对其产品特性，可以采取的促销方法有：买赠，买一赠一活动；数量折扣，即购买的新产品数量越多，价格越优惠；有奖销售，制定购买某种新产品达到一定数量就可以参加抽奖活动等。

3. CRJ 公司采用的是个别品牌（多品牌）策略，即为同一种产品设计两种或两种以上相互竞争的品牌，这样可以在产品分销过程中占有更大的货架空间，吸引多种不同需求的顾客，提高市场占有率。

4. 因为 CRJ 公司所推出的这三种新产品都比原来产品档次高，属于高档产品，所以其对新产品所采用的是向上延伸策略，即在原有的产品线内增加高档产品项目。它选择此策略的理由可能是：高档产品市场具有较大的潜在成长率和较高利润率；企业的技术设备和营销能力已具备加入高档产品市场的条件；企业要重新进行产品线定位等。

模拟试卷二

一、名词解释（每小题 4 分，共 16 分）

1. 市场营销

2. 促销

3. 撇脂定价

4. 市场调研

二、单项选择题（每小题 2 分，共 30 分）。在每小题列出的四个选项中只有一个选项是符合题目要求的，请将正确选项前的字母填在题后的括号内。

1. 市场营销的核心是（　　）。

A. 生产　　B. 分配　　C. 交换　　D. 促销

2. 市场营销管理的实质是（　　）。

A. 刺激需求　　B. 需求管理　　C. 生产管理　　D. 销售管理

3. 具有较高市场增长率和较低相对市场占有率的经营单位是（　　）。

A. 问题类　　B. 明星类　　C. 奶牛类　　D. 瘦狗类

4. 与企业紧密相连，直接影响企业营销能力的各种参与者，包括企业本身、市场营销渠道企业、顾客、竞争者及社会公众，被称为（　　）。

A. 营销环境　　B. 宏观营销环境　　C. 微观营销环境　　D. 营销组合

5. 高利润与高风险同时存在，即威胁水平和机会水平都高的业务，叫（　　）。

A. 理想业务　　B. 冒险业务　　C. 成熟业务　　D. 困难业务

6. 某种相关群体的有影响力的人物称为（　　）。

A. 意见领袖　　B. 道德领袖　　C. 精神领袖　　D. 经济领袖

7. 以下不是一手资料的调研方法的是（　　）。

A. 观察法　　B. 参考文献查找法　　C. 访问法　　D. 实验法

8. 采用无差异性营销战略的最大优点是（　　）。

A. 市场占有率高　　B. 成本的经济性

C. 市场适应性强　　D. 需求满足程度高

9. 某机械工程公司专门向建筑业用户供应推土机、打桩机、起重机、水泥搅拌机等建筑工程中所需要的机械设备，这是一种（　　）策略。

A. 市场集中化　　B. 市场专业化　　C. 全面市场覆盖　　D. 产品专业化

10. 产品组合的（　　）是指产品项目中每一品牌所含不同花色、规格、质量的产品数目的多少。

A. 宽度　　B. 长度　　C. 关联度　　D. 深度

11. 顾客购买某种商品 10 件以下的单价为 10 元，10 件以上的单价为 9 元，这种折扣属于（　　）。

A. 现金折扣 B. 数量折扣 C. 功能折扣 D. 价格折让

12. 企业利用消费者仰慕名牌商品或者名店声望所产生的某种心理，对质量不易鉴别的商品的定价最适合用（ ）法。

A. 尾数定价 B. 招徕定价 C. 声望定价 D. 满意定价

13. 企业将其产品大批量地卖给中间商，中间商再用自己的品牌将货物转卖出去，这种品牌叫做（ ）。

A. 制造商品牌 B. 私人品牌 C. 全国性品牌 D. 中间商品牌

14. 对于像肥皂、洗衣粉这样的便利消费品而言，较适合的分销方式为（ ）。

A. 密集性分销 B. 选择性分销 C. 独家分销 D. 集中分销

15. 人员推销的缺点主要表现为（ ）。

A. 成本低、顾客量大 B. 成本高、顾客量大

C. 成本低、顾客有限 D. 成本高、顾客有限

三、简答题（每小题 6 分，共 24 分）

1. 企业的基本竞争战略有哪些？

2. 购买者行为类型包括哪四种？

3. 企业进行市场定位的方法主要有哪些？

4. 请简述影响分销渠道选择的主要因素。

四、论述题（本题 15 分）

请论述市场领导者如何保持自身市场第一的优势地位。

五、案例分析题（本大题共 15 分）

北京 A 公司是一家中外合资的电器有限公司，主要生产和销售微波炉产品，产品以外销为主，内销为辅。作为北京第一家生产微波炉产品的企业，产品的市场销售形势非常好，每年盈利达数百万元。1994 年以后，欧洲各国频繁采取反倾销行为，公司的出口订单大幅度减少，不得不将营销的重点从外销转变为内销。另外，公司也在努力寻找新的出口市场，建立新的经销合作关系，以维持正常的开工生产。而此时微波炉产品已经走过导入期和成长期，市场竞争十分激烈，格兰仕等品牌产品无论在产量、销量、价格等方面都远远优于 A 公司。1996 年以后，公司被迫以大幅度降价，赠送大量礼品，派出许以高额提成的直销员等手段应付竞争。然而，随着产品销量的增加，公司累计亏损也不断增加。直销员的高额提成又严重打击了第一线工人的生产积极性，产品质量出现了滑坡。在此环境下，A 公司微波炉产品提前进入了衰退期，只能依赖微利的外销维持惨淡经营。

请针对所给的资料进行分析，并回答下列问题：

1. 一般情况下产品的市场生命周期可划分为哪几个阶段？(3 分)

2. A 公司的价格策略有何弊端？(4 分)

3. A 公司应采取怎样的分销策略？(4 分)

4. A 公司应制定并采取怎样的促销策略？(4 分)

参考答案：

一、名词解释（本大题共 4 小题，每小题 4 分，共 16 分）

1. 市场营销：是企业在变化的市场环境中，为满足消费需要和实现企业目标，综合运用各种营销手段，把商品和服务整体地销售给消费者的一系列市场经营活动与过程。

2. 促销：是企业通过人员和非人员的方式，沟通企业与消费者之间的信息，引发、刺激消费者的消费欲望和兴趣，使其产生购买行为的活动。

3. 撇脂定价：产品新上市之初，将产品的价格定得相对较高，以便在短期内获得较大利润，尽快收回投资成本。

4. 市场调研：是企业为提高营销决策质量而进行的系统和客观地识别、收集、分析和传播信息的过程。

二、单项选择题（本大题共 15 小题，每小题 2 分，共 30 分）

1. C　2. B　3. B　4. C　5. B　6. A　7. B　8. B　9. D
10. B　11. B　12. C　13. D　14. A　15. D

三、简答题（本大题共 4 小题，每小题 6 分，共 24 分）

1. 企业的基本竞争战略有哪些？

答：企业的基本竞争战略有：

（1）成本领先战略。

（2）差异化战略。

（3）集中化战略。

（4）最优成本供应商战略。

2. 购买者行为类型包括哪四种？

答：购买者行为类型包括：寻求多样化的购买行为、复杂的购买行为、习惯性的购买行为、减少失调感的购买行为。

3. 企业进行市场定位的方法主要有哪些？

答：企业进行市场定位的方法主要有：地理因素、人口因素、心理因素、行为因素。

4. 请简述影响分销渠道选择的主要因素。

答：影响分销渠道选择的主要因素有：产品因素、市场因素、企业自身因素、经济形势和有关法规。

四、论述题（本题 15 分）

请论述市场领导者如何保持自身市场第一的优势地位。

答案要点：

1. 扩大总需求——开发新用户、发现产品新用途、增加产品的使用量。

2. 保护现有市场份额——阵地防御、侧翼防御、以攻为守、反击防御、机动防御、收缩防御。

3. 扩大市场份额。

五、案例分析题（本大题共 15 分）

答案要点：

1. 划分为导入期、成长期、成熟期、衰退期四个时期。

2. 过早采用大幅度降价策略，加速产品生命周期的演化，使企业产品提早进入衰退期。

3. A 公司应重视国内市场的开发，选择恰当的经销商并与之搞好合作。

4. 在产品上市前后应投入适当资金开展促销活动，提高产品市场知名度。

参考文献

[1] 甘碧群. 市场营销学 [M]. 北京：高等教育出版社，2008.

[2] 郭松克. 市场营销学 [M]. 广州：暨南大学出版社，2008.

[3] 何永祺，张传忠. 市场营销学 [M]. 大连：东北财经大学出版社，2006.

[4] 吴泗宗. 市场营销学（第 4 版）[M]. 北京：清华大学出版社，2008.

[5] 吴健安. 市场营销学（第 3 版）[M]. 北京：高等教育出版社，2007.

[6] 侯丽敏. 市场营销学（第 3 版）[M]. 北京：电子工业出版社，2008.

[7] 冯丽云. 市场营销学（第 3 版）[M]. 北京：经济管理出版社，2008.

[8] 常志有. 市场营销学 [M]. 北京：科学出版社，2004.

[9] 刘晓红. 市场营销学 [M]. 北京：化学工业出版社，2008.

[10] 罗农. 市场营销学 [M]. 北京：清华大学出版社，2008.

[11] 胡超平. 市场营销实用教程 [M]. 北京：中国市场出版社，2009.

[12] 菲利普·科特勒（Philip Kotler），加里·阿姆斯特朗（Gary Armstrong）. 市场营销原理（第 13 版）[M]. 楼尊译. 北京：中国人民大学出版社，2010.

[13] 甘瑁琴，王晓晚. 消费者行为学 [M]. 北京：北京大学出版社，中国农业大学出版社，2009.

[14] 朱华，窦坤芳. 市场营销案例精选精析 [M]. 北京：中国社会科学出版社，2006.

[15] 王方华. 市场营销学 [M]. 上海：上海人民出版社，2003.

[16] 郭国庆. 服务营销管理（第 2 版）[M]. 北京：中国人民大学出版社，2009.

[17] 唐平. 市场营销学 [M]. 北京：清华大学出版社，2007.

[18] 王秀村，王月辉. 市场营销管理（第 4 版）[M]. 北京：北京理工大学出版社，2009.

[19] 菲利普·科特勒，凯文·莱恩·凯勒. 营销管理 [M]. 卢泰宏译. 北京：中国人民大学出版社，2009.

[20] 唐·舒尔茨，海蒂·舒尔茨. 整合营销传播 [M]. 北京：中国财政经济出版社，2005.

[21] 郭国庆. 市场营销学通论（第 3 版）[M]. 北京：中国人民大学出版社，2007.

[22] 王妙. 市场营销学教程 [M]. 上海：复旦大学出版社，2006.

[23] 梁士伦，李懋. 市场营销学 [M]. 武汉：武汉理工大学出版社，2006.

[24] 金依明. 市场营销学 [M]. 北京：中国科学技术出版社，2009.

[25] 张鑫. 市场营销学教程 [M]. 北京：清华大学出版社，2008.

[26] 马清梅. 市场营销学 [M]. 北京：清华大学出版社，2007.

[27] 黄方正. 市场营销学 [M]. 成都：电子科技大学出版社，2008.

[28] 方妙英. 苹果橘子营销学 [M]. 北京：化学工业出版社，2008.